Kohlhammer

Tassilo Knauf

Einführung in die Grundschuldidaktik

Lernen, Entwicklungsförderung und
Erfahrungswelten in der Primarstufe

Verlag W. Kohlhammer

Die Deutsche Bibliothek – CIP-Einheitsaufnahme

Knauf, Tassilo:
Einführung in die Grundschuldidaktik : Lernen, Entwicklungsförderung und Erfahrungswelten in der Primarstufe / Tassilo Knauf. – Stuttgart ; Berlin ; Köln : Kohlhammer, 2001
ISBN 3-17-015905-4

© 2001 W. Kohlhammer GmbH
Stuttgart Berlin Köln
Verlagsort: Stuttgart
Umschlag: Gestaltungskonzept Peter Horlacher
Gesamtherstellung:
W. Kohlhammer Druckerei GmbH + Co. Stuttgart
Printed in Germany

Vorwort

Das vorliegende Buch hat viele Wurzeln: eigene Erfahrungen beim Unterrichten, Unterrichtsbeobachtungen, Gespräche mit PädagogInnen aus Grundschulen, weiterführenden Schulen, Kindertageseinrichtungen, Lehrerausbildung und Schulaufsicht. Auch das Aufnehmen von Anregungen aus der grundschuldidaktischen und (grund-)schulpädagogischen Literatur war für die Entstehung dieses Buches wichtig. Dankbar bin ich für die Gespräche, die ich mit (Grund-)SchulpädagogInnen in den letzten Jahren führen konnte, mit Ursula Drews, Edith Glumpler (†), Dagmar Hänsel, Marlies Hempel, Astrid Kaiser, Beatrix Lumer und, last not least, Annedore Prengel sowie mit Jürgen Bennack, Wolfgang Einsiedler, Eiko Jürgens, Wolfgang Klafki, Ralf Laging und Uwe Sandfuchs.

Das Zustandekommen des Buches verdanke ich vor allem der inhaltlichen wie auch alltagspraktischen Unterstützung und Geduld meiner Frau Anne, daneben der soliden Hilfe der Studentinnen Andrea Schäfer, Kerstin Coens sowie Stefanie Kullik und meiner Sekretärin Regine Kiwitt.

Tassilo Knauf   Im März 2001

Inhaltsverzeichnis

„Ein Kind ist kein Gefäß, das gefüllt,
sondern ein Feuer, das entzündet werden will."
FRANÇOIS RABELAIS, 1494–1553

1 Grundschuldidaktik – Lernkultur in der Wissensgesellschaft

Die Grundschuldidaktik beschäftigt sich – vereinfacht gesagt – mit den Inhalten, Formen und Gestaltungsbedingungen des Lernens in der Grundschule. Sie orientiert sich an zwei wesentlichen Bezugspunkten:

Inhalte, Formen und Gestaltungsbedingungen des Lernens in der Grundschule

1. *am Kind* als Träger von individuellen Lernbedürfnissen (und Lernschwierigkeiten), die aus dem Prozess seiner geistigen, seelischen, sozialen und körperlichen Entwicklung, aus seinen Anlagen, aus seinem sozialen Umfeld und der damit verbundenen Lebensgeschichte resultieren (mit Erfahrungen von Glück, Zufriedenheit, Erfolg, aber auch von Trauer, Alleingelassenheit und Versagen in je persönlichen Mischungsverhältnissen);
2. *an der Gesellschaft*, die zum einen von ihren Mitgliedern gestaltet und verantwortet wird, zum anderen deren Lebensqualität bestimmt; die Menschenrechte, wie sie etwa in der UNO-Charta beschrieben sind, können daher nur realisiert werden, wenn möglichst viele Menschen in Erziehung, Bildung und Sozialisationsprozessen befähigt und stimuliert werden, sich für Friedlichkeit, Gerechtigkeit, Chancengleichheit, Achtung des Anderen, auch des Fremden, für Respekt vor der Vielfalt der Kulturen und vor der Natur als Lebensgrundlage aller Menschen einzusetzen.

Die Orientierung der Grundschuldidaktik am *Kind* hat in den letzten hundert Jahren drei wichtige Impulse erfahren:

Impulse zur Orientierung der Grundschuldidaktik

- die Reformpädagogik, die zu Beginn des 20. Jahrhunderts Prinzipien und Handlungsstrukturen für eine „Pädagogik vom Kinde aus" entwickelte
- die Entwicklungspsychologie, die vor allem in den 40-er bis 70-er Jahren des letzten Jahrhunderts unser Wissen von der Intelligenz-, Identitäts- und Sozialentwicklung außerordentlich verfeinerte (erinnert sei an die grundlegenden Arbeiten Piagets, Eriksons, Leontjews oder Oerter-Montadas)
- die am Ende des 20. Jahrhunderts präziser werdenden Erkenntnisse über gesellschaftliche „Pluralisierung und Individualisierung" (vgl. Beck 1986) und über die Wandlungsprozesse kindlicher Aufwachsensbedingungen, die zu einem pädagogischen Akzeptieren, Nutzen und Kultivieren der Verschiedenheit (Heterogenität) von Kindern und zur Entwicklung einer Pädagogik der Vielfalt (vgl. Prengel 1993) geführt haben.

Die Erwartungen der Gesellschaft durchziehen seit je Inhalte und Formen schulischen Lernens. Das Vermitteln der traditionellen Kulturtechniken Lesen, Schreiben, Rechnen steht bis heute im Mittelpunkt der von der Öffentlichkeit akzeptierten Aufgaben der Grundschule; denn die Beherrschung der Symbolsysteme (Schrift-)Sprache und Mathematik ist Voraussetzung für den Austausch innerhalb der Gesellschaft und für gesellschaftliches Verstehen und Nutzen der Natur, aber auch von sozialen Prozessen. Darüber hinaus eignen sich Kinder in der Grundschule eine Fülle zivilisatorisch und kulturell nützlichen Wissens an, mit dem die historisch gesammelten Wissensbestände an die nächste Generation weitergegeben werden und mit dem die Heranwachsenden „gesellschaftsfähig" werden.

Gesellschaftliche Wandlungsprozesse machen allerdings auch Veränderung schulisch zu vermittelnden Wissens und der Formen der Wissensaneignung notwendig. Vor allem drei Entwicklungen haben Einfluss auf einen sich vollziehenden „Strukturwandel des Lernens und des Unterrichts" (Decker 1998, S. 114):

Strukturwandel des Lernens und des Unterrichts

1. die *Pluralisierung und Individualisierung* von Lebensverhältnissen, Lebensstilen und Verhaltensmustern, die eine Kanonisierung eines für alle verbindlichen und unverzichtbaren Wissensbestandes immer schwieriger machen,
2. die *Explosion wissenschaftlicher Erkenntnisse,* die rasanten Entwicklungen unserer technisch-zivilisatorischen Möglichkeiten und die häufigen Veränderungen kultureller Leitbilder, welche ein Großteil unseres Wissens in wenigen Jahren veralten und obsolet werden lassen,
3. die *Entwicklung elektronischer Informations- und Kommunikationstechnologien,* die das mühevolle Aneignen von Wissen und Handlungstechniken (z. B. Kopfrechnen) teilweise überflüssig machen.

Diese Entwicklungen veranlassen auch Erziehungswissenschaftler, eine durchgreifende Veränderung schulischen Lernens zu fordern. So zitiert Franz Decker Vertreter des „modernen Managements", die von der Notwendigkeit eines „Wissensmanagements" sprechen, das für die „Produktivität des Wissens" sorgt und verhindert, dass es nur „in Schubladen abgelegt" wird (vgl. Decker 1998, S. 115): „Lernen, geistige und soziale Ressourcen, Fähigkeiten wie Kreativität, Spontaneität, Teamworking, Risikofreudigkeit und Querdenken sind notwendig. [...] Bildungsarbeit und Lernentwicklung der Zukunft besteht weniger in der Wissensdressur als in der Förderung von neuen Verhaltensweisen, von Überzeugungen und Identitäten, von persönlichen und gesellschaftlichen Schlüsselfähigkeiten" (ebda., S. 116).

Abkehr vom reinen Wissenslernen

Die notwendige „Abkehr vom reinen Wissenslernen" vor dem Hintergrund des schnellen Veraltens unseres Wissens veranlasst Decker zu der radikalen Einschätzung, dass zum „Neulernen [...] auch *Entlernen,* d. h. Vergessen lernen bzw. Loslassen früherer Erfahrungen, Gewohnheiten und Kenntnisse sowie das Umstellen, Umgewöhnen, *Umlernen* [...]" gehören (ebda., S. 123; Hervorhebungen durch Verf.). Die Rolle der Lehrenden müsste entsprechend neugefasst werden. Sie werden zu „[...] Moderatoren, Katalysatoren (Beschleunigern), zu Visionsentwicklern" (ebda., S. 117), „[...] für die ihre Aufgabe mehr in Coaching, Supervision und Prozessberatung sowie in der Entwicklung des persönlichen und organisatorischen Lernens besteht" (ebda., S. 120). Eine solche Neudefinition pädagogischen Handelns verfolgt die Erwartung: „Ein Lernen, welches den Spielraum für Mündigkeit und Selbständigkeit vergrößert, schafft zugleich auch Motivationen, Interesse, Engagement und Selbstverantwortung. Nur dort, wo eine Selbst- und Partizipationskultur etabliert ist, können sich auch Engagement und Verantwortung entwickeln" (ebda., S. 128).

Solche Vorstellungen von einer Neudefinition des Lernens und der Lernkultur haben durchaus Parallelen zur jüngeren grundschulpädagogischen Diskussion. In ihr wird die Grundschule als Lern- und Lebensort beschrieben, an dem Beziehung, Sensibilität, Emotionalität und das Schaffen von Atmosphäre wichtige Werte sind (vgl. Schwarz 1994), während es im Sekundarbereich mehr um Fachsystematik, Stoff- und Zielorientierung geht, was in der pädagogischen Alltagssprache traditionell am ehesten mit dem Begriff Didaktik in Beziehung gebracht wird.

Neudefinition des Lernens und der Lernkultur

Die mit Didaktik assoziierten Vorstellungen von Rationalität, Systematik und Planung werden bestätigt, wenn man die Didaktikdefinitionen heranzieht, wie sie vor allem in den 60-er und 70-er Jahren versucht wurden. So unterschied Wolfgang Klafki vier Auffassungen von Didaktik (vgl. Klafki 1971):

Didaktik als Wissenschaft und Lehre von Lehren und Lernen
Didaktik als Wissenschaft vom Unterricht
Didaktik als Theorie der Bildungsinhalte
Didaktik als Theorie der Steuerung von Lernprozessen.

verschiedene Auffassungen von Didaktik

Noch in seinem 1993 herausgebrachten Handbuch „Grundwissen Didaktik" orientiert sich Friedrich W. Kron an kategorialen Unterscheidungen Klafkis (vgl. Kron 1993, S. 42 ff.).

Das, was in diesen vier Kategorien so nüchtern umrissen wird, kann allerdings als eine für pädagogisches Alltagshandeln nützliche „Berufswissenschaft" für Lehrerinnen und Lehrer deutlicher werden, wenn man genauer in neuere Didaktikansätze hineinschaut. So finden sich die für die Grundschulpädagogik reklamierten Werte Situationssensibilität, Emotionalität und Beziehung durchaus in der neueren didaktischen Literatur wieder.

Schon 1970 betonte Walter Popp, dass Unterricht nicht als geschlossenes System, sondern als offener Interaktionsprozess zu realisieren sei, bei dem die Identitätsentwicklung der Lernenden im Mittelpunkt stehe (vgl. Popp 1970). Notwendig sei eine Abkehr von der Lehrerzentrierung und von zweckrationalen Modellen des Lehrens und Lernens. Schülerinnen und Schüler werden nicht als unfertige Objekte pädagogischer Bemühungen betrachtet, sondern als Heranwachsende, die aus ihrem Alltagsleben eine grundsätzliche Handlungsfähigkeit mitbringen, die sie nach Popp in der Schule durch Sach-, Selbst- und Sozialbegegnung in Sinnverstehen weiterführen.

Identitätsentwicklung
der Lernenden

Auch in Horst Rumpfs 1976 erschienenem Buch „Unterricht und Identität" wird das Aufgeben traditionell zweckrationaler Unterrichtsmodelle gefordert. Sie sollen durch kommunikative „Unterrichtsbilder" und offene „Spielarten" von Unterricht in der Praxis verdrängt werden (vgl. Rumpf 1976). Geht Popp noch von einer fast gradlinigen Weiterführung außerschulisch erworbener Handlungskompetenz zu einem in der Schule erwerbbaren Sinnverstehen aus, konstatiert Rumpf, dass Kinder immer schon in einem Auslegungszusammenhang mit der Welt stehen und dass sie in der Schule oft gerade Brüche in ihrem Weltverstehen und auch das Scheitern ihrer Lernbemühungen erleben. Lehrerinnen und Lehrer sollten sich daher von der Vorrangigkeit routiniert geplanter Wissensvermittlung verabschieden und als obersten Wert ihres Handelns die Achtung vor der Identität des anderen anerkennen. Daraus würde sich ergeben, Lehren oft als beratende, betreuende und sogar therapeutische Hilfestellung zu praktizieren. Und Unterricht würde sich dann als soziales Netz realisieren, in dem ohne Sanktionen und Identitätsbeeinträchtigung die Auseinandersetzung mit der Sache möglich ist.

Achtung vor der
Identität des anderen

vier Strukturelemente
zur Planung von
Unterricht

Zehn Jahre später versuchte Rainer Winkel vier Strukturaspekte zu beschreiben, deren Kenntnis für die Planung von Unterricht hilfreich sein könnten (vgl. Winkel 1986):

1. der Vermittlungsaspekt, zu dem u. a., Unterrichtsmethoden wie Kleingruppen- und Partnerarbeit, Lernspiele und Rundgespräche aufgeführt werden,
2. der Inhaltsaspekt,
3. der Beziehungsaspekt, bei dem u. a. wie bei Rumpf, personale Hilfestellung beschrieben wird,
4. der Störaspekt, der es oft angezeigt erscheinen lässt, geplanten Unterricht zu unterbrechen, um in Formen der „Metakommunikation" Hintergründe, Anlässe, Verläufe von Störungen sowie Problemlösungen mit den Kindern zu besprechen.

„subjektive Didaktik"

Der vielleicht interessanteste und wichtigste Ansatz didaktischen Reflektierens in den 90-er Jahren wurde von Edmund Kösel vorgelegt (vgl. Kösel 1997; Kösel/Feller 1998). Kösel spricht dezidiert von der Notwendigkeit einer „subjektiven Didaktik", weil die Konstruktion von Erkenntnissen und Wissen ein subjektiver Vorgang ist, in dem der Lernende Informationen und „[...] seine Wahrnehmungen nach den eigenen inneren Bedürfnissen und den eigenen inneren Strukturen selektiert" (Kösel 1997, S. 41). Lernen ist „[...] stets Auswahl und Bewertung, niemals Erkennen ‚objektiver' Gegebenheiten" (ebda.). Die wesentlichen Grundlagen des Konzepts der subjektiven Didaktik sind der Systemische Ansatz, vertreten vor allem durch Maturana (1980), und der Radikale Konstruktivismus Glasersfelds (1985; 1998) und Watzlawicks (1991). Die „allgemeine Systemtheorie" Maturanas geht davon aus, dass lebende Systeme von den Prinzipien Selbststeuerung und Selbstorganisation bestimmt sind („Autopoiesis"). Lebewesen sind zwar veränderbar („Strukturelle Plastizität"), aber immer bezogen auf ihre eigenen, auf Erhaltung angelegten Strukturen. „Alle Interaktionen mit dem umgebenden Milieu können lediglich solche Strukturveränderungen auslösen, die mit dieser Erhaltung in Einklang stehen" (ebda., S. 44). So können dann auch im Unterricht „[...] lediglich Anreizfunktionen zu Veränderungen gegeben werden" (Kösel/Feller 1998, S. 170). Ähnlich nimmt der Radikale Konstruktivismus an, „[...] dass es keine objektiv vorfindbare Wirklichkeit in der Außenwelt zu erkennen gibt, sondern dass unsere Erkenntnis über die Wirklichkeit eine Konstruktion unseres eigenen strukturdeterminierten Bewusstseins ist, mit welchem wir die Wirklichkeit subjektiv erfinden" (ebda., S. 171). Wir können „[...] nur auf Grund eines Vergleichs, durch ein In-Beziehung-Setzen von Erlebtem, durch Wiederholung, Konstanz und Regelmäßigkeit, erkennen." (Kösel 1997, S. 49).

„Wissen ist folglich ein ständig ablaufender Verstehens- bzw. Interpretationsprozess" (ebda., S. 180). Er ist von der Geschichte und dem Handeln des einzelnen Menschen abhängig. Lernen ist daher primär ein Vorgang, in dem das Individuum ein Gleichgewicht zwischen sich und der Umwelt herstellen will – eine Erkenntnis, die schon von Piaget formuliert worden ist. Er spricht von Äquilibration, die durch Integration neuer Informationen oder Verhaltensmuster in bestehende Schemata (Assimilation) oder durch Umstellung und Anpassung der eigenen Schemata (Akkomodation) geleistet wird (vgl. Piaget 1975). Bei der Herstellung eines durch Lernen leistbaren Spannungsausgleichs spielt nach Kösel im Unterricht insbesondere die Ausbalancierung der Komponenten Ich, Wir und Sache eine große Rolle (vgl. Kösel 1997, S. 232). Unterricht bildet ein (Handlungs- und Entwicklungs-)Feld, in dem (Lern-)Energien aktiviert werden, wenn es den Lehrenden gelingt, Lernen mit Anreiz-Strukturen zu versehen. Damit wird Lernen „anschlussfähig" an vorhandene Wissens- und Wertekonstrukte. Biographische (Selbst-)Reflexion ist Voraussetzung für eine Lernkultur als „kommunikative Bewusstseinsgemeinschaft". In ihr können Verständigungen darüber abgeleitet werden, wie die Konstrukte sowohl der Lehrenden als auch der Lernenden entstanden sind, welche subjektiven Bedeutungen sie haben, wie groß ihre rationalen, affektiven, normativen oder alltagspraktischen Anteile sind. So können „symmetrische und komplementäre Kommunikationsprozesse" (Kösel/Feller 1998, S. 177) entstehen. Und so können wir „[...] Lernkulturen entstehen lassen, in denen wir auf verständnisvolle Weise agieren [...], d. h. Kulturen, in denen wir Rücksicht auf die schon entwickelten Wissenskonstruktionen der Lernenden nehmen und neue didaktische Formen mit ihnen diskutieren können. Denn deren Ansichten, deren Kreativität und Spontaneität, ihre Glaubenssätze und Überzeugungen müssen in postmodernen didaktischen Strukturen wiederzufinden sein. Wir können nur *mit* den Lernenden zusammen neue Wege und neue Konstruktionen zur Bewältigung der Probleme im Unterricht finden" (ebda., S. 178; Hervorhebung im Original).

Zu den genannten „neuen didaktischen Formen" gehören neurobiologische und körperbezogene Ansätze wie Neurolinguistisches Programmieren oder Edu-Kinesthetik (vgl. Kapitel 5.2 bis 5.4). Und es gehört hierzu die stärkere Einbeziehung von Faktoren wie Zeit- und Raumgestaltung in die Modellierung von Lernsituationen.

Marginalien:

Wissen ist ein ständig ablaufender Verstehens- bzw. Interpretationsprozess

„neue didaktische Formen"

Kösel bietet für didaktische Entscheidungen keine einfachen, von einem Tag zum anderen umsetzbaren Handlungsweisen. Ihm geht es offensichtlich mehr darum,

- Konsequenzen aus den neueren Erkenntnissen über das Lernen im Kontext von Systemerhaltung und Systemveränderung und über die Konstruktion von Wissen für die Unterrichtspraxis zu reflektieren und diskutierbar zu machen sowie
- einen Fundus praktischer Ideen für die Gestaltung einer postmodernen Lernkultur zusammenzutragen (siehe auch unten Seite 117 ff.).

klassische
Fragestellungen an die
Grundschuldidaktik

Es bleiben auch für die Didaktik der Grundschule die klassischen Fragestellungen:

- Wie lernen (jüngere) Menschen?
- Wie können Lehrerinnen und Lehrer die Strukturen und Bedingungen des Lernens erfolgreich gestalten oder positiv beeinflussen?
- Was sollen (jüngere) Menschen in einer sich verändernden Welt lernen, um eine glückliche Balance zwischen eigener und gesellschaftlicher Entwicklung herzustellen?
- Wie lassen sich Erfolg von Lernprozessen und individuelle Lernleistungen erfassen und beurteilen, um Ansatzpunkte für deren Weiterentwicklung auszumachen und zu nutzen?

2 Anfangsunterricht: Grundlage schulischen Lernens

2.1 Fallbeispiel: Schulanfang: auch für Lehrerinnen immer ein Neubeginn

Den Eintritt eines Kindes in das schulische Bildungssystem sind wir gewohnt, „Einschulung" zu nennen. Die Sprachform „Einschulung" macht aus dem Kind ein Objekt: Es scheint einem von anderen Personen, den Eltern, den Lehrkräften und öffentlichen Institutionen gesteuerten Vorgang unterworfen zu werden. In der biographischen Realität spielt das Kind bei der Einschulung jedoch eine durchaus aktive Rolle: Es nimmt im Vorfeld begierig die verschiedensten Informationen über Schule, Schüler-Sein und Auswirkungen der Schule auf den Lebensalltag auf, filtert sie und verbindet sie zu einem Bild, das bewertet und mit Emotionen verbunden wird. Basierend auf der sich ausprägenden Vorstellung von der neuen Lebensphase stellt es sich – mehr oder weniger – auf den bevorstehenden Lebensabschnitt ein und erwartet die neue Situation mit positiven Erwartungen und/oder Ängsten.

Der erste Schultag wird von Kindern in der Regel als tiefgreifendes Erlebnis empfunden, dessen Gestaltung oft in vielen Details bis ins Erwachsenenalter haften bleibt.

der „1. Schultag" – ein tiefgreifendes Erlebnis

Die folgenden Schulwochen stellen für viele Kinder eine außerordentliche Herausforderung dar. Sie werden mit bislang nicht bekannten Personen, Räumen, Zeitstrukturen, Handlungsformen, Erwartungen und Anforderungen konfrontiert. Die eigenen Bedürfnisse, z.B. nach Bewegung, Wechsel der Aktivität, nach spontanem Selbstausdruck werden einer stärkeren Kontrolle unterworfen. Ähnliches gilt auch für die Gestaltung sozialer Interaktion, z.B. durch gemeinsames Spiel, Körperkontakt, laute Freude oder Wutäußerung. Das Zusammenleben in der Schulklasse verlangt die Rücknahme allzu expressiver Spontaneität, das vermehrte Zurückstellen eigener Bedürfnisse und die tendenzielle Rücksichtnahme auf andere, insbesondere auf Mehrheiten und die Erwartungen der Lehrerin, des Lehrers. An die Stelle von spontanen, bedürfnisbezogenen Handlungsentscheidungen treten zunehmend Regeln, mit deren Hilfe die Lehrkraft schrittweise einen Teil *ihrer* Kontrolle auf die *Selbst*kontrolle der Kinder verlagern kann.

Diese Darstellung der Einschulungssituation wurde (zunächst) aus der Sicht der Kinder vorgenommen, um ihre aktiven Anteile an der Situation und ihre möglichen Situationsdeutungen in den Vordergrund zu rücken. Die Kurzdarstellung sollte zugleich deutlich machen, dass Einschulung kein punktueller organisatorischer Akt ist, sondern als Prozess verstanden werden sollte, an dem verschiedene Akteure, aber auch – bei Kindern – verschiedene Persönlichkeitsanteile, wie Denken, Fühlen, Handeln, beteiligt sind.

Subjektivität, Bedürfnisabhängigkeit, Individualität und Störanfälligkeit von Lernprozessen

Mit dieser Interpretation von Einschulung stellt sich nun auch der Zusammenhang zu den jüngeren Didaktikkonzepten, etwa die Rumpfs oder Winkels (s.o. Seite 12), her. In diesen Didaktikkonzepten wird die Subjektivität, die Bedürfnisabhängigkeit, Individualität und Störanfälligkeit von Lernprozessen in der Schule betont.

Der Anfangsunterricht, wie man seit der Entstehung der Grundschule zu Beginn der 20-er Jahre den Unterricht in den ersten beiden Schuljahrgängen bezeichnet (vgl. Knauf 2000b, S. 70f.), stellt die zerbrechlichste und zugleich folgenreichste Konstellation schulischen Lernens dar. Der Anfangsunterricht entscheidet oft über die Stabilisierung subjektiver Lerninteressen und Lernstile, über die Querverbindungen zwischen individueller Bedürfnisstruktur und schulischen Lernhandlungen und damit über die Grade der Störanfälligkeit schulbezogener Lernmotive.

Spannungsbögen zum didaktischen Gefüge im Anfangsunterricht

Die Zerbrechlichkeit der didaktischen Gefüge im Anfangsunterricht kann an folgenden Spannungsbögen deutlich gemacht werden:

- Kinder kommen mit einem „natürlichen Kompetenzbedürfnis" (White 1957), mit Neugier, Wissbegierde und ausgeprägten Lerninteressen in die Schule, erfahren dort aber oftmals, wie mühsam, abstrakt, formalistisch, wenig selbstbestimmbar Lernen in der Schule ist.
- Kinder kommen mit genetisch, vor allem aber biographisch (sozial und kulturell) sehr unterschiedlichen Lernvoraussetzungen, Lerninteressen und Verhaltensrepertoires in die Schule, sie erfahren sehr schnell, dass sie zu den Erfolgreichen, Schnellen, von MitschülerInnen und LehrerInnen Beachteten und Geschätzten gehören oder zu den Außenseitern und Verlierern des Systems Schule.
- Kinder kommen in die Schule und erfahren dort, dass es beim Lernen nicht nur um die Auseinandersetzung mit Inhalten, um die Anstrengungen beim Erwerb von Fertigkeiten geht, sondern in hohem Maße auch um sozialemotionale Dimensionen, wie Konkurrenz, Neid, Enttäuschung, aber auch Stolz, Freude, Solidarität bei der Zusammenarbeit.
- Kinder kommen in die Schule und erfahren dort, dass das auf Informationen von Eltern, Verwandten und älteren Heranwachsenden basierende Bild von Schule nicht stimmt, dass sie sich auf eine Situation gedanklich und emotional eingestellt haben, die sich in der Realität ziemlich anders darstellt, weil die Grundschulpädagogik sich in den letzten Jahren verändert hat (vgl. Knauf 1996a, S. 28f.), jede Schule ihr eigenes Profil hat und auch jede Lehrerin, jeder Lehrer den Anfangsunterricht spezifisch gestaltet.

Es ist nicht leicht, auf diese Konstellation pädagogisch angemessen einzugehen. Möglichkeiten und Grenzen können an folgendem Fallbeispiel abgelesen werden.

Fallbeispiel

Katja U., seit 15 Jahren im Schuldienst, und Susanne R., die vor einem halben Jahr ihre erste Stelle erhielt, arbeiten an einer zweizügigen Grundschule am Rande des Ruhrgebiets. Seit Susannes Einstellung haben beide viel Kontakt und diskutieren häufig über pädagogische Fragen. Susanne profitiert von Katjas beruflichen Erfahrungen, Katja von Susannes Experimentierfreude und ihren in der Ausbildung gewonnenen Ideen. Allmählich reift bei beiden der Wunsch, zum neuen Schuljahrsbeginn jeweils ein erstes Schuljahr zu übernehmen. Sie tragen diese Idee der Schulleiterin und im Januar der Lehrerkonferenz vor. In den vergangenen Jahren wurden die Erstklasslehrerinnen immer erst kurz vor Schuljahrsbeginn bestimmt, weil wegen Pensionierung, Neueinstellung, Genehmigung von Teilzeitanträgen, Versetzungen, schwankenden Schülerzahlen und erbittert vertretenen Sonderwünschen einzelner Kolleginnen oft bis zuletzt Unsicherheitsfaktoren bestanden.

In diesem Jahr sollte alles ganz anders, besser werden: Das Schulverwaltungsamt hatte frühzeitig eine Zahl von voraussichtlich 50 SchulanfängerInnen signalisiert, ideal für die Bildung von zwei Eingangsklassen; es standen keine Personalveränderungen ins Haus; und keine Kollegin hatte den Ehrgeiz, Katjas und Susannes Wunsch Konkurrenz zu machen. Im Gegenteil, das ganze Kollegium war erleichtert, dass so frühzeitig ein Konsens über die zukünftige Aufgaben- und Klassenverteilung gefunden wurde.

Mitte Februar sollte die Anmeldung der SchulanfängerInnen erfolgen. Die Schule war stolz darauf, dass seit einigen Jahren die Schulärztin an den beiden Anmeldetagen in der Schule präsent war und vor der eigentlichen Anmeldung die ärztliche Untersuchung vornahm. Katja und Susanne drängten darauf, an der Feststellung der Schulfähigkeit der Kinder beteiligt zu werden. Aber die sonst so aufgeschlossene Schulleiterin ließ dies nicht zu. Ihre beiden Argumente: Selbst in der 1997 geänderten „Ausbildungsordnung Grundschule" für das Land Nordrhein-Westfalen bleibt die Schulfähigkeitsprüfung in der Verantwortung der Schulleiterin/des Schulleiters, der lediglich das ärztliche Untersuchungsergebnis zu berücksichtigen habe. Und zum anderen könnte durch die Beteiligung der beiden Kolleginnen am Feststellungsverfahren nicht mehr der reguläre Unterricht abgedeckt werden.

Immerhin, die Schulleiterin orientierte sich bei der Gestaltung des Verfahrens an neueren Vorstellungen: Sie verzichtete auf die Verwendung eines „Schulreifetests", sondern unterhielt sich mit jedem Kind und behielt es während der Besprechung mit den Eltern im Auge, wobei Malutensilien das Kind zur Eigenaktivität anregen sollten.

Nach den beiden Anmeldetagen informierte die Schulleiterin die beiden zukünftigen Erstklasselehrerinnen darüber, dass sie alle vorgestellten Kinder als schulfähig einschätzte. Bei einigen türkischen und „russland-deutschen" Kindern sei ihr die Entscheidung allerdings nicht leicht gefallen, weil sie nur wenige deutsche Sprachkenntnisse zu erkennen gegeben hätten und zum Teil in ihrer Eigenaktivität sehr gehemmt gewesen seien.

Noch eine weitere wichtige Information erhielten die beiden Kolleginnen: Fast alle einzuschulenden Kinder besuchten einen der drei Kinder-

gärten bzw. Kindertagesstätten im Stadtteil. Zwei Entscheidungen resultierten für Katja und Susanne aus dieser Tatsache:

1. *nach Möglichkeit die Kinder aus den einzelnen Kindergartengruppen auch nach der Einschulung zusammenzulassen,*
2. *Kontakt zu den Kindergärten aufzunehmen.*

Schon seit den späten 70-er Jahren wird die Kooperation zwischen Kindergarten und Grundschule als wichtiges Element kindorientierter Einschulung betrachtet. In den alten Bundesländern wurden damals Erlasse der zuständigen Ministerien herausgegeben, um diese Zusammenarbeit zu fördern (vgl. Hacker 1992; Knauf 1996a).

In der ehemaligen DDR war ein enger Informations- und Arbeitszusammenhang zwischen Kindergarten und Schule sowieso selbstverständlich. Die jüngsten Empfehlungen der Kultusministerkonferenz zur pädagogischen Arbeit in der Grundschule greifen die Forderung nach Kooperation beider Einrichtungen auf und formulieren konkrete Hinweise für die Kooperationspraxis (vgl. Kultusministerkonfernz 1994a). Genannt werden wechselseitige Hospitationen, gemeinsame Konferenzen, Arbeitssitzungen und Fortbildungsteilnahme, Besuche der Kindergartenkinder in der Grundschule, gemeinsame Feste oder Aktionen, an denen Kindergarten- und Schulkinder, deren Eltern sowie ErzieherInnen und LehrerInnen teilnehmen sollten (vgl. zuletzt Rundschreiben des Ministeriums für Bildung, Jugend und Sport des Landes Brandenburg an die Staatlichen Schulämter vom 15.8.1998).

Katja und Susanne kennen diese Vorschläge aus der Literatur. Sie spielen die vorgeschlagenen Aktivitätenkataloge durch und kommen zu dem Ergebnis, dass sie im Rahmen der verfügbaren Zeit und beruflicher Belastungsgrenzen nur einige der Anregungen umsetzen können (und wollen). Dazu zählen die Hospitation in allen drei Kindergärten und eine Einladung der Kindergartenkinder in die Schule.

Die nach manchmals mühevollen Terminverhandlungen zustande gekommenen Hospitationen sind sehr aufschlussreich. Sie machen vor allem auf Vielfalt und Verschiedenheit sowohl der Ausstattung, Atmosphäre und pädagogischen Stile in den besuchten Einrichtungen als auch des Kinderverhaltens aufmerksam: Manche Kinder wirken unkonzentriert und lustlos, bleiben nur wenige Augenblicke bei einer Aktivität; andere erscheinen versunken, zufrieden und entwickeln selbständig längere Handlungsketten.

Auch die Besuche der Kindergartenkinder in der Schule kommen zustande. Die Erzieherinnen zeigen sich angetan von der zarten Vernetzung zwischen vorschulischer und schulischer Einrichtung. Aufgeregt, zugleich fast andachtsvoll sitzen die meisten Kindergartenkinder neben den „Großen" in der Schulklasse. Hier werden sie in ein paar Monaten ebenfalls sein.

Im Mai findet der erste Elternabend statt, den die beiden Kolleginnen gemeinsam für die Eltern der Schulanfänger veranstalten. Hauptthema des Elternabends war die Veränderung des Lernens in der Grundschule. Nicht mehr nur das Einüben der Kulturtechniken sei die Aufgabe der Grundschule, erläuterten beide Lehrerinnen, sondern auch die Förderung der Persönlichkeitsentwicklung, von Selbstvertrauen, Selbstän-

digkeit und Verantwortungsbewusstsein, z.B. gegenüber den natürlichen Lebensgrundlagen und dem Zusammenleben der Menschen. Die Eltern nahmen dies mit Interesse auf; deutliche Zustimmung und Skepsis mischten sich.

Anfang Juli folgte ein Elternbrief, der mit einem Brief an die zukünftigen Schulanfänger zusammen verschickt wurde. Die Kinder wurden nochmals auf den bevorstehenden ersten Schultag aufmerksam gemacht und gebeten, zu diesem Tag ein Foto oder ein gezeichnetes Selbstporträt mitzubringen.

Während der Sommerferien gingen Katja und Susanne verschiedene Wege. Während Katja mit ihrer Familie in die wohlverdienten Ferien fuhr, verbrachte Susanne manche Stunde in der Schule oder vorbereitend am häuslichen Schreibtisch: Sie gestaltete Wortkarten für die verschiedenen Teile der Klassenraummöblierung (Tür, Tisch, Tafel etc.) und eine große Anlauttabelle nach Jürgen Reichen. Das Klassenzimmer wurde von Susanne ebenfalls vorbereitet. So hatte sie Regale besorgt, mit denen provisorische Funktionsebenen gebildet wurden.

Der erste Schultag im August begann durchaus traditionell mit Gottesdienst, kurzer Ansprache der Rektorin und einer musikalisch unterlegten szenischen Präsentation älterer SchülerInnen. Die erste Unterrichtsstunde wurde in beiden Klassen absprachegemäß ähnlich gestaltet: Die Kinder konzentrierten sich zunächst auf ihre Schultüten, bei deren Ausräumen sie sich wie selbstverständlich der Tische und Stühle bedienten. Dann wurde mit einem Stuhlkreis die erste Gemeinschaftssituation in der Klasse gestaltet; die Kinder wurden in der Runde gebeten, sich mit Namen und den mitgebrachten Selbstporträts vorzustellen und auch die ihnen schon bekannten MitschülerInnen zu benennen, aber auch das, was sie im Augenblick bewegt, zu äußern. Sodann wurden Namenskärtchen ausgeteilt und die Kinder aufgefordert, sich zu viert Gruppentische auszuwählen. Alles verlief reibungslos, so dass noch Zeit verblieb, um am neuen eigenen Arbeitsplatz die Namensschilder zu übertragen und zu dekorieren. Struktur und Offenheit, Vorgaben und Eigentätigkeit sollten exemplarisch in dieser ersten Schulstunde sichtbar werden, um den Kindern aufzuzeigen, wie der Anfangsunterricht in den kommenden Monaten gestaltet sein sollte.

In der Praxis des Ausbalancierens von Struktur und Offenheit, Vorgaben und Selbsttätigkeit gingen die beiden Lehrerinnen trotz weitgehend einhelliger pädagogischer Grundvorstellungen unterschiedlich vor. Katja hatte eine hochentwickelte Sicherheit und Ausstrahlung bei der indirekten Steuerung des Verhaltens der Kinder, indem sie Stimmlage und Lautstärke modulierte, Mimik, Gestik, andere Elemente der Körpersprache und Bewegung einsetzte oder zwischen „ruhiger Festigkeit" (Aebli) und Spontaneität, zwischen Regelorientierung und Sich-Überreden-Lassen bewusst wechselte. Susanne verfügte als Berufsanfängerin nicht über ein solches Repertoire an Ausdrucks- und Beeinflussungsmitteln. Dafür setzte sie darauf, den Kindern etwas zuzutrauen, ihnen dabei das Gefühl zu geben, dass sie etwas können und sie für ihre Lernfortschritte selber verantwortlich sind. Nur den Kindern, deren Selbstbewusstsein erkennbar beschädigt war, wandte sie sich, Orientierung, Ermutigung und Hilfe gebend, speziell zu.

Kinder mit einem weniger entwickelten Grad an Selbstvertrauen, Konzentrationsfähigkeit, Zielstrebigkeit, Kommunikations- und Kooperationsfähigkeit gab es in beiden Klassen. Es waren dies großenteils dieselben Kinder, bei denen die Schulleiterin schon während ihrer Beobachtungen an den beiden Schulanmeldetagen den Eindruck noch nicht stabilisierter Schulfähigkeit hatte. Die Rektorin fragte dann bei den Erstklasslehrerinnen nach, wie sich diese Kinder entwickeln würden, weil die ersten sechs Wochen (in Nordrhein-Westfalen) als Beobachtungsphase für eventuelle Rückstellungen gelten. Beide Lehrerinnen waren unterschiedlicher Meinungen hinsichtlich eines eventuellen Rückstellungsbedarfs einzelner Kinder.

Während Susanne meinte, durch gezielte Unterstützung der „Problemkinder" können diese auch zu Lernfortschritten und motivierenden Lernerfolgen gelangen, blieb Katja skeptisch; sie befürchtete, dass die Problemkinder die Schere in der Lernentwicklung der Klasse zu weit öffnen würden. Doch war sie letztendlich bereit, den Versuch zu unternehmen, durch verstärkte individuelle Förderung im Rahmen innerer Differenzierung auch langsamer lernende Kinder in der Klasse zu belassen.

Erstmals seit Jahren wurden dadurch keine „zurückgestellten" Kinder in den Schulkindergarten der Nachbargrundschule überwiesen.

2.2 Schulreife – Schulfähigkeit – Einschulungskrisen

Problem der „Schulreife"

Der Begriff „Schulfähigkeit" ersetzt heute den älteren Begriff der „Schulreife", der 1915 im Lexikon der Pädagogik verwendet wurde. Umfassend beschäftigte sich bereits 1926 K. Penning in seinem Buch „Das Problem der Schulreife" mit diesem Themenkomplex. Er hielt eine „kontinuierliche Aufmerksamkeitshaltung" für die wichtigste Voraussetzung der Schulreife und forderte einen „individuell zu differenzierenden Einschulungszeitpunkt", weil man vom Entwicklungsstand und nicht vom Lebensalter eines einzuschulenden Kindes ausgehen müsse. Zur Überprüfung des Entwicklungsstandes hat er schon ein eigenes Testverfahren erarbeitet (vgl. Herff 1967, S. 18).

traditionelles Verständnis von „Schulreife"

Ein Vierteljahrhundert später sorgte Arthur Kern mit seinem Buch "Sitzenbleiberelend und Schulreife – ein psychologisch-pädagogischer Beitrag zu einer inneren Reform der Grundschule" für Schlagzeilen. Kern machte die Öffentlichkeit darauf aufmerksam, dass in Deutschland mehr als ein Viertel aller Schüler, nach seinen vorgelegten Zahlen, mindestens einmal sitzen bleiben und zudem viele von ihnen keinen regulären Schulabschluss erreichten (vgl. Kern 1951, S. 13). Kern war der Ansicht, dass das ‚Sitzenbleiberelend' nicht in erster Linie eine Folge mangelnder Begabung sei, sondern ein Defizit der ‚Schulreife' bei Schuleintritt.

Nach damals gültigem entwicklungspsychologischen Forschungsstand war man der Annahme, dass der Entwicklungsverlauf des Kindes innengesteuert sei und somit relativ unbeeinflussbar von der Lebensumwelt und den Lernprozessen der Kinder (vgl. Knörzer/Grass 1992, S. 80).

Aus dieser Ansicht heraus folgerte Kern: „Jedes Kind, extrem schwache Begabung ausgenommen, erreicht im Laufe seiner Entwicklung einmal die Entwicklungsphase, der jenes Leistungsgefüge zugeordnet ist, das Voraussetzung für ein erfolgreiches Durchlaufen der Schule ist. Das eine Kind kommt lediglich früher, das andere später zu diesem Entwicklungspunkt [...]. Wenn wir mit der Einschulung warten, bis es den geforderten Entwicklungspunkt erreicht hätte, dann wäre jedem Kind ein relativ leichtes und erfolgreiches Beschreiten der Schullaufbahn möglich" (Kern 1951, S. 67).

Bis in die 60-er Jahre hielt sich die Auffassung, dass Verhalten und Fähigkeiten eines Schulanfängers immer Ergebnisse von Reifungsprozessen seien. Begründet wurde diese Auffassung mit der sogenannten Stufen- und Phasentheorie der kindlichen Entwicklung. Da man nun davon ausging, dass der Reifungsprozess von außen weder zu steuern noch zu beschleunigen sei, wurde eine gezielte Förderung zur Erreichung der Schulfähigkeit nicht für sinnvoll gehalten.

Kern entwickelte zur Feststellung der Schulreife einen sogenannten ‚Grundreifungstest'. Hierbei wurden folgende Schulreifekriterien untersucht: „Gestaltwandel, Zahnwechsel, Philippinermaß, Gliederungsfähigkeit /und/ Sprechvermögen" (Weigert/Weigert 1991, S. 21). Dabei galt die „visuelle Gliederungsfähigkeit", d.h. das inhaltliche Erfassen sinnlich aufnehmbarer Strukturen als wichtiges Anzeichen für die Schulreife (vgl. Schenk-Danziger 1988, S. 234). Kinder, die diesen Kriterien nicht entsprachen, wurden zurückgestellt und mussten warten, bis sie die erforderliche Schulreife erreichten (vgl. Weigert/Weigert 1991, S. 21).

„Grundreifungstest"

Später zeigte sich aber, dass der Test in erster Linie die Intelligenz eines Kindes misst und deshalb auch eine Vorhersagbarkeit über die Schulleistungen gestattet, aber nur sehr wenig über die Schulfähigkeit selbst aussagt. In mehreren Untersuchungen (z.B. von Kemmler und Heckhausen oder von Nickel) wurde nachgewiesen, dass die Gliederungsfähigkeit übbar ist, also nicht nur von Reifungsprozessen abhängt und deshalb eine Zurückstellung aufgrund von Gliederungsschwierigkeiten nicht gerechtfertigt ist (vgl. Retter 1975, S. 11).

neue Erkenntnisse der Entwicklungspsychologie und ihre Auswirkungen auf den Schulfähigkeitsbegriff

Bereits in den 60-er Jahren bahnte sich eine theoretische Umorientierung an. Die Ergebnisse neuer Forschungen weisen eindeutig die Bedeutung von Lernprozessen im frühen Kindesalter für den Entwicklungsgrad eines schulpflichtigen Kindes nach. Der Begriff der Schulreife, der zu sehr die Bedeutung von endogenen (inneren) Reifungsprozessen für die Entwicklung betont, wurde deshalb abgelöst durch den Begriff der Schulfähigkeit.

Alle Lernprozesse werden wiederum nachhaltig von Umweltfaktoren beeinflusst, wobei besonders familiäre Bedingungen und außerfamiliäre vorschulische Förderung eine wichtige Rolle spielen. Untersuchungen bestätigten die Annahme, dass die Schulreife in enger Verbindung mit den frühkindlichen und vorschulischen Lernerfahrungen, familiärer wie auch außerfamiliärer Art, steht. Der Begriff ‚Schulfähigkeit' beinhaltet folgerichtig Fertigkeiten, die man mittels verschiedener Lernvorgänge erweitern kann (vgl. Nickel 1996, S. 89f.; Knörzer/Grass 1992, S. 89).

„Unter Schulfähigkeit wird [...] nicht ein genau definierbarer Entwicklungsstand (‚Entwicklungspunkt') des einzelnen Kindes verstanden, sondern das Zusammenwirken von persönlichen Voraussetzungen und Vorerfahrungen mit den jeweiligen schulischen Bedingungen und Anforderungen" (Weigert/Weigert 1991, S. 22).

In den 70-er Jahren wurde zur Schuleingangsdiagnostik die sogenannte Selektionsstrategie angewandt, wobei mittels eines festgelegten Kriteriums, des sogenannten ‚Testpunktwerts', schulfähige von schulunfähigen Kindern getrennt wurden. Hierbei konzentrierte man sich hauptsächlich auf die kognitiven Leistungen des Kindes und vernachlässigte wichtige Aspekte wie Arbeitsverhalten, Sozialverhalten und Lernmotivation, obwohl gerade diese Faktoren für den Schulerfolg entscheidend sind.

der entwicklungsökologische Erklärungsansatz und seine Konsequenzen für die Ermittlung der Schulfähigkeit

Am Anfang der 80-er Jahre haben sich neue theoretische Grundlagen zur Diskussion um die Schulfähigkeit und um den Schuleintritt herausgebildet. Bei reifungstheoretischen als auch bei lerntheoretischen Konzepten wurde bis dahin immer das Individuum (der Schüler) und dessen Fähigkeiten und Eigenschaften in den Mittelpunkt der Betrachtung gestellt, obwohl die Bedeutung von Umweltfaktoren für die Schulfähigkeit schon seit den 60-er Jahren bekannt war (vgl. Schenk-Danziger 1969). Die neuere ökopsychologische Entwicklungstheorie berücksichtigt das gesamte System, in dem ein Kind sich befindet, um Rückschlüsse auf eine verbesserte Einschulungspraxis zu ziehen.

Der amerikanische Entwicklungspsychologe Urie Bronfenbrenner (1961) hat das Gesamtsystem in drei miteinander verbundene Untersysteme gegliedert:

1. Das „Mikrosystem" bezeichnet einen Lebensbereich, in dem das Kind aktiv ist, Beziehungen zu anderen Personen eingeht und bestimmtes Rollenverhalten zeigt. Dabei betont Bronfenbrenner, dass das Kind handelnd an der Gestaltung seiner Umwelt beteiligt ist und nicht nur die Umwelt auf das Kind einwirkt. Dabei entstehen Wechselbeziehungen sowohl zwischen Kind und Umwelt als auch zwischen den einzelnen Mikrosystemen wie Familie, Kindergarten, Schulklasse und Freundeskreis.
2. Die zwischen den einzelnen Mikrosystemen bestehenden Beziehungen, die Bronfenbrenner für die Entwicklung eines Kindes als sehr wichtig erachtet, benennt er mit dem Begriff „Mesosystem".
3. Als „Exosystem" kennzeichnet er die Lebensbereiche, an denen ein Kind nicht selbst beteiligt ist, die aber trotzdem Auswirkungen auf einen anderen Lebensbereich, d.h. auf ein Mikrosystem haben können.

Der Eintritt in die Schule bedeutet für das Kind einen Übergang von einem Lebensbereich in einen neuen. Dabei ist es für das Wohlfühlen und damit auch für den Schulerfolg des Kindes förderlich, wenn es diesen Übergang nicht allein bewältigen muss, sondern zusammen mit schon vertrauten Personen erleben kann. Praktisch kann das z.B. umgesetzt werden, indem Kinder einer Kindergartengruppe in dieselbe Klasse gehen oder Freundschaften bei der Schulanmeldung berücksichtigt werden. Auch sollten ErzieherInnen am Anfang die Möglichkeit haben, „ihre" Kinder in der Schule zu besuchen, damit ein abrupter Wechsel der Bezugsperson vermindert wird.

Von großer Bedeutung ist auch die Beziehung zwischen den Mikrosystemen Schule und Familie. Ist sie konfliktgeprägt, wirkt sich das negativ auf die Entwicklung des Kindes aus, weil Desorientierung auftreten kann. Deshalb ist es wichtig, gegenseitig Toleranz und Verständnis zu zeigen, damit Kinder bei einem auftretenden Konflikt nicht hin- und hergerissen werden (vgl. Hacker 1992, S. 40).

Beziehung zwischen den Mikrosystemen Schule und Familie

Der Übergang von einem Lebensbereich in einen anderen birgt Chancen, aber auch Gefahren. Es werden hohe Anforderungen an die Anpassungsfähigkeit und -bereitschaft der Kinder gestellt. Wenn sie bewältigt werden können, werden sich die neuen Aufgaben positiv auf die psychische Entwicklung auswirken. Bei Nicht-Bewältigung ergibt sich für die Kinder eine krisenhafte Situation, die ihre Entwicklung hemmen und zu einem Schulversagen führen kann. Deshalb ist es wichtig, dass die gestellten Anforderungen auf jedes Kind abgestimmt werden, damit es zu keiner Unter- oder Überforderung kommt. *„Nur wenn die Anforderungen den individuellen Kapazitäten entsprechen, kann der Entwicklungsverlauf als optimal und damit sowohl für das Individuum als auch für die Umweltinstanzen als befriedigend bezeichnet werden"* (Nickel 1982, S. 223).

Das ökologisch-systemische Schulreifemodell
für die Einschulungspraxis

Gesamtgesellschaftlicher Hintergrund
Allgemeine Ziel- und Wertvorstellungen, soziale und ökonomische Strukturen,
Einstellungen zum Leistungsverhalten

Schule		Schüler
Schulsystem z.B. Stellung der Primarstufe im Gesamtsystem		Körperliche Voraussetzungen z.B. Entwicklungs- und Gesundheitszustand
Allgemeine Anforderungen z.B. Lehrpläne, Richtlinien für Leistungsbeurteilung	→ Schul- ← reife	Geistige Voraussetzungen Wahrnehmung, Lernen, Denken
Spezielle Unterrichtsbedingungen z.B. Organisation des Lernens; Unterrichtsstil		Motivationale/Soziale Voraussetzungen Anstrengungsbereitschaft, Verhalten in der Gruppe

↑
Ökologie

Schulische z.B. materielle und personelle Ausstattung	Vorschulische z.B. Struktur und pädagogische Konzeption	Familiäre z.B. soziale Situation, Anregungsgehalt

Quelle: Nickel/ Schmidt-Deuter 1991, S. 213

alle Teilsysteme wirken gleichermaßen auf die Schulreife ein

Das u.a. von Nickel entwickelte Schulfähigkeitsmodell betont, dass alle Teilsysteme gleichermaßen auf die Schulreife einwirken. Daraus ergibt sich die Schlussfolgerung, dass bei der Einschulungsentscheidung nicht nur die Lernvoraussetzungen der Kinder berücksichtigt werden müssen, sondern ebenso die Anforderungen und die Lernbedingungen der Schule zu überprüfen sind.

Bisher wurden die schulischen Faktoren (Anforderungen, Lernbedingungen) als gegeben und nicht veränderbar angesehen, so dass die Kinder zur Bewältigung des neuen Lebensbereichs „Schule" bestimmte Voraussetzungen mitbringen mussten. Von dieser Einstellung ist man inzwischen immer mehr abgerückt. In der Grundschulpädagogik ist heute die Meinung vorherrschend, dass die Schuleingangsdiagnostik nicht zur Selektion von nicht schulreifen Kindern dienen, sondern dazu geeignet sein soll, gezielte Fördermaßnahmen für vorhandene Defizite ableiten zu können (vgl. Knörzer/Grass 1992, S. 90). Dabei spielt die Zusammenarbeit von Schule, Kindergarten und Familie eine besondere Rolle, bei der wichtige Informationen über das Verhalten und die Entwicklung eines Kindes wiedergegeben und ausgetauscht werden, so dass ein bruchloser Übergang vom Kindergarten in die Grundschule bzw. von der Familie in die Grundschule möglich wird.

Zusammenarbeit von Schule, Kindergarten und Familie

Für Schule und Unterricht beinhaltet die neue Sichtweise eine Anpassung der Anforderungen und Lernbedingungen an die individuellen Erfahrungs- und Lernvoraussetzungen der Kinder. Unterrichtsorganisatorisch kann dies in erster Linie durch *„eine stärkere Individualisierung und innere Differenzierung des Unterrichts"* (Nickel 1982, S. 53) umgesetzt werden. Aber auch die Lernumgebung muss ansprechend und motivierend gestaltet sein.

2.3 Aufgaben des Anfangsunterrichts

Entwicklungsprozesse auf mehreren Ebenen stimulieren

Die Darstellung der für die kindliche Entwicklung einschneidenden, oft krisenanfälligen Übergangsphase nach der Einschulung macht auf die Sonderstellung von Schulanfang und Anfangsunterricht innerhalb des Systems schulischer Bildungsgänge aufmerksam. Anfangsunterricht muss im Hinblick auf die Verschiedenheit der Kinder Entwicklungsprozesse auf mehreren Ebenen stimulieren, sichern, unterstützen und fördern. Diese Ebenen sind

1. die Stärkung von Selbstwertgefühl, von Akzeptanz der eigenen Person und des eigenen Könnens *(Ich-Kompetenz)*
2. die Entwicklung der Fähigkeit, die anderen in der Klasse wahrzunehmen, der Bereitschaft zur sozialen Mitverantwortung, des Interesses, mit anderen gemeinsame Handlungen zu planen und zu realisieren *(sozial-emotionale Kompetenz)*
3. die Förderung vielfältiger Ausdrucks- und Mitteilungsformen *(kommunikative Kompetenz)*
4. die Stärkung der Fähigkeit, Handlungen an Zielen zu orientieren und zielorientiert gemeinsam mit anderen, aber auch allein zu strukturieren *(Planungs- und Handlungskompetenz)*

5. die Stimulierung von Welt-, Sach- und Symbolerfahrung *(Sachkompetenz).*

Diese Beschreibung der Aufgaben des Anfangsunterrichts rückt von den tradierten Vorstellungen einer propädeutischen Funktion des Anfangsunterrichts im Hinblick auf das spätere Lernen in Schulfächern ab. Sie basiert auf der grundschulpädagogischen Diskussion der letzten zwei Jahrzehnte, die inzwischen auch die Entwicklung der Grundschulrichtlinien in den Bundesländern geprägt hat. Der Aufgabenkatalog greift auch den Gedanken der Schlüsselqualifikationen auf, von denen angenommen wird, dass sie unabhängig von fachlichen Zuordnungen für die kompetente Gestaltung verschiedener Lebenssituationen bedeutungsvoll sind (vgl. Bildungskommission NRW 1995, S. 53 ff. u. 113 ff.).

1. Stärkung der Ich-Kompetenz

Die Stärkung der Ich-Kompetenz wurde bei der Beschreibung der Aufgaben des Anfangsunterrichts zum Ausgangspunkt genommen, weil „in den ersten Schulmonaten die entscheidenden Weichen für die Entwicklung der verschiedenen Selbstkonzepte und der sie begleitenden Selbstwertgefühle gestellt werden" (Einsiedler 1988, S. 21). Manche Kinder erleben in den ersten Schulmonaten, dass andere Kinder schneller und sicherer lernen oder mehr soziale Anerkennung erfahren als sie selber und fühlen sich in ihrem Selbstwertgefühl verletzt. Andere Kinder haben auch im Elternhaus bisher wenig Anerkennung für ihre Entwicklungsschritte erhalten. Im Anfangsunterricht ist es daher wichtig, allen Kindern, insbesondere aber denen mit brüchigem Selbstwertgefühl zu vermitteln, dass sie als Person, unabhängig von ihren Leistungen, akzeptiert werden und Wertschätzung erhalten. Zugleich könnte an Eriksons Interpretation des kindlichen „Werksinns" angeknüpft (vgl. Erikson 1987) und den Kindern Möglichkeiten angeboten werden, ihre sich entwickelnde Identität und ihre zunehmenden Kompetenzen in gegenständlichen Handlungen auszudrücken (z. B. in Selbstporträts, im Geburtstagskalender, in „Ich-Büchern", in der Klassenraumgestaltung). Ebenso wichtig wie solche Selbstäußerungen ist das von der Lehrerin, dem Lehrer differenziert und dosiert einzusetzende Repertoire an verbaler und nonverbaler Rückmeldung an die Kinder in Hinblick auf ihr Lern- und Leistungsverhalten. Diese Rückmeldungen können Bezugspunkte für eine realistische Stärken- und Schwächeneinschätzung der Kinder selber werden.

Die Selbsteinschätzung der Kinder bezieht sich aber nicht nur auf ihr schulisches Können, sondern sollte ihre ganze Person einschließen. Nach Petzold/Mathias (1982) gehört zur Identitätsentwicklung auch die Fähigkeit, sich selbst, die eigenen Bedürfnisse, inneren Bilder und nicht zuletzt die eigene Körperlichkeit wahrzunehmen. Der Anfangsunterricht kann hierzu in der Kultivierung von Bewegungsphasen, aber auch in der Ermöglichung von Entspannung und Stilleerfahrung einen Beitrag leisten (vgl. u. a. Hacker 1992, S. 137).

Stärkung der
Ich-Kompetenz

2. Entwicklung sozial-emotionaler Kompetenz

Entwicklung sozial-
emotionaler Kompetenz

Ich-Kompetenz und sozial-emotionale Kompetenz stehen in einem komplementären, bei jüngeren Kindern in der Regel zunächst jedoch in einem konkurrierenden Verhältnis. Piaget spricht vom „kindlichen Egozentrismus", der erst in der Zeit der Einschulung abgebaut werde. Der langsame Prozess, in dem Kinder sich als Mitglieder von Partner- und Gruppenbeziehungen verstehen lernen, kann in der Schule am besten gefördert werden, wenn vorschulisch sich anbahnende Erfahrungen weitergeführt werden, z. B. dass Kinder auch im Anfangsunterricht Gelegenheiten erhalten,

- ihre Wünsche zu äußern, aber auch mit deren Ablehnung fertig zu werden
- [...] (Erwachsene und andere Kinder; TK) als ... Partner zu erfahren, sich aber auch mit ihnen im Streit auseinander zu setzen
- eigene Ansprüche durchzusetzen, aber auch Kompromisse einzugehen
- Anerkennung zu gewinnen, aber auch Kritik und Tadel auszuhalten
- beim Spielen den Ton anzugeben, sich aber auch nach anderen zu richten
- Hilfe zu geben und Hilfe anzunehmen
- mit Gefühlen wie Freude und Begeisterung, aber auch Angst und Wut umzugehen
- sich allein zu beschäftigen, aber auch mit anderen zusammen etwas zu tun
- sich in verlässlichen Bindungen geborgen fühlen, aber auch vorübergehende Trennung zu ertragen" (Landesinstitut für Schule und Weiterbildung 1992, S. 23).

verschiedene Sozialfor-
men in Unterricht und
Schulleben kultivieren

Eine entsprechende Vielfalt sozialer Erfahrungen kann nur ermöglicht werden, wenn unterschiedliche Sozialformen in Unterricht und Schulleben kultiviert und von den Kindern eigenverantwortlich mitgestaltet werden: Kleingruppen- und Partnerarbeit, aber auch selbstgewählte Einzelarbeit und das Erleben der Klassengemeinschaft im Morgen-, Wochenbeginn- und Abschlusskreis, bei der Gestaltung gemeinsamer Mahlzeiten, bei Projekten und deren Präsentation, bei der Klassenraumgestaltung oder bei Festen (vgl. Naegele u. a. 1993, S. 100 f.; Herbert 1981, S. 156). Ein gleitender Unterrichtsbeginn bietet Kindern darüber hinaus die Möglichkeit, ohne äußere Eingriffe mit anderen Kindern Kontakt aufzunehmen, Vereinbarungen zu treffen und Kooperationsformen auszuprobieren (vgl. Herbert ebda.). Eine Erweiterung des Spektrums sozialer Interaktion ergibt sich auch durch die Arbeit in jahrgangsübergreifenden Gruppen, wie sie in den reformpädagogischen Konzepten Montessoris und Petersens entwickelt wurde und derzeit in mehreren Bundesländern speziell für die Eingangsphase wieder aufgegriffen wird (vgl. Knauf 1997c, S. 116 f.).

Je vielfältiger die sozialen Erfahrungen der Kinder im Anfangsunterricht sind und je mehr Eigenverantwortung ihnen dabei zugetraut wird, desto mehr sind Kinder auch bereit, und in der Lage, die Notwendigkeit von Grenzen und Regeln zu verstehen, selber Regeln zu entwerfen, sich um ihre Einhaltung zu kümmern und sie bei Bedarf zu aktualisieren. Sinnvolle Regeln, vor allem soziale Regeln, haben etwas mit Erfahrungen und Gewohnheiten – etwa beim Lösen von Konflikten – zu tun. Sie leiten jedoch auch über zu vorausschauendem Planungsverhalten. Regeln vermitteln Sicherheit. „Sozial-emotionale Sicherheit ist entscheidende Voraussetzung für die ungehinderte Entfaltung sowohl von Kontakt- und Gruppenfähigkeit als auch von Lernbereitschaft und Lernfähigkeit" (Landesinstitut für Schule und Weiterbildung 1992, S. 26).

3. Förderung kommunikativer Kompetenz

Soziale Interaktion ist entscheidende Voraussetzung für kommunikative Kompetenz. Diese gehört zu den wichtigsten Schlüsselqualifikationen der modernen Lebenswelt. Sie zu entfalten, ist daher auch zentrale Aufgabe des Anfangsunterrichts. Damit ist aber nicht nur die Förderung des Schriftsprachenerwerbs gemeint. „Die hundert Sprachen des Kindes" heißt ein Gedicht von Loris Malaguzzi, der damit dem italienischen Vorschulkonzept der Reggio-Pädagogik ein Motto gegeben hat (vgl. Krieg 1993, S. 28). Und in diesem Gedicht werden die „100 Sprachen der Kinder" mit 100 Weisen zu sprechen, zu denken, zu entdecken und zu träumen in Verbindung gebracht; „doch Schule und Kultur nehmen ihm davon 99" (ebda.). Für die ganzheitliche Entwicklung von Kindern wäre es wichtig, so das Plädoyer der Reggio-Pädagogik, möglichst viele Ausdrucks- und Verständigungsvarianten der Kinder zu erhalten und weiterzuentwickeln, z.B. Formen ästhetischen Ausdrucks, Körpersprache und Körperbewegung (vgl. Bannmüller 1981; von Criegern 1981; Maier 1992; Zimmer 1992). Die Vielfalt vertrauter Ausdrucksmedien ermöglicht es uns, Gefühle und Empfindungen auszudrücken und erleichtert auch die angemessene Versprachlichung begrifflich schwer zu erfassender Phänomene. Dies ist eines der Motive für Freinets Konzept des „freien Ausdrucks", das Kindern die Schwelle zu überschreiten helfen soll, ganz Persönliches (Ängste, Wünsche, unangenehme Erlebnisse) – zunächst in Bildern, dann in Texten – darzustellen. Die fächerübergreifende Förderung vielfältiger Ausdrucksmöglichkeiten, die in verschiedenen Dokumentationsformen (Wanddokumentationen, Heften, Mappen, darstellendem Spiel) ihre Entsprechung findet, ist auch ein Weg, Kinder nichtdeutscher Herkunft in den ersten Schuljahren nicht zur Sprachlosigkeit zu verurteilen (vgl. Landesinstitut für Schule und Weiterbildung 1992, S. 21).

Zur Förderung der Vielfalt kommunikativer Kompetenz gehört auch das Kultivieren mündlichen Sprachgebrauchs. Aber oft werden selbst die vorschulisch erworbenen kommunikativen Fähigkeiten nicht genutzt, weil „das eigene Sprechen reduziert und ... der Regel des ,sich Meldens' unterworfen wird", das „spontane Sprachreaktionen" weitgehend verhindert (ebda.). Eine wichtige Rolle bei der Förderung sprachlicher Kommunikationsfähigkeit spielt daher die Stimulierung dialogischer Gesprächsformen mit Partnern in Kleingruppen oder der Lehrerin, dem Lehrer (vgl. ebda., S. 22). Hier können Sprechhemmun-

Förderung kommunikativer Kompetenz

das Motiv des „Freien Ausdrucks"

Kultivieren des mündlichen Sprachgebrauchs

gen abgebaut werden, was auch den Kommunikationsakten in der noch ungewohnt großen Gruppe der gesamten Klasse zugute kommt. Die Angst davor, in der größeren Gruppe etwas Falsches zu sagen (vgl. Menzel 1981, S. 73), lässt sich überwinden, wenn die Großgruppe vorrangig nicht für Gesprächssituationen eingesetzt wird, die der Produktion oder überprüfenden Wiederholung von (richtigen) Ergebnissen des Unterrichts dienen, sondern sich – etwa im Morgenkreis – auf den Austausch von Erlebnissen, Wahrnehmungen, Planungsideen oder Konfliktlösungen konzentriert. In solchen weniger den Leistungsvergleich provozierenden Situationen lassen sich dann auch weitgehend ohne Druck schrittweise gruppenbezogene Kommunikationsregeln vereinbaren und erproben, z.B. einen Beitrag anmelden, warten, zuhören, das Wort weitergeben, sich auf andere beziehen (vgl. ebda., S. 36 ff.).

Wenn Kinder in die Schule kommen, wollen sie in der Regel Lesen und vor allem Schreiben lernen. Diese Motivlage ist allerdings unterschiedlich intensiv und konkret, sie gründet sich vor allem auf sehr verschieden entwickelte Voraussetzungen und Handlungserfahrungen. Während einige Kinder schon über entwickelte Lese- und Schreibfähigkeiten verfügen, ist anderen nicht einmal das Prinzip der wechselseitigen Überführbarkeit von Lauten in Zeichen bzw. von Sprechen in Schreiben bewusst (vgl. Hacker 1992, S. 128).

Die Förderung des Schriftsprachenerwerbs im Anfangsunterricht muss daher von zwei Strukturprinzipien ausgehen:

Strukturprinzipien zur Förderung des Schriftspracherwerbs

1. Der Schriftsprachenerwerb erfolgt in Etappen, in denen Kinder „die Konzentration auf die lautliche Seite der Sprache, die Gliederung semantischer Einheiten in Wörter sowie die Wörter in Lautsegmente" erfassen (Hinnrichs/Valtin 1992, S. 69). Hinnrichs unterscheidet zwischen sechs Aneignungsstufen beim Lesen- und Schreibenlernen, die vom „Nachahmen äußerer Verhaltensweisen" („Als-ob"-Vorlesen, Kritzeln) bis zur „Automatisierung von Teilprozessen" reichen (vgl. ebda., S. 70). Zwischen diesen Aneignungsstufen und dem Lernangebot ist eine Passung herzustellen, d.h. es müssen Materialien und Aufgaben für die Kinder verfügbar sein, die das Erreichen und Stabilisieren der einzelnen Aneignungsstufen ermöglichen, z.B. das Ausgehen von den Namen der Kinder, das Schreiben von Tischkarten, das Hervorheben der Anfangsbuchstaben, das Sammeln und Durchgliedern erster Schlüsselwörter, die Einbeziehung einer Anlauttabelle (ebda., S. 71 ff.).

2. Für das gründliche und aufbauende Durchdringen der für den Schriftsprachenerwerb notwendigen Etappen werden den Kindern Ressourcen zur eigenständigen und eigenverantwortlichen Nutzung zur Verfügung gestellt:
   - gegenständliche und gestaltbare Materialien (z.B. neben fertigen Buchstaben aus verschiedenem Material auch Ton/Knetmasse, Draht und Pappe zur Anfertigung von Buchstaben)
   - optische Anregungen und Modelle zur Stimulierung von Imitationslernen (neben Anlauttabellen schön oder originell gestaltete Buchstaben oder Kurztexte auf Plakaten, Zeitungsschlagzeilen, Briefe an den Wänden)

– die Möglichkeit, selber Partner und Hilfen zu suchen
– wenig vorstrukturierte Zeiträume, um ohne Druck schrittweise
  Lese- und Schreiberfahrungen machen zu können.

An die Stelle eines synchron ablaufenden Lese- und Schreiblehrgangs treten werkstattähnliche Experimentiersituationen (vgl. Reichen 1988), die unterschiedliche Entwicklungsstände zulassen, die aber durch Wand- oder Mappendokumentationen sowie durch Berichte etwa im Morgen- und Wochenabschlusskreis in der Klasse transparent und „öffentlich" gemacht werden.

„werkstattähnliche Experimentiersituationen"

4. Die Stärkung der Planungs- und Handlungskompetenz

Schon in der Kindertagesstätte, im Kindergarten haben viele Kinder gelernt, Eigen- und Mitverantwortung für ihre Kleidung, das Spielmaterial, die Gestaltung der Räume oder für Vorbereitung und Abschluss von Mahlzeiten zu entwickeln. Viele dieser von den Kindern selber zu vollziehenden, ihnen die Zurückstellung spontaner Bedürfnisse abverlangenden Tätigkeiten entsprechen den „Übungen des täglichen Lebens" in der Montessori-Pädagogik. Sie haben ihre Bedeutung auf folgenden Ebenen:

Stärkung der Planungs- und Handlungskompetenz

1. Kinder entwickeln ein Repertoire routinierter alltagsbezogener Handlungselemente, die ihnen das Bewältigen von Anforderungen in einer zunehmend komplexer werdenden Lebenswelt erleichtern.
2. Die Ausbildung von Handlungsgewohnheiten hat meist auch etwas mit der Beachtung der anderen und ihrer Bedürfnisse zu tun. Die kleinen alltagsbezogenen Gewohnheiten bilden die Bausteine komplexerer Handlungsstrukturen, in denen das Eingehen auf Partner eine Rolle spielt: Klären und Ausgleichen von Interessen, Finden und Formulieren gemeinsamer Handlungsziele, Entwerfen, Erproben und Beurteilen von Handlungsplänen.
3. Das Routinisieren von Handlungselementen, die nicht mehr jedes Mal einer Erklärung bedürfen (Warum muss ich das denn wegräumen?), macht den Kopf frei für Wichtigeres, Eigenes, bringt Kinder dazu, die von Rousseau geforderte schwierige Unterscheidung zwischen Launen und Bedürfnissen zu erfassen, und fördert die Ausstrahlung äußerer auf innere Klarheit (Montessori), die notwendig ist, um Ziele zu finden und Handlungen zu entwerfen.

Schon im Anfangsunterricht gibt es viele Möglichkeiten, Planungs- und Handlungskompetenz zu erproben: Finden, Beurteilen und Verändern von Sitzordnungen, Gestalten des Klassenraumes, Gestalten von Mahlzeiten und Gesprächssituationen, Arbeiten nach dem Tages-, später Wochenplan oder im Stationsunterricht, Nutzen von Zeitphasen Freier Arbeit und selbständiges Handeln in Projekten oder im Werkstattunterricht.

5. Stimulieren von Sachkompetenz

Stimulieren von Sachkompetenz

Sachkompetenz als Dimension des Anfangsunterrichts bezieht sich auf das Bedürfnis der Kinder, Welt zu verstehen, sich in ihrer Lebenswelt zu orientieren und sich aktiv mit ihren Lebensumständen auseinander zu setzen (vgl. das Kompetenzkonzept R. Whites, 1957). Sachkompetenz ist nicht statisch, sondern gebunden an Prozesse des Erwerbs, der Überprüfung, der Anwendung und der Veränderung von Wissen. Daher kann es im Anfangsunterricht nur sehr begrenzt darum gehen, Wissen verbal zu vermitteln. Wichtiger ist, dass Kinder stimuliert und unterstützt werden, Wege des Wissenserwerbs zu suchen, Hypothesen zu formulieren, diese zu diskutieren und kritisch zu reflektieren sowie die Relevanz erworbenen Wissens durch Praxisanwendung zu prüfen. Solche Konzepte des forschenden und „entdeckenden Lernens" (Bruner) werden in der Reggio-Pädagogik schon von Kindern im Vorschulalter realisiert (vgl. Kaiser 1997, S. 172).

Methoden des Erwerbs und der Verarbeitung von Wissen ausdifferenzieren

Für den Anfangsunterricht ist heute die Tendenz unverkennbar, auf einen Kanon verbindlich zu vermittelnden inhaltlichen Wissens zu verzichten. Das hängt zum einen Teil mit der immer weniger überschaubaren Flut spezialisierten Wissens in der modernen Informationsgesellschaft zusammen, das zudem sich beschleunigenden Alterungsprozessen unterliegt. Entsprechend wandeln sich unsere Vorstellungen von Allgemeinbildung, die sich weniger auf die Anhäufung tradierter Wissensbestände als auf die Fähigkeiten zum Gewinnen, Verarbeiten, Vernetzen, Hierarchisieren und Bewerten von Wissen beziehen. Die Schule verliert entsprechend schrittweise ihre Funktion, Vorratswissen für das spätere Erwachsenenleben zu vermitteln, gewinnt aber an Bedeutung, bei den Kindern Methoden des Erwerbs und der Verarbeitung von Wissen zu stabilisieren und auszudifferenzieren (vgl. Hacker 1992, S. 126 f.).

Dabei spielt auch das Einbauen von Wissen eine große Rolle, das die Kinder außerschulisch – in der Kommunikation mit anderen und vor allem auch in der Nutzung der Massenkommunikationsmedien – erworben haben. Dies ist ein notwendiger Beitrag zur Realisierung der Prinzipien, Schule und Leben miteinander zu verbinden und den Unterricht an den Erfahrungen der Kinder anknüpfen zu lassen.

Eine große Bedeutung bei der Stabilisierung von Methoden des Wissenserwerbs und der Wissensverarbeitung hat die Förderung kommunikativer Kompetenzen, wie des Fragens, Beschreibens, Vergleichens, Hypothesen Formulierens, Argumentierens, also auch des Begründens und Widersprechens. Vor allem im projektorientierten

projektorientierter Unterricht

Unterricht bieten sich viele Anlässe zur Förderung sachbezogenen Sprechens.

Im Umfeld verbaler Kommunikationsformen findet sich eine Fülle von Handlungsstrategien, die zum Erwerb und zur Verarbeitung von Wissen im Anfangsunterricht eingesetzt werden können. Vor allem gegenständliches, an „konkrete Operationen" (Piaget) gebundenes Handeln

„konkrete Operationen"

ist für die Sechs- bis Achtjährigen bedeutungsvoll: Sammeln, Sortieren, Vergleichen, Ausstellen, Konstruieren, Experimentieren, Malen, Zeichnen, Fotografieren. Viele dieser Aktivitäten können aus Spielhandlungen entstehen (vgl. Fölling-Albers 1980), deren Bedeutung für den Ausbau von Qualifikationen traditionell schulisch unterbewertet wurde (vgl. Hüttenmoser 1981; Knauf 1989a).

Sachkompetenz muss nicht vordergründig sein. Auch das Philosophieren mit Kindern, das Gespräch mit ihnen über Tod, Gefühle, Glücklichsein, ist im Anfangsunterricht möglich, dient jedoch nur selten der Lösung konkreter Probleme. Philosophieren im Anfangsunterricht kann aber zum Aufbau von Haltungen sowie (individuellen) Wert- und Bedeutungssystemen beitragen (vgl. Englhart 1997; Martens/Schreier 1994).

2.4 Qualitätsmerkmale des Anfangsunterrichts

Viele Faktoren tragen dazu bei, dass Leben, Lernen und Erfahrung Sammeln in den ersten Schuljahren für die personale und soziale Entwicklung der Kinder sowie für den Aufbau und die Ausdifferenzierung ihrer Kompetenzen förderlich sind. Einige wichtige Faktoren seien hier zusammengetragen:

personale und soziale Entwicklung und Aufbau und Ausdifferenzierung der Kompetenzen

1. Sozial-emotionale Atmosphäre

Das Schaffen einer sozial-emotionalen Atmosphäre in der Klasse ist eine zentrale Voraussetzung für das Wohlbefinden der Kinder, das notwendig dafür ist, dass sie sich mit der Schule und dem schulischem Lernen identifizieren und ihr Interesse an der eigenverantwortlichen Organisation von Lernprozessen weiterentwickeln können. Wesentliches Moment für die Schaffung einer sozial-emotional ansprechenden Atmosphäre ist die Kultivierung der Beziehungen zwischen Lehrerin, Lehrer und Kindern: Kinder brauchen nach dem Konzept Eriksons für gesundes Aufwachsen Bezugspersonen, die ihnen Verlässlichkeit und Vertrauen vermitteln und die ihnen zugleich einen Vertrauensvorschuss für ihr Handeln geben und ihnen etwas zutrauen. Eine positive Atmosphäre, ein förderliches Klima wird aber auch durch alles das konstituiert, das auf die (entwicklungsbedingten) Bedürfnisse der Kinder eingeht (vgl. Liebau 1996), vor allem auf ihre Bedürfnisse nach motorischer Bewegung (vgl. Zimmer 1992), nach Vielgestaltigkeit oder, wie es Montessori forderte, nach Helligkeit, Klarheit, Schönheit und Anregungsreichtum der Räume. Eine unter pädagogischen Aspekten gelungene Gestaltung der Lernumgebung bewirkt:

Kultivierung der Beziehung zwischen Lehrer und Kind

- das Schaffen von Orientierung, Geborgenheit, Wohlgefühl
- die Herstellung von differenzierten Bedingungen für einen offenen, handlungsorientierten Unterricht
- die Bereitstellung von Möglichkeiten, dass Kinder in der Gestaltung

der Umgebung und in der Dokumentation ihrer (Lern-)Aktivitäten sich und ihre Entwicklung zum Ausdruck bringen (vgl. Knauf 1996).

2. Individualität und Sozialität

Kinder in ihrer Individualität annehmen

Wenn Kinder in die Schule kommen, ist es wichtig, dass sie in ihrer Individualität angenommen werden und Möglichkeiten erhalten, ihren eigenen Lerntyp zu entdecken (vgl. Vester 1978), einen eigenen Lernstil aufbauen und nach eigenem Lerntempo arbeiten können. Nur so kann eine stabile, positive Lernhaltung aufgebaut werden, die über die Schulzeit hinaus wirksam bleiben kann. Lernprozesse bedürfen oft aber der personalen Unterstützung, Aufmunterung, Herausforderung, Vorbilder, Diskussion und Rückmeldung. Deshalb ist die Arbeit in vorrangig selbst gewählten Kleingruppen im Anfangsunterricht besonders wichtig.

Das in den späten 70-er Jahren in England zur Evaluierung offenen Unterrichts (open education) durchgeführte „Oracle project" (vgl. Bennett 1981) hat ergeben, dass Kleingruppenarbeit in den ersten Schuljahren besonders wirkungsvoll ist, aber der Flankierung durch individualisiertes Lernen und auch durch Klassenunterricht bedarf. Der Klassenunterricht hat vor allem beim gemeinsamen Planen (etwa bei projektorientiertem Arbeiten), Erklären und Diskutieren von Regeln, Darstellen von Ergebnissen und Austausch von Erfahrungen eine besondere Bedeutung. Andere Gemeinschaftssituationen wie Gesprächskreise, Mahlzeiten, Chorsingen, Bewegungs- und Entspannungsübungen sind ähnlich wichtig wie der Klassenunterricht. Gemeinschaftssituationen sind Voraussetzung für die Schaffung eines positiven Klimas der wechselseitigen Akzeptanz und der Anerkennung von Verschiedenheit in der Klasse sowie für den Aufbau von Ansätzen sozialer Mitverantwortung und Solidarität.

3. Offene Lernkulturen

Möglichkeiten des offenen Unterrichts

Eine offene Lernkultur ist das methodische Herzstück des Anfangsunterrichts. Offener Unterricht ermöglicht oder erleichtert
- die Bezugnahme auf die Individualität der Lerntypen, Lernstile, Lerntempi
- die Berücksichtigung der spezifischen Lerninteressen, aktuellen Probleme, Erfahrungen und Probleme der Kinder
- die spezielle Förderung einzelner Kinder
- die Ausprägung individueller Fähigkeitsprofile
- die Stärkung der Eigenverantwortung der Kinder für ihre Lernprozesse
- die Selbsttätigkeit und Selbständigkeit des Lernens
- die Zusammenarbeit und die sozialen Kompetenzen der Kinder
- die Stabilisierung der Lernmotivation
- den Ausbau der Fähigkeit zur Selbsteinschätzung der Kinder.

Formen offenen Unterrichts sind seit der Reformpädagogik bekannt und erprobt worden: Projektunterricht, Freie Arbeit sowie Tages- oder Wochenplanunterricht. Stations- und Werkstattunterricht erweitern das Formenrepertoire offenen Unterrichts (vgl. u. a. Neef 1990; Wallrabenstein 1991; Hegele 1997). Mischformen sind möglich, z. B. die Integration Freier Arbeit oder von Kleinprojekten in den Tages- oder Wochenplanunterricht (vgl. Kapitel 4.5).

Die Einführung offener Unterrichtsformen bietet sich insbesondere beim Schulanfang an: Es kann an die offenen Arbeitsformen in den Einrichtungen der Elementarerziehung angeknüpft werden, in denen seit Fröbel das Freispiel geläufig ist und durch die Reggio-Pädagogik und den situationsorientierten Ansatz auch projektorientierte Handlungsformen eingeführt wurden. Offene Unterrichtsformen von Anfang an erleichtern in der Schule auch frühzeitig und ohne Zwischenstufen den Aufbau von Regeln und Handlungsgewohnheiten, die auf die Selbständigkeit und Eigenverantwortlichkeit der Kinder zielen.

die Einführung offener Unterrichtsformen bietet sich beim Schulanfang an

4. Ressourcen Bereitstellen – Beobachten – Fördern – Rückmeldung Geben

Eine offene Lernkultur ist nur auf der Basis einer veränderten Lehrerrolle möglich. Hierzu gehört die Intensivierung der Ressourcenbereitstellung in Form von didaktischen Materialien, Lernspielen, Kinderbüchern, Spielmedien, gestaltbaren „Rohstoffen", Gegenständen wie Bilder oder interessanten Fundstücken, die das Erkundungs-, Gesprächs- und Handlungsinteresse der Kinder auf sich ziehen.

offene Lernkultur auf der Basis einer veränderten Lehrerrolle

Besonders wichtig ist die (Neu-)Profilierung der Interaktionsformen und -felder zwischen Lehrerin, Lehrer und den Kindern. Ein bedeutsames Interaktionsfeld ist das Beobachten von Kindern. Es dient dazu, dass die Kinder wahrgenommen und auch verstanden werden im Hinblick auf

- die Besonderheiten, die Unverwechselbarkeit ihrer Persönlichkeit
- die Grade ihres Wohlbefindens, ihrer Akzeptanz schulischer Situationen
- die Grade ihrer Integration in Partner- und Gruppenbeziehungen
- den Umgang mit Lernangeboten und -materialien (vgl. zum Thema „Beobachten" Fölling-Albers 1980; Miller 1995; Beck/Scholz 1995; Martin/Wawrinowski 1993; Köck 1997; Landesinstitut 1997).

Beobachtungen liefern damit konkrete Anhaltspunkte für die Gestaltung der sozial-emotionalen Atmosphäre in der Klasse, für die Beeinflussung sozialer Interaktion und für die Organisation einer offenen Lernkultur. Beobachtung soll die Wahrnehmung von Prozessen und Phänomenen schärfen, nicht Verhaltenszuschreibungen („Simone ist unkonzentriert") fixieren (Fölling-Albers 1980, S. 183). Daher sind neben geplanten Beobachtungen der Kinder, etwa beim Spiel, bei der Kleingruppenarbeit, beim gleitenden Unterrichtsbeginn oder in der Pause, möglichst auch Spontanbeobachtungen aus aktuellem Anlass

individuelle Förderung der Kinder

vorzunehmen (vgl. ebda., S. 180 ff.). Entsprechend offen sollten Beobachtungen dokumentiert werden: weniger in Tabellen als in einem Tagebuch, auf Karteikarten oder Zetteln, die mit (Arbeits-)Dokumenten in einer Hängeregistratur aufbewahrt werden können (vgl. ebda., S. 187 f.).

Beobachtungen sollten dazu führen, dass Kinder individueller gefördert werden können. Fördern heißt dabei nicht primär Schwächenausgleich, sondern generell Kindern das zu geben, was sie für ihre Identitäts- und Kompetenzentwicklung brauchen. Das kann eine Aufmunterung, eine konkrete Arbeitshilfe, ein spezielles Material, ein geeigneter Partner, ein ruhiger Platz, mehr Zeit, Lob, aber auch Kritik oder eine deutliche Grenzziehung sein.

Fördern verlangt in der Regel keine speziellen Zeiten, Räume, Gruppenzuweisung; Fördern bildet mit dem Beobachten die Hauptaktivität der Lehrerin, des Lehrers im Anfangsunterricht.

Vermittlung von Rückmeldung an die Kinder

Als Bestandteil des Förderns könnte auch das Vermitteln von Rückmeldung an die Kinder gelten (vgl. insbesondere Ministerium für Bildung, Jugend und Sport 1996, S. 9 f.). Rückmeldung bedeutet, Kindern Signale zu geben, dass sie ernst genommen, angenommen und wertgeschätzt werden und dass ihre Lernaktivitäten und -fortschritte gewürdigt werden. Eine solche Würdigung kann auch in einem die Persönlichkeit nicht verletzenden Maße Kritik, Erwartungen und natürlich Anstöße und Hilfen für die Weiterarbeit enthalten.

Nicht alle Kinder brauchen das gleiche Maß an Rückmeldung: Selbstbewusste Kinder haben oft genug Eigenmotivation, die durch zu viel Lob eher unterminiert wird, weil Abhängigkeiten von äußerer Zuwendung entstehen; Kinder mit Selbstzweifeln haben dagegen einen hohen Bedarf an Bestätigung und Verstärkung.

Es gibt viele situationsbezogen einzusetzende Formen der Rückmeldung; sie reichen vom Augenzwinkern bis zum Gespräch unter vier Augen.

5. Eltern als Partner

Eltern als interessierte und unterstützende Begleiter des Anfangsunterrichts

Übergang und Neubeginn bei der Einschulung können nur ohne Brüche und Krisen gelingen, wenn Eltern als interessierte und unterstützende Begleiter des Anfangsunterrichts gewonnen werden können. Dies kann, wenn auch sicher nicht auf alle Eltern bezogen, erreicht werden, wenn man sich als Lehrerin, Lehrer bemüht, Eltern zur Kooperation einzuladen (vgl. Knauf 1979, S. 15; Hacker 1992, S. 74 ff.; Naegele u. a. 1993, S. 166 ff.; Boschbach 2000). Das kann sich in folgenden Aktivitäten konkretisieren:

- regelmäßige Information über das Geschehen in der Klasse und das Schulleben sowohl in Elternbriefen als auch auf Elternabenden, beginnend mehrere Monate vor der Einschulung
- wiederholte Einladung der Eltern zu Hospitationen, vor allem aber auch dazu, Ideen und Materialien für die Gestaltung von Unterricht und Schulleben einzubringen

- Präsentation der Kinderarbeiten in der Klasse als Lerndokumente und damit Informationsquellen über die Entwicklung der Kinder
- Angebot an (einzelne) Eltern, mit ihnen über Beobachtung und spezifische Förderung ihres Kindes zu reden
- Akzeptieren und Kultivieren informeller Gesprächssituationen auf Eltern-Kinder-Lehrer-Nachmittagen, Schul-/Klassenfesten, aber auch bei „Tür-und-Angel-Kontakten".

3 Was sollen Kinder lernen?

3.1 Fallbeispiel: Lerninhalte: ein Diskussionsthema nicht nur für Eltern

Maren Gabbatsch bereitet den ersten Elternabend zu „ihrer" 3. Klasse vor. Neben der Wahl der Elternvertreter möchte sie ein weiteres Thema behandeln, das möglichst viele Eltern interessieren könnte. Die Entscheidung wird ihr durch einen Anruf von Herrn Baumann, dem bisherigen Elternvertreter abgenommen. Er überzeugt Frau Gabbatsch, mit den Eltern über die aktuellen Inhalte des Grundschulunterrichts zu diskutieren.

aktuelle Inhalte des Grundschulunterrichts

Frau Gabbatsch hat nicht mehr viel Zeit zur Vorbereitung. Am Nachmittag vor dem Elternabend liest sie sich in Auszügen nochmals die Richtlinien und Lehrpläne durch und notiert sich einige Punkte für einen Kurzvortrag,

- *die Bedeutung der Kulturtechniken im gegenwärtigen und zukünftigen Leben der Kinder,*
- *die Rolle des Sachunterrichts für den Aufbau ausgewählten Basiswissens in den Bereichen von Naturwissenschaft, Technik und gesellschaftlichem Leben sowie für Methoden der Informationsbeschaffung und -auswertung,*
- *die zunehmend wichtige Aufgabe der Bewegungsförderung im Sportunterricht,*
- *die ganzheitliche Persönlichkeitsentwicklung durch die Auseinandersetzung mit der Dimension des Ästhetischen im Kunst- und Musikunterricht sowie*
- *die Stärkung von Wertorientierung und die Auseinandersetzung mit Fragen des Glaubens und des metaphysischen Rahmens menschlicher Existenz im Religionsunterricht.*

Auf dem Elternabend kommt es dann zu einem Streit. Nach den ersten zwei Schuljahren hätten sich die Kinder in das Schulsystem eingelebt. Nun wäre es an der Zeit, so Herr Baumann, die fachlichen Ansprüche etwas stärker zu betonen, damit die Kinder auf die Anforderungen des Fachunterrichts in den weiterführenden Schulen und des von Technik und Leistung bestimmten heutigen Lebens vorbereitet werden.

Frau Pfeiffer ist ganz anderer Meinung: Die Verengung schulischen Lernens auf Fachleistungen verstärke die Verarmung der Menschen zu

„Workaholics", die sich in der Freizeit vielleicht am anspruchslosen Massenkonsum beteiligen. Soziales Engagement, Mitmenschlichkeit, Interesse am kulturellen Leben, Persönlichkeitsentwicklung, gesundes Leben sowie Ganzheitlichkeit von Leib, Geist und Seele bedürfen heutzutage, wo die Familien sich oftmals um all dies nicht mehr richtig kümmern, doch der Förderung im Kindesalter. Und wer sonst als die Schule könne dies leisten?
Diese Frage ging in den Folgetagen der Lehrerin nicht mehr aus dem Kopf: Sie war beunruhigt darüber, wie selten wir darüber nachdenken, was Kinder in der Grundschule lernen sollten, und wie schwierig es ist, Kriterien für die Beantwortung dieser Frage zu finden.

Beschäftigt man sich näher mit der Frage, was Kinder lernen sollen (vgl. auch Valtin 2000), stößt man schnell auf weitere Fragen: Was ist Lernen und wie ist der Zusammenhang von Lernen, Bildung und Erziehung zu verstehen? Die letzten Jahrzehnte haben in Europa und Nordamerika eine Fülle von Interpretationen des Lernbegriffs hervorgebracht. Lernen wird verstanden als Informationsverarbeitung (Gagné), als Rezeption verfügbaren Wissens (Ausubel), als handelnde Aneignung der gattungsgeschichtlich kumulierten und gesellschaftlich notwendigen Wissens- und Könnensbestände (Leontjew), als reflektierte Handlungserfahrung (von Hentig), als Ausbildung von Gewohnheits- und Problemwissen (Berger/Luckmann), als konditionierbare Verhaltensänderung (Skinner), als Befriedigung des individuellen Kompetenzbedürfnisses (White), als Entdeckung von Strukturen und/oder Problemlösung (Bruner), als Neuinterpretation von Situationen (Badura), als Aufbau oder Neuordnung kognitiver Konstrukte (von Glaserfeld), als interessengeleitete Exploration der gegenständlichen und sozialen Welt (Piaget), als affektiv stimulierter Austausch und kognitive Verknüpfung von Sinnesreizen (Vester) usw. In diesen verschiedenen Erklärungsansätzen werden sowohl die vom Lernenden vollzogenen Prozesse als auch das Ziel des Lernens unterschiedlich interpretiert. In jedem Fall wird unter Lernen gleichwohl eine Bereicherung der individuellen Könnens- und Wissensstrukturen verstanden.

Interpretation des Lernbegriffs

Lernen als Bereicherung der individuellen Könnens- und Wissensstrukturen

In welchem Verhältnis stehen solche Prozesse der Kompetenzerweiterung nun mit dem, was unter Bildung und Erziehung verstanden werden kann? Die Antwort ist nicht ganz einfach, denn zum einen sind die drei Begriffe Lernen, Bildung und Erziehung auf unterschiedlichen Ebenen angesiedelt, zum anderen ist das Verständnis der Begriffe Bildung und Erziehung ähnlich uneinheitlich wie beim Lernbegriff. Dabei ist vor allem der historische Wandel im Gehalt beider Begriffe bedeutsam. Der Begriff *Bildung* betont stärker die „Selbstformung" des Individuums, „die Arbeit des Selbst an sich selbst", um „Selbstmächtigkeit zu erlangen" (Schmidt 1999, S. 311). Der Erziehungsbegriff stellt dagegen den (durchaus unterschiedlich gestaltbaren) Beziehungsaspekt bei der Entwicklung des Einzelnen in den Vordergrund.
Erziehung bedarf also der Bezugspersonen, die sich als (Mit-)Akteure der Entwicklung Heranwachsender verantwortlich fühlen. In früheren Jahrhunderten waren die Familien die wesentlichen Erziehungsakteure; das Zuhause war entsprechend der entscheidende Ort und die Instanz

Erziehung bedarf einer Bezugsperson

der Erziehung. Im sozialhistorischen Zusammenhang mit der Industrialisierung kam es dann zur Trennung von Wohnen und Arbeiten und auch zu einer teilweisen Verlagerung von Erziehungsfunktionen auf die Schule sowie schrittweise auf weitere Instanzen wie Kindergarten/Kindertagesstätten, Hort, Einrichtungen der Kinder- und Jugendarbeit oder Vereine (vgl. von Hentig 1999, S. 58). Erziehung ist damit eine arbeitsteilige Aufgabe der Gesellschaft geworden, an der private und öffentliche Akteure und damit Laien und Professionelle beteiligt sind. Solche Arbeitsteilungen sind Kennzeichen demokratischer Gemeinwesen, die aufgrund ungeschriebener Gesellschaftsverträge („contrats socials", vgl. ebda., S. 30), aber auch aufgrund rechtlich definierter Aufgabenzuweisungen funktionieren. So enthalten dann auch die Landesverfassungen der Bundesrepublik Deutschland inhaltliche Aussagen über den staatlichen Erziehungsauftrag, der von den öffentlichen Schulen eingelöst werden soll. In der noch Ende der 40-er Jahre verabschiedeten Verfassung des Landes Hessen heißt es beispielsweise in Artikel 56:

„Ziel der Erziehung ist, den jungen Menschen zur sittlichen Persönlichkeit zu bilden, seine berufliche Tüchtigkeit und die politische Verantwortung vorzubereiten zum selbständigen und verantwortlichen Dienst am Volk und der Menschheit durch Ehrfurcht und Nächstenliebe, Achtung und Duldsamkeit, Redlichkeit und Wahrhaftigkeit."

Und in der rund 50 Jahre später, 1996, entstandenen Grundschulverordnung des Landes Brandenburg werden folgende Erziehungsaufgaben formuliert: „Die Schülerinnen und Schüler sind im Bildungsgang der Grundschule so zu fördern, dass sie

1. *sich unter Berücksichtigung ihrer individuellen Lernmöglichkeiten und Erfahrungen ganzheitlich in ihrer Persönlichkeit entwickeln können,*
2. *grundlegende Fähigkeiten, Kenntnisse und Fertigkeiten in Inhalt und Form erwerben können, die sie befähigen, sich in ihrer Lebenswelt handelnd zu orientieren,*
3. *über kindgemäß offene Lernformen zu selbständigem Denken, Lernen und Arbeiten geführt werden, wobei Lernfreude, Leistungs- und Anstrengungsbereitschaft erhalten und weiterentwickelt werden sollen"*

(§ 2 der Verordnung über den Bildungsgang der Grundschule. In: Amtsblatt des Ministeriums für Bildung, Jugend und Sport, 12/1997, S. 502–512).

3.2 Soziologische, philosophische und erziehungswissenschaftliche Versuche zur Definition von Qualifizierungsbedarf und schulischen Qualifizierungsaufgaben

Mit den Begriffen Kompetenzen und Qualifikationen möchte ich Kenntnisse, Fähigkeiten und Fertigkeiten umschreiben, die Heranwachsende schulisch erwerben und zu ihrer Orientierung und Handlungsfähigkeit in ihrer aktuellen Lebenswelt und in ihrem zukünftigen Leben benötigen. Die Begriffe Qualifikation und Kompetenz verwende ich weitgehend synonym.

In der Erziehungswissenschaft, aber auch in der Philosophie und Soziologie sind dabei immer wieder Versuche gemacht worden, schulisch zu vermittelnde Qualifikationen und Kompetenzen zu beschreiben.

Kompetenzen und Qualifikationen

1. Ausgewählte Beiträge der soziologischen Forschung

Bemerkenswert ist, dass in der Soziologie die Qualifikations- bzw. Kompetenzvermittlung keineswegs als einzige und primäre Aufgabe und Leistung der Schule gesehen wird. Für **Talcott Parsons**, dem Begründer der Systemtheorie, stehen die beiden schulischen Aufgabenstellungen Sozialisation und Selektion im Vordergrund (vgl. Parsons 1968). Danach übernimmt die Schule die Funktion, den einzelnen mit den Fähigkeiten, Fertigkeiten und vor allem psychischen Dispositionen auszustatten, die er als Voraussetzung zur Übernahme bereitstehender Erwachsenenrollen benötigt. Der Heranwachsende soll in der Schule die Gewissheit vermittelt bekommen, dass die zum Erhalt der Gesellschaft notwendigen Rollen in Familie, Beruf und anderen öffentlichen Handlungsfeldern etwas Sinnvolles und Erstrebenswertes sind (Sozialisation). Hinsichtlich der schulischen Selektionsfunktion nimmt Parsons an, dass die menschlichen Ressourcen durch das Bildungssystem auf die Vielzahl vorhandener Berufsrollen verteilt werden. Damit wird die Schule zur „Instanz zur Verteilung von Arbeitskraft" (Parsons 1968, S. 163), wobei die Leistung als das gesellschaftlich akzeptierte Ausesekriterium gilt.

Der systemtheoretische Ansatz Parsons wurde in den 70-er Jahren von **Helmut Fend** (1974) erweitert. Wie Parsons ging Fend von der *Sozialisations- und Selektionsfunktion* der Schule aus, doch während Parsons schulische Qualifizierungprozesse der Sozialisationsfunktion subsumierte, formulierte Fend eine eigenständige Qualifikationsfunktion. Darüber hinaus sah er in der Schule nicht nur ein Subsystem im Dienste der Reproduktion des gesellschaftlichen Gesamtsystems, sondern auch

Sozialisation und Selektion

eine gesellschaftliche Instanz zur Unterstützung und Förderung der individuellen Fähigkeiten und Lerninteressen (vgl. Fend 1974, S. 12). Die Schule ist so – gewissermaßen im Rahmen eines Gesellschaftsvertrags (contrat social) – der wechselseitigen Dienstleistung für die Gesellschaft und deren einzelne Mitglieder verpflichtet.

Zu den bekanntesten neueren Ansätzen aus der Soziologie, Aufgaben der Schule und notwendige Inhalte schulischer Erziehungs- und Bildungsleistungen zu formulieren, gehörte **Amitai Etzionis** Versuch, die Ziele und Strukturen eines neuen politischen Gemeinsinns programmatisch zu formulieren (Etzioni 1998). Ausgangspunkt ist die Annahme, dass Familien kaum noch in der Lage oder bereit sind, erzieherische Wirkungen zu entfalten (vgl. ebda., S. 105). Daher müsse die Schule „zwei grundlegende Anforderungen ... erfüllen: elementare Persönlichkeitsmerkmale selbständiger Individuen zu entwickeln und zentrale Werte zu internalisieren" (ebda., S. 106). Also auch hier liegt die Schule im Schnittpunkt zwischen individueller Subjektentwicklung und Sicherung der gesellschaftlichen Reproduktion. Die Gesellschaft bedarf verantwortungsbewusster und handlungsfähiger Mitglieder. Voraussetzung hierfür ist nach Etzionis Plädoyer die Befähigung der Heranwachsenden zu „Triebkontrolle und Befriedigungsaufschub" (ebda.). Wichtiger als Intelligenz und Auffassungsgabe sind für schulische und berufliche Leistungen meist *„Konzentration, Triebkontrolle, Selbstmotivierung und die Fähigkeit, Stress auszuhalten und zu überwinden* (um Ablenkungen zu widerstehen und die mit dem Auswendiglernen verbundene ‚Routine'-Arbeit zu akzeptieren)" sowie die „Fähigkeit, für eine Aufgabe innere Energie zu mobilisieren und einzusetzen" (ebda., S. 109; Hervorhebung durch Verfasser).

Etzioni möchte nicht missverstanden werden; (Selbst-)Disziplin baut sich nicht auf Autorität, Strafen, Druck und Härte auf, sondern durch Orientierungssicherheit, klare Regeln, einsichtigen und maßvollen Erwartungen, Akzeptanz (vgl. ebda., S. 110 f.).

Charakterbildung und damit die Entwicklung von Selbstdisziplin bedarf nach Etzioni konkreter (moralischer) Bezugspunkte und Inhalte. Dies sollten die gemeinsamen Werte sein, über die trotz kritischer Diskussion letztlich ein recht breiter kultureller und sogar interkultureller Konsens bestehe (vgl. ebda., S. 112 ff.). Dennoch vermeidet Etzioni eine Katalogisierung zentraler gemeinsamer Werte. Erwähnt werden *Ehrlichkeit, Wahrhaftigkeit, Verantwortungsbewusstsein, Gewaltverzicht, Rücksicht, (Selbst-)Achtung, das Rechtsstaatsprinzip* (vgl. ebda., S. 118 ff.).

Die Vermittlung moralischer Werte sieht Etzioni weniger in der begrifflichen Thematisierung im Unterricht als in der Schaffung eines Schulklimas und schulischer Alltagssituationen, die konkret erfahrbar sind und Schule zu einem „Erfahrungsraum" machen.

Ähnlich wie bei Etzioni ist der Ausgangspunkt der Darstellung von **Oskar Negt** die Beschreibung und Analyse gegenwärtiger gesellschaftlicher Krisenphänomene, die er allerdings – gegenüber Etzioni – als weit tiefer und grundsätzlicher einschätzt. Er spricht von einer „grundlegenden Strukturkrise der Industriegesellschaft" (Negt 1997, S. 16), von einer Krise des „überkommenen Systems der Organisation gesellschaftli-

Schule als gesellschaftliche Instanz zur Unterstützung und Förderung individueller Fähigkeiten

grundlegende Anforderung an die Schule

Schulklima und konkret erfahrbare Alltagssituationen

grundlegende Strukturkrise der Industriegesellschaft

cher Arbeit" (ebda., S. 18). „Krisen dieses Typs verändern die Subjekte in ihrem wichtigen Arbeitsverhalten, in ihrem Selbstwertgefühl, in ihren Wert- und Bedürfnisorientierungen" (ebda., S. 22).

Eine derartige „Erosionskrise" stellt auch den herkömmlichen Bildungsbegriff in Frage und ruft eine angestrengte Suche nach einem neuen Bildungsbegriff hervor, für den zwei Merkmale von Bedeutung sind: *„Orientierung und Kompetenz"* (ebda., S. 15)

Als Antwort auf diese generelle Suchbewegung schlägt Negt sechs *gesellschaftliche Schlüsselqualifikationen* vor, „die für eine befriedigende Lebensorientierung wichtig sind" (ebda., S. 210):

gesellschaftliche
Schlüsselqualifikationen

1. *Zusammenhalt herstellen*, also die Fähigkeit, in einer fragmentierten Welt Beziehungen herzustellen zwischen Dingen, Verhältnissen und den eigenen Lebenszusammenhängen (dies ist für Negt die entscheidende Grundlagenkompetenz).
2. *Identitätskompetenz*, also die (Wieder-)Gewinnung von Identitätsbalance vor dem Hintergrund der Erosion der traditionellen Identität unserer westlichen Kultur, die auf den für zunehmend weniger Menschen realisierbaren Gütern Arbeit und Eigentum aufbaut.
3. *Technologische Kompetenz*, also die Fähigkeit, die gesellschaftlichen Zusammenhänge und Wirkungen technischer Entwicklung einzuschätzen und zu unterscheiden, welche Technologien wirklichen Fortschritt mit sich bringen können und welche nicht.
4. *Gerechtigkeitskompetenz*, also die für den Erhalt der Demokratie wichtige Sensibilität für die alltäglichen „Enteignungen" und Ungerechtigkeiten als Basis eines natürlichen Rechtsbewusstseins.
5. *Ökologische Kompetenz*, also der Respekt und das Verständnis für unsere natürliche Umwelt als Grundlage eines pfleglichen Umgangs mit Menschen, mit der Natur und den Dingen.
6. *Historische Kompetenz*, also das Bewusstsein von der eigenen und der gesellschaftlichen Geschichtlichkeit und zugleich die doppelte Fähigkeit, eigene Lebenszeit sinnvoll einzuteilen sowie Utopien und Visionen zu denken (vgl. ebda., S. 210 ff.).

Stärker als in den zuvor beschriebenen soziologischen Ansätzen zur Erklärung der Aufgaben von Schule geht Negt von der Notwendigkeit aus, eine gesellschaftliche Vision zu skizzieren, um als Grundlage eines neuen Bildungsbegriffs Voraussetzungen und Strukturen eines Zusammenlebens der Menschen klarzumachen, in dem Menschen als unverwechselbare historische Subjekte sich verwirklichen und gemeinsame Lebensentwürfe entwickeln können. Aus einer radikalen Analyse und Kritik entfaltet Negt Momente einer gesellschaftlichen Utopie. Ohne die Veränderung schulischen Lernens, seiner Ziele, Inhalte, Formen und institutionellen Rahmenbedingungen ist nach Negt diesem Ziel nicht näher zu kommen.

Anders als bei den zuvor skizzierten soziologischen Ansätzen (Parsons, Fend, Etzioni) stehen bei Negt nicht Sozialisations- und Selektionseffekte als zentrale gesellschaftliche Aufgaben der Schule im Vordergrund, sondern die (Bildungs-)Inhalte und der Sinn des Lernens in einer sich (z.T. krisenhaft verändernden) Zeit (vgl. auch Arnold 1999).

Bildungsinhalt und Sinn
des Lernens

2. Überlegungen aus der Philosophie

Besonders vielfältig sind in der Nachkriegszeit die Überlegungen **Karl Jaspers**' zum Themenkomplex Bildung, Erziehung und Schule. Deutlich wird bei Jaspers die Nähe zum Humboldtschen Bildungsbegriff. So ist für den Menschen nach Jaspers „Bildung gleichsam ... seine zweite Natur" (Jaspers 1992, S. 74). Durch Bildung „tritt er in die Welt" (Jaspers 1992). Aber: „Die Orientierung über die Tatsachen der Welt genügt nicht; der Einzelne muss wissen, was er eigentlich will, worin er leben und wofür er wirken wolle" (ebda., S. 376). Weltorientierung und Selbstbestimmung gehören zusammen. Im Einzelnen formuliert Jaspers folgende Aufgaben der Schule:

1. „Kinder sollen Fertigkeiten erwerben und Wissen erlernen", wobei sich Wissen auf das immer wieder neu zu prüfende Wesentliche konzentrieren müsse (ebda., S. 57 f.).
2. „Kinder sollen gemäß ihren Anlagen und Fähigkeiten erzogen werden" (ebda., S. 58).
3. Kinder sollen „zu brauchbaren Gliedern der Gemeinschaft ausgebildet werden, und zwar in dem Doppelsinn der Gemeinschaftsfähigkeit und des Übens für Arbeit und Beruf" (ebda., S. 59).

dialektisches Verhältnis zwischen Subjekt und Gemeinschaftsbezugs

Auch in dieser Aufgabenbestimmung der Schule wird das dialektische Verhältnis zwischen Subjekt- und Gemeinschaftsbezug deutlich. Es erinnert nicht nur an Humboldt, sondern auch an die Erziehungstheorie des deutschen Aufklärungsphilosophen Christian Wolf, der schon Mitte des 18. Jahrhunderts die Aufgabe pädagogischen Handelns in der ausbalancierten Erziehung sowohl zur Individualität als auch zur gesellschaftlichen Nützlichkeit propagierte (vgl. Krieger 1992). Die Erfahrung des Totalitarismus vor allem der NS-Zeit, aber auch der Stalin- und nachstalinistischen Ära in Ost- und Mitteleuropa lässt Jaspers im Dualismus zwischen Individualität und Sozialität stärker die Seite des autonomen (aber sozial verantwortlichen) Subjekts vertreten. Die Gefahr einer „Reduktion der Erziehung auf die Herrichtung des Menschen zu einem brauchbaren Arbeitswerkzeug und zur gehorsamen Funktion" (Jaspers 1992, S. 56), einer „Funktionalisierung" des Menschen „zum Material", bei dem es „nicht auf Individuen, nicht auf Persönlichkeiten" (ebda.) ankommt, sieht Jaspers allerdings nicht nur im Totalitarismus, sondern auch in einer enggeführten Fixierung auf ökonomische Ausbildungsinteressen (vgl. ebda., S. 56 u. 71). „Die Bildung dagegen gehört dem Menschen als Menschen, allen Menschen. [...] Erziehung ist Hilfe zum Selbstwerden in Freiheit, nicht Dressur ... . Daher müssen die Kinder von früh an in ihrer Freiheit beansprucht werden, dass sie selber einsehen und aus Einsicht, nicht aus Gehorsam lernen. Sie dürfen Lehrer, die wenig taugen, verachten" (ebda., S. 75)!

Erziehung ist Hilfe zum Selbstwerden in Freiheit

Entscheidend ist beim (schulischen) Lernen nicht so sehr das „inhaltliche Wissen", sondern der Aufbau von _„Denkweisen und Haltungen"_ (ebda., S. 111; Hervorhebung durch Verf.) sowie letztlich der Weg zur Wahrheit „durch den Erziehungs- und _Selbsterziehungsprozess"_ (ebda., S. 108; Hervorhebung durch Verf.).

Deutlich konkreter hat zuletzt der Philosoph **Wilhelm Schmid** die Aufgaben der Schule und direkt auch das, was Heranwachsende lernen sollen, umrissen (vgl. Schmid 1999; Schmid 2000). Auf seiner Philosophie der Lebenskunst aufbauend, hat er eine „Pädagogik der Lebenskunst" (Schmid 1999, S. 312 ff.) formuliert, bei der es um das *„Lebenlernen"* (ebda., S. 315) geht. Dessen Ziele sind:

- *„Klugheitserziehung"* als Befähigung zur „Selbstsorge" und zum Treffen von Wahlentscheidungen
- die Stärkung und Erweiterung der *„Selbstbeziehung"* als Fähigkeit, eigene Erfahrungen und Fragestellungen zum Ausgangspunkt für die individuelle Horizonterweiterung zu nehmen und resistent zu werden „gegen Versuche zur Enteignung des eigenen Lebens" (vgl. ebda., S. 313)
- die Einübung und Verfeinerung von *Aufmerksamkeit, Sensibilität und sinnlicher Wahrnehmungsfähigkeit* den alltäglichen Dingen und dem eigenen Körper gegenüber
- die Ausbildung der Sensibilität auch für abstrakte Zusammenhänge, für *„strukturelles Wissen"*, zu dessen Vermittlung die schulischen „Wissensfächer" dienen
- der Erwerb von *„Zeichenkenntnis"*, die die „souveräne Bewegung in der [...] Welt der Zeichen, der Sprache, der Schrift, der Zahlen erlaubt" (ebda., S. 312 f.)
- die Ausbildung von *Phantasie* und die Einübung *kreativer Tätigkeit*, um sich selbst und die eigenen Fähigkeiten z.B. im bildnerischen Gestalten, im Musizieren, im körperlich-motorischen Ausdruck zu entwickeln
- „spielerische" *Rollenübernahme* zu üben, um „Andere aus ihrer eigenen Perspektive besser verstehen zu lernen und zugleich sich selbst aus anderer Perspektive neu zu erfahren" (ebda., S. 314)
- den *Horizont* in konzentrischen Kreisen erweitern, um Aufmerksamkeit zu entfalten für Andere, die Welt, verschiedene Kulturen, die Gesellschaftlichkeit und Historizität unserer Lebensumstände (vgl. insgesamt ebda., S. 312 ff.; Hervorhebungen durch Verf.).

Pädagogik der Lebenskunst

Bei Jaspers stehen Erziehung und Bildung in einem dialektischen Spannungsverhältnis zwischen Individuum und Welt/Gesellschaft. Letztlich geht es ihm darum, diesen Dualismus aufzuheben. Schmid stellt dagegen den einzelnen Menschen in den Mittelpunkt seiner philosophischen Überlegungen: Bildung und Erziehung dienen dazu, den Menschen in seiner Individualität zu stärken, d.h. in seinen Fähigkeiten und seiner Bereitschaft, sich in seiner Unverwechselbarkeit, seiner Körper- und Sinnlichkeit anzunehmen, die eigenen Fähigkeiten zu entwickeln, sein Verhältnis zur Welt aufmerksam, interessiert und zugleich bedürfnisorientiert zu reflektieren und zu gestalten. Erziehung und Bildung orientieren sich bei Schmid an einem Menschenbild, für das besonders wichtig ist die Entwicklung

Stärkung der Individualität

- einer vielseitigen Wahrnehmungsfähigkeit (Eigen- und Fremdwahrnehmung)
- der Fähigkeit zu genießen, aber auch den Sinn von Trauer und Schmerz zu verstehen

- der Sensibilität für die Wahlmöglichkeiten in vielen Lebenssituationen
- der „Angemessenheit des Denkens und Handelns" und damit des „Gespürs für das richtige Maß" (ebda., S. 315) bei unseren Wahlentscheidungen.

Schmid sieht diese allgemein gehaltenen Zielvorstellungen nicht nur als grundsätzliche Dimensionen der Selbstbildung, des Sozialisationsprozesses oder einer überinstitutionellen Erziehung, sondern als schulische Aufgabe. Diese Aufgabe könnte, nach Schmid, auf zwei Ebenen umgesetzt werden:

1. im Schulalltag in der Glaubwürdigkeit und Persönlichkeit des Pädagogen, der durch orientierende, gestaltende und gelassene Führung die Autonomieentwicklung der Heranwachsenden unterstützt (vgl. ebda., S. 316)
2. in konkreten Lernfeldern, die sich auf die Fragen und Lebenserfahrungen zwischen Geburt und Tod beziehen und in einem Unterrichtsfach Lebensgestaltung, vergleichbar dem brandenburgischen Modell „LER" (Lebensgestaltung, Ethik, Religionskunde), ihren Ort haben könnten (vgl. ebda., S. 317 ff.).

3. Erziehungswissenschaftliche Ansätze

Bildung ist Formung, Entwicklung, Reifung körperlicher, seelischer und geistiger Kräfte

Mit der Frage „Was sollen Kinder lernen?" hat sich in den letzten 40 Jahren innerhalb der *Erziehungswissenschaft* niemand so intensiv, kontinuierlich und gedanklich klar beschäftigt wie **Wolfgang Klafki** (vgl. Klafki 1959, 1963, 1964, 1985, 1992, 1999). Im Vordergrund seiner Studien steht die Auseinandersetzung mit dem Bildungsbegriff, der allerdings auch das subsumiert, was verbreitet unter Erziehung verstanden wird; denn für Klafki ist Bildung weniger „die Aufnahme und Aneignung von Inhalten, sondern Formung, Entwicklung, Reifung von körperlichen, seelischen und geistigen Kräften" (Klafki 1959, S. 33), also auch von „Denkweisen, Gefühlskategorien, Wertmaßstäben" (ebda., S. 36). Klafki plädierte schon 1959 für einen *kategorialen Bildungsbegriff* als Verklammerung der beiden Traditionen und Positionen des materialen, vorrangig inhaltsbezogenen Bildungsbegriffs und des formalen Bildungsbegriffs, der stärker die Subjektperspektive einnimmt und dementsprechend die Entfaltung der kognitiven, affektiven und handlungspraktischen Fähigkeiten und Fertigkeiten des Individuums in den Vordergrund stellt (vgl. Lehmensick 1926).

Klafki will den aufklärerischen und klassischen Bildungsbegriff (Rousseau, Wolf, Humboldt), der Bildung im dialektischen Spannungsverhältnis von Individuum und Welt/Gesellschaft sieht, weiterführen und die Entwicklung der individuellen Fähigkeiten an besonders beispielhafte (exemplarische) Inhalte binden (vgl. Klafki 1959, S. 28). Zwei Dimensionen einer *„allgemeinen Bildung"* sind vor allem in seinen neueren Schriften von besonderer Bedeutung:

Dimension einer „allgemeinen Bildung"

1. der Zusammenhang von Selbstbestimmungs-, Mitbestimmungs- und Solidaritätsfähigkeit (vgl. Klafki 1992, S. 13)

2. die Bedeutungsdifferenzierung von Bildung als *Bildung für alle*, als Bildung, welche *die Menschen gemeinsam angehenden Probleme* thematisiert, und als Bildung, die auf die *Grunddimensionen des Menschen* eingeht (vgl. ebda., S. 14).

Den in den ersten Dimensionen genannten Fähigkeitszusammenhang beschreibt er:
– „als *Fähigkeit zur Selbstbestimmung* jedes einzelnen über seine individuellen Lebensbeziehungen und Sinndeutungen zwischenmenschlicher, beruflicher, ethischer und religiöser Art;
– als *Mitbestimmungsfähigkeit*, insofern jede und jeder Anspruch, Möglichkeit und Verantwortung für die Gestaltung unserer gemeinsamen kulturellen, gesellschaftlichen und politischen Verhältnisse hat;
– als *Solidaritätsfähigkeit*, insofern der eigene Anspruch auf Selbst- und Mitbestimmung nur gerechtfertigt werden kann, wenn er nicht nur mit der *Anerkennung*, sondern mit dem *Einsatz* für diejenigen [...] verbunden ist, denen eben solche Selbst- und Mitbestimmungsmöglichkeiten aufgrund gesellschaftlicher Verhältnisse, Unterprivilegierung, politischer Einschränkungen oder Unterdrückungen vorenthalten oder begrenzt werden" (vgl. ebda., S. 14 f.).

Bei der Konkretisierung der zweiten Dimension von Bildung beschreibt Klafki die „Grunddimensionen menschlicher Interessen und Fähigkeiten" als solche
- „der kognitiven Möglichkeiten,
- der handwerklich-technischen Produktivität,
- der Ausbildung zwischenmenschlicher Beziehungsmöglichkeiten, m. a. W.: der Sozialität des Menschen,
- der ästhetischen Wahrnehmungs-, Gestaltungs- und Urteilsfähigkeit,
- schließlich und nicht zuletzt der ethischen und praktischen Entscheidungs- und Handlungsfähigkeit" (vgl. ebda., S. 14).

Grunddimensionen menschlicher Interessen und Fähigkeiten

Es geht Klafki mit dieser zweiten Dimension von Bildung also um eine vielseitige Förderung von Interessen und „kognitiven, emotionalen, ästhetischen, sozialen, praktisch-technischen Fähigkeiten des jungen Menschen sowie seiner Möglichkeiten, das eigene Leben an individuell wählbaren Sinndeutungen zu orientieren" (ebda., S. 25).
Bildung versteht Klafki vorrangig als Entwicklungsprozess, der sich primär in den Fähigkeiten und Handlungsmöglichkeiten des Individuums, daraus resultierend aber auch in der Qualität sozialer Beziehungen und gesellschaftlicher Verhältnisse konkretisiert. Dem schon 1959 von ihm formulierten Anspruch, formale und materiale Bildung in einem kategorialen Bildungskonzept zusammenzuführen, ist Klafki auch in seinen jüngeren Arbeiten treu geblieben. So schlägt er auch in seinem 1992 veröffentlichten Aufsatz vor, die Förderung von (sozialen) Fähigkeiten, Einsichten und Handlungsmöglichkeiten an die Auseinandersetzung mit exemplarischen Themen zu binden. Diese bezeichnet er seit seinen Veröffentlichungen aus den 80-er Jahren als *„epochaltypische Schlüsselprobleme unserer Gegenwart und der vermutlichen Zukunft"* (ebda., S. 19).

Bildung als Entwicklungsprozess

Schlüsselprobleme

Sechs „*Schlüsselprobleme*" werden von Klafki beschrieben:

1. die Frage von *Krieg und Frieden*
2. die Umwelt- oder *ökologische Frage*
3. das Problem der *wachsenden Weltbevölkerung*
4. das Problem *gesellschaftlicher Ungleichheit*, insbesondere
   - zwischen Klassen und Schichten
   - zwischen Frauen und Männern
   - zwischen Behinderten und Nicht-Behinderten
   - zwischen Beschäftigten und Arbeitslosen
   - zwischen Menschen verschiedener Nationalität oder Kultur
   - zwischen Industrie- und Entwicklungsländern
5. die Gefahren des *technischen Fortschritts*, insbesondere der Neuen Medien
6. die Spannungen in *Ich-Du-Beziehungen*, insbesondere zwischen individuellem Glücksanspruch und zwischenmenschlicher Verantwortung (vgl. ebda., S. 19 ff.).

In einem seiner neuesten Aufsätze macht Klafki (1999) den Versuch, formale und materiale Dimensionen seines Allgemeinbildungskonzepts noch stärker aufeinander zu beziehen: Den sechs *Schlüsselproblemen* stellt er sechs *Schlüsselqualifikationen* gegenüber:

Schlüsselqualifikationen

1. *Argumentationsbereitschaft und -fähigkeit*: das Einbringen eigener Positionen in Kommunikationsprozesse
2. *Empathie*: Verstehen der Sichtweisen anderer
3. *Kritikbereitschaft und -fähigkeit*: das Hinterfragen von Standpunkten
4. *Kooperationsbereitschaft und -fähigkeit*
5. *Kreativität*: Mut und Fähigkeit, Neues zu denken und zu erproben
6. *Vernetztes Denken*: Verstehen von Interdependenzen (vgl. Klafki 1999, S. 40 ff.).

Menschen stärken –
Sachen klären

Fast über einen ähnlich langen Zeitraum wie Klafki hat sich **Hartmut von Hentig** mit den Fragen des Sinns und der Aufgabe von Schule befasst. Und wie bei Klafki ist das Denken Hentigs durch die Ideen der Aufklärung, Humboldts und der klassischen deutschen Philosophie geprägt. Der Begründer der 1974 eröffneten Bielefelder Laborschule, des größten (einzel-)schulischen Reformprojektes in der Bundesrepublik, hat seine Vorstellung vom „Auftrag der öffentlichen Pädagogik für unsere Zeit" in seinem Vortrag zum zehnjährigen Bestehen der Laborschule in die gern zitierte Formel gefasst: „Die Menschen stärken, die Sachen klären" (Hentig 1984, S. 59). „Die Menschen stärken" beinhaltet vor allem die Förderung von Lebenstüchtigkeit und der Fähigkeit zur Selbstbestimmung und zu aufgeklärtem, demokratischem Handeln. Der Anspruch „die Sachen klären" umfasst die Anstrengung, zugleich Freude der Erkenntnis, der Wissenschaft, des Verstehens und des sachgemäßen Umgangs mit den Gegenständen, Strukturen und Prozessen unserer Lebenswelt. Die bei Humboldt, Jaspers und Klafki thematisierte Bipolarität von Bildung, die sich auf das Subjekt ebenso wie auf die Welt/die Gesellschaft bezieht, wird auch bei Hentig aufgegriffen. Deutlich wird dies beispielhaft in der dem Denken der Aufklärung verpflichteten Forderung, öffentliche Bildung solle die nachfolgende Generation „auf das Leben vorbereiten ..., ohne sie dem Leben zu unterwerfen" (ebda., S. 99). Den Dualismus von Subjekt und Welt verklammert Hentig, indem er dem „Weltwissen" nicht nur einen Sachbezug, sondern auch einen emotional gefärbten personalen Bezug zuweist. So soll das „Wissen von den Dingen und Verhältnissen [...] durch *Zuversicht, Selbstbewusstsein, Solidarität – durch Einstellungen* – getragen" werden (ebda., S. 99, Hervorhebung durch Verf.). Zentral ist die Benennung von drei Funktionen öffentlicher Bildung:

1. *Orientierung* in der Fülle möglicher Erfahrungen
2. Einführung in die Formen des *Erkennens*
3. Einführung in die *gemeinsamen Regeln des Handelns* (vgl. ebda., S. 57).

In einem 1996 erschienenen Essay greift Hentig auf diese Funktionstrias zurück, indem er *Verständigung, Vernunft und Verantwortung* als Gebote pädagogischen Handelns aufführt (Hentig 1996, S. 206). Vergleichbar den sechs Schlüsselqualifikationen bei Klafki oder auch Negt beschreibt Hentig in diesem Essay sechs „Maßstäbe", die sich auf die Frage beziehen: „Was für eine Bildung wollen wir den jungen Menschen geben?" (ebda., S. 76:

Maßstäbe für die Bildung

1. *Abscheu gegen und Abwehr von Unmenschlichkeit:* „Wo Unmenschlichkeit erkannt wird – im eigenen Verhalten, in den Lebensumständen, in den Taten anderer, vor allem der Mächtigen – ist das Wichtigste, [...] die Unruhe über ihre Ursachen, das Nachdenken über eine [...] mögliche Menschlichkeit, ein Stück Verantwortung für die Welt, in der wir leben" (ebda., S. 78).
2. *Die Wahrnehmung von Glück:* „Bildung soll Glücksmöglichkeiten eröffnen, Glücksempfänglichkeit, eine Verantwortung für das eigene Glück [...], den Anspruch [...] wecken [...], Unterhaltung von Vergnügen, Vergnügen von Genuss, Genuss von Befriedigung und diese von Glück unterscheiden zu lehren [...]" (ebda., S. 79).
3. *Die Fähigkeit und den Willen, sich zu verständigen:* „Verständigung ist eine hohe Kunst [...] . Man muss eine bestimmte oder behutsame Sprache sprechen. Man muss sich vorher Lösungsmöglichkeiten, Kompromisse, Sicherungen ausgedacht [...] haben. Man muss Geduld [...] aufwenden. Fast noch schwieriger ist Verständigung da, wo noch kein Konflikt ausgebrochen ist, wo die Vorurteile nur brodeln [...]" (ebda., S. 84).
4. *Ein Bewusstsein von der Geschichtlichkeit der eigenen Existenz:* „Es ist ein Bewusstsein von der Notwendigkeit von Formen, [...] Ordnungen wie das Recht, die Grammatik, die Gestalt einer Stadt, die Gliederung des Tages [...] einer Mahlzeit, die Höflichkeit [...] . Es ist ein Bewusstsein von uns ererbten allgemeinen Zwecken wie die Aufrechterhaltung des Friedens oder der Verwirklichung der *res publica*, der Vervollkommnung der Gerechtigkeit, der Sozialverpflichtung des Eigentums, der Befreiung des Menschen aus [...] Unmündigkeit, der Solidarität mit den Geplagten, Verfolgten, Vernachlässigten [...]" (ebda., S. 93).

5. *Wachheit für letzte Fragen:* „Wer keine Beunruhigung durch letzte Dinge zeigt, bleibt ein unzuverlässiger, weil unkritischer, [...] oberflächlicher Mensch. Wenn Bildung dazu beitragen soll, uns vor einem zweiten Auschwitz zu bewahren, dann muss sie zu jenen Fragen ermutigen, ihnen Sprache geben und ihnen einen hohen Rang einräumen [...]" (ebda., S. 95 f.).

6. *Die Bereitschaft zur Selbstverantwortung und Verantwortung in der res publica:* „Gemeint sind die Befähigung zur Prüfung, Erörterung, Beratung, Beurteilung politischer Sachverhalte und zur daraus folgenden Entscheidung; die Einsicht in die Weisheit oder Torheit von Prozeduren und Institutionen; die Bejahung von natürlichen Unterschieden; die Wahrnehmung von Macht, [...]; die Tapferkeit gegenüber Freunden, die Zivilcourage gegenüber den Vielen, den Oberen und Stärkeren" (ebda., S. 99).

Aufgaben und Erwartungen an unser Verhalten und unsere Lernfähigkeit

Stärker als dem von Schmid umrissenen Ansatz, von der Autonomie des Subjektes auszugehen und von dort her das Handeln des Menschen in der sozialen und gegenständlichen Welt zu begründen, ist Hentig jedoch, wie Klafki und Negt, dem Prinzip der welt- und gesellschaftsbezogenen Verantwortung verpflichtet. Deutlich wird dies in seinem 1999 erschienenen Buch „Ach, die Werte". Als Fazit seiner Überlegungen formuliert er wiederum sechs „Aufgaben" und „Erwartungen" an „unser Verhalten, unsere Lernfähigkeit" (Hentig 1999, S. 46 ff.):

1. Die *offene Gesellschaft* bedarf der Fähigkeit zum Streiten, Verständigen, Versöhnen.
2. Die *Demokratie* bedarf der Lernanstrengungen, Verantwortung für die res publica auch in zivilgesellschaftlichen Tätigkeiten und nichtstaatlichen Organisationen auszutragen.
3. Sowohl *bürgerliche Freiheiten* als auch das Prinzip *soziale Gerechtigkeit* bedürfen des geduldigen Ausgleichs zwischen individueller Entfaltung und gemeinnützigen Anstrengungen, wobei auch gelernt werden muss, die gemeinsamen Lebensgrundlagen zu pflegen und die Schöpfung zu lieben.
4. Wenn wir in der *einen Welt* nicht untergehen wollen, müssen wir selbstbewusste deutsche Europäer und Kosmopoliten werden.
5. Auch wenn wir die *technische Zivilisation* zum Maßstab von Fortschritt und Zufriedenheit erklären, müssen wir lernen, nicht jede Mühe durch technische Apparate beseitigen zu wollen und Befriedigung bei der Ausübung nützlicher, nichttechnisierter Tätigkeiten zu empfinden.
6. *Würde des Menschen* heißt Solidarität mit dem Fremden und den nicht mehr fernen Völkern auf der Grundlage von Großmut und Freude an Taten und Leistungen, die nicht nur aus Pflicht und Notwendigkeit resultieren.

Schule als exemplarischer Mikrokosmos

Die Erfüllung solcher Erwartungen sieht Hentig nicht in der Umsetzung von Lernzielkatalogen, ja nicht einmal in einer „„wertorientierten und wohlinstrumentierten Pädagogik" (ebda., S. 48, vgl. auch S. 46), sondern nur in den gemeinsamen Anstrengungen aller Mitglieder und

Institutionen der Gesellschaft („*polis*"). Hentig geht damit sogar über Etzionis Vorstellung von der „Schule als Erfahrungsraum" hinaus (s.o.), die beispielhaft und konsequent, eben als konkret erlebbares Modell die gemeinsamen kulturellen und überkulturellen Werte praktiziert und mit Leben füllt. In früheren Schriften hat Hentig gerade diese Position mit vertreten und in der Schule einen exemplarischen Mikrokosmos gesehen, der alle Strukturmomente der polis selber in sich trägt (vgl. Hentig 1984, S. 111).

Aus den letzten Jahren gibt es eine Reihe weiterer erziehungswissenschaftlicher Versuche, Aufgaben und Inhalte schulischen Lernens (neu) zu bestimmen. Diese sollen nur kurz skizziert werden:

In seinem Buch „Lernfelder der Zukunft" beschreibt der von der Gestaltpsychologie (Fritz Perls), der Humanistischen Pädagogik (Carl Rogers) und Strömungen des Konstruktivismus (Gregory Bateson) beeinflusste Erziehungswissenschaftler **Heinrich Dauber** (wiederum) sechs heute besonders zentrale Lernfelder (vgl. Dauber 1997, S. 97 ff.):

1. *Entwicklung* als Idee des historischen und wissenschaftlichen Fortschritts wie auch als personale und familiale Kategorie.   *zentrale Lernfelder*
2. *EINE Welt* als Kategorie, die mit Widersprüchen, mit Verdrängung, Kontakt, Isolation, Inter-, Multi-, Transkulturalität, Gastlichkeit, Zivilbürgerschaft und globalem Lernen zusammenhängt.
3. *Ökologie* als Kategorie im Denken, Handeln, Leben und Lernen.
4. *Frieden* in uns, zwischen uns und als weltweite Utopie.
5. *Lernen in Neuen Sozialen Bewegungen* als Selbsthilfe und vielfältige Lernbewegung.
6. *Überleben* und/oder (Rück-)Gewinnen von Autonomie.

Mit Negt und Hentig ist der Versuch vergleichbar, Themen, die aus sozialer und politischer Kritik oder der Utopie einer Weltgesellschaft resultieren, mit Einsichten, Haltungen und Handlungsdispositionen zu verbinden: Aus der Auseinandersetzung mit Problemen können und sollen sich, so wird gehofft, auch Verhaltensänderungen ergeben. *Kognitive, affektive und pragmatische Lernprozesse werden als wünschenswerte Ganzheit gesehen.*   *kognitive, affektive und pragmatische Lernprozesse als Ganzheit*

Klafkis Position ist etwas differenzierter; sie verzichtet auf eine (vor-) schnelle Herstellung von „Ganzheiten": So wie er bei der Entwicklung des „kategorialen Bildungsbegriffs" schon 1959 die Komplementarität materialer und formaler Bildung gefordert hat, sieht er 1999 in seinem „neuen Allgemeinbildungskonzept" die Spezifik, aber auch die Querbezüge von Schlüsselproblemen und Schlüsselqualifikationen. Die Schlüsselprobleme bilden die großen epochalen Handlungsfelder, die als Gradmesser für Lebensqualität wie als Territorien für gesellschaftliche Interessenkonflikte in einer globalisierten Welt gesehen und im schulischen Unterricht erschlossen werden können. Bei den Klafkischen Schlüsselqualifikationen handelt es sich dagegen um „Einstellungen und Fähigkeiten, deren Bedeutung über den Bereich des jeweiligen Schlüsselproblems hinausreicht" (Klafki 1999, S. 40). Es sind die Eigenschaften des aufgeklärten, konflikt- und konsensbereiten Mitglieds einer demokratischen Zivilgesellschaft.   *neues Allgemeinbildungskonzept*

3.3 Themenfelder in der Grundschule

Zwei jüngere Publikationen geben wichtige Hilfen für das Zusammenstellen grundschulbezogener Lernfelder: die Konferenzbeiträge der Potsdamer Tagung „Grundlegung von Bildung in der Grundschule heute" im Juni 1997 (vgl. Drews/Durdel 1997) und der in der Schriftenreihe der Gesellschaft für Didaktik des Sachunterrichts und des Instituts für die Pädagogik der Naturwissenschaften (IPN) herausgebrachte Band über „Grundlegende Bildung im Sachunterricht", der auch lernbereichsübergreifende Fragestellungen aufgreift (vgl. Marquardt-Mau/Schreier 1998).

In dem zuletzt genannten Band beschreibt Walter Köhnlein relativ nah an der Terminologie des grundschulischen Fächerkanons „sechs für grundlegende Bildung in unserer Kultur bedeutsame Bereiche des Grundschulcurriculums, nämlich:

Bereiche des Grundschulcurriculums

- den ästhetisch-expressiven Bereich (sinnliche Wahrnehmung, Kunst und Körpererfahrung, handwerklich-technische Produktivität)
- den sprachlichen Bereich
- den sozialen Bereich (Individuum, Gruppe, Gesellschaft)
- den naturwissenschaftlichen und technischen Bereich (Natur, Arbeit, Technik)
- den mathematischen Bereich
- den religiösen und philosophischen Bereich (Weltdeutung, Ethik und Nachdenken über sich selbst)" (Köhnlein 1998, S. 32).

Der völlig neugefasste Grundschullehrplan Schleswig-Holsteins versucht, Lernfelder und Lernprozesse stärker von dem tradierten schulischen Fächerraster abzurücken, um Themen stärker auf Lebenssituationen (vgl. Robinsohn 1975), Erfahrungen, Handlungs- und Problemfelder zu beziehen. Es werden **Leitthemen** formuliert, die Impulse für die Gestaltungsphantasie des Lehrerteams in der Einzelschule geben sollen:

Leitthemen – Impulse für die Gestaltungsphantasie

„1. Sich in Raum und Zeit orientieren
2. Sich selbst finden – mit anderen leben
3. Gesund leben – sich wohl fühlen
4. Lebensräume und Zeit gestalten
5. Feuer, Wasser, Luft und Erde erforschen
6. Wünschen und träumen
7. Natur und Umwelt erkunden
8. Menschen verschiedener Länder und Kulturen kennen lernen und verstehen
9. Schleswig-Holstein – das Land zwischen Meeren – erfahren
10. Schule gestalten – miteinander feiern
11. Früher und heute erforschen
12. Erfinden – konstruieren – herstellen
13. Informationen gewinnen und verarbeiten – mit Medien gestalten
14. Wirtschaftlich planen und entscheiden" (Hameyer 1997, S. 48).

Ein solcher Katalog von Leitthemen entfernt sich deutlich von den gewichtigen, mit Problemen beladenen gesellschaftlichen Themen, wie sie z.T. mit aufklärerischem und kritisch-analytischem Pathos von Negt, Klafki, Hentig oder Dauber formuliert wurden. Es rücken die Überlegungen von Schmids Philosophie der Lebenskunst näher (z.B.: „zu sich selbst finden – mit anderen leben"), wenngleich die (z.T. auch bei Hentig vorkommenden) Aspekte von Glück, Freude, aber auch Trauer und letzten Fragen, Körperlichkeit, Sinnlichkeit, Ästhetik nur sehr randständig aufgegriffen werden. Die Nähe zu klassischen Themen des Sachunterrichts und zu einer wertneutralen eher konfliktvermeidenden Sachlichkeit ist unverkennbar.

Unter dem für uns wenig geläufigen Stichwort „der integrierte Mensch" finden sich im schulischen Kerncurriculum von Norwegen folgende Aspekte:

- Vermittlung von Moralvorstellungen unserer Kultur, einer mitmenschlichen Grundhaltung und zugleich Stärkung selbstbestimmten Handelns
- Vertraut werden mit unserem christlichen und humanistischen Erbe, zugleich mit anderen Religionen und Weltanschauungen
- Förderung von Selbständigkeit und Autonomie, zugleich von Kooperation und Teamgeist
- Raum geben für Äußerungen kindlicher Kultur, zugleich Stärken von Verantwortungsbewusstsein als Vorbereitung auf die Erwachsenenwelt
- Vermittlung eines angemessenen Faktenwissens, zugleich Stärkung der Fähigkeit zu eigenen Wahlentscheidungen auch hinsichtlich des Ausbaus eigener Wissensbestände
- Ausstattung der Heranwachsenden mit einer soliden Wissensbasis, zugleich Förderung des Interesses und der Fähigkeit zu lebenslangem Lernen
- Motivieren der Heranwachsenden, sich natürliche Ressourcen zunutze zu machen, zugleich Betonung der Notwendigkeit von Respekt gegenüber der Natur (vgl. ebda., S. 24).

Dies sind Versuche, zentrale Lerninhalte zu finden, die sich an unterschiedlichen Bezugsgrößen orientieren: an der in den *schulischen Fächern* zum Ausdruck kommenden Reflexionstradition über bedeutungsvolle Bildungsinhalte (Köhnlein), an den *Erfahrungen der Kinder* (Lehrplan Schleswig-Holstein) oder an *anthropologischen Grundfragen* (norwegisches Nationalcurriculum; vgl. Gundem 1998).

Es gibt keine Instanz, die uns sagen kann, welche Bezugsgröße legitimer ist als andere. Im Folgenden möchte ich versuchen, eine Auflistung wichtiger grundschulischer Lernfelder zu formulieren, in der auf alle drei Bezugsgrößen eingegangen wird:

1. **Ich:** meine Unverwechselbarkeiten und Gemeinsamkeiten mit anderen, meine Einbettung in die Familie, meine Gewohnheiten, Vorlieben und besonderen Fähigkeiten, meine Entwicklung und Veränderung, mein Körper, seine Gesundheit und Pflege, seine Bewegung und Entspannung, meine Gefühle, positiven und negativen Erinnerungen, meine Ziele, meine Träume und Wünsche, mein Lebenssinn

grundschulische
Lernfelder

2. **Gemeinschaften:** (Groß- und Klein-)Familie, Freunde, Partnerschaft, Liebe, Kindergartengruppe und Schulklasse, Konflikte, Regeln, Moral, Schule als Gemeinschaft, Gemeinde, Stadtteil, Stadt, Region, staatliche Strukturen, Institutionen und Symbole, Vereine, Initiativen, gemeinsame Projekte, Betriebe
3. **Arbeit:** etwas Produzieren, Werkstoffe und Werkzeuge, Technik und Technologie, Werkstätten und Betriebe, Berufe und Berufsausbildung, Entlohnung, Arbeitslosigkeit, Armut und Reichtum, Kinderarbeit, Entwicklungs- und Industriegesellschaften
4. **Kultur:** Kunst als Ausdrucksmittel der Menschen, Formen künstlerischen Ausdrucks, Kunst-Sinnlichkeit-Emotionalität, Entwicklung und einzelne Persönlichkeiten der Künste, Kultur als Lebensstil und Stiftung von Gemeinschaft, verschiedene Kulturen und ihre Achtung, ethnisch und religiös bestimmte Kulturen, Religion als Suche nach Lebenssinn, Weltdeutung und Antwort auf letzte Fragen
5. **Natur:** die Elemente Erde, Feuer, Wasser, Luft, Pflanzen und Tiere, Phänomene der Natur, ihr Erleben und Erklären, Anpassungsprozesse in der Natur, Naturkreisläufe, die Störung und Schädigung der Naturkreisläufe durch den Menschen, Naturschönheit, Naturliebe, Schonen und Pflege der Natur.

3.4 Schulfächernahe Fähigkeiten und Fertigkeiten

Im vorangehenden Unterkapitel wurden inhaltsbezogene *Lernfelder* definiert, in denen Kinder im Grundschulalter Kenntnisse und Urteilsfähigkeit erwerben sollten. Von diesen Kompetenzen wird erwartet, dass sie Kinder befähigen,

• aktiv und selbstbestimmt an unserer sich globalisierenden Kultur teilzuhaben,
• die natürliche, soziale und technische Welt in ihren Grundstrukturen und wichtigen Veränderungsprozessen zu verstehen,
• politisch und sozial urteilsfähig und bereit zum Engagement zu werden sowie
• eigene Lebensentwürfe zu entwickeln, in denen Eigensinn und Realitätssinn ausbalanciert werden können.

Nun geht es darum, themenunabhängige Fähigkeiten, Fertigkeiten und Haltungen auszumachen, über die Kinder am Ende des Grundschulalters verfügen sollten. Für die Suche nach solchen Kompetenzen wird es hilfreich sein, diese in drei Gruppen einzuteilen:

1. *traditionelle, mit dem schulischen Fächerkanon verbundene Fähigkeiten und Fertigkeiten*
2. *in einer sich verändernden Welt zunehmend wichtiger werdende Kompetenzen, die zu einem Teil als „Schlüsselqualifikationen" gefasst werden können*

3. *ethische Grundhaltungen für die Sicherung eines menschenwürdi-gen Lebens, für den Weg zu einer Mitmenschlichkeit ernstnehmen-den Gemeinschaft, für den Kampf um eine respektierte natürliche Lebensumwelt.*

Tradierte schulfächernahe Fähigkeiten und Fertigkeiten

Drei Kompetenzbereiche lassen sich hier unschwer benennen:

1. *Reflexionskompetenz:* Fähigkeit, Zusammenhänge zwischen Ursa-che und Wirkung zu erkennen, nachvollziehbare Beziehungen zwi-schen Phänomen und Struktur zu erkennen oder gedanklich herzu-stellen, methodisch Informationen zu sammeln und selektiv zu ver-arbeiten, Ober- und Unterbegriffe zuzuordnen, Analogien zu bilden, Hypothesen aufzustellen, zu argumentieren und Argumente zu prü-fen.
2. *Kommunikationskomptenz:* Fähigkeit und Bereitschaft, mit Wor-ten, Schrift, Körpersprache und Bildern Mitteilungen zu machen, anderen zuzuhören, Mitteilungen anderer zu verstehen und ggf. zu hinterfragen, die Spezifik verschiedener Gesprächssituationen (z. B. Dialog, Kleingruppen-, Kreis- und Unterrichtsgespräch) zu erfassen und sich darauf einzustellen, Gesprächsregeln zu verstehen und an-zuwenden.
3. *Zeichenkompetenz:* Fähigkeit, zwischen Wirklichkeit, Abbild und Symbol zu unterscheiden, verschiedene Kodierungssysteme (Schrift, Mathematik, Piktogramme, Computer-Ikons und -befehle, Noten) zu erlernen, zu dekodieren und zielorientiert entsprechend den eige-nen Interessen zu nutzen und anzuwenden.

Reflexions-, Kommunika-tions- und Zeichenkom-petenz

Es handelt sich hierbei um *„elementare Techniken"*, die nach Benner (1997, S. 24) ohne spezifischen Sinnbezug und ohne Bezug auf be-stimmte Erfahrungen eingeübt werden müssen. Elementare Techniken umfassen mehr als die konventionellen „Kulturtechniken", z. B. am Be-ginn des 21. Jahrhunderts auch basale Vertrautheit mit den neuen digi-talen Informationstechniken. Auf der andren Seite kann mit dem Be-griff der elementaren Techniken auch eine Konzentration (und Einen-gung) auf die rein instrumentelle Beherrschung von Fertigkeiten verbunden werden, die heutzutage zivilisationsbedingt für die gesell-schaftliche Teilhabe notwendig sind.

elementare Techniken

Ähnlich versteht Georg Schorch den Begriff der „kulturellen Basis-werkzeuge", deren sichere Beherrschung die Grundschule als zentrale Aufgabe anstreben müsse (vgl. Schorch 1998, S. 157). In Annäherung an den traditionellen Begriff der Kulturtechniken ist damit aber ge-meint in erster Linie die Beherrschung der mündlichen und schriftli-chen Sprache sowie hinreichende Vertrautheit mit mathematischen Symbolen" (ebda.).

kulturelle Basiswerkzeuge

Neben der Modernisierung des Begriffs der „Kulturtechniken" fällt in der Formulierung Schorchs noch zweierlei auf: Zum einen, dass zentra-

les Lernfeld der Grundschule nicht nur die Beherrschung der schriftlichen, sondern auch der mündlichen Sprache sein soll; zum anderen, dass statt vom Rechnen komplizierter und vorsichtiger von der Vertrautheit mit mathematischen Symbolen die Rede ist. Allgemein gesagt, geht es bei dem Erlernen der Kulturtechniken also um
- die Entwicklung von Kommunikationsfähigkeit und
- die Förderung des Umgehens mit Symbol-Systemen und Zeichen.

Kommunikations- und Zeichenkompetenz

menschliche Kommunikationsformen

Kommunikation gehört zu den Fähigkeiten, deren Differenzierung, Erweiterung, Kultivierung und intensive Nutzung den Menschen zum Menschen machen. Die gattungsgeschichtlichen Vorfahren des Menschen verfügten durchaus schon über die Fähigkeit des Kommunizierens und setzten dabei vielfach, wie der Mensch, akustische Signale ein, die zudem ebenfalls zum Teil mittels der Stimmbänder hergestellt wurden. Das Kommunikationsrepertoire ist aber sowohl von den Formen als auch von den Anlässen und Intentionen her äußerst begrenzt: Locken, Einschüchtern, Angst ausdrücken.

Der Mensch hat in seiner Geschichte explosionsartig seine Kommunikationsthemen erweitert: Gefühle, Gedanken, sachliche Feststellungen, Wunschträume aller Art können kommuniziert werden. In Selbstgesprächen können psychische Entlastungen gesucht, in Zwiegesprächen können Beziehungen aufgebaut, gestaltet und im Wirtschaftsleben können Erkenntnisse, Ziele, Planungen, Anweisungen mit kommunikativen Mitteln formuliert werden. In Religion, psychischer Beratung, Politik und Betrieb werden Beziehungen und Bindungen, Abhängigkeit, Macht oder auch Freiheit und Selbstverantwortung thematisiert. Kommunikation kann auch Mittel, Gegenstand und Ziel ästhetischen Ausdrucks sein.

Vor allem in den Bereichen Technik und Ästhetik ist zugleich die zivilisations- und kulturgeschichtliche Entwicklungsdynamik der menschlichen Kommunikationsformen ablesbar bis hin zu Internet, E-Mail, Techno-Musik und Video-Kunst. Zugleich bleiben klassische Formen der Kommunikation erhalten: der mündliche Dialog, das Theater, der Tanz, die Körpersprache, die Zeichnung u.v.m.

Die wenigen Beispiele zeigen, dass es viele, nicht nur (schrift-)sprachliche Kommunikationsformen gibt, deren Menschen sich bei der Umsetzung bedienen. Insofern ist die Vorstellung, in der Grundschule gehe es um das Erlernen von Lesen, Schreiben und Rechnen, zu eng gefasst. Der 1994 verstorbene italienische Pädagoge Loris Malaguzzi gehört zu denen, die eine derartige Engführung pädagogischer Aufgabenstellungen radikal kritisiert haben. In seinem Gedicht „Die 100 gibt es doch" heißt es:

Die Hundert gibt es doch.

Das Kind besteht aus Hundert.
Hat hundert Sprachen
hundert Hände
hundert Gedanken
hundert Weisen
zu denken, zu spielen und
zu sprechen.

Hundert –
immer hundert Arten
zu hören, zu staunen und
zu lieben.
Hundert heitere Arten
zu singen, zu begreifen
hundert Welten zu entdecken
hundert Welten frei zu erfinden
hundert Welten zu träumen.

Das Kind hat hundert Sprachen
und hundert und hundert
und hundert.
Neunundneunzig davon aber
werden ihm gestohlen
weil Schule und Kultur
ihm den Kopf vom Körper
trennen.

Sie sagen ihm:
Ohne Hände zu denken
ohne Kopf zu schaffen
zuzuhören und nicht zu sprechen.
Ohne Heiterkeit zu verstehen,
zu lieben und zu staunen
nur an Ostern und Weihnachten.

Sie sagen ihm:
Die Welt zu entdecken
die schon entdeckt ist.
Neunundneunzig von hundert
werden ihm gestohlen.

Sie sagen ihm:
Spiel und Arbeit
Wirklichkeit und Phantasie
Wissenschaft und Imagination
Himmel und Erde
Vernunft und Traum
seien Sachen, die nicht zusammen
passen.
Sie sagen ihm kurz und bündig,
dass es keine Hundert gäbe.
Das Kind aber sagt:
Und ob es die Hundert gibt.

(zit. nach Krieg 1993, S. 28).

Für bestimmte Äußerungen und Mitteilungen sind nonverbale Aus- **Symbolsysteme** drucks- und Kommunikationsformen besonders geeignet. Dies gilt etwa für emotionale und ästhetische Äußerungen, wo sich körpersprachliche und andere sinnliche Kommunikationsformen anbieten, aber auch für die einprägsame Verdeutlichung von komplexen Zusammenhängen und Prozessen. In privaten, schulischen oder beruflichen Zusammenhängen lassen sich Planungen oder Beziehungsstrukturen z. B. mit Mindmaps anschaulich machen (vgl. u. a. Buzan/North 1997); in „Zukunftswerkstätten" etwa werden Zielvorstellungen ganzheitlich in bildlichen Visionen ausgedrückt; große Behörden stellen ihre Zuständigkeiten und Hierarchiestrukturen in Organigrammen dar; zur Orientierung in fremden (Groß-) Gebäuden (z. B. im Flughafen) oder im Straßensystem der Städte wurden Leitsysteme mit Piktogrammen entwickelt; im Straßenverkehr, in Betrieben, an elektrischen Geräten finden wir Gebots- und Verbotszeichen; die Menüleisten und Fenster auf der Computeroberfläche verfügen über „Icons", die uns die Bedienung erleichtern. Symbole, Signets, Chiffren, Logos erleichtern auch das

Wiedererkennen. Deswegen wenden Firmen und Organisationen oft große Summen und systematische Prüfverfahren auf, um ihre Produkte und Aktivitäten zu kennzeichnen und um sich im öffentlichen Bewusstsein einzuprägen.

Die zuletzt beschriebenen Symbolsysteme sind fixierte Zeichensysteme, die Gegenständen und Orten zugefügt sind. Andere traditionsreiche Kommunikationsformen existieren nur temporär, oft nur in Augenblicken und sind an Bewegung vor allem des Körpers gebunden: Segensgestus, Umarmung, Kuss, Händeschütteln, (kultischer) Tanz und Gesang oder auch abwertende Gesten, wie das Vogel Zeigen, die Faust Ballen.

Wilhelm von Humboldt, der Anfang des 19. Jahrhunderts das Konzept einer *„Allgemeinen Menschenbildung"* entwarf und auch (im „Litauischen Schulplan") an seiner organisatorischen Umsetzung arbeitete, griff in seinen curricularen Vorstellungen auf die älteren vorsophistischen Praktiken des Unterrichtens zurück und bezog ästhetische und Bewegungserziehung in den Fächerkanon ein, so wie wir es heute gewohnt sind. Im Rahmen Allgemeiner Menschenbildung sollte dies vor allem ein Beitrag dazu sein, die Erfahrbarkeit von Körper, Bewegung, physischer Kraftanstrengung, ästhetischem Ausdruck, Schönheit und Kunst als Teil der Persönlichkeitsentwicklung schulisch zu fördern. Damit wurden zugleich neben der Sprache sinnliche Formen des Austauschs zwischen Mensch und Natur und den anderen Mitgliedern der Gesellschaft zum Gegenstand schulischen Lernens gemacht.

(Randspalte:) Wilhelm von Humboldt

(Randspalte:) Kommunikations-kompetenzen

Zur Kommunikationskompetenz gehören
- zuhören können (vgl. das „aktive Zuhören" bei Schulz von Thun (Bd. 1, 1981, S. 44 ff.)
- wahrnehmen können (genau hinhorchen und hinschauen, gesprochenes Wort mit Mimik, Gestik, Körpersprache in Beziehung setzen)
- mit dem eigenen Redebeitrag warten können, bis der andere ausgeredet hat
- eigene Redebeiträge phonetisch, syntaktisch und grammatisch korrekt artikulieren
- in ersten Ansätzen zwischen verschiedenen Redeabsichten unterscheiden können (Sachmitteilung, Appell, Beziehungsbotschaft, Selbstoffenbarung, vgl. ebda.)
- Sachinformationen, Wünsche und Empfindungen verständlich und möglichst eindeutig ausdrücken können
- schrittweise ohne Angst vor einer Gruppe reden können
- die Spezifik verschiedener Kommunikationssituationen wahrnehmen und berücksichtigen können (z. B. Gespräch unter vier Augen, Morgenkreis, Unterrichtsgespräch, Gespräch unter Freunden und Gleichaltrigen, mit älteren Menschen, Kommunikation mit unterschiedlichen Graden an Formalität bzw. Informalität)
- körpersprachliche Botschaften in Ansätzen verstehen (vgl. Molcho 1996) und selber körpersprachliche Zeichen einsetzen können
- Bilder, Zeichnungen, Diagramme, Piktogramme u. Ä. verstehen und selber als Medien für Mitteilungen verschiedener Art einsetzen können

- über einen schriftsprachlichen Grundwortschatz für unterschiedliche Textsorten (Brief, Bericht, Schilderung, Notizen) sicher verfügen können
- den Grundwortschatz bei der Textproduktion weitgehend fehlerfrei einsetzen können
- Grapheme auch in etwas umfangreicheren Texten lesbar verwenden können
- auch schön gestaltete Texte herstellen können
- Texte sinnentnehmend lesen und wiedergeben können
- ohne Angst Texte laut vorlesen können
- die Interpretierbarkeit von Texten verstehen, akzeptieren sowie Interpretationen von Texten versuchen und begründen können
- Laut- und Wortspiele, Humor, Phantastik, Fiktionalität und Poesie von Texten (in Ansätzen) erfassen und genießen können (vgl. u.a. Moers/Zühlke 1999)
- den sinnlichen und ästhetischen Reiz von nicht alltäglichen visuellen und haptischen Wahrnehmungen (insbesondere Natur- und Kunstschönes) in Ansätzen erfassen und sprachlich andeuten können (zur methodischen Realisierung von Kommunikationskompetenz s.o. S. 27 ff.).

Kommunikations- und Zeichenkompetenz sind zwei benachbarte und sich wechselseitig überlagernde Fähigkeitsbereiche. Ihre separate Übernahme in eine Zusammenstellung (grund-)schulisch zu fördernder Qualifikationssektoren signalisiert die große Bedeutung von Interaktions- und Symbolsystemen in modernen Gesellschaften. Interaktions- und Symbolsysteme

Kommunikatives Handeln ist zu einem wichtigen Teil Umgehen mit Symbolsystemen (vgl. Balhorn/Niemann 1997): Zwischen den Kommunikationspartnern, die als Sender und Empfänger definiert werden können, werden Botschaften/Informationen mit Hilfe gebräuchlicher Symbolsysteme (gesprochene Sprache, Schrift, Zeichensprache, Körpersprache) verschlüsselt (codiert) und entschlüsselt (decodiert). Kommunikation lässt sich allerdings nicht auf Codierungs- und Decodierungsvorgänge reduzieren. Dies wäre eine Einengung auf den formalen Aspekt von Kommunikation, die aber primär inhaltsbezogen ist und daher Appelle, Sachinformationen, Selbstäußerungen und/oder Beziehungsmitteilungen enthält (vgl. Schulz von Thun, Bd. 1, 1981, S. 26 ff.). Kommunikation ist immer auch soziale Interaktion, die sich wie folgt definieren lässt: „Interaktion, die (aus engl. interaction = Wechselwirkung): allgemeine und umfassende Bezeichnung für durch Kommunikation vermittelte gegenseitige Beeinflussung von Individuen oder Gruppen im Hinblick auf ihr Verhalten, ihre Einstellungen, ihr Handeln und dgl. [...]. Dabei orientieren die Beteiligten ihr Handeln an sich wechselseitig ergänzende Erwartungen (Rollenvorstellungen, Situationsdefinitionen), oder das Handeln einer Person löst dasjenige der anderen aus" (Eberle 1988). Anschließen lässt sich an die These Kurt Mertens: „Im weitesten Sinne umfasst Kommunikation alle Prozesse der Informationsübertragung. Im engeren Sinne ist Kommunikation eine spezifische Form der sozialen Interaktion zwischen zwei oder mehr Individuen bzw. zwischen Individuen und Institutionen" (Merten 1977, Kommunikation ist soziale Interaktion

S. 123). Merten geht von einem weiteren Interaktionsbegriff aus als Eberle; denn er bezieht in sie auch nichtpersonale Interaktionspartner ein. Folgen wir der Mertenschen Definition des Kommunikationsbegriffs, die auf *Informationsübertragung und Interaktion* abhebt, ist die Nutzung der neuen, digitalen Informationsmedien Bestandteil von Kommunikation. Sie auszuschließen, wäre eine Verengung des Kommunikationsbegriffs.

3.5 Lebensweltbezogene Kompetenzen

"Zweite Industrialisierung" oder Postindustrialisierung

Ulrich Beck (1986) und andere Autoren (z. B. Ferchhoff 1997) haben in den letzten Jahren Modernisierungsprozesse geschildert, die als allgemeine gesellschaftliche Trends aufgefasst werden können, aber sich im Alltagsleben aller Mitglieder der westlichen Industrie- und Dienstleistungsgesellschaften abbilden (vgl. auch die populären Darstellungen bei Gerken/Konitzer 1996 und Glaser 1995). Die Arbeitswelt erfährt eine "Zweite Industrialisierung" oder "Postindustrialisierung", in der sich für den einzelnen Beschäftigten immer häufiger eine Aufweichung der traditionellen Trennung von Planung und Ausführung ergibt. Erforderlich werden damit eine vermehrte Einsicht in Strukturen und Zusammenhänge von Arbeit, Organisation und Technologie und vor allem eine entwickelte Flexibilität als Fähigkeit, die sich beschleunigenden Veränderungen von Arbeitsplatz- und Berufsstrukturen aufzufangen (vgl. Piskaty 1992, u. a. S. 13).

Die gesellschaftliche Modernisierung erfasst mit vergleichbarer Intensität den außerberuflichen Lebensalltag. Die damit verbundenen Veränderungen reichen von der Rückläufigkeit alltäglicher körperlicher Betätigung und Bewegung über die Auflösung familialer Mahlzeiten (Fast food, Mikrowelle, Tiefkühlfertignahrung, andererseits Erlebnisgastronomie) bis hin zur Mediatisierung der Kommunikation (Telefon, Mobilfunk, E-Mail) und zur "Fragmentierung von Lebenszusammenhängen, Zerstörung von sozialen Bindungen, Auflösung basaler Wert- und Normkonsense" (Heitmeyer 1997, S. 12).

Die Auflösung kollektiver Sinnordnungen führt dazu, dass die Austragung und Regulierung von Konflikten zu einem wesentlichen Merkmal moderner Gesellschaften wird (vgl. ebda.). Sie führt aber auch zu einem wachsenden Maß an Freiheit für die Individuen. Insbesondere im Bereich des Konsums erreicht diese Freiheit sogar ein Übermaß. Geradezu überfordert werden Heranwachsende "[...] in erheblich größerem Maße als früher durch die überbordende und unüberschaubar werdende Fülle von Optionen (die Selektionskriterien fehlen häufig sowohl für das Programm- und Warenangebot in den Medien, in den Kaufhäusern, Supermärkten [...] als auch für menschliche Beziehungen [...])" (Ferchhoff 1997, S. 68).

Tendenz zu Pluralisierung und Individualisierung

Die von Beck (1986) festgestellte Tendenz zur Pluralisierung und Individualisierung ist zugleich eingebettet in den (scheinbaren) Gegentrend der Globalisierung. Gegenbewegungen bedingen sich paradoxerweise wechselseitig: Der zunehmenden Bewegungsarmut der Bevölkerung (mit entsprechend immer verbreiteter werdenden Haltungsschäden) steht die Tendenz zur „Versportung" der Gesellschaft gegenüber. Der Konsum an Fastfood und Fertiggerichten steigt ebenso wie das Ernährungsbewusstsein und der „Bioboom". Zunehmender Reichtum steht wachsender Armut sowohl innerhalb der modernen Gesellschaften als auch weltweit gegenüber. Das gestärkte Umweltbewusstsein in den Industriegesellschaften korrespondiert mit der Intensivierung des Müllexports und der Umweltzerstörung in der Dritten Welt.

Mit diesen Schlüsselproblemen kann und sollte sich auch die Grundschule beschäftigen. Das ist die seit den 80-er Jahren formulierte Forderung Wolfgang Klafkis (s.o. S. 46). Dafür wurden in den verschiedensten öffentlichen Empfehlungen spezielle Unterrichtsschwerpunkte entwickelt, die als „Unterrichtsprinzipien" fächerübergreifend in der Schulpraxis realisiert werden sollen. So kennen wir:

„Unterrichtsprinzipien"
= Unterrichts-
schwerpunkte

- Gesundheitserziehung
- Verkehrserziehung
- Sexual- oder Geschlechtererziehung
- Umwelterziehung
- Dritte-Welt-Erziehung
- Friedenserziehung
- interkulturelle Erziehung
- kulturelles Lernen oder kulturelle Bildung
- Medienerziehung
- informationstechnologische Grundbildung.

Diese Unterrichtsschwerpunkte dienen einerseits der Anpassung des Heranwachsenden an eine veränderte Lebenswelt, vor allem aber der Förderung von Fähigkeiten des Individuums, sein Leben selbständig zu gestalten und Balancen herzustellen zwischen Individuum und seinem sozialen, kulturellen, natürlichen und zivilisatorischen Umfeld. Nur auf einige dieser Schwerpunkte wird im Folgenden weiter eingegangen, um den Rahmen dieses Buches nicht zu sprengen.

1. Gesundheitserziehung

Die Gesundheitsförderung in der Grundschule ist heute an die Stelle einer normativ orientierten medizinisch-hygienischen Belehrung getreten. Ausgangspunkt ist der veränderte Gesundheitsbegriff: „Neuere Modelle betrachten Gesundheit als einen Gleichgewichtszustand zwischen sozial-ökologischen, körperlich-physiologischen und inner-psychischen Prozessen. Gleichermaßen werden die psychischen, sozialen, kognitiven und biologischen Bedingungen in allen für Kinder und Jugendliche relevanten Bereichen zu berücksichtigen versucht. Ziel dieser Modelle ist es, Menschen in die Lage zu versetzen, ihre Bedürfnisse zu befriedigen, ihre Hoffnungen und Wünsche wahrzunehmen und zu verwirklichen sowie mit ihrer Umwelt produktiv umzugehen, um diese verändern zu können – also ihre Gesundheit zu fördern" (Hurrelmann/Palentien 1997, S. 25).

Gesundheitserziehung
soll zu einer positiven
Lebensgrundstimmung
beitragen

Dementsprechend hieß es schon 1989 in einer Handreichung für die Unterrichtspraxis: „Gesundheitserziehung soll also zu einer positiven und bejahenden Lebensgrundstimmung beitragen, die Persönlichkeit stärken, emotionale und kreative Kräfte fördern und ethische und soziale Werte entfalten lassen" (Landesinstitut für Erziehung und Unterricht, S. 3). Heute ist der Begriff „Gesundheitserziehung" allerdings durch den Terminus „Gesundheitsförderung" verdrängt worden. Mit dieser terminologischen Akzentsetzung soll vor allem deutlich gemacht werden, dass es schulisch wichtiger als Lern- und Übungsprozesse ist, Rahmenbedingungen für gesundes Leben zu schaffen und Qualitätsmerkmale einer gesunden Umgebung und gesunden Lebenspraxis erfahrbar zu machen. Dazu gehört eine Gestaltung der Lernumgebung, die Bewegung, sinnliche Wahrnehmung, körperliches Aktivwerden zulässt und fördert. Ebenso Bestandteil schulischer Gesundheitsförderung

Schulische
Gesundheitsförderung

ist eine Anpassung schulischer Zeitstrukturen an biopsychische und individuelle Bedürfnisse nach einem flexiblen Wechsel von Anspannung und Entspannung. Gezielte Bewegungs- und Entspannungsförderung gehören zu diesem Kontext ebenso wie die bewusste gemeinschaftliche Kultivierung von Mahlzeiten.

„Ansätze der [...] Gesundheitsförderung sind dann aussichtsreich, wenn sie

1. an den Erfahrungen und Erlebnissen von Kindern und Jugendlichen ansetzen,
2. die vorherrschenden normativen und sozialstrukturellen Rahmenbedingungen berücksichtigen und
3. den alltäglichen und durch soziale und kulturelle Einflüsse geprägten Lebensstil von Kindern und Jugendlichen in ihren Ansatz einbeziehen" (Hurrelmann/Palentien 1997, S. 25).

2. Verkehrserziehung

Der motorisierte Massenverkehr prägt die Strukturen der modernen Industriegesellschaft ebenso wie das Leben des Einzelnen von den ersten Lebensmonaten an (vgl. A. Knauf 1999, S. 50; Limbourg 2000, S. 10 ff.; Sachs 1994).

Zugleich bedeutet die Motorisierung der Gesellschaft (mit fast 50 Millionen Kraftfahrzeugen in der Bundesrepublik Deutschland) eine erhebliche Beeinträchtigung und Gefährdung im Leben der Kinder:

- Kinder verlieren die Straße und viele über die Straße erreichbare Orte für das Erkunden, Kommunizieren, Probehandeln und das Freisetzen motorischer Bedürfnisse.
- Kinder können sich immer weniger allein, spontan und selbsttätig fortbewegen, um z. B. Freunde zu treffen; das Fahrrad, das in der ersten Hälfte des 20. Jahrhunderts den Explorations- und Handlungsradius der Kinder erheblich erweiterte, kann wegen des motorisierten Verkehrs nur noch selektiv und kontrolliert benutzt werden.
- Kinder sind als Fußgänger, Fahrradfahrer oder Mitfahrende im Auto in erheblichem Umfang unfallgefährdet. Zwar sind die Unfallzahlen

seit 1970 kontinuierlich gesunken (vgl. Limbourg u. a. 2000; S. 49), 1998 verunglückten in der Bundesrepublik aber immer noch 46508 Kinder im Straßenverkehr; also kam alle 11 Minuten ein Kind zu Schaden (vgl. ebda., S. 47; Colditz 1998, S. 12 ff.; Ministerium für Stadtentwicklung, Wohnen und Verkehr 2000, S. 28 f.).

Mit der beginnenden Motorisierung zu Beginn des 20. Jahrhunderts wurden bereits die Gefahren des Straßenverkehrs erkannt und zum Anlass für verkehrsregulierende und verkehrspädagogische Maßnahmen genommen:
Die erste Straßenverkehrsordnung wurde bereits 1909 erlassen; 1925 fand die Gründung der Deutschen Verkehrswacht statt, die Materialien für die inzwischen eingeführte Verkehrskunde erstellte. Damals wurde formuliert: „ Das Ziel der Verkehrskunde ist, durch planmäßige Belehrung den Einzelnen zur denkenden Einordnung in das Verkehrsleben zu erziehen, um einmal das Menschenleben zu schützen und zum anderen das Verkehrsleben fördern zu helfen" (zit. nach Fack 1999, S. 99).

Erste Straßenverkehrsordnung 1909

In der NS-Zeit wurde die Zielsetzung der Verkehrskunde eingeengt auf die Regelbefolgung. Dies entsprach sowohl der ideologischen Normvorstellung von Gefolgschaft und Disziplin als auch dem wirtschafts- und gesellschaftspolitischen Zweck der Mobilisierungförderung (Autobahnbau) (vgl. Fack 1991).
Auch Konzepten der Verkehrserziehung aus den 50-er und 60-er Jahren haftet der Gedanke der Verkehrsanpassung und -disziplin an.
Erst die *Empfehlungen der Kultusministerkonferenz* von 1972 sorgten für eine Erweiterung dieser traditionellen Sichtweise: Neben der Vermittlung „verkehrskundlichen Wissens" und „verkehrstechnischer Fertigkeiten" sollten nun auch

neue Formen der Verkehrserziehung

- „die Wahrnehmungsfähigkeit und das Reaktionsvermögen",
- „sozialintegrative Formen des Verhaltens [...], die für die Teilnahme am Verkehr notwendig sind", und
- „die Bereitschaft [...], sich um eine humane Gestaltung des Verkehrs zu bemühen",

entwickelt werden (vgl. Kultusministerkonferenz 1973).
Die in den KMK-Empfehlungen von 1972 erkennbaren Ansätze, Ziele und Aufgaben der Verkehrserziehung wurden mehr als 20 Jahre später in der Neufassung der Empfehlungen im Jahr 1994 konsequent fortgesetzt (vgl. Kultusministerkonferenz 1995):
Zentraler Schwerpunkt war das Bemühen, die Verkehrserziehung aus ihrer curricularen und unterrichtspraktischen Isolation in der Schulrealität herauszuholen und mit anderen Bereichen des schulischen Erziehungsauftrages zu vernetzen.

schulischer Erziehungsauftrag

So wurde die Verkehrserziehung definiert und beschrieben als
- Beitrag zur Sicherheitserziehung
- Beitrag zur Sozialerziehung
- Beitrag zur Umwelterziehung und
- Beitrag zur Gesundheitserziehung.

Hinter dieser mehrdimensionalen Interpretation der Verkehrserziehung stand die Einschätzung, dass die Wirkungen des modernen Straßenverkehrs vielfältig sind und die von ihm ausgehenden Gefährdungen nicht nur die unmittelbare menschliche Existenz, sondern auch die gesundheitliche Qualität des Lebens, das Zusammenleben der Menschen und die natürlichen Lebensgrundlagen des Menschen betreffen (vgl. Rosenlieb 1997).

Verkehrserziehung als
Sicherheitserziehung

Verkehrserziehung als Sicherheitserziehung zielt vor allem darauf ab, dass Kinder ihre Fähigkeiten ausbauen, Gefahren im Straßenverkehr zu erkennen, zu bewältigen und auch zu vermeiden. Besonders wichtig ist dafür die Schaffung von Situationen, in denen Wahrnehmung und Reaktionsfähigkeit geschult werden.

Dabei ist immer das Kind als:
• Fußgänger
• Radfahrer
• Inline-Skater
• Benutzer von Schulbussen und öffentlichen Verkehrsmitteln und
• Mitfahrer im PKW zu sehen (vgl. Limbourg u. a. 2000, S. 59).

Am Anfang der Schullaufbahn steht immer das „Schulwegtraining" in Kooperation mit der Polizei: Dabei sollten die Kinder
• „markante Stellen ihres Schulweges beschreiben,
• verschiedene Schulwege miteinander vergleichen und bewerten,
• für die Probleme ihrer Umwelt sensibilisiert werden
  (z. B. Abgase, Lärm, Stau),
• erkennen, dass das zu Fuß Gehen Spaß machen kann,
• befähigt werden, für sich selber einen sicheren und schönen Weg zu suchen" (ebda., S. 100; vgl. auch Jarausch 1997).

Andere wichtige Schwerpunkte der Verkehrserziehung in der Grundschule sind das Radfahrtraining, vor allem im 3. und 4. Schuljahr (vgl. das Bundesministerium für Verkehr 1996; Hessisches Kultusministerium 1994, S. 37 ff.; Lesch/Münch 1997) und das Erlernen der Nutzung von Schulbussen und öffentlichen Verkehrsmitteln (vgl. Colditz 1998, S. 36 ff.; Limbourg 2000, S. 100 f.; Hessisches Kultusministerium 1994, S. 29 ff.).

Sozialerziehung

Verkehrserziehung als Sozialerziehung soll dazu beitragen, dass sich Kinder kognitiv, emotional und handlungspraktisch mit den Phänomenen Rücksichtslosigkeit, Aggressivität und Regelverletzung auseinandersetzen und im Modell – wie in Regelsituationen – Elemente eines Verhaltenskodex im Umgang mit anderen Menschen (nicht nur im Verkehr) aufbauen.

Umwelterziehung

Verkehrserziehung als Umwelterziehung ist eine Chance, mit den Kindern im Sachunterricht die Auswirkungen des Verkehrs als zentrales (exemplarisches) Merkmal der modernen Industrie- und Konsumgesellschaft auf Umweltbelastung und Umweltzerstörung zu erarbeiten.

Dies kann Grundlage dafür sein, dass sich Kinder kritisch mit ihrem eigenen Verkehrsverhalten bzw. dem der Erwachsenen auseinandersetzen und bei der Wahl der Verkehrsmittel stärker auch umweltfreundliche Alternativen in Betracht ziehen.

Verkehrserziehung als Gesundheitserziehung soll eine gesundheitsbewusste Lebenseinstellung fördern. Dazu gehört, dass Kinder für Lärm-,

Stress-, Geruchs- sowie Schadstoffbelästigung und -vermeidung sensibilisiert werden.

Gesundheitserziehung

In der Grundschule konkretisiert sich diese Dimension der Verkehrserziehung vor allem in der schulischen Bewegungsförderung (vgl. u.a. Bohn 2000), durch welche die Freude der Kinder am zu Fuß Gehen und am Rad fahren gestärkt werden soll.

Verkehrserziehung nach dem KMK- Empfehlungen von 1994 ist vor allem erfahrungs- und handlungsorientiertes Lernen, das die Öffnung der Schule zum Nahbereich voraussetzt (vgl. Bönsch 1998).

3. Sexualerziehung

Nicht nur bis zum Bundesverfassungsgerichtsurteil von 1977 über Freiwilligkeit oder Obligatorik schulischer Sexualerziehung, sondern weit darüber hinaus war die Frage umstritten:

Ist es sinnvoll, Kinder in der Grundschule mit der Dimension „Sexualität" und den mit ihr verbundenen Phänomenen und Problemen zu konfrontieren?

bis Ende der 60-er Jahre keine direkte Sexualerziehung!

In Lehrerkonferenzen und vor allem auf Elternabenden wurde in den 60-er bis 80-er Jahren immer wieder diskutiert:

* Ist Sexualerziehung nicht (primär) Aufgabe der Familie?
* Ist Sexualerziehung nicht eine Entzauberung und Trivialisierung eines selbst in unzähligen Gedichten, Romanen und Filmen unerklärlich bleibenden, geheimnisvollen Gesamtphänomens?
* Ist Sexualerziehung in der Grundschule nicht eine Verfrühung, die bei manchen Kindern Schäden anrichten kann?
* Ist Sexualerziehung im koedukativen Unterricht nicht eine schulische Gewaltanwendung, die keine Rücksicht auf die geschlechtlichen Besonderheiten von Mädchen und Jungen nimmt?

Die Gründe für die Strittigkeit der Sexualerziehung bis in die letzten Jahrzehnte hinein sind vielfältig. Wesentlich ist, dass es bis Ende der 60-er Jahre keine direkte, offene Sexualerziehung gab.

Die 68er-Bewegung brachte einen scharfen Einschnitt in die Tradition der „negativen" Sexualerziehung, indem sie die Vorstellung einer harmonischen, unschuldigen Kinderwelt desillusionierte. Im Anschluss an die Psychoanalyse (vor allem in der Interpretation Wilhelm Reichs und Anna Freuds) wurde Trieb- und speziell Sexualtriebgebundenheit des menschlichen Lebens von Anfang an gesehen. Die 68er-Bewegung wollte eine Befreiung vor allem auch der kindlichen Triebe und Bedürfnisse aus ihrer Unterdrückung durch Puritanismus, Prüderie und letztlich durch ein vom Kapitalismus den Menschen auferlegtes Arbeitsethos. Bücher von Amendt (1970; 1979), Keil (1966) und Kentler (1970) bildeten die Grundlage für eine theoretisch fundierte Neuorientierung der Sexualerziehung. Viele populärwissenschaftliche Publikationen folgten. Sexualerziehung wurde um 1970 zum großen Thema, nicht nur in Fachkreisen, sondern vor allem in einer breiten Öffentlichkeit, die den offenen, freizügigen Umgang mit Fragen der Sexualität zwiespältig (teils mit Bestürzung, teils mit Erleichterung) wahrnahm.

Neuorientierung in der Sexualerziehung

Auch die Kultusministerkonferenz befasste sich (1968) mit der Thematik, schraubte wie die meisten der neuen Lehrmittel (vgl. z.B. den Sexualkundeatlas von 1969) die Radikalität der Überlegungen, Forderungen und Provokationen der 68er-Bewegung jedoch deutlich zurück.

Zwar wird die Tabuisierung der vorpubertären Sexualität aufgegeben und dem Kind ein Recht auf Sexualität, sexuelle Aufklärung und Sexualerziehung zugestanden, letztere reduziert sich aber weitgehend auf eine kognitive Dimension.

Das Recht des Kindes auf eigene Sexualität

Erziehungsziele sind dementsprechend „die Körperkenntnis, der Unterschied der Geschlechter, Schwangerschaft, Geburt und allenfalls noch der Zeugungsvorgang. Die Kinder sollen befähigt werden, die körperlichen Gegebenheiten und Vorgänge zu verstehen und zu verbalisieren" (Höhn/Höhn 1987, S. 30).

In den 80-er Jahren kommt es erneut zu einem, wenngleich eher behutsamen Umschwung in der Sexualerziehung. Das Bundesverfassungsgericht hatte (1977) der Schule (aber auch der Familie) das Recht zur Sexualerziehung zugesprochen (vgl. ebda., S. 35).

Als neue Problemfelder, die einen unmittelbaren Einfluss auf Ziele und Themen der Sexualerziehung ausübten, wurde die epidemieähnliche Verbreitung der HIV-Infektion (AIDS) und der in seinen Ausmaßen lange Zeit bagatellisierte sexuelle Missbrauch von Kindern gesehen. Außerdem entwickelten sich die Vorstellungen von der Geschlechtlichkeit und der Entwicklung von Geschlechtsidentität weiter (vgl. u.a. Metz-Göckel o. J.; Greenglas 1986; Milhoffer 1989; Glücks/Glücks 1994; Brück 1997).

Das Geschlecht wurde nicht mehr allein oder vorrangig als biologische Kategorie verstanden, sondern auch in seiner psychischen und sozialen Dimension wahrgenommen (vgl. Etschenberg 2000, S. 20 ff.):

individuelles Selbstkonzept

Die psychische Dimension konkretisiert sich in der Integration des Geschlechts in das individuelle Selbstkonzept, in der Bejahung des eigenen Geschlechts und im Wohlfühlen in der selbst empfundenen Geschlechtlichkeit. Dabei kann es in seltenen Fällen vorkommen, dass biologisches und psychisches Geschlecht nicht identisch sind, dass sich ein Kind „im falschen Körper" fühlt. Dieses ist ein psychisches, soziales und vielleicht auch medizinisches Problem, nicht aber eine moralische Abnormität oder Krankheit.

Die soziale Dimension der Geschlechtlichkeit konkretisiert sich in der geschlechtsspezifischen Rollenzuweisung, die sich aus den gesellschaftlich verbreiteten Erwartungen an das Mädchen- und Frausein bzw. an das Jungen- und Mannsein ergibt.

Imitations- oder Modell-Lernen

Rollen werden in Sozialisationsprozessen erworben bzw. ausdifferenziert. Dabei übernimmt das Imitations- bzw. Modell-Lernen (nach Albert Bandura) eine zentrale Aufgabe:

Bezugspersonen in Familie und Schule sowie die durch Medien vermittelten Personenbilder sind die Orientierungspunkte für das Modell-Lernen und damit für die Ausgestaltung von Geschlechtsrollen. Dabei haben Jungen oft größere Probleme der eigenen (geschlechtsspezifischen) Rollenfindung, da Väter als gleichgeschlechtliche „Vorbilder" in der Mehrzahl der Einelternfamilien, aber auch auf Grund beruflicher und anderer (Selbst-)Verpflichtungen deutlich seltener zur Verfügung stehen als Mütter.

In der (Grund-)Schule setzt sich die relative Absenz männlicher Verhaltensmodelle fort, so dass Jungen vielfach ein männliches Rollenbild als eine hypothetische Nicht-Frau rekonstruieren und meist auch idealisieren (vgl. ebda., S. 21).

Thematische Aspekte der Sexualerziehung heute sind:

Sexualerziehung heute!

- das *Recht auf sexuelle Selbstbestimmung* (das auch Verzicht und Verweigerung einschließt)
- der *Verzicht auf jedwede Form von Gewalt*
- die Übernahme von *Verantwortung beim sexuellen Handeln*
- die Fähigkeit, *Sexualität in Einklang mit anderen Lebensbereichen* zu bringen
- die Fähigkeit, in dieser Hinsicht *Widersprüche, Probleme und Konflikte auszuhalten* und zu bearbeiten
- *Toleranz gegenüber ungewohnten Arten sexuellen Lebens*
- *Entwicklung von „Liebesfähigkeit"* als Fähigkeit, Gefühle zuzulassen, diese in verschiedenen Formen zu zeigen, wahrzunehmen und zu akzeptieren, Freiräume sich und anderen zuzugestehen, streiten, aber auch Kompromisse schließen zu können, sich und andere nicht zu instrumentalisieren usw. (vgl. ebda., S. 26 ff.).

Hinsichtlich der für die Sexualerziehung geeigneten *Methoden und Arbeitsformen* kann auf die Auflistung der Hamburger Richtlinien zur Sexualerziehung zurückgegriffen werden: Unterrichtsgespräche, Brainstorming und Assoziationen, Arbeit mit Fotos und anderem Bildmaterial, Fragebogen, Interview, Körperwahrnehmung und szenisches Spiel, Videoproduktionen, kreatives Schreiben, Fantasiereisen, bildhaftes Gestalten, Bewegungsübungen, Musikmeditationen (zit. nach Etschenberg 2000, S. 52).

Methoden und Arbeitsformen

Nicht alle diese methodischen Ansätze lassen sich leicht in der Grundschule realisieren. Und es ergibt sich die Frage, inwieweit szenisches Spiel, das als Rollenspiel gerade in den 70-er Jahren fester Bestand der Sexualerziehung war oder sein sollte, nicht zu ungeschützt Druck auf das Preisgeben von Intimität ausüben kann (vgl. ebda., S. 53 f.). Hingegen stellen das Arbeiten mit Bildern sowie die Vermittlung von Körpererfahrung im Rahmen von Bewegungs- oder Entspannungsphasen produktive methodische Möglichkeiten der Sexualerziehung dar.

Um den Prinzipien des Schutzes von Intimsphäre und des Respektierens von Scham Geltung zu verschaffen, sind die grundschulpädagogisch so wichtigen Möglichkeiten differenzierten Arbeitens in (ggf. auch gleichgeschlechtlichen) Klein- oder Partnergruppen oder auch der Einzelarbeit sehr wichtig.

Schutz der Intimsphäre

4. Umwelterziehung

Die Folge der fortschreitenden Umweltschädigung und Umweltzerstörung in Gestalt von Waldsterben, Luft-, Wasser- und Bodenverschmutzung oder -vergiftung sind seit Jahrzehnten bekannt. Anfang der 70-er

„United Nations Environment Program"

Jahre wurden sie zu einem Thema öffentlicher Diskussion sowie politischer Auseinandersetzung und Planung. Eingebettet in diese Entwicklung verbreiteter Sensibilisierung für Probleme des Umweltschutzes war die „Conference of Human Environment" der Vereinten Nationen von 1972. Auf dieser Konferenz wurde die für Kultur und Bildung zuständige UN-Unterorganisation UNESCO beauftragt, im Bereich der Umwelterziehung initiativ zu werden. Die UNESCO legte dann auch wenig später das „United Nations Environment Program" vor und organisierte 1977 in Tiflis eine Konferenz zur Umweltdiskussion, an der 60 Staaten und 30 Organisationen teilnahmen (vgl. Schneider 1987). Ergebnis dieser Konferenz war eine Grundsatzerklärung zu den wichtigsten Zielen und Voraussetzungen einer sinnvollen Umwelterziehung. Im Vordergrund standen dabei insbesondere folgende Zielsetzungen:
• Sensibilisierung für Probleme im Umweltgeschehen
• Bemühen um ein breitgefächertes Wissen um ökologische Zusammenhänge
• Aneignung praktischer Fähigkeiten und Fertigkeiten
• Änderung individueller Wertvorstellungen und Einstellungen als Voraussetzung für die Entwicklung eines Verantwortungsbewusstseins für die Erhaltung natürlicher Lebensgrundlagen
• Bereitschaft zur aktiven Mitwirkung bei der Lösung von Umweltproblemen (vgl. ebda., S. 279 f.).

Umwelt und Unterricht

Schon 1978 beschäftigte sich eine Arbeitstagung mit der Frage, wie die Empfehlungen der Tiflis-Konferenz in Lehrpläne und Schulbücher der Bundesrepublik Deutschland aufgenommen werden könnten. Ein Ergebnis waren die 1980 gefassten Beschlüsse der Kulturministerkonferenz zu „Umwelt und Unterricht". Sie sahen vor, dass Umwelterziehung als fächerübergreifendes Prinzip verbindlich in die Lehrpläne der Bundesländer aufgenommen werden müsse. Erklärte Ziele waren
• die Schaffung eines Bewusstseins für Umweltfragen
• die Förderung eines verantwortlichen Umgangs mit der Natur
• die Erziehung zu umweltbewusstem Verhalten, das über die Schulzeit wirksam bleiben solle.

Fähigkeit im Problemlösen in vernetzten Systemen

Im gleichen Jahr erschien die Buchveröffentlichung Dieter Bolschos zur Umwelterziehung, die ganz ähnlich wie die KMK die Interdisziplinarität der Umwelterziehung und die Förderung einer ökologischen Handlungskompetenz durch Umwelterziehung betonte (vgl. Bolscho u.a. 1980, S. 13 ff.).
Neu ist bei Bolscho die Forderung, dass Umwelterziehung auch die *„Fähigkeit im Problemlösen in vernetzten Systemen"* fördern müsse (ebda., S. 18); so wie ein „System" von wirtschaftlichen Interessen, kollektiven Konsumgewohnheiten und individueller Bequemlichkeit die Umweltzerstörung vorantreibt, müssten auch Problemlösungen gesellschaftliche, ökonomische und politische Komponenten in vernetzten Systemen verbinden (vgl. ebda.).
Bemerkenswert ist die Vielfalt der Denkansätze zur Umwelterziehung in den 80-er Jahren. Einer der wichtigsten damals sich herausbildenden Ansätze war die **Ökopädagogik**. Diese unterstellt, dass die bislang ent-

wickelten umwelterzieherichen Konzepte eine „versuchte Perfektionie-
rung der Naturbeherrschung" darstellten (vgl. Haan 1984, S. 78) und
den Menschen zum „disziplinierten Konsumenten" machen wollen
(vgl. Mertens 1989, S. 75).

Die Umwelterziehung verändere nicht das technisch-ökologische
System, sondern sichere sogar seine Weiterexistenz, weil sie die Individuen im Rahmen der Systemerhaltung zu dem Grad umweltbewussten
Verhaltens aufruft, der funktional für das Überleben gerade unverzichtbar ist (vgl. Beer/Haan 1984, S. 56). In der Umwelterziehung werde
Last und Verantwortung für die Erhaltung der Natur den Individuen
zugeschoben. Dabei werde die Pädagogik zum Hilfsinstrument, Politik
und Ökonomie aber geschont. Ökopädagogik und
„ökologisches Lenen"

Gefordert wird von den Vertretern der Ökopädagogik eine „*Ökologi-
sierung der Pädagogik*" statt einer „*Pädagogisierung der Ökologie*"
(vgl. Haan 1984, S. 12 f.). Das sich daraus ergebende „ökologische
Lernen" wird hierbei in einem Doppelsinn verstanden: „Zum einen ist
es ein Lernen über ökologische Zusammenhänge, bearbeitet also den
Gegenstandsbereich bzw. legt die Themen und Inhalte fest. Zum anderen sollen ökologische Prinzipien ihre Ausführung auch im Lernprozess
selbst erfahren" (Beer/Haan 1984, S. 137). Mit ökologischen Lernprin-
zipien werden natürliche, selbstbestimmte, ganzheitliche, vernetzte und
handlungsorientierte Formen des Lernens gemeint, auch wenn die genannten Kriterien für eine Umsetzung recht vage bleiben. Im Vordergrund stehen letztlich die Achtung der Natur um ihrer selbst und das
Ziel einer Harmonie zwischen Mensch und Natur. In dem von de Haan
1989 herausgebrachten „Ökologie-Handbuch Grundschule" beginnt
der Gegensatz zwischen Umwelterziehung und Ökopädagogik sich allerdings zu verwischen. So decken sich weitgehend die ein Jahr zuvor in
einer Buchpublikation zur Umwelterziehung behandelten Inhaltsberei-
che (vgl. Eulefeld u.a. 1988) mit den von de Haan ausgewählten Themenfeldern:

1. Artenschutz, Artensterben
2. Abfall
3. Wasser- und Luftverschmutzung
4. sanfte Technik
5. Verkehr/Fahrrad
6. Landwirtschaft/Gartenbau
7. Wohnen (vgl. Haan 1989, S. 6 ff.).

Trotz der – vor allem in der Frühphase – sehr pointierten gesellschafts-,
kapitalismus- und schulkritischen Ausrichtung der Ökopädagogik und
trotz ihrer Abgrenzungsversuche gibt es von Anfang an auch Querbeziehungen zum didaktischen Konzept der Umwelterziehung; nämlich
die Verknüpfung mehrerer (natur- und gesellschaftswissenschaftlicher)
Bezugsfächer und die Erwartung, dass Wissensaneignung und kognitive Auseinandersetzung mit Problemen auch die individuelle Hand-
lungsbereitschaft erhöhen könne.

Hiervon setzen sich die **ganzheitlich-emotionalen Ansätze** der Umweltpädagogik deutlich ab, wie sie – ebenfalls in den 80-er Jahren –
in der *Naturbezogenen Pädagogik* und im Konzept des *Naturerle-* Umweltpädagogik
und naturbezogene
Pädagogik

bens entwickelt wurden. In diesen Ansätzen steht die Förderung des Natur*verständnisses* im Vordergrund, nicht die kritische Analyse der Störung von Naturkreisläufen durch die ökonomisch-zivilisatorische Instrumentalisierung der Natur. Die Umwelt soll nicht auf kognitiver Ebene erschlossen werden, sondern auch auf emotioneller, ästhetischer und kreativer Ebene. Dieser ganzheitlichen Grundvorstellung entsprechend soll Raum auch für ungewohnte Lernwege gelassen werden.

Die *Naturbezogene Pädagogik* will Heranwachsende zur Achtung der Natur erziehen. Sie orientiert sich an der Ethik Albert Schweitzers, die auf der Ehrfurcht vor allem Leben basiert. Achtung der Natur soll den Einklang zwischen Mensch und Natur wiederherstellen und zur Erhaltung der Natur als Gesamtheit beitragen. Die Naturbezogene Pädagogik kritisiert eine rein anthropozentrische Denkweise, die der Natur einen nur (dem Menschen) dienenden Stellenwert zuweist. Eine solche Denkweise führt zur Entfremdung des Menschen von der Natur, die nach Göpfert die Hauptursache für Umweltzerstörung bildet (vgl. Göpfert 1987, S. 5).

Achtung der Natur durch die Faszination der Natur

Methodisch geht Göpfert davon aus, dass die Achtung der Natur vor allen dann gefördert werden kann, wenn auch die Faszination der Natur erfahren werden kann (vgl. ebda., S. 2). Daher plädiert er nicht nur für einen handlungsorientiert direkten, sondern auch für einen individuellen, intimen und meditativen Umgang mit der Natur. Damit verbindet Göpfert „ein sich Einlassen auf Selbst- und Naturerfahrung" und ein „Teilhaben lassen an der natürlichen Lebensfülle" (ebda., S. 25). Als praktische Anregung verweist er u. a. auf

- aufmerksames Sehen, Verweilen und Beobachten in der Natur, um das „Unscheinbare in der Natur schätzen zu lernen"
- kreative Auseinandersetzung mit der Natur z. B. durch Zeichnen und Malen, um sich auf ein Zwiegespräch mit dem Lebendigen einzulassen (ebda., S. 26 ff.).

Natur erleben durch Begegnung

Der Naturbezogenen Pädagogik sehr verwandt ist der Ansatz des Naturerlebens. Ausgangspunkt für das *Naturerleben* ist die sinnliche Wahrnehmung, die zu einer emotionalen Begegnung mit der Natur hinführt. Die Begegnung mit der Natur kann individuell sehr unterschiedlich erlebt werden. Sie ist abhängig von der jeweiligen Gefühlslage der Menschen und setzt die innere Offenheit voraus. Naturerleben kann weder erzwungen noch kontrolliert werden. Methodisch setzt Janßen daher auf Unternehmungen in kleinen und vertrauten Gruppen, Respektieren individueller Entscheidung und die Gestaltung von Zeiten der Stille. Ein anderer Vertreter des Naturerlebens, Cornell, hat fünf Grundsätze entwickelt, um Kinder für die Begegnung mit der Natur empfänglich zu machen:

1. *„Lehre wenig und teile mehr von deinen Gefühlen mit"*:
   Das Ausdrücken eigener Gefühle ermutigt die Kinder, auch ihre Wahrnehmungen und Gefühle ernst zu nehmen und zu erforschen.
2. *„Sei aufnahmefähig"*:
   Aufmerksames Zuhören fördert Begeisterung und Spontanität der Kinder z. B. beim Lernen im Freien.

3. *„Sorge gleich zu Anfang für Konzentration"*:
   Stille und Konzentration erleichtern das aufmerksam werden der
   Kinder für die kleinen Dinge, die in der Natur wahrgenommen werden können.
4. *„Erst schauen und erfahren – dann sprechen"*:
   Die Fähigkeit der Kinder zu staunen hat einen eigenen Wert und
   sollte nicht durch schnelle Hinführung zu verbaler Kommunikation
   und sprachgestützter Reflexion gemindert werden.
5. *„Das ganze Erlebnis soll von Freude erfüllt sein"*:
   Freude und Wohlbefinden stellen ein elementares (gerade bei Kindern ausgeprägtes) Bedürfnis des Menschen dar, das auch das Interesse an einer Sache entscheidend unterstützt
   (vgl. Cornell 1979, S. 13 ff.).

In den 90-er Jahren haben sich die verschiedenen Ansätze der Umwelterziehung angenähert und sind in einen umweltpädagogischen Main-
stream eingemündet, der gleichermaßen ernst nimmt:

* Wahrnehmen und Beobachten
* Kommunizieren
* Empfinden und emotionales Identifizieren
* das Entwickeln von Werten
* die Analyse
* den interdisziplinären Wissenserwerb
* das ganzheitliche Verstehen
* das aktive Engagement und praktisches Handeln.

verschiedene Ansätze
der Umwelterziehung

Nach der Umweltkonferenz in Rio de Janeiro sind dabei die inhaltlichen Aspekte der *„Globalisierung"* und *„Nachhaltigkeit"* von Entwicklungen als neue Bezugspunkte wichtig geworden: Stichwort
Agenda 21, vgl. Ebert u.a. 1996; Haan 1999; Boschko/Haan 2000).

5. Interkulturelle Erziehung

Seit den späten 60-er Jahren gehört es zu den alltäglichen Erfahrungen
fast aller Grundschulkinder, dass sie in ihrer Klasse Kindern begegnen,
die eine andere Sprache ihre Muttersprache nennen und sich vielleicht
auch anders verhalten. Kinder aus anderen Kulturen machen den Kindern der „Mehrheitskultur" deutlich, dass das Fremde, Ungewohnte
und Andersartige Teil der modernen Lebenswelt ist.
„Der Reiz des Fremden, Unbekannten, Unsicheren, des Risikos ist genauso Bestand der Bedürfnisstrukturen von Kindern im Grundschulalter wie die Suche nach Geborgenheit, Sicherheit und Regeln. Kindliche
Bedürfnisse sind in sich gegensätzlich, ja widersprüchlich (vgl. Kellmer/
Pringle 1979). Diese Polarität kindlicher Bedürfnisse findet eine Analo-
gie in der komplementären Zweitaktigkeit menschlicher Lernvorgänge,
wie sie Jean Piaget beschrieben hat [...]. Stürzt zu viel Neues oder zu
Fremdartiges auf Kinder (oder auch auf Erwachsene) ein, bekommen
sie Probleme, das Neue zu absorbieren, Fremdes und Bekanntes auszubalancieren. Auffallend ist, dass Kinder in der Regel sich eher fremden

Mehrheits- und
Minderheitskultur

Gegenständen oder neuen Körperempfindungen zuwenden als ungewohnten sozialen Erfahrungen. Vielen Kindern fällt es leichter, eine glitschige Schnecke anzufassen [...], als einen fremden Menschen anzusprechen" (Knauf 1992, S. 6).

So entstehen dann auch oft unsichtbare Mauern in der Schulklasse, wenn Kinder mit verschiedenen (Mutter-)Sprachen und kulturellen Prägungen eine Lerngemeinschaft bilden sollen. Schon dieses unmittelbar spürbare Problem macht interkulturelle Erziehung notwendig. Dies wurde allerdings nicht bereits mit dem Beginn des Zuzugs ausländischer ArbeitnehmerInnen nach Deutschland so gesehen.

Arbeitsmigration

„In der ersten Zeit der Arbeitsmigration während der 60-er Jahre hatte die Pädagogik überhaupt noch nicht auf das Problem reagiert. Die aus den süd- und südosteuropäischen Ländern angeworbenen Arbeiter, später auch Arbeiterinnen, kamen zunächst in der Regel allein ohne Familie in die Bundesrepublik. Der typische ,Gastarbeiter' der 60-er Jahre war jung, oft ledig und hatte, jedenfalls in der Regel, seine Familie zurückgelassen, weil er – ebenso wie staatliche Instanzen [...] von einer baldigen Rückkehr ausging [...].

Die Zahl der schulpflichtigen Kinder aus ausländischen Familien war in der Anfangsphase noch gering [...], so dass sich die Schulverwaltung noch nicht zu besonderen Maßnahmen veranlasst sah" (Auernheimer 1996, S. 5 f.).

Sprachförderung

Erst als allmählich die Zahl der ausländischen Kinder stieg, wurde für sie die Schulpflicht an deutschen Regelschulen eingeführt, wobei hierfür zunächst spezielle Vorbereitungsklassen eingerichtet wurden (vgl. Nieke 2000, S. 14 f.). Schwerpunkt der pädagogischen Bemühungen um ausländische Kinder in den frühen 70-er Jahren war die Sprachförderung, die sich auf das „Deutsch-Lernen" der Migrantenkinder konzentrierte (vgl. Auernheimer 1996, S. 7). „Im Vordergrund stand der Abbau von Defiziten der ausländischen Schüler. Die pädagogische Aufgabe wurde im Grunde kompensatorisch verstanden [...]" (ebda.). Die zeitgleich entstandenen ersten Empfehlungen der Kultusministerkonferenz zur pädagogischen Arbeit mit ausländischen Kindern betonten da-

pädagogische Doppelstrategie

neben als Teil einer pädagogischen „Doppelstrategie" die „Erhaltung der kulturellen Identität" der Migrantenkinder, um die Rückkehrfähigkeit ihrer Familien zu sichern. Hierfür wurde der „Muttersprachliche Ergänzungsunterricht" eingeführt. Weil all diese pädagogischen Bemühungen sich auf eine reibungslose Anpassung der Abkömmlinge aus anderen Kulturen an gegebene gesellschaftliche Strukturen bei gleichzeitiger Aufrechterhaltung ihrer potenziellen Rückkehrwilligkeit richteten, wird in der Literatur diese Frühphase der interkulturellen Erziehung als „Ausländerpädagogik" bezeichnet (vgl. Auernheimer 1996, S. 5 ff.; Nieke 2000, S. 14 f.).

„Ausländer-Pädagogik"

Um 1980 – vermutlich in einem Zusammenhang mit der wirtschaftlichen Rezession – geriet die „Ausländerpädagogik" in Kritik und Krise (vgl. Auernheimer 1996, S. 8 f.; Nieke 2000, S. 15 ff.).

Man sprach von einer „Pädagogisierung der Ausländerprobleme" (vgl. Auernheimer 1996, S. 8) und sah die Illusion, die Präsenz ausländischer ArbeitnehmerInnen in der Bundesrepublik flexibel und nach wirtschaftlichen und sozialen Interessen langfristig steuerbar zu machen. Erkannt wurde der „Übergang von der ‚Gastarbeiterbeschäftigung' zur ‚Einwanderung'" (Hamburger 1983, S. 276). Dementsprechend wurden Bemühungen um Chancengleichheit für strukturell Benachteiligte angemahnt (vgl. Boos- Nünning u.a. 1983, S. 340 ff.). Es entwickelten sich folgerichtig schrittweise Konzepte einer „Interkulturellen Erziehung für eine multikulturelle Gesellschaft" (Nieke 1986). Konstatiert wurde die Prozesshaftigkeit von Kulturen und das Problem von *Kulturrelativierung und -universalismus* (vgl. Auernheimer 1996, S. 9).

Anfang der 90-er Jahre wurde der Blickwinkel der interkulturellen Erziehung erweitert durch Probleme und Phänomene im eigenen Land: der Rechtsradikalismus Jugendlicher (vgl. ebda., S. 11), *Minderheiten* in Deutschland: Sinti und Roma, ethnische Minderheiten wie Sorben in Brandenburg, aber auch *diskriminierte Gruppen* wie behinderte oder auch Frauen (vgl. Nieke 2000, S. 18). Mit der Fixierung auf die Probleme der ausländischen Arbeitsmigranten und ihrer Kinder gerieten immer komplexere, miteinander vernetzte Fragestellungen in den Reflexionshorizont der interkulturellen Erziehung, z.B. die Fragen

(Marginalie: Interkulturelle Erziehung für eine multikulturelle Gesellschaft)

- nach den Wurzeln und der *Identität* der „Mehrheitskultur" in Deutschland (vgl. Krüger- Potratz 1987, S. 173),
- nach dem Zusammenhang zwischen interkultureller Erziehung und *Pädagogik* der *Dritten Welt* (vgl. Auernheimer 1996, S. 16 f.),
- der Stellung der *Europaerziehung* (vgl. ebda., S. 17),
- den Querbeziehungen der interkulturellen Erziehung zur *Friedenserziehung* als einer Pädagogik, die nach Konfliktursachen fragt und gewaltfreie Konfliktlösungen sucht (vgl. UNICEF 2000).

Ein zentrales Thema in der interkulturellen Erziehung ist die Klärung des Kulturbegriffs, der als Orientierungsrahmen für die pädagogische Auseinandersetzung mit dem Fremden und dem Eigenen sinnvoll und tragfähiger ist als der Terminus „Ethnie", der Assoziationen mit dem „Volksgruppen"-Begriff aus der NS-Zeit weckt (vgl. Nieke 2000, S. 40). Für Nieke ist Kultur die Gesamtheit und Kollektivität der Deutungs- und Orientierungsmuster innerhalb „voneinander abgrenzbarer Lebenswelten" (vgl. ebda., S. 40 u. 50 ff.).

(Marginalie: Klärung des Kulturbegriffs)

Auernheimer betont hingegen stärker die Prozesshaftigkeit und Veränderbarkeit von Kultur in modernen Gesellschaften, die kaum die Entwicklung einer stabilen kulturellen Identität zulassen, während in archaischeren Gesellschaften (aus denen auch Arbeitsmigranten stammen) die Gruppenzugehörigkeit eine Ausprägung von kultureller Identität eher erleichtert (vgl. Auernheimer 1996, S. 112 ff.).

Das Verhältnis des Einzelnen zur Gruppe verändert sich im Lebenszusammenhang von Migranten jedoch vielfach unter dem Einfluss der umgebenden Kultur, insbesondere im Arbeitsleben und in der Öffentlichkeit, während im privaten Bereich Traditionen weiterleben (vgl. ebda., S. 120 ff.). In der Mehrheitskultur werden die verbleibenden Kulturdifferenzen bevorzugt als Modernitätsdifferenzen wahrgenommen. Wir neigen dazu, der (vermeintlich) moderneren Kultur, die dem Individuum das Recht auf einen eigenen Lebensentwurf zugesteht, eine Überlegenheit einzuräumen.

(Marginalie: Individuum und Gruppe)

Auernheimer fordert dagegen dazu auf, das *Toleranzgebot* des modernen Verfassungsstaates ernst zu nehmen und Traditionalismen im privaten Bereich der MigrantInnen zu akzeptieren, z. B. Ehr- und Schamvorstellungen oder Kleidungstraditionen (vgl. ebda., S. 120 f.).

Aufgaben und Ziele

In der didaktische Reflexion der *Aufgaben und Ziele* der interkulturellen Erziehung werden unterschiedliche Vorschläge gemacht, die sich allerdings mehr durch Abstraktions- bzw. Konkretionsgrad und Systematik als durch die inhaltliche Ausrichtung unterscheiden. Noch heute gültig ist eine 1988 von Alexander Thomas gefundene Formulierung des Sinns interkutureller Erziehung:

„Interkulturelles Lernen findet statt, wenn eine Person bestrebt ist, im Umgang mit Menschen einer anderen Kultur deren spezifisches Orientierungssystem der Wahrnehmung, des Denkens, Wertens und Handelns zu verstehen, in das eigenkulturelle Orientierungssystem zu integrieren und auf ihr Denken und Handeln im fremdkulturellen Handlungsfeld anzuwenden. Interkulturelles Lernen bedingt neben dem Verstehen fremdkultureller Orientierungssysteme eine Reflexion des eigenkulturellen Orientierungssystems" (Thomas 1988, S. 83).

Schwerpunkte

Auernheimer beschreibt im Einzelnen folgende Schwerpunkte interkultureller Erziehung:

- *Soziales Lernen* (Erziehung zu Einfühlungsvermögen, Toleranz, Konfliktfähigkeit, Kooperationsfähigkeit, Solidarität) (vgl. Auernheimer 1996, S. 171 ff.)
- *Umgang mit kultureller Differenz* (Befähigung zum interkulturellen Dialog, Akzeptanz eines „demokratischen Differenzbegriffs" (Prengel 1993) ohne kulturelle Rangordnung) (vgl. ebda., S. 178 ff.)
- *Multiperspektivische Allgemeinbildung* (Schaffen eines Bewusstseins von den vielfältigen kulturellen Austauschprozessen, z. B. zwischen Orient und Abendland, sowie von der Vielschichtigkeit jeder Kultur; „interreligiöser" Unterricht) (vgl. ebda., S. 186 ff.)
- *Politische Bildung* (Reflexion des Verhältnisses von Mehrheit und Minderheit, z. B. bezogen auf die Asyldebatte) (vgl. ebda., S. 194 ff.).

Grunddimensionen

Manfred Hohmann konzentriert interkulturelles Lernen auf zwei Grunddimensionen (vgl. Hohmann 1987, S. 103):

1. *Pädagogik der Begegnung* (Zukenntnisnahme der zugewanderten Kulturen, gegenseitige Informationen; Repräsentation der fremden Kulturen im öffentlichen Leben; gegenseitige kulturelle Bereicherung)
2. *Konfliktpädagogik* (Bekämpfung von Ausländerfeindlichkeit, Diskriminierung und Rassismus; Beseitigung von Vorurteilen und Ethnozentrismus; Herstellung von Chancengleichheit) (vgl. auch Auernheimer 1996, S. 36).

Orientiert an den drei Dimensionen Allgemeinbildung, soziales Lernen und politisches Lernen differenziert Nieke zehn Ziele interkultureller Erziehung:

1. *Erkennen des eigenen, unvermeidlichen Ethnozentrismus* (Ziel ist ein „aufgeklärter Ethnozentrismus", der die eigenen Positionen in Frage stellen kann) (vgl. Nieke 2000, S. 204 f.)
2. *Umgehen mit der Befremdung* (Ziel ist die Umbildung der Angst vor dem Unvertrauten, vor der Konkurrenz der Zuwanderer in Neugier auf das Andere) (vgl. ebda., S. 205 ff.)
3. *Grundlegung von Toleranz* („gegenüber den in einer anderen Lebenswelt, Kultur Lebenden und Denkenden, selbst wenn Teile dieser Lebenswelt, Kultur den eigenen Orientierungen und Wertüberzeugungen widersprechen") (ebda., S. 207)
4. *Akzeptieren von Ethnizität; Rücksichtnehmen auf die Sprachen der Minoritäten* (Ziel ist die Achtung der „Familiensprachen der Schüler", der kulturellen Äußerungsformen, Kleidungsgewohnheiten, religiösen Essensvorschriften im alltäglichen Umgang) (vgl. ebda., S. 207 ff.)
5. *Thematisieren von Rassismus* (Ziel ist das Bewusstmachen unbewusster Abwertungstendenzen, nicht die wenig wirksame Ächtung) (vgl. ebda., S. 210)
6. *Das Gemeinsame betonen, gegen die Gefahr des Ethnizismus* (Ziel ist das Entdecken und Identifizieren ähnlicher Werte, Normen und Ausdrucksformen in verschiedenen Kulturen) (vgl. ebda., S. 210 ff.)
7. *Ermunterung zur Solidarität; Berücksichtigung der asymmetrischen Situation der Mehrheit und Minderheit* (zu fördern sind gemeinsame Kleingruppenaktionen von Kindern, die verschiedenen Kulturen angehören) (vgl. ebda., S. 212)
8. *Einüben in Formen vernünftiger Konflikbewältigung – Umgehen mit Kulturkonflikt und Kulturrelativismus* (Ziel ist die Entwicklung eines Gespürs und von Handlungspraktiken, um differenzieren zu können zwischen Anforderungen von Angehörigen einer anderen Kultur, die akzeptiert oder zurückgewiesen werden können) (vgl. ebda., S. 212 f.)
9. *Aufmerksamwerden auf Möglichkeiten gegenseitiger kultureller Bereicherung* (beispielsweise in Lebensstilen, Kommunikations- und Essgewohnheiten) (vgl. ebda., S. 213 ff.)
10. *Thematisierung der Wir-Identität: Aufhebung der Wir-Grenze ...* (Ziel ist die Grundlegung einer globalen Verantwortungsethik, die Akzeptanz universell gültiger Werte – Schutz des Lebens, Unversehrtheit des Körpers, Freiheit, individuelle Entfaltung) (vgl. ebda., S. 215 ff.).

Ziele

(Zu aktuellen Tendenzen interkultureller Erziehung in der Grundschule vgl. Sandfuchs 2000).

6. Kulturelles Lernen

Die Notwendigkeit kulturellen Lernens ist bereits angesprochen worden. Sie ist Bestandteil interkultureller Erziehung. Letztere zielt darauf ab, Bereitschaft und Fähigkeit, mit Fremdem und Fremden umzugehen,

gelassene Gewissheit des Eigenen

zu stabilisieren und zu differenzieren (s.o. S. 73 f.). Voraussetzung hierfür ist die gelassene Gewissheit des Eigenen. Diese zu gewinnen ist das zentrale Ziel kulturellen Lernens.

Seit einer Reihe von Jahren können wir eine Renaissance des Kulturbegriffs feststellen. Insbesondere als Bindestrich-Begriff hat er eine vorher ungeahnte Beliebtheit erlangt. Wir sprechen von Körperkultur, Esskultur, Diskussionskultur, politischer Kultur, Kinder-, Jugend- oder Subkultur. Auch in der Pädagogik ist die Auseinandersetzung mit dem Kulturbegriff zu einem wichtigen Thema geworden. Anhand von Buchpublikationen oder Aufsätzen lässt sich diese Tendenz ablesen: Schlüsselbegriffe sind Kulturpädagogik (vgl. Löwisch 1989; Schäfer 1988), Kulturelle Bildung (vgl. Behr/Knauf 1989), Kulturelle Bildungsarbeit (vgl. Knauf u.a. 1990); Kulturelles Lernen (vgl. Fuchs 1994; Knauf 1992), Schulkultur (Reiß/Schoenebeck 1987).

erweiterter und offener Kulturbegriff

Vor dem Hintergrund eines erweiterten und offenen Kulturbegriffs (vgl. Löwisch 1989, S. 25) übernimmt Kultur eine gesellschaftliche Aufgabe, die mit der Stabilisierung und dem lebendig Halten von Gesellschaft(en) zu tun hat: „Die Funktion von Kultur sind *Sinnkonstitution und Identitätsbildung* (für die Gruppe oder für den Einzelnen). Kultur dient der Deutung des gesellschaftlichen Lebens und der Orientierung des Handelns. Man könnte sie also auch kurz als Orientierungssystem kennzeichnen. Aus der britischen Schule der Cultural Studies stammt die Aussage, Kultur enthalte die Landkarten der Bedeutungen!" (Fuchs 1994, S. 34; Hervorhebung durch Verf.).

Lebenssinn, Identität, die „Landkarten der Bedeutungen" sind zentrale Rahmenbedingungen für gesundes Aufwachsen und individuelle Entwicklung. Erik Erikson hat dies mit dem Phänomen *„Urvertrauen"* in Verbindung gebracht, der Philosoph Edmund Husserl mit dem Begriff der „Heimwelt" umrissen. „Die Heimwelt ist die Stätte, an der der erworbene und erlernte Sinn sich ablagert" (Zacharias 1987, S. 72). Dieter Baacke nennt solche Bereiche „ökologische Zentren" (vgl. Baacke 1984, S. 21): Die Sicherheit, ein Zuhause, ein „ökologisches Zentrum" zu haben, ist für Baacke die Voraussetzung für die Bereitschaft, neue Erfahrungen zu sammeln und den Nahraum (Wohngegend, Spielplätze ...) zu erkunden. Die Aufwachsensbedingungen heute können allerdings nicht mehr allen Kindern einen konstanten Rahmen stabiler sozialer Beziehungen, verlässlicher täglicher Zeitstrukturen und überschaubarer Lebensräume garantieren. Viele Kinder verfügen nicht mehr über „Heimwelten" als Bereiche der Gewissheit von Beziehungen, in denen Personen, Gegenstände, Regelmäßigkeit von Tätigkeiten Identität und Sinn vermitteln: Denn soziale Beziehungen sind heute weniger sicher als noch vor wenigen Jahrzehnten, der kindliche Lebensraum verliert seinen Zusammenhang und löst sich in „verinselte" Teilbereiche auf, die sinnlich-gegenständliche Erkundung des Nahbereichs wird immer schwieriger. „Je normierter und erlebnisärmer die räumliche Lebenswelt wird [...]" (Schmidt 1988, S. 24), desto mehr versuchen Kinder, ihre Wirklichkeit über Medienangebote zu ordnen und zu beleben. Die „Second-Hand-Wirklichkeit" forciert „[...] Wirklichkeitsverlust, Körperlosigkeit, Unsinnlichkeit, Passivität, eine Dauerkonsumhaltung und eine gleichgültige Haltung gegenüber sozialen Beziehungen" (Schäfer 1988, S. 19).

Diese (im Zitat sicherlich zugespitzt formulierte) Entwicklung macht auf mögliche *Aufgaben kulturellen Lernens in der Grundschule* aufmerksam. Nach einem erweiterten und offenen Kulturbegriff können diese vor allem darin bestehen, dazu beizutragen, **den Sinn, die Einzigartigkeit, aber auch die Vielfalt und Erweiterbarkeit von Lebenstätigkeiten (Lebensweisen) erfahrbar, reflektierbar und gestaltbar zu machen.**

Im Einzelnen könnte es in kulturellen Lernprozessen um Folgendes gehen:

Aufgaben kulturellen Lernens in der Grundschule

- Den *Nahbereich* des Wohn- und Schulumfeldes als Heimat *„forschend wahrzunehmen"*, für ihn Neugier zu entwickeln, in ihm Interessantes, Gewachsenes, Verändertes, mit Geschichte Ausgestattetes zu entdecken und in ihm Identifikationspunkte finden (vgl. Zacharias 1987; Beck/Soll 1988; Knauf u. a. 1990).
- Erfahrenes, Empfundenes, Erfundenes und Kennengelerntes mit anderen auszutauschen und sich dabei kreativ vielfältiger Ausdrucksformen und Techniken zu bedienen (vgl. den „freien Ausdruck" in der Freinet-Pädagogik und die Forderung nach Erhalt der „100 Sprachen" der Kinder in der Reggio-Pädagogik) (vgl. u. a. Krieg 1993, S. 28).
- Aufmerksam und wahrnehmungsfähig zu werden für die Besonderheit, Verschiedenartigkeit, Ästhetik, Geschichtlichkeit, Magie und den Reiz von Gegenständen und Phänomenen der Natur (z. B. Blätter, Bäume, Steine, Wolken, Schatten), des von Menschen gestalteten Alltags (z. B. Werkzeug, Haushaltsgeräte, Textilien, Gebäude) und der Kunst (einschließlich des Kunsthandwerks und der Übergänge zwischen Natur, Kunst und Design, wie etwa historische Gartengestaltung oder industrial design).
- Übergänge und Überlagerungen von sinnlich-körperlichen Wahrnehmungen, emotionalen Empfindungen und reflexiver Tätigkeit zu üben und dadurch Distanz gewinnen zu nur spontanen Einordnungen von Erlebnissen (z. B. im Morgenkreis am Thema Fernsehsendungen oder Kleidung. Spontanurteile nicht einfach stehen lassen, sondern nach Argumenten für Urteile suchen und Kriterien für Argumente entwickeln; damit auch lernen, die „feinen Unterschiede" wahrzunehmen, und letztlich, wie es Kant gefordert hat, zu unterscheiden lernen).
- Mit Zeit sorgsam umzugehen; d. h. Anspannung und Entspannung zu kultivieren, Balancen herzustellen zwischen verlässlichen, regelmäßig sich wiederholenden Zeitstrukturen und spontaner, flexibler Zeitnutzung, wegzukommen vom Zeit tot Schlagen, dafür eher Langeweile als Quelle des Nachdenkens über das zu nutzen, was einem persönlich wichtig ist (vgl. Knauf 1992a, S. 27).
- Alltägliche Lebenstätigkeiten (essen, andere begrüßen, ein Gespräch führen) bewusster wahrzunehmen und zu gestalten, wobei die Bedürfnisse des anderen und seine Würde wie auch die eigenen Bedürfnisse, aber auch Konvention und Spontaneität ein Netz auszubalancierender Gestaltungskriterien bilden könnten. Es geht um „kurzge-

fasst, human gestaltete Lebensweise!" (Fuchs 1994, S. 34), aber auch um die Differenzierung und Erweiterung von Genussfähigkeit, die auch das Genießen von Stille, eines harmonischen Gesprächs, einer gütlichen Konfliktlösung einschließt (vgl. auch allgemein Reiß/Schoenebeck 1987).

7. Medienerziehung/Medienpädagogik

Die Medienorientierung unserer Lebensumwelt und die Mediatisierung kindlicher Erfahrungen empfinden wir als eine eher aktuelle gesellschaftliche Entwicklung, doch warnten schon Ende des 19. Jahrhunderts Pädagogen vor dem „Schmutz und Schund" in den „Groschenheften" (vgl. Hickethier 1974, S. 23).

Folgerichtig wurde 1907 erstmals (von der Hamburger „Gesellschaft der Freunde des Vaterländischen Schul- und Erziehungswesens") eine Kommission eingesetzt, die sich mit den schädlichen Einflüssen des gerade neu eingeführten Mediums Film auf die Kinder befassen sollte (vgl. Meyer 1981, S. 23). Kurz nach dem Ersten Weltkrieg erhielt das neu geschaffene Zentralinstitut für Erziehung und Bildung dann auch eine Beratungs- und Prüfstelle für Filme.

In der Reformpädagogischen Bewegung überwog zunächst eine am Natürlichkeitsideal orientierte Zivilisations-, Technik- und auch Medienkritik.

Bald wurden die neuen sinnlichen Ausdrucksmöglichkeiten des Mediums Film erkannt und in der „Kinoreformbewegung" Mustervorstellungen von pädagogisch geeigneten Filmen entwickelt (vgl. Issing 1987, S. 20). Eine sich hieran anschließende medienpädagogische Praxis mit Kindern im Grundschulalter realisierte Adolf Reichwein (1938/1967, S. 24 ff.), der sich damit in Gegensatz zur Gleichschaltung, Kontrolle und politischen Nutzung der damals neuen Medien durch die Nationalsozialisten brachte.

Nach dem Zweiten Weltkrieg schlossen sich die schulbezogenen medienpädagogischen Bemühungen wieder den bewahrpädagogischen Tendenzen aus der Jahrhundertwende an. So wurden die Gefahren eines zu frühen Kinobesuchs betont, der Reizüberflutung und Vermittlung problematischer Vorbilder mit sich bringen würde.

radikale Wende in der medienpädagogischen Theorie und Praxis

Mit dem Siegeszug des Fernsehens in den späten 60-er und frühen 70-er Jahren und der zeitlich parallelen Politisierung der pädagogischen Diskussion, der Wissenschaftsorientierung und Kritik an tradierten Wertvorstellungen kam es zu einer radikalen Wende in der medienpädagogischen Theoriebildung und Praxis:

- *Im **Sprach-/Deutschunterricht** setzten sich Konzepte durch, die massenmediale Produktion und Rezeption als Teil gesellschaftlicher Kommunikation interpretierten.*
- *Im **Kunstunterricht** wurde das Konzept der „Visuellen Kommunikation" propagiert, das visuelle Massenmedien und persönliche Ausdrucksformen in gleicher Weise wie die Kunst als Widerspiegelung gesellschaftlicher Verhältnisse verstand (vgl. Möller 1971).*

- *Im sozialwissenschaftlichen (Sach-)Unterricht konnten Massenmedien als Mittel der Manipulation analysiert werden (vgl. Thoma 1971).*

In den 70-er Jahren avancierten die Massenmedien zu einem der wichtigsten Unterrichtsthemen. Dabei standen methodisch und intentional die kognitive Analyse und kritische Bewertung zunächst im Vordergrund. Mit der didaktischen Trendwende weg von einer engen Wissenschafts- und Lernzielorientierung hin zu offenen, schülerzentrierten und handlungsorientierten Lernformen erweiterte sich jedoch bald das Spektrum medienpädagogischer Intentionen und Aktionsstrukturen: Wichtig wurden die Stärkung lebenspraktischer und sozialer Handlungskompetenz und – in Konsequenz – der eigentätige und produktive Umgang mit Medien im Unterricht.

kognitive Analyse und kritische Bewertung der Massenmedien

In den 80-er Jahren konsolidierten sich medienpädagogische Konzepte, die analytische mit handlungspraktischen Elementen verbinden. Eine Erweiterung erfuhr die medienpädagogische Theoriebildung und Praxis durch Dieter Baackes Anregungen zur Entwicklung einer „kommunikationskulturellen Medienpädagogik" (vgl. Baacke 1987).
Baacke hatte beobachtet, dass Medienrezeption sich keineswegs auf einen inhaltsbezogenen Aneignungsprozess reduzieren lässt. Vielmehr bilden situative Momente, in die das Rezeptionshandeln eingebettet ist (Ort, Tageszeit, eigene Gewohnheiten, Partner und Austauschmöglichkeiten mit diesen), im Erleben des Individuums eine manchmal wichtigere Rolle als der medial vermittelte Inhalt (vgl. Baacke 1984, u.a. S. 244).
Arnold Fröhlich hat versucht, aus Baackes Überlegungen methodisch Prinzipien für die schulische Medienerziehung abzuleiten, nämlich:

methodische Prinzipien für die schulische Medienerziehung

- Handlungsorientierung
- Kommunikationsorientierung
- Projektorientierung
- Situationsorientierung (vgl. Fröhlich 1982, S. 188 ff.).

Diese methodischen Prinzipien sind auch nach rund zwei Jahrzehnten noch ebenso gültig wie die Zusammenstellung von Aufgabenfeldern schulischer Medienerziehung, die Gerhard Tulodziecki ebenfalls noch in den 80-er Jahren unternommen hat:

- Aufarbeitung von Medienwirkungen (hinsichtlich Emotionen, Vorstellungen von Realität und Verhaltensorientierungen)
- Medienanalyse und Medienkritik (hinsichtlich Produktion, Vermittlung und Rezeption)
- Mediennutzung unter Abwägung von Handlungsalternativen (Medienauswahl, Kommunikation über Medien, Alternativen zum Medienkonsum)
- Aktive Medienarbeit (unterrichtsbezogene Medienerstellung und -nutzung, Medienerstellung für schulische Öffentlichkeitsarbeit) (vgl. Tulodziecki 1989, S. 83 ff.).

Aktuellere Beschreibungen von *Medienkompetenz* bringen keine wesentlichen Bereicherungen dieser Kategorienbildungen (vgl. Schaepe 1998).

Piagets Stufen der Entwicklung

Für die Grundschule sind vor allem die letzten beiden der vier von Tulodziecki genannten Handlungsfelder wichtig, weil Kinder im Grundschulalter, folgt man Piagets Stufen der kognitiven Entwicklung, vorrangig in „konkreten Operationen" lernen.

Darüber hinaus scheitern in der Regel gut gemeinte Versuche, die Faszination der Medien bei Kindern durch medienkritisches Hinterfragen brüchig zu machen. Viel erfolgversprechender sind dagegen Versuche, durch eigentätige Medienerstellung die vorgefertigten Medien und ihre Stereotypie (ein wenig) zu entzaubern.

aktive Mediengestaltung und -erfahrung

Im Einzelnen ließen sich folgende Aktivitäten entwickeln:

- aktive Medienarbeit, um eigene Erfahrungen, Gefühle, Vorstellungen und Absichten darzustellen und anderen mitzuteilen (im Sinne der Umwelterkundung, freier Texte und Korrespondenz in der Freinet-Pädagogik). Geeignete Medien können vor allem Video, Zeitung, Buch, Plakat sein (vgl. Schmidt 1988, S. 46 ff.).
- Erkundung in Produktionsstätten für Massenkommunikationsmedien (Zeitungs- und Buchproduktion, Rundfunkanstalten). Im Rahmen von Schulöffnungskonzepten (vergleichbar dem angelsächsischen Konzept der Community education und open education).
- Entwicklung und Erprobung von Strukturen gemeinschaftlichen und aktiven Freizeitverhaltens in einem über die Unterrichtzeit hinaus erweiterten und als Lebenswelt gestalteten Schulalltag als Grundlage für den Aufbau stabiler Handlungsalternativen zum Medienkonsum (vgl. Knauf 1994, S. 283 f.; vgl. auch insgesamt Maier 1998).

8. Informationstechnologische Grundbildung

digitale Informationsmedien

Da Grundschüler bereits über ein außerordentlich differenziertes Repertoire an Kommunikationsformen verfügen und es Aufgabe einer zugleich kindgerechten als auch weltorientierten Grundschule ist, das Kommunikationsrepertoire der Kinder zu stabilisieren und weiterzuentwickeln, wird die Grundschule auch die neuen, digitalen Informationsmedien nutzen müssen. Das heißt, dass Computer als Hardware und verschiedene Programme (einschließlich Hypertexte und Multimedia) sowie das Internet als Software Bestandteil der den Kinder zugänglichen Ausstattung der Schule und des Klassenraums sein sollten.

Das Nutzen dieser neuen Informationsmedien durch die Kinder hätte folgende Aufgaben:

1. **Mädchen und Jungen vertraut zu machen mit Informations- und Interaktionsmöglichkeiten, die für unsere Lebenswelt und Zivilisation immer selbstverständlicher und unverzichtbarer werden,**
2. **Kindern die Chance zu geben, neue Informationsmedien gezielt entsprechend ihren Erkenntnis-, Kommunikations- und Gestaltungsinteressen zu nutzen,**

3. Kindern zu ermöglichen, im Rahmen innerer Differenzierung Lern-
und insbesondere Übungsprozesse (z.B. in den Bereichen Textproduktion, Rechtschreibung, mathematische Fertigkeiten) erfolgreich
zu realisieren.

Die Computernutzung in der Grundschule sollte natürlich nicht unkritisch forciert werden, nur weil es von Wirtschaft und Politik gefordert
wird. Es sollten vielmehr die Bedenken gegen einen frühen schulischen
Computereinsatz ernst genommen und geprüft werden, sofern sie nicht
aus einer generellen fundamentalistischen Zivilisations- und Technik-
kritik herrührt.
Zu den seriösen Kritikern des Computereinsatzes in der Grundschule
gehört vor allem Hartmut von Hentig (1984; 1993). Seine Hauptthesen
hat er in einem Satz zusammengefasst: „Der Computer dagegen hält es
[das Kind; T.K.] an seinem Stuhl fest, grenzt seine Lebensregungen auf
das Feld zwischen Bildschirm und Taste ein, legt alle Sinne lahm, schal-
tet andere Kontakte aus, bannt den Geist des Kindes auf das Frage-
und Antwort-Schema des Programms oder Programmierung" (Hentig
1993, S. 68). Von Hentig geht also davon aus:

1. Kinder neigen dazu, nur noch am Computer zu sitzen.
2. Der Computereinsatz führt zum Realitäts- und Erlebnisverlust.
3. Die Arbeit am Computer isoliert die Kinder.
4. Der Computer fördert eindimensionales Denken.

Zu einigen der genannten Thesen liegen empirische Befunde vor. Sie
stammen u.a. aus einer Fallstudie, die Alexandra Sabine Pütz (1997)
durchgeführt hat. Dabei wurde in einer zufällig ausgewählten 3. Klasse
ein Versuch mit einem Multimediaprogramm und eine standardisierte
schriftliche Befragung durchgeführt. Die Auswertung der Fragebögen
ergab, dass 15,8 % der Kinder in ihrer Freizeit überhaupt keinen Kontakt mit einem Computer haben; 73,7 % der Kinder arbeiten mit Verwandten oder Freunden und nur 10,5 % der Kinder arbeiten alleine mit
dem Computer. D.h., dass der ganz überwiegende Teil der Computer-
nutzer nicht allein am Computer arbeiten. Dieses Ergebnis könnte als
Relativierung der Hentigschen These (3) von der *Vereinsamung durch
den Computereinsatz* gedeutet werden (vgl. Pütz 1997, S. 151). An anderer Stelle betont Pütz die wechselseitige Rücksichtnahme der Kinder
und ihr „Solidaritätsgefühl" bei der gemeinsamen Computernutzung
(vgl. ebda., S. 174).
Auch die These (1), dass *Kinder stundenlang am Computer sitzen* und
kaum von dort weg zu bewegen seien, konnte nicht bestätigt werden:
„Meine Beobachtung hat aber das Gegenteil ergeben. Die Schüler und
Schülerinnen haben in der Regel nach 25 bis 40 Minuten ohne Aufforderung, ganz von alleine den Computerplatz verlassen. [...] Die Gruppen haben ihren Arbeitsplatz nach der genannten Zeit aus zwei Gründen verlassen. Sie gaben an: 1. Wir wollen noch basteln, malen, beobachten, schreiben, etwas im Buch/einer Zeitschrift lesen oder etwas
kopieren. 2. Die anderen Gruppen möchten auch noch am Computer
arbeiten. Von den Äußerungen her hat die erste Begründung überwo-
gen. Parallel dazu haben 89,5 % der Kinder angegeben, dass ihnen die

*Solidaritätsgefühl
bei gemeinsamer
Computernutzung*

Arbeit am Computer Spaß gemacht und ihnen das Thema gefallen hat. Mit dieser Aussagen schließe ich darauf, dass die Kinder nicht den Arbeitsplatz verlassen haben, weil sie das Programm zu langweilig fanden oder ihnen das Thema nicht gefallen hat, sondern weil sie noch andere Ideen verfolgen wollten. Zusammengefasst bedeutet dies, dass die Arbeit am Computer zwar interessant ist, aber nicht fesselt" (ebda., S. 170).

Zur These (2), der Computer führe zum *Realitätsverlust*, stellt Pütz fest: „Im Prinzip ist das Gegenteil eingetreten. Die Kinder haben sich Textdokumente [des Programms „Das Grüne Klassenzimmer"; T.K.] am Computerbildschirm durchgelesen und ausgedruckt. Durch diese Dokumente sind sie dazu inspiriert worden, ohne dass die einzelnen Dokumente [...] dazu aufgefordert haben, sich Vögel in der Natur anzuschauen. So hat sich z.B. ein Junge [...] überlegt, draußen auf dem Schulhof ein Nest zu suchen und sich anzuschauen. [...] Die Gruppe, die sich mit Vogelstimmen beschäftigt hat, hat im Klassenzimmer und auf dem Schulhof aufmerksam dem Gezwitscher der Vögel gelauscht. Dort haben sie versucht, an Hand der Bilder der Vögel die einzelnen Vögel zu identifizieren und den Klang in der Natur mit dem Klang aus dem Computer [...]" zu vergleichen (ebda., S. 172).

Diese und weitere Beobachtungen führt Pütz auch an, um die These (4), dass der Computer eindimensionales Denken fördere, zu entkräftigen. Sie betont die Kreativität bei der Entwicklung und Umsetzung realitätsbezogener Handlungsideen (vgl. ebda.).

multimediale und hypermediale Computerprogramme

In der Grundschule hat sich insbesondere der Einsatz multimedialer und hypermedialer Programme bewährt, weil verschiedene Sinneskanäle angesprochen werden, auf verschiedene Lerntypen Rücksicht genommen wird, durch verschiedene Links individuelle Interessen angesprochen werden (vgl. ebda., S. 125). Insgesamt sind diese Programme geeignet,
• die Lernenden an der Gestaltung des Lernprozesses aktiv zu beteiligen,
• das Vorwissen und die Interessen der Kinder zu nutzen,
• Über- und Unterforderung der Lernenden zu vermeiden,
• die selbständige Wahl eines Lerntempos zu ermöglichen,
• Spielräume für individuelles Weiterlernen und kreative Eigentätigkeit zu eröffnen (vgl. u. a. Haack 1995, S. 153 f.; Klimsa 1995, S. 21).

Neben der Nutzung neuerer Multimedia- und Hypermediaprogramme, die auf die Internetanwendung (z.B. über Suchmaschinen) vorbereiten, gibt es vor allem nochfolgende Nutzungsmöglichkeiten für Computer im Klassenzimmer und entsprechende Software:
– Rechtschreibtrainingsprogramme, insbesondere wenn sie eine Fehleranalyse ermöglichen
– Mathematikprogramme zum Training in der Beherrschung der Grundrechenarten mit Rückmeldung über die Richtigkeit der Aufgabenlösung und ggf. Fehleranalyse
– Schreibprogramme zur Erstellung sowie sorgfältiger, ästhetischer Gestaltung und Vervielfältigung von Texten
– E-Mail zur Erleichterung von Klassenkorrespondenz.

Insbesondere schwächere Schülerinnen und Schüler erleben mit den genannten Computernutzungsmöglichkeiten schnellere Erfolge, von denen ein Motivationseffekt ausgehen kann, z.B. bei der Textproduktion, bei der die für manche Kinder mühsame und mit Unsicherheiten verbundene manuelle Graphemerstellung wegfällt. Das Beispiel der Textproduktion am Computer macht zugleich aber auch deutlich, dass auf herkömmliche Lernarbeit (hier manuelles Schreiben) niemals verzichtet werden kann. Die komplementäre Kombination von Computer- und traditioneller Lernarbeit kann für viele (fast alle) Kinder hilfreich sein. Eine wesentliche Frage ist, inwieweit der Computereinsatz die didaktischen Strukturen des Lernens sowie die Lernumgebung in der Grundschule verändert oder verändern soll. Die Fachleute haben hier durchaus unterschiedliche und z.T. weit reichende Vorstellungen. Gesprochen wird von „Computergestütztem" oder „Computerunterstütztem Unterricht" und von „Computerunterstütztem Lernen" (vgl. Hölscher 1994, S. 70; Meyerhoff 1994, S. 10; Ott 1997, S. 4 f.).

Motivationseffekt

Kombination von Computer und traditioneller Lernarbeit

Computer und eine begrenzte Auswahl von Software (insbesondere von Schreib-, Lern- und Informationsprogrammen) passen sich zwanglos und bereichernd in eine differenzierte und offene Lernkultur ein. Nicht jedes Kind benötigt in den ersten Schuljahren einen eigenen PC in der Schulklasse. Auch ist ein eigenes Computerkabinett, in dem jeweils 20 bis 30 Kinder kursmäßig in die praktischen Grundlagen der neuen Informationstechnologien eingeführt werden können, eher ähnlich überflüssig wie die in den späten 60-er Jahren in Schulen installierten Sprachlabors mit isolierten Einzelarbeitsplätzen. Vielmehr sollten die Erfahrungen genutzt werden, dass Kinder gern und mit Neugier in Partner- oder Kleingruppen am PC arbeiten, dabei ihre unterschiedlichen Kenntnisstände und Erlebnisse austauschen, aber auch durch die Platzierung der PC-Arbeitsplätze im Klassenzimmer Tätigkeitswechsel vornehmen können. Der Computer verliert, wenn er zur alltäglichen Klassenzimmerausstattung gehört und in einen differenzierten Unterricht integriert wird, seine Magie als etwas Besonderes, das durch seine Attraktivität oder aber durch seine Fremdheit fasziniert.

Wichtig für die Nutzung der beschriebenen Ziele der Computernutzung in der Grundschule ist, dass er zu einem selbstverständlichen Medium im Unterrichtsalltag wird. Dies kann vor allem dann erreicht werden, wenn folgende Rahmenbedingungen und Handlungsprinzipien beachtet werden:

Computer als selbstverständliches Medium im Unterrichtsalltag

1. Die *Anzahl der PCs* im Klassenzimmer sollte ausbalanciert sein; d.h. er sollte weder eine Rarität darstellen, noch in Überfülle präsent sein, so dass es in der Klassenraumgestaltung zwangsläufig zu einer Verdrängung anderer Bereiche kommt. Zwei bis drei PCs reichen aus!
2. Der *Lehrkraft* sollte der PC nicht etwas Fremdes sein; es bedarf aber auch nicht besonderer Informatikkenntnisse, um den PC im Unterricht sinnvoll einzusetzen. Viel wichtiger sind Interesse, Neugier und Experimentierbereitschaft, um didaktische Erfahrungen im PC-Einsatz mit den Kindern der eigenen Klasse zu gewinnen.

3. Die überlegte *Software-Auswahl* ist eine wichtige Lehreraufgabe beim Arbeiten mit dem PC im Unterricht. Dabei sollte weniger auf die oft zu viel versprechende Werbung als auf die Erfahrungen von KollegInnen und auf Besprechungen in der Fachpresse geachtet werden (vgl. Büttner/Schwielenberg 1999).

4. Auf eine frontale Einweisung in die PC-Nutzung sollte verzichtet werden. Wichtiger ist es *Regeln* zu vereinbaren oder festzulegen, die als Voraussetzung der PC-Nutzung durch die SchülerInnen von allen anerkannt und berücksichtigt werden (z. B. bezüglich Starten des PCs, Beenden des Programms, Einlegen und späteres Wegordnen von Disketten und CD-ROMs).

5. Bei der konkreten PC-Nutzung kann sich Lehrerhilfe auf wenige Hinweise reduzieren. Eine Reihe von Kindern verfügt in der Regel schon von zu Hause über Nutzungserfahrungen. Die Prinzipien *„Kinder lernen von Kindern"* und *„minimale Lehrerhilfe"* können in diesem Handlungssektor stärker als in anderen Bereichen zum Zuge kommen. Die Lehrerrolle kann sich dann auf *Beobachten* und gelegentliche *Krisenintervention* konzentrieren (vgl. zur Computernutzung in der Grundschule insgesamt Arenhövel 1994; Mitzlaff 1996; Büttner/Schwichtenberg 1997; Krauthausen/Zschommler 1998; Mitzlaff/Speck-Hamdan 1998; Heyden/Lorenz 1999; Landesinstitut für Schule und Weiterbildung 1999; Granzer 2000).

9. Schlüsselqualifikationen

Herausforderung einer Welt im Wandel

In der Darstellung aktueller Überlegungen zur Frage nach (schulisch zu vermittelnden) Qualifikationen und Kompetenzen stießen wir insbesondere bei Negt und Dauber, aber auch bei Klafki, Hentig und Etzioni auf eine sich in verschiedenen Versionen artikulierende Argumentationslinie: Die gesellschaftlichen Veränderungen und Umbrüche verlangen nach einer Revision tradierter Bildungsinhalte und Erziehungsziele. Nur ein mit neu geschnittenen Qualifikationen ausgestattetes Mitglied der Gesellschaft könne den Herausforderungen einer Welt im Wandel gewachsen sein und sich in den gegenwärtigen strukturellen Krisen als Subjekt behaupten (vgl. z. B. Negt 1997, S. 15 und 210 ff.). Vor allem diese auf den gesellschaftlichen Wandel bezogenen Qualifikationen werden bei Negt (ebda., S. 210 ff.) und Klafki (vgl. Klafki 1999) „Schlüsselqualifikationen" genannt. Sie verwenden damit einen in der aktuellen pädagogischen Diskussion zentralen Begriff. Er wurde erstmals von Dieter Mertens 1974 benutzt. Der damalige Leiter des „Instituts für Arbeitsmarkt- und Berufsforschung" beschrieb in diesem Jahr das Problem der Nichtprognostizierbarkeit der Anforderungsstrukturen zukünftiger Arbeitsplätze und die zunehmende gesellschaftliche Dynamik, die das einmal erworbene Wissen in immer kürzeren Zeiträumen wertlos mache. Aus dieser Feststellung folgerte Mertens, dass nur ein relativ abstraktes, von aktuellen Qualifikationserwartungen

Fähigkeiten und Fertigkeiten

unabhängiges Bündel an Fähigkeiten und Fertigkeiten den Menschen die Sicherheit gibt, auf zukünftige, immer wieder neu sich verändernde Qualifikationsanforderungen sich einstellen zu können, womit er auch von Verfallszeiten des erworbenen Wissens unabhängig werde (vgl. Mertens 1991, S. 562): „Die mentale Kapazität soll nicht mehr als Speicher von Faktenwissen, sondern als Schaltzentrale für intelligente Reaktionen genutzt werden. Bildung bedeutet hier vor allem Befähigung zur Problemlösung. Schulung ist Denkschulung" (ebda., S. 566). 1993 wurde von Mitarbeitern des Bonner Instituts für Bildungsforschung eine Bestandsaufnahme der Verwendung des Begriffs „Schlüsselqualifikationen" versucht (vgl. Didi u.a. 1993). Eine Analyse der Literatur ergab nicht weniger als 654 verschiedene Schlüsselqualifikationen, von denen allerdings 444 nur jeweils einmal genannt wurden (vgl. ebda., Anhang). Lediglich 20 Begriffe sind mindestens zehn Mal aufgeführt worden. Dabei handelt es sich um folgende Termini, die am häufigsten in der Literatur als Schlüsselqualifikationen identifiziert wurden:

Kommunikationsfähigkeit; Kooperationsfähigkeit, Denken in Zusammenhängen, Flexibilität, Kreativität, Selbständigkeit, Problemlösefähigkeit, Transferfähigkeit, Lernbereitschaft, Durchhaltefähigkeit, Entscheidungsfähigkeit, Konzentrationsfähigkeit, Lernfähigkeit, Verantwortungsgefühl, -bewusstsein, Verantwortlichkeit, Zuverlässigkeit, Ausdauer, Genauigkeit, Abstraktes Denken, Logisches Denken, Selbständiges Denken.

Schon in dieser Liste der am meisten genannten Schlüsselqualifikationen fallen Überschneidungen auf (z.B. zwischen abstraktem und logischem Denken oder zwischen selbständigem Lernen, Lernbereitschaft und Lernfähigkeit). Betrachtet man die ganze Liste, fällt einem die weitgehende Übereinstimmung von insgesamt 37 Begriffen auf, die mit *Team-, Kooperations-* oder *Zusammenarbeitsfähigkeit* zu tun haben. Diesem Komplex kommt offensichtlich bei der Bestimmung von Schlüsselqualifikationen eine besondere Bedeutung zu.

In den 90-er Jahren wurden verschiedentlich Versuche unternommen, Schlüsselqualifikationen zu systematisieren, zu definieren und für die schulische Praxis nutzbar zu machen.

Auf drei für die Grundschule beachtenswerte Ansätze einer systematischen Ordnung von Schlüsselqualifikationen möchte ich eingehen (vgl. auch Knauf 1997, S. 141): Bunk (1990) unterscheidet z.B. zwischen einem materialen, formalen und personalen Aspekt der Schlüsselqualifikationen (vgl. Bunk 1990, S. 182 f.):

- *Materiale Kenntnisse und Fertigkeiten* schließen sowohl dauerhafte als auch zukünftig wichtig werdende Fertigkeiten ein (wie das Beherrschen von Kulturtechniken, Fremdsprachen oder neuen Technologien).
- *Formale Fertigkeiten* umfassen selbständiges Handeln (Planen, Durchführen, Kontrollieren, Evaluieren), anwendungsbezogenes Denken und Handeln (Transferfähigkeit, Denken in Zusammenhängen und Systemen, vorausschauendes Denken und Handeln) und selbständiges Lernen (das Lernen lernen, selbständiges Informationsbeschaffen).
- *Personale Verhaltensweisen* beziehen sich auf individuelles Verhalten (Initiative, Ausdauer, Motivation, Flexibilität), soziales Verhalten (Kommunikations- und Kooperationsfähigkeit, Toleranz, Fairness),

Schulung ist Denkschulung

materialer, formaler und personaler Aspekt der Schlüsselqualifikationen

Arbeitsverhalten (Genauigkeit, Terminbewusstsein, Einsatzbereitschaft) und verantwortliches Verhalten (Handeln nach ethischen Grundsätzen, Bereitschaft zu persönlichen Entscheidungen).

Die Anlehnung an die von Klafki aufeinander bezogenen Konzepte materialer und formaler Bildung (vgl. Klafki 1959) sind unverkennbar. Von vergleichbaren Grundannahmen geht Reetz (1994) aus, der aber eine andere Zuordnung der Schlüsselqualifikationen wählt. Übergeordnete Kategorien sind:

Sach- und Methodenkompetenz
Sozialkompetenz und soziale Mündigkeit
Selbstkompetenz: Selbstkonzept und moralische Mündigkeit.

Persönlichkeitstheorie mit fünf menschlichen Kräften und Fähigkeiten

Mit dieser Systematik bezieht sich Reetz auf die Pädagogische Anthropologie Heinrich Roths, der eine Persönlichkeitstheorie mit fünf menschlichen Kräften und Fähigkeiten entwickelte, dem Antriebs-, Wertungs-, Orientierungs-, Steuerungs- und dem Lernsystem. Daraus leitete Roth
*   persönlich-charakterliche Grundfertigkeiten,
*   leistungs-, tätigkeits- und aufgabengerichtete Fähigkeiten sowie
*   sozialgerichtete Fähigkeiten ab (vgl. Roth 1971, S. 386 ff.)

Ich-, Sach- und Sozialkompetenz

Während der Rückgriff auf persönlichkeitstheoretische Überlegungen die Ausdifferenzierung der Schlüsselqualifikationen Ich-, Sach- und Sozialkompetenz bei Reetz begründete, geht Norbert Landwehr für die Bestimmung von Schlüsselqualifikationen ausschließlich von den gesellschaftlichen Veränderungsprozessen aus (vgl. Landwehr 1996). Hintergrund seines Ansatzes ist die Gesellschaftsanalyse von Gardner (1993). Danach befinden wir uns gegenwärtig in einem Übergangsprozess von der mimetischen (auf Nachahmung und Reproduktion basierenden) zur transformativen Kultur. Wandel ist das Hauptcharakteristikum einer transformativen Kultur. Das in Kindheit und Jugend erworbene Wissen und Verhalten reicht nicht mehr für die Anforderungen eines ganzen Lebens. An die Stelle von Vorrats- und Nachahmungslernen sollte eine *transformative Unterrichtskultur* treten (vgl. Landwehr 1996, S. 97). Teil dieser pädagogischen Neuorientierung sind Schlüsselqualifikationen, „um in einer transformativen Kultur handlungsfähig zu bleiben, d. h. um auf unvorhersehbare Anforderungen und neue bzw. veränderte Situationen kompetent und sachgemäß zu reagieren" (ebda., S. 92). Nach Landwehr sind es fünf Kernkompetenzen, die für die individuellen Transformationsleistungen ausschlaggebend sind:
*   *Offenheit und Flexibilität*
*   *Kreativität*
*   *Problemlösefähigkeit*
*   *Kooperationsfähigkeit*
*   *Lernkompetenz.*

transformative Unterrichtskultur

Schlüsselqualifikationen dieser Art sind in der Einschätzung Landwehrs nicht wie Lernziele im Unterricht umsetzbar, sondern nur durch

Reflexion des eigenen Handelns in Hinblick auf das Einbringen von Schlüsselqualifikationen durch die Lernenden selber. Dabei spielen eine besondere Rolle:
Selbstbeobachtung (Monitoring)
Fremdbeobachtung (Modelling)
Erfahrungsaustausch (Conferencing)
Arbeitsrückschau (Reflexion)
Feedback (ebda., S. 98).

Die Bildungskommission NRW verbindet in ihrer Denkschrift die Grundannahme eines gesellschaftlichen Wandels, wie andere Autoren, mit der Forderung, die Vermittlung von Schlüsselqualifikationen als wichtige Aufgabe der Schule ernst zu nehmen (vgl. Bildungskommission 1995, insbes. S. 52 und 113 ff.). Als Schlüsselqualifikationen werden genannt:
– Erkenntnisinteresse
– eigenständiges Denken
– Reflexion und Optimierung der eigenen Lernprozesse
– Zutrauen in die eigene Selbstwirksamkeit
– Fähigkeit zur Kommunikation und zur Teamarbeit
– Kreativität (vgl. ebda., S. 113).

1997 wurde das Konzept der Schlüsselqualifikationen mehrfach auch für den Grundschulbereich reklamiert. Das wichtigste Dokument sind die „Pädagogischen Orientierungsgrundsätze für die Grundschulen des Landes Brandenburg", die gemeinsam mit der Grundschulverordnung im Amtsblatt des Ministeriums für Bildung, Jugend und Sport veröffentlicht wurden. Dort heißt es: „Bildungs- und Erziehungsprozesse in der Grundschule richten sich auf

Bildungs- und Erziehungsprozesse in der Grundschule

– Grundlegung eines kulturell notwendigen Wissens [...]
– Entfaltung von Schlüsselqualifikationen (Kommunikations- und Kooperationsfähigkeit, Verantwortungs- und Gestaltungsbereitschaft, selbstmotiviertes Lernen, Kreativität)
– Auseinandersetzung mit Schlüsselproblemen [...]
– Ausprägung individueller Fähigkeiten" (Pädagogische Orientierungsgrundsätze 1997, S. 518).

Ebenfalls 1997 erschien das von Gabriele Kriechbaum u. a. erarbeitete „Praxisbuch Grundschule", in dem ausführlich die unterrichtliche Umsetzung folgender Schlüsselqualifikationen beschrieben wird:
– Sachverhalte verstehen, in Zusammenhängen denken, Hintergründe erkennen
– sachbezogene Entscheidungen treffen und Initiative ergreifen
– die eigene Arbeit planen, überprüfen und revidieren können
– Gemeinsinn entwickeln
– friedlich miteinander auskommen, Verantwortung übernehmen und sich für die Belange anderer einsetzen (vgl. Kriechbaum u. a. 1997, S. 117 ff.).

Die ausführliche Darstellung der aktuellen Diskussion um Schlüsselqualifikationen hatte die Funktion, eine Grundlage zu bieten für die Herausarbeitung und Abgrenzung von Schlüsselqualifikationen, die in

Unterricht und Schulleben der Grundschule erworben, gesichert und/
oder ausdifferenziert werden können.

Da sich die Schlüsselqualifikationen von inhaltsbezogenen Lernfeldern,
den tradierten fächernahen Fähigkeiten und Fertigkeiten sowie von den
schulisch zu unterstützenden ethisch-sozialen Grundhaltungen absetzen sollen, können wir uns auf Qualifikationen konzentrieren, die in
den derzeitigen gesellschaftlichen Wandlungsprozessen an Bedeutung
gewinnen. Diesem Anspruch kommen die Überlegungen Landwehrs
besonders nahe. Daher ist es sinnvoll, von seinen Definitionen der
Schlüsselqualifikationen auszugehen, zumal diese auch den in der
Fachdiskussion favorisierten Formulierungen weitgehend entsprechen
(vgl. Didi u. a. 1993, Anhang). Seinen fünf Kategorien können Konkretisierungen und Bereicherungen aus anderen Beiträgen zur Diskussion
oder von besonderer grundschulpädagogischer Bedeutung hinzugefügt
werden. Als sechste Kategorie wurde dem Schema Landwehrs noch der
in verschiedenen begrifflichen Versionen mehrfach genannte Aspekt
„Eigeninitiative" hinzugefügt. Dann ergibt sich folgende Übersicht
über grundschulbezogene Schlüsselqualifikationen:

1. Offenheit und Flexibilität:

aktuelle Übersicht über
grundschulbezogene
Schlüsselqualifikationen

Neugier gegenüber Unbekanntem lebendig halten, Angst vor Fremden
überwinden, bereit sein für Perspektivewechsel, sich in Andere/Anderes
hineinversetzen/hineindenken, Vorurteile in Frage stellen, Neues ausprobieren, sich von Fehlern und Misserfolgen nicht entmutigen lassen,
Querverbindungen herstellen, Bekanntes zu Neuem in Beziehung setzen, Normen und Gewohnheiten in Frage stellen.

2. Kreativität:
Ungewöhnliches denken und ausprobieren, Realitätssinn und Phantasie, Kognitives, Emotionales und/oder Sinnlich-Ästhetisches miteinander verknüpfen, Zukunftsentwürfe entwickeln, neue Ausdrucksmöglichkeiten entwickeln und erproben.

3. Problemlösefähigkeit:
Den Kern von Problemen und Konflikten erkennen und analysieren,
persönliche Interessen, Emotionen und Beziehungsaspekte von Sachaspekten abstrahieren oder diese mitdenken, wenn dies die Problemlösung fördert, Vorstellungskraft für veränderte Sach- oder Personenkonstellationen entwickeln, ungewöhnliche Lösungen und Lösungswege
denken und diese bereit sein zu gehen, Andere mit Argumenten überzeugen und/oder mit Enthusiasmus mitreißen.

4. Kooperationsfähigkeit:
Freude am gemeinsamen Handeln empfinden, sich auf andere einstellen, andere begeistern, Kompromisse eingehen, Handlungspläne entwickeln, verschiedene Rollen im Team übernehmen können (Führung,
Partner, ausführende Funktion), zuverlässig und beständig sein, zum
Einsatz und zu Anstrengungen (für die Gruppe) bereit sein, sich für den
Erfolg des eigenen Teams der eigenen Gruppe begeistern und engagieren.

5. Lernkompetenz:
Freude an der Weiterentwicklung eigener Kenntnisse, Fähigkeiten und Fertigkeiten sowie am Erwerb neuen Wissens und neuer praktischer Kompetenzen empfinden, seinen eigenen Lerntyp entdecken und einen persönlichen, typgerechten Lernstil entwickeln, zugleich eine Lernhaltung aufbauen, in der sich Selbstdisziplin und die Fähigkeit, Krisen zu überwinden, mit dem Gespür für besonders produktive räumliche, zeitliche, soziale und klimatische Bedingungen des Lernens verbinden.

6. Eigeninitiative:
Zutrauen in die eigene Selbstwirksamkeit entwickeln (vgl. Bildungskommission NRW 1995, S. 113); Initiative ergreifen, Handlungen von sich aus planen, überprüfen und revidieren können (vgl. Kriechbaum 1997, S. 117 ff.); Eigenmotivation zum Lernen aufbauen (vgl. Pädagogische Orientierungsgrundsätze 1997, S. 518).

3.6 Stabilisierung von Haltungen, Einstellungen und Werten

Zu den Stereotypen der pädagogischen Alltagsdiskussion gehört die Vorstellung, die Schule, insbesondere die Grundschule müsse immer mehr erzieherische Aufgaben übernehmen, die von anderen gesellschaftlichen Instanzen, vor allem von der Familie nicht mehr wahrgenommen werden. So werde der (Grund-)Schule nach und nach die Funktion einer „Reparaturwerkstatt" der Gesellschaft zugeschoben. Dies – so äußern sich nicht nur Lehrergewerkschaft und Lehrerverbände – überfordere allerdings die Schule. Von Hentig und Etzioni vertreten dagegen die Auffassung, erzieherische Aufgaben gehören gerade zu den zentralen und elementaren Funktionen der Schule, die sie mit besonderer Ernsthaftigkeit wahrzunehmen habe: In der Schule erweitert sich der soziale Lebensraum der Kinder, die Suche nach „neuen Regelungen für die Lösung von Problemen" (von Hentig 1999, S. 58) wird komplexer, bewusster und bietet daher andere Chancen sozialen Lernens als die Familie (vgl. ebda.). Für Etzioni kann und darf die Schule nicht am Zerfall der Familien, nicht an den subjektiven und objektiven Problemen der Eltern, sich um ihre Kinder zu kümmern, vorbeigehen; sonst hat sie die Verantwortung für schlecht qualifizierte Schulabgänger mit „Moral- und Persönlichkeitsmängeln" zu übernehmen (Etzioni 1998, S. 105).

erzieherische Aufgaben gehören zu den zentralen und elementaren Funktionen der Schule

Die Übertragung erzieherischer Funktionen auf die Schule ist allerdings keineswegs ein aktuelles Phänomen. So forderte schon Comenius eine schulische „Ausbildung zur Klugheit, in der nicht zuletzt, wie aus der ‚Didactica Magna' von 1657 hervorgeht, auch Moral und Sittlichkeit begründet sind; in seinem überaus beliebt gewordenen Werk ‚Orbis sensualium pictus' von 1658 skizziert Comenius die Klugheit als Fähigkeit zur Rücksicht, Umsicht, Vorsicht und Voraussicht" (Schmid 1999,

Klugheit als Fähigkeit zur Rücksicht, Umsicht, Vorsicht und Voraussicht

S. 310). Damit wird der Schule schon vor rund dreieinhalb Jahrhunderten eine sehr anspruchsvolle und differenzierte Erziehungsleistung zugewiesen. Unter den zahlreichen historischen Ansätzen, die Schule aktiv an der Stabilisierung von Einstellungen und (Wert-)Haltungen zu beteiligen, ragen die ganz unterschiedlichen Versuche aus der Reformpädagogischen Bewegung etwa bei Montessori, Petersen oder Steiner hervor. Zwar gehen diese davon aus, dass das Kind von seinem Wesen her „gut" sei, doch bedarf das Kind eben zur Stabilisierung seiner Haltung und besonders seiner moralischen Praxis der Bekräftigung durch sich wiederholende konkrete Erfahrungen (vgl. zu Montessori Knauf 1999).

„Selbstbildung aus Einsicht"

In der entwicklungspsychologischen Theoriebildung, insbesondere bei Piaget (1948) und Kohlberg (1984; vgl. auch Habermas 1999, S. 127), neuerdings auch in den sozialisationstheoretischen Arbeiten Nunner-Winklers (1999) findet sich auf der anderen Seite die Position, dass sich Aufbau und Differenzierung moralischer Haltungen schrittweise innerhalb des normal verlaufenden Entwicklungs- bzw. Sozialisationsprozesses ergeben, ohne dass pädagogischen Interventionen eine auslösende oder stützende Funktion zugewiesen wird: „Aus sozialisationstheoretischer Perspektive ist das Konzept freiwillige ‚Selbstbildung aus Einsicht' insofern interessant, als ihm ein Modell aktiver Selbstsozialisation unterliegt. Das Kind wird darin nicht begriffen als Spielball seiner spontanen Impulse und Bedürfnisse, es nimmt vielmehr zu diesen aktiv Stellung [...]. Es wird auch nicht begriffen als Produkt gezielt eingesetzter Indoktrinisierungsmaßnahmen oder faktisch prägender Beziehungserfahrungen, vielmehr nimmt es zu seinen eigenen Trieben Stellung im Lichte freiwillig akzeptierter, weil als gültig verstandener Standards" (Nunner-Winkler 1999, S. 177). Die Autorin kommt zu dieser Einschätzung in der Deutung der Ergebnisse einer Längsschnittuntersuchung, in der etwa 200 Kinder im Alter von 4 bis 10 Jahren anhand von Fallbeispielen moralische Urteile abgeben und begründen sollten (vgl. ebda., S. 57 ff.).

„Werteinternalisierung"

Amitai Etzioni ist dagegen der Ansicht, dass die bloße Fähigkeit zur *moralischen Urteilsbildung* kaum etwas aussagt über die Qualität *moralischen Handelns*. Auch die schulische Förderung moralischen Raisonierens nach Piaget und Kohlberg könne bestenfalls bei den Heranwachsenden mit bereits gefestigten Moralvorstellungen Effekte haben (vgl. Etzioni 1998, S. 114 ff.; zum theoretischen Zusammenhang vgl. auch Habermas 1999, S. 199). Entscheidend sei vielmehr eine „Werteinternalisierung" (ebda., S. 114) anhand konkreter „Aktionen und [...] damit erzeugter Erfahrungen" (ebda., S. 126). Ziel ist dabei Charakter- und Persönlichkeitsbildung im Rahmen von Erziehung als „erster Aufgabe der Schule" (ebda., S. 135).

Wie könnten die Inhalte einer so verstandenen schulischen Förderung von ethischen Grundhaltungen beschrieben werden? Eine Durchsicht der neueren Literatur lässt mich zu folgenden im Einzelnen noch zu erläuternden persönlichkeitsbezogenen Qualifikationen und Haltungen kommen:

1. Selbstkompetenz
2. Sozialkompetenz
3. Akzeptanz von Werten, Umgang mit Normen

persönlichkeitsbezogene Qualifikationen und Haltungen

Die Begriffe Selbst- oder Ichkompetenz sind bereits in der Diskussion um Schlüsselqualifikationen mehrfach erwähnt worden (vgl. insbesondere Reetz 1991 oder auch Freundlinger 1992, S. 61). In der vorgelegten Zusammenstellung grundschulisch wichtiger Schlüsselqualifikationen fehlten diese Begriffe, weil im Anschluss an Landwehr (1996) unter Schlüsselqualifikationen schwerpunktmäßig nur solche Fähigkeiten verstanden wurden, die auf die Bewältigung und Mitgestaltung gesellschaftlichen Wandels bezogen sind. Selbst- und Sozialkompetenz sind aber von grundlegender, überhistorischer Bedeutung für Selbstverwirklichung in einem demokratischen, friedlichen, die Rechte des Einzelnen respektierenden Gemeinwesen.

1. Selbstkompetenz

Aspekte der Selbstkompetenz sind vor allem die Fähigkeit, sich selbst als unverwechselbare Person und Persönlichkeit mit Stärken und Schwächen anzunehmen (*Identitätskompetenz*, vgl. Negt 1997, S. 227) und, darauf aufbauend, ein *Selbstkonzept* und eigene *Lebensentwürfe* zu entwickeln, die mehr an den eigenen Fähigkeiten und Interessen als an fremdbestimmten Leitbildern und Schablonen orientiert sind. Insofern gehört zur Selbstkompetenz auch die in Klafkis Allgemeinbildungskonzept immer wieder betonte *„Selbst- und Mitbestimmungsfähigkeit"* (vgl. Klafki 1992, S. 13 ff.) sowie die von Hentig als einer von sechs Maßstäben der inhaltlichen Füllung des Bildungsbegriffs genannte *„Bereitschaft zur Selbstverantwortung"* (vgl. von Hentig 1996, S. 99).

Selbst- und Mitbestimmungsfähigkeit und Bereitschaft zur Selbstverantwortung

2. Sozialkompetenz

Zur Konkretisierung von Sozialkompetenz kann auf das klassische Prozessmodell zum Aufbau sozialer Kompetenzen bei Argyle (1972) zurückgegriffen werden: Soziale Kompetenzen werden in konkreten Interaktionssituationen entwickelt und zugleich angewandt. Sie basieren auf der *Bereitschaft und Fähigkeit zur Wahrnehmung und Verarbeitung komplexer (personenbezogener) Informationen*. Soziale Kompetenzen werden aber erst dann umgesetzt, wenn reflektierte Informationen in eine *Rückmeldung* in Gestalt *verbaler und nonverbaler Kommunikation* und in *situationsangemessenes Handeln* mündet (vgl. Marggraf 1995, S. 22; zur Unterscheidung von Handlungs- und Sprechsituation vgl. auch Habermas 1999, S. 145). Der Erfolg einer solchen in Interaktionsprozessen sich wiederholenden Folge von Wahrnehmung, subjektiven Bewertungsvorgängen, Rückmeldung und weiterführendem Handeln beruht auf der Qualität der einzelnen Handlungsschritte, z. B. auf der eigenen *Offenheit, Wertschätzung des ande-*

Offenheit, Wertschätzung des anderen

ren (vgl. ebda., S. 73 ff.), dem „aktiven Zuhören" (Schulz von Thun, Bd. 1, 1981), der *Empathie*, dem Verstehen der Sichtweise des anderen, dem Standortwechsel, wie der *(Selbst-)Kritikbereitschaft und -fähigkeit* als Hinterfragen sowohl eigener als auch fremder Standpunkte.

Aushalten von Konkurrenz und Konflikten, Bereitschaft zum Helfen und zum Hilfe Annehmen

Um diesen Kern von Sozialkompetenz, das In-Beziehung-Setzen von differenzierter Wahrnehmung, Informationsverarbeitung, schließt sich ein Kranz von Teilkompetenzen, die sowohl für eine offene Unterrichtskultur in der Grundschule wichtig sind als auch in ihr erworben werden können: *Teamkompetenz* (vgl. Marggraf 1995, S. 74 ff.), *Aushalten von Konkurrenz und Konflikten, Bereitschaft zum Helfen und Hilfe Annehmen, Kompromissbereitschaft* als Fähigkeit und Willen, sich zu verständigen (vgl. von Hentig 1996, S. 84). Im „UNESCO-Bericht zur Bildung für das 21. Jahrhundert" ist für diese Fähigkeiten der zusammenfassende Begriff *„Lernen, zusammenzuleben"* gefunden worden, der insbesondere auch das Entdecken von Gemeinsamkeiten, z.B. gemeinsamer Ziele einschließt (vgl. Dt. UNESCO-Kommission 1997, S. 79 ff.).

Etzioni hat darauf hingewiesen, dass derartige Fähigkeiten, die dazu beitragen, dass Interaktionsprozesse offen gehalten und differenziert gestaltet werden können und nicht einseitig von Mächtigeren bestimmt werden, in der Regel erst wirksam werden, wenn sie auf der Internalisierung von (sozialen) Werten beruhen (vgl. Etzioni 1998, S. 114 ff.).

3. Wertebewusstsein und Umgang mit Normen

Etablierung einer schulischen Werteerziehung

Der allgemeine gesellschaftliche Werteverfall und die sich daraus ergebende Forderung nach einer (Wieder-)Etablierung einer schulischen Werteerziehung gehören zu den Dauerthemen der jüngeren öffentlichen Schuldiskussionen. Etzioni (1998) in den USA und von Hentig (1999) in der Bundesrepublik gehören zu den eher wenigen, die sich in der letzten Zeit systematisch mit dieser Diskussion auseinandergesetzt haben. Etzioni teilt die Meinung von der Notwendigkeit einer gesellschaftliche Veränderungen auffangenden schulischen Werteerziehung (vgl. Etzioni 1998, S. 105 ff.) und zitiert Beispiele für Akzeptanz und Erfolg entsprechender Projekte (vgl. ebda., S. 111 ff.). Auch geht er davon aus, dass es trotz Wandel, Pluralismus und Relativierung von Werten einen Bestand an kulturell stabilen Wertvorstellungen in modernen Gesellschaften gebe und nennt dabei beispielhaft *Ehrlichkeit, Wahrheitsliebe, Verantwortung, Selbstachtung und Rücksichtnahme* (vgl. ebda., S. 118).

Idee von der Würde des Menschen = Maßstäbe für unser Handeln

Der deutsche Philosoph *Robert Spaemann* geht in seinem mehrfach aufgelegten Buch „Moralische Grundbegriffe" gerade auf die heikle Frage des Werterelativismus ein (vgl. Spaemann 1994, S. 11 ff.). Seine Argumentation richtet sich gegen die Relativität von Werten. Sie stellt heraus, dass wir allgemein (von Grenzfällen abgesehen) uns schnell darüber verständigen können, worin das *Gute* nicht besteht (vgl. ebda., S. 20) und „dass bestimmte Handlungsweisen besser sind als andere – schlechthin besser, nicht nur besser für irgend jemanden" (ebda.,

S. 22 f.). Wir haben, um z. B. Toleranz praktisch zu leben, „schon eine bestimmte Idee von der Würde des Menschen" (ebda., S. 21 f.). Doch wir müssen die konkreten „Maßstäbe unseres Handelns" erst suchen und die Dinge, die uns wichtig sind, in eine „richtige Rangordnung" bringen (vgl. ebda., S. 20 f.).

Folgt man dieser Argumentation, dann können wir von einem kulturell relativ stabilen Kernbestand an Werten ausgehen, die aber individuell angenommen und präzisiert werden müssen. Stabilität verbindet sich mit Entwicklung und Lernen, so dass Schule neben der Familie und anderen außerschulischen Handlungsbereichen durchaus ein angemessener und wichtiger Ort für die Ausdifferenzierung moralischen Urteilens und Handelns sein müsste.

Wie Spaemann hat sich *Jürgen Habermas* in den 80-er Jahren in einem vielfach aufgelegten Buch („Moralbewusstsein und kommunikatives Handeln") zum Thema geäußert (vgl. Habermas 1999). Anders als Spaemann sieht er im Rahmen gesellschaftlichen Wandels einen Bedeutungsverlust der Normativität vermittelnden Institutionen, andererseits eine Verstärkung der Subjektivität im Alltagshandeln und eine Ausdifferenzierung verschiedener „Wertsphären", an der u. a. die Ausbildung von Expertenkulturen beteiligt ist (vgl. ebda., S. 116 ff.). „Vor diesem Blick ist der überlieferte Bestand an Normen zerfallen, und zwar in das, was aus Prinzipien gerechtfertigt werden kann, und in das, was nur noch faktisch gilt. [...] Gleichzeitig ist die Praxis des Alltags in Normen und Werte auseinandergetreten, also in den Bestandteil des Praktischen, der den Forderungen streng moralischer Rechtfertigung unterworfen werden kann, und in einen anderen, nicht moralisierungsfähigen Bestandteil, der die besonderen, zu individuellen oder kollektiven Lebensweisen integrierenden Wertorientierungen umfasst" (ebda., S. 118). Habermas analysiert damit die aktuelle Auseinanderentwicklung zwischen zunehmender Toleranz und Pluralität verschiedener Lebensstile auf der einen Seite und tendenziell wachsender öffentlicher Strenge gegenüber Verletzungen von Werten, die wir mit dem Begriff der Menschenwürde verbinden und die sich in der Diskriminierung von Frauen, Kindern und anderen Gruppen konkretisieren. Andere Bereiche moralischer Werte, in denen die Öffentlichkeit empfindlicher reagiert, sind die Erhaltung unserer natürlichen Lebensgrundlagen und die Unbestechlichkeit der Repräsentanten im System des demokratisch verfassten Gemeinwesens. Es lässt sich also einerseits eine Lockerung der Normen im Bereich der individuellen Lebensweisen und Alltagskulturen feststellen, auf der anderen Seite eine zunehmende Werterigorosität in Bezug auf die Gestaltung von Politik und sozialer Praxis im Zusammenleben der Menschen sowie von Mensch und Natur.

Noch vor weniger als einem Jahrhundert sah die Konstellation eher umgekehrt aus: Die Normen des alltäglichen Verhaltens, die Kleidungsordnungen, Gruß- und Anredeformeln, Sitzordnungen wurden streng überwacht, während die „doppelte Moral" den Mächtigen und Reichen die Verstöße gegen die Menschenwürde der Schwächeren (Frauen, Bedienstete usw.) großzügig nachsah.

Die inzwischen gewachsene Normenpluralität auf der einen Seite und die tendenziell zugenommene Werterigorosität auf der anderen Seite

„Moralbewusstsein und kommunikatives Handeln"

Toleranz gegenüber der Andersartigkeit

spiegeln sich in der pädagogischen Praxis vieler Grundschulen wider: Kinder lernen Toleranz gegenüber der Andersartigkeit; sie lernen zu akzeptieren, dass manche Mitschülerinnen und Mitschüler anders aussehen, anders sprechen, ungewöhnliche Namen haben, sich anders verhalten, anderes wichtig finden, weniger leistungsfähig sind als die Mehrheit der Kinder, als es üblich ist oder den familiär vermittelten Normen entspricht.

Die Klasse und die Schule können ein Erfahrungsraum für gelebte Toleranz und Mitmenschlichkeit sein, wie es Etzioni erhofft oder es von Hentig fordert, der in der Schule eine „polis", ein von Interessen, Werten und (politisch) ausgehandelten Regeln geprägtes Gemeinwesen sieht.

Prozesse moralischen Lernens

Wie kommen Prozesse moralischen Lernens zustande? Habermas schließt sich bei der Antwort auf diese Frage weitgehend Lawrence Kohlberg an, der die Entwicklung der moralischen Urteilskraft als einen dreiphasigen Prozess beschreibt (vgl. Kohlberg 1984 u. Habermas 1999, S. 130 ff.). Dieser verläuft von einer präkonventionellen über die konventionelle zur postkonventionellen Stufe der Interpretation moralisch richtiger Entscheidungen (vgl. das Schema bei Habermas 1999, S. 176 f.). Kinder im Grundschulalter können vorrangig der konventionellen Moralstufe bzw. dem Übergang zu dieser Stufe zugeordnet werden, die, wie die beiden anderen Stufen, von Kohlberg nochmals in zwei Teilstufen differenziert wird: In der ersten wird das „Rollenhandeln" als sozial verallgemeinertes Verhaltensmuster erprobt und verfestigt; in der zweiten wird das Rollenverhalten zunehmend an Normen orientiert, die als allgemeingültige Normen erachtet werden. Die Schule fördert die Ausbildung dieser Prozesse der Moralentwicklung, weil sich in ihr (als Gemeinschaft mit Arbeitszielen und -regeln, Bezugspersonen, formellen und informellen Interaktionsstrukturen, positiven und problemhaltigen Erlebnissen) die Motivation moralischen Verhaltens von der Orientierung an Belohnung und Bestrafung über die Loyalität gegenüber Personen zur grundsätzlichen Wahlentscheidung zwischen Pflicht und Neigung, zwischen Rücksichtnahme gegenüber den anderen und eigenen Interessen weiterentwickelt (vgl. ebda. u. a. S. 177).

Welche Werte sind es nun konkret, auf die didaktisches Handeln eingehen kann und sollte?

Kategorien von Werten

Vor dem Hintergrund der aktuellen Diskussion schlage ich vor, hier zwei recht unterschiedliche Kategorien von Werten in Betracht zu ziehen:

1. Überzeugungen, Haltungen und Verhaltensweisen, die für das Zusammenleben der Menschen unabdingbar, zumindest förderlich sind; früher hätte man von **„Tugenden"** gesprochen.
2. Qualitätsmerkmale für das Leben und die Entfaltung des Einzelnen in der Gesellschaft; hierfür kann man sich des Sammelbegriffs der „Grundbedürfnisse" bedienen.

Es geht bei den Werten also um qualitative Kategorien für das soziale Zusammenleben und die individuelle Lebensgestaltung.

Für das Ausdifferenzieren von Kategorien des Zusammenlebens lässt sich auf die in der griechischen Antike begründete und bis heute lebendige Tradition des Diskurses über Tugenden zurückgreifen. Den wichtigsten Bestandteil dieser Tradition bilden die klassischen *sieben Kardinaltugenden*. „Davon lassen sich vier auf Platon, Aristoteles und die antike Ethik zurückführen, während die restlichen drei über das Neue Testament dem biblisch-jüdischen Denken entstammen" (Brumlik 1995, S. 82). Micha Brumlik hat versucht, den bis heute relevanten Gehalt der Kardinaltugenden zu umreißen:

Gerechtigkeit als Fähigkeit, insbesondere in Konfliktsituationen gerechte Urteile zu finden und sich nach ihnen privat wie öffentlich zu verhalten (vgl. ebda., S. 82). Gerechtigkeit ist „das wertvollste Gut einer Gemeinschaft von Menschen, nämlich die Selbstachtung ihrer Mitglieder [...]" (ebda., S. 89). Dabei geht Brumlik von einer universalistischen Gültigkeit des Prinzips der „[...] gleichen Verteilung aller wesentlichen Güter [...]" aus (ebda., S. 90). Hierzu gehören auch Güter, deren gerechte Verteilung aufgrund geschärfter sozialer Sensibilität als besonders dringlich eingefordert wird, wie *Geschlechtergerechtigkeit* oder *Gerechtigkeit sozialer Chancen* (vgl. Gesellschaft Chancengleichheit 2000, S. 9 ff.).

Mut als Fähigkeit, der eigenen Einsicht und der eigenen Überzeugung folgend zu handeln (vgl. Brumlik 1995, S. 82).

Klugheit als Fähigkeit, auf der Grundlage von Erfahrung, Menschenkenntnis sowie von Verständnis für soziale Regeln zu urteilen und zu handeln (vgl. ebda.).

Mäßigung als Fähigkeit, beim Verfolgen eigener Ziele, Balancen zwischen eigenen Plänen und den berechtigten Interessen anderer zu finden, was das Abschätzen der Nebenfolgen eigenen Handelns umschließt (vgl. ebda.).

Glaube als Kontinuität des „[...] Zutrauens in den Sinn der eigenen sozialen und individuellen Welt [...]" (ebda., S. 83), die in bewusstes Handeln mündet.

Hoffnung als eine dem Mut verwandte Haltung, in der eine ausschließlich distanzierte, hypothesenprüfende Abwägung der Durchsetzungsfähigkeit eigener Ziele durch eine „[...] umfassende Voraborientierung des menschlichen Erlebens, Erfahrens und Verhaltens [...]" überwunden wird (vgl. ebda., S. 91):

Liebe (im christlichen Sinn: Nächstenliebe) als „Sympathie", also Mitleiden, Einfühlen, Verstehen und zugleich anerkennen, das sich im eigenen Wunsch nach Anerkennung und Sympathie widerspiegelt (vgl. ebda., S. 98 ff.).

Die abendländische Kulturtradition hat weitere Tugenden hervorgebracht, die wie die Kardinaltugenden mit den Konstruktverläufen wechselnden Zeitgeists in Bedeutungskrisen gerieten, aber für uns immer noch oder wieder Beachtung finden:

Höflichkeit als ein (in der verfeinerten ritterlichen Kultur des Mittelalters entstandenes) Regelwerk gesellschaftlich akzeptierten Verhaltens; es zollt dem Anderen **Anerkennung**, dient als „Marketing-Faktor", aber auch den eigenen Interessen (vgl. von der Groeben 2000, S. 7); „*echte* Höflichkeit kann nur aus *Achtung und Toleranz* erwachsen" und „[...] bedeutet tägliche Schulung der *Wahrnehmung und Aufmerksamkeit*" (ebda., S. 9; vgl. insgesamt auch Machwirth 2000).

Marginalien:

bis heute relevanter Gehalt der Kardinaltugenden

Gerechtigkeit, Mut, Klugheit, Mäßigung, Glaube, Hoffnung und Liebe

Höflichkeit und Toleranz

Toleranz als eine im Umfeld der Aufklärung (vgl. Lessings „Ringparabel") entwickelte Forderung, die verschiedene Haltungen und Einstellungen einschließt, sie reichen von der „[...] resignierten Duldung [...] um des Friedens willen [...]" bis zur „[...] Offenheit (und Neugierde) gegenüber den anderen" (Walzer 1998, S. 19 f.); sie umfassen vor allem _Anerkennen und Respektieren_ von _Differenz und Solidarität_ mit dem und den Anderen (vgl. Diehm 2000, S. 262).

„Menschenrechte"
= Selbstverwirklichung

Die andere Gruppe an Werten, welche auf die Qualität der individuellen Lebensgestaltung bezogen ist, möchte ich mit dem Begriff der _Grundbedürfnisse_ umschreiben. Diese sind den Menschenrechten verwandt, wie sie seit der Aufklärung postuliert wurden, ohne miteinander deckungsgleich zu werden (vgl. Eppler 2000, S. 58 ff.). Die Frage nach den Grundbedürfnissen wurde in den 50-er Jahren von Abraham Maslow erstmals intensiv diskutiert. Von ihm stammt die berühmte Bedürfnispyramide, an deren Basis die Befriedigung existenzieller Bedürfnisse, wie die Stillung von Hunger und Durst, angesiedelt sind. An der Spitze steht das Bedürfnis nach _Selbstverwirklichung_ (vgl. Maslow 1997; vgl. auch McHale/McHale 1978).

Erhard Eppler hat das Thema Grundbedürfnisse kürzlich aufgegriffen, versucht sie auszudifferenzieren und ihre Realisierungsbedingungen zu beschreiben. Ausgewählt und zusammengefasst soll auf seine Auflistung eingegangen werden:

Grundbedürfnisse
nach Bildung, Freiheit
und Individualität, Zeit,
Vergangenheit und
Zukunft

Das Grundbedürfnis nach Bildung als Bedürfnis, sich selber und Welt zu _verstehen_ und in der eigenen Lebenswelt _wirksam zu handeln_; für Eppler ist es vor allem das Bedürfnis nach Verfügbarkeit über die vielfältigen Instrumente der Kommunikation (Eppler 2000, S. 17 ff.).

Das Grundbedürfnis nach Freiheit und Individualität als ein (durch Renaissance, Reformation und Aufklärung verstärktes) Bedürfnis, „selber zu entscheiden wie wir leben" (ebda., S. 30) sowie „wahrgenommen und ernst genommen (zu) werden als unverwechselbare Person [...]", als Mensch, „[...] den es nur einmal gibt, der ganz bestimmte Gaben, Fähigkeiten und die dazugehörenden Schwächen hat, der also nicht untergeht in der Gruppe, nicht nur Teil von ihr ist, sondern etwas Unteilbares [...]" (ebda., S. 22). Das geglückte Zusammenleben der Menschen setzt diesem Bedürfnis allerdings Grenzen.

Das Grundbedürfnis nach Zeit, Vergangenheit und Zukunft ergibt sich aus dem zuvor genannten; es richtet sich gegen die ökonomisch erwünschte Beschleunigung von Arbeit und Leben und gegen deren Unterwerfung unter einheitliche, mechanische Zeittakte; es reflektiert das Suchen von Menschen, im Wissen und Verstehen der biographischen und historischen Wurzeln der eigenen Existenz Sinn zu geben; es umschließt die Sehnsucht nach der Erregung der Sinne, nach der Verschmelzung mit Anderen im Tanz oder im Gesang, nach der Entrücktheit von Alltag und Zeit (vgl. ebda., S. 21 ff.).

„Werteorientierungen"

Wertorientierungen lassen sich nicht durch entsprechende Unterrichtseinheiten stabilisieren, sondern dadurch, dass

• sie vom Lehrer gelebt werden,
• sie sich in den Verhaltenserwartungen an die Kinder widerspiegeln,
• sie Atmosphäre und Beständigkeit schulischer Normen prägen,

- sie in die Mitgestaltung des Schullebens durch die Kinder mittels positiver Rückmeldungen Eingang finden,
- sie das Schulethos ausmachen

(vgl. Rutter 1997, S. 216 ff.; Kolakowski 2000, S. 45 ff.).

3.7 Das Kerncurriculum und die Begrenzung schulischer Lernaufgaben

Die Zusammenstellung von fächernahen Qualifikationen, lebenswelt-bezogenen Kompetenzen, Schlüsselqualifikationen, Werten und Haltungen, um deren Vermittlung oder Stärkung die Grundschule sich bemühen sollte, geht von zwei Vorstellungen aus:

Vermittlung oder Stärkung durch die Grundschule

1. Parallel zu den gesellschaftlichen Prozessen der Individualisierung, Pluralisierung, Globalisierung und sich beschleunigender Modernisierung (vgl. Beck 1986 u. 1995) erweitern und differenzieren sich die Anforderungen an das Individuum, wenn dieses in der modernen, sich verändernden Lebenswelt bestehen und seine Lebensumstände gestalten will.
2. Hinsichtlich der Wissens- und Könnensvermittlung übernehmen neue Agenturen und Akteure, insbesondere die Medien, z.T. aber auch außerschulische Institutionen und Organisationen (von der Jugendmusik- und Kunstschule bis zum Sportverein) zunehmend Teilfunktionen; die Schule bleibt aber wichtige Instanz der Ordnung und Systematisierung solcher Qualifikationen; sie übernimmt zugleich von der Familie Funktionen der Vermittlung oder Stabilisierung lebenspraktischer Fertigkeiten sowie von Wertvorstellungen und ethisch-sozialen Haltungen.

Die Gesellschaft kann sich nicht auf eine Arbeitsteilung zwischen Familie und Schule hinsichtlich gesellschaftlich notwendig erscheinender Sozialisations- und Erziehungsleistungen verlassen (vgl. Hentig 1999). Der enge ökonomische, soziale und emotionale Zusammenhang, wie er über Generationen hinweg in der Kernfamilie des 19. und 20. Jahrhunderts bestand, kann nicht mehr als familialer Normaltypus vorausgesetzt werden (vgl. Nave-Herz 1997). Deshalb wird die Schule zunehmend mit der Erwartung konfrontiert, kompensierend traditionell familiale Sozialisations- und Erziehungsleistungen zu übernehmen. Zugleich fallen ihr Aufgaben zu, die sich aus dem zivilisatorischen Modernisierungsprozess ergeben: Die (heranwachsenden) Menschen müssen befähigt werden, auf den verschiedenen Sektoren mit dem technischen Fortschritt umzugehen. Sie sollen als Akteure die technologischen Neuerungen nutzen können (daher ist informationstechnologische Grundbildung erforderlich), oder auch ihren problematischen Wirkungen gegensteuern können (daher Medien-, Gesundheits- oder Umwelterziehung). Zugleich sollen Heranwachsende durch die Stärkung von Schlüsselqualifikationen über Grundeinstellungen, Haltun-

traditionell familiale Sozialisations- und Erziehungsleistungen

gen und Fertigkeiten verfügen, mit denen gesellschaftliche Veränderungen bewältigt und gestaltet werden können.

Eine derartige Zunahme grundlegender Funktionen und einzelner Aufgaben wird von Lehrerinnen und Lehrern vielfach als Überforderung und als Überschreitung ihres Kompetenzspektrums empfunden. Die Rückkehr zum traditionellen schulischen Aufgabenprofil der Vermittlung fachlicher Kenntnisse, Fähigkeiten und Fertigkeiten ist allerdings nur theoretisch denkbar, faktisch aber nicht realisierbar, weil es (noch) nicht die Instanzen gibt, die an Stelle der Schule gesellschaftliche Sozialisations- und Qualifikationsleistungen zu übernehmen im Stande sind.

Kerncurriculum, Schulprogramm und Individualisierung des Lernens

Dennoch kann das Überfrachtungsproblem der Schule entschärft, wenn nicht gar gelöst werden, und zwar durch eine Kombination von
* *Kerncurriculum*
* *Schulprogramm*
* *Individualisierung des Lernens.*

Kerncurriculum

Die Idee des *Kerncurriculums* ist seit Ende der 90-er Jahre auf Grund der Erfahrungen in den USA zu einem aktuellen Thema der bildungspolitischen Diskussion geworden (vgl. Becker 2000; Böttcher/Hirsch 1999; Groeben 1999). Vor dem Hintergrund der auch durch Lehr- und Rahmenpläne nur sehr ungenau umrissenen Aufgaben schulischen Lernens (vgl. Böttcher/Hirsch 1999, S. 445) und der Tendenz zur ausufernden Stoffflut (vgl. ebda.) soll das Kerncurriculum als Instrument der Klärung und Konzentration von verbindlichen Lerninhalten wirken. Schon in der Denkschrift der Bildungskommission NRW von 1995 wird gefordert, dass „etwa 60 % der zur Verfügung stehenden Zeit [...] auf das durch das Kerncurriculum definierte Lernen verwendet werden" soll (Bildungskommission 1995, S. 147). Das Kerncurriculum soll

Ansprüche an das Kerncurriculum

* einen anspruchsvollen Minimalstandard für gemeinsame Lernprozesse und für gemeinsames Wissen und Können in der Grundschule umreißen (vgl. Böttcher/Hirsch 1999, S. 449 f.),
* ein solides Fundament für lebenslanges Lernen bilden (vgl. ebda., S. 450),
* die Identifikation und das systematische Schließen von Wissens- und Könnenslücken erleichtern (vgl. ebda.),
* unökonomisches und demotivierendes Mehrfachbehandeln des gleichen Lerngegenstandes in der Schullaufbahn verhindern (vgl. ebda.),
* allen Kindern – unabhängig von sozialer und kultureller Herkunft – eine „gleich faire Chance zum Wissensaufbau und einem erfolgreichen Lernen" bieten (ebda., S. 451) und
* eine transparente, demokratisch, weil jedermann zugängliche Entscheidung über die Dinge darstellen, die von einer Mehrheit in der Gesellschaft als wichtig und unverzichtbar eingeschätzt werden (vgl. ebda., S. 443 u. 453).

Die Funktion des Kerncurriculums sollte sich auf die Definition zentraler, für alle Kinder gültiger Lerninhalte begrenzen (vgl. Böttcher/Hirsch 1999, S. 299). Hier ist der Unterschied zu Richtlinien, Rahmen- und Lehrplänen zu sehen, die auch Aussagen zum methodischen Umgehen mit Lerninhalten enthalten und damit einen bildungspolitisch legitimierten Einfluss auf die Qualität (nicht nur auf die Gegenstände) von Lernprozessen nehmen. Letztlich ist es die einzelne Lehrkraft, die methodische Entscheidungen trifft, weil nur sie die situativen Bedingungen und persönlich-biographischen Voraussetzungen von Lernprozessen einschätzen kann (vgl. Groeben 1999, S. 311 ff.). Diese Verantwortung und zugleich Freiheit kann ein Kerncurriculum den einzelnen Lehrern nicht nehmen.

Zentrale Fragen bleiben das Zustandekommen des Kerncurriculums und seine Binnenstruktur. Die Entwicklung des Kerncurriculums ist sinnvollerweise nicht in die Hände der gleichen Fachkommissionen zu legen, die schon für das Entwerfen von Lehrplänen verantwortlich sind; denn es geht bei der Erarbeitung des Kerncurriculums nicht nur um fachliche und fachdidaktische Entscheidungen, sondern vorrangig um die Erfassung und Abbildung eines Allgemeinbildungsverständnisses, das dem Stand kultureller Entwicklung unserer Gesellschaft entspricht. Dieses Allgemeinbildungsverständnis ist kaum im enzyklopädischen Ausdifferenzieren eines umfassenden Spektrums einzelner Wissensbestände erfasst, über die ein gebildeter Mensch verfügen sollte (einen entsprechenden Versuch hat 1999 Schwanitz in Adaption angelsächsischer Vorlagen unternommen). Wenig sinnvoll wäre es auch, durch eine Befragung empirisch den Status quo des Bildungswissens in der Bevölkerung – vielleicht noch gegliedert nach Altersgruppen – zu ermitteln. Damit würde bestenfalls ein Instrument geschaffen, das die Reproduktion von gegenwärtig mehrheitlich favorisierten Wissensbeständen normativ festschreibt. Das Prozessmoment von Bildung, das Gegenwart und Zukunft, Individuum und Gesellschaft, Mehrheiten und Minderheiten verknüpfen könnte und das ein Vorauslaufen gegenüber dem Ist-Zustand des kollektiven Bewusstseins nahe legt, käme in einem solchen Modell zu kurz.

Vielleicht wird es notwendig sein, ein Kerncurriculum in mehreren Schritten zu entwerfen, die etwa an folgender Abfolge orientiert werden könnten:

1. Schaffen eines Rahmens für Ziele und Inhaltsschwerpunkte des Kerncurriculums durch Experten unterschiedlicher Provenienz, die sich um einen Konsens über den Bildungsbegriff bemühen, der dem Kerncurriculum zu Grunde liegt (vgl. Becker 2000, S. 79 f.).
2. Veranstaltung einer strukturierten öffentlichen Diskussion (vgl. Böttcher/Hirsch 1999, S. 299), an der Lehrerinnen und Lehrer, ErziehungswissenschaftlerInnen und FachdidaktikerInnen, ExpertInnen unterschiedlicher Positionen und Laien zu beteiligen sind und die durch leicht zugängliche Dokumentation für die Öffentlichkeit in den verschiedenen Phasen transparent bleibt.
3. Erprobung des Kerncurriculums in verschiedenartigen Schulen und seine Verabschiedung nach notwendigen Korrekturen.
4. Revision des Kerncurriculums in einem festgelegten, nicht zu engmaschigen Zeitrhythmus.

Der Anglist Dietrich Becker schildert ein aufwendiges Beispiel für die Entwicklung eines Kerncurriculums, das aber in Hinblick auf die de-

Marginalien (rechte Spalte):

Kerncurriculum und seine Binnenstruktur

Verknüpfung von Gegenwart, Zukunft, Individuum, Gesellschaft, Mehrheiten und Minderheiten

Schritte für ein Kerncurriculum

mokratische Beteiligung der Öffentlichkeit noch Wünsche offen lässt: „In den Vereinigten Staaten etwa sind die gestuften Kerncurricula für die einzelnen Klassen in jahrelanger Arbeit entwickelt worden und unterliegen einer permanenten kritischen Analyse und Revision. Dabei wurden die Vorgaben und Empfehlungen von Bildungsfachleuten, professionellen Organisationen und Experten für multikulturelle Aspekte ebenso berücksichtigt wie die Lehr- und Stoffpläne anderer Länder. Vorläufige Ergebnisse wurden drei unabhängigen Gruppen mit über 150 Lehrern, Geistes- und Naturwissenschaftlern, Professoren und Verwaltungsbeamten des Erziehungswesens zur Begutachtung vorgelegt und von diesen zu einem ersten Curriculumentwurf zusammengestellt.

"Gesamtkern-
curriculum" für die
Grundschule

Aus diesem Entwurf entstand ein Gesamtkerncurriculum für die Grundschule, das für die einzelnen Klassen in eine gestufte Ordnung gebracht wurde. Etwa 100 Bildungsfachleute und Fachspezialisten entschieden dann auf einer *nationalen Fachkonferenz* in 24 Arbeitsgruppen über weitere notwendige Revisionen [...]. Erst jetzt wurde das Kerncurriculum an einer Versuchsschule eingeführt [...], erprobt, getestet und weiter verbessert, bevor dann weitere Schulen mit der Implementation des Programms begannen" (Becker 2000, S. 79; Hervorhebung im Original).

Ein entsprechend aufwendiges Entwicklungsverfahren, in das Betrachtung und Begutachtung von Prozess und Prozessergebnissen aus unterschiedlichen Distanzen und Sichtweisen sowie revidierbare Praxiserprobungen integriert sind, kann vielleicht auch sicherstellen, dass ein herausragendes Ziel des Kerncurriculums erreicht wird: nicht nur die für den kulturellen und zivilisatorischen Entwicklungsstand unserer Gesellschaft entscheidenden Bildungsgehalte als Inhaltmaßstäbe für schulisches Lernen zu formulieren, sondern diese auch zu begrenzen, und zwar so zu begrenzen, dass schulbezogene und individuelle Entscheidungen über Inhalte des Lernens weiterhin möglich sind.

Schulprogrammentwicklung

Profil der Einzelschule

Wenn das Kerncurriculum den Anspruch erfüllt, maximal 60 % der Lernzeit (im Durchschnitt einer Klasse; s.o.) zu strukturieren, verbleibt der Einzelschule genügend Spielraum, ihr Profil auch in der inhaltlichen Ausgestaltung der Lernzeit auszuprägen. Die Schulwirkungsforschung der 50-er bis 80-er Jahre vor allem im angelsächsischen Bereich sowie in Skandinavien (vgl. OECD 1989; Knauf 1997) hat deutlich gemacht, dass sich Qualität von Schule nur parallel mit der bewussten Gestaltung der Einzelschule entwickeln kann. Die Entwicklung der Einzelschule konkretisiert sich dabei in der Erfassung ihrer Potentiale und Möglichkeiten, in der Wahrnehmung und Reflexion ihrer Umfeldbedingungen und in der Formulierung gemeinsamer pädagogischer Überzeugungen und Ziele im Kollegium sowie in Abstimmung mit Schüler- und Elternschaft (vgl. Philipp/Rolff 1998; Eikenbusch 1998). Dokument und zugleich Instrument der Einzelschulentwicklung ist das Schulprogramm, in dem Akteure und Beteiligte die Prozesse der Auseinandersetzung über pädagogische Grundannahmen, gegenwärtige und zukünftige Arbeitsschwerpunkte, Zielvereinbarungen und Verantwortlichkeiten dokumentieren (vgl. Klibich 1997; Risse 1997 u. 1998). Im Schulprogramm können auch inhaltliche Aussagen gemacht werden (vgl. die Auflistung von Themenfeldern des Schulprogramms bei Knauf 1997). So kann das besondere Interesse eines Kollegiums/einer Schule beispielsweise an Themen oder Aktionen auf dem Sektor Umwelterziehung, an der Ausstellung von Arbeiten aus dem Kunstunterricht, an Wettbewerben im Bereich Mathematik, an (fremdsprachiger) Klassenkorrespondenz, an der Einbeziehung fremder Kulturen in die Gestaltung von Festen und Feiern, an der Gestaltung von Webseiten für einzelne Klassen und Vieles mehr im Schulprogramm dokumentiert werden. Die einzelne Schule macht damit nach innen und außen deutlich, welche (inhaltsbezogenen) Lernprozesse ihr besonders wichtig sind und von ihr gefördert werden.

pädagogische Grundannahmen, gegenwärtige und zukünftige Arbeitsschwerpunkte, Ziele und Verantwortung

Individualisierung des Lernens

Die (Grund-)Schule hat die Aufgabe, die individuelle Entwicklung von Persönlichkeit und Kompetenzen zu fördern. Maßstab, Bedingung und Zielgröße der Unterrichtstätigkeit ist das lernende Individuum. Schon Herbart sprach vor fast 200 Jahren von der „Verschiedenheit der Köpfe", von denen der Lehrer beim Unterricht zu aller erst ausgehen müsse. Jeder Mensch, und das gilt für Kinder in der Regel noch mehr als für Erwachsene, lernt anders, repräsentiert einen anderen Lerntyp oder ein ganz persönliches Mischungsverhältnis von Lerntypen (vgl. Vester 1978), was die Präferenz der sinnlichen Eingangskanäle für Informationen, Lerntempo, Ausdauer, Bevorzugung von sozialen, räumlichen oder medialen Komponenten betrifft. Zugleich hat jeder Lernende seine persönliche Lernbiographie mit Erfolgen und blockierenden Negativerfahrungen; jeder hat seine spezifischen anlage- und umweltbedingten Lernvoraussetzungen auf inhaltlicher und methodischer Ebene und jeder hat seine jeweiligen Lerninteressen, die etwas mit besonderen Begabungen, aber auch mit aktuellen Problemlagen und Problemlösebedürfnissen zu tun haben.

individuelle Förderung von Persönlichkeit und Kompetenz

Eines der Hauptprobleme des traditionellen lehrerzentrierten Unterrichtsmodells war die Einebnung all dieser individuellen Differenzen, um durch die Orientierung an einem imaginären Normalschüler einen möglichst exakt planbaren, für alle Lernenden gleich verbindlichen Unterrichtsablauf zu realisieren. Dieses Unterrichtsmodell legitimierte sich durch die Bezugnahme auf Werte wie Gerechtigkeit (für alle) und Ökonomie der eingesetzten Mittel und Zeitgrößen. Die Tragik des lehrerorientierten („Frontal-")Unterrichts war und ist aber, dass er gerade diese Werte nicht umsetzen kann; denn die Orientierung am ideellen Normalschüler produziert bei der Mehrzahl der Lernenden entweder Überforderung oder Unterforderung. Damit können die anvisierten Unterrichtsziele nur unzureichend und viel weniger planbar als vermutet erreicht werden. Das Zweck-Mittel-Verhältnis dieses Unterrichtsmodells ist daher notwendigerweise nur wenig günstig. Nur unvollkommen realisiert werden Gerechtigkeit in dem, was jeder Lernende für seine Entwicklung braucht, wie auch Ökonomie im

Werte wie Gerechtigkeit und Ökonomie der eingesetzten Mittel und Zeitgrößen

Sinne eines effektiven Einsatzes von Zeit, Lehrereinsatz und Medienaufwand.

Formen offenen Unterrichts (vgl. Kapitel 4.5) sind eher geeignet, inhaltliche Lernbedürfnisse wie auch methodische Unterstützungsbedürfnisse der einzelnen Schülerinnen und Schüler zu berücksichtigen, aber auch auf gesellschaftliche Qualifizierungsbedürfnisse, wie sie zukünftig im Kerncurriculum festgehalten sein dürften, und auf besondere Schwerpunkte im jeweiligen Schulprogramm einzugehen.

4 Offener Unterricht und kindorientiertes Lernen

4.1 Fallbeispiel: Bei Frau König ist es immer etwas lauter

Frau König ist seit vielen Jahren Grundschullehrerin. Sie hat manche bildungspolitischen Veränderungen und pädagogischen Trends erlebt. Sie empfindet, dass auch die Kinder heute anders sind als vor 25 Jahren, sie ist sich aber nicht ganz sicher, inwieweit dies eher einer subjektiven Sichtweise entspringt, die auch etwas mit dem eigenen Älter-Werden zu tun hat. Eine Reihe veränderter sozialer Fakten und Faktoren sind für sie allerdings Beleg dafür, dass sich zumindest die Rahmenbedingungen des Aufwachsens verändert haben: Zunahme des multikulturellen Moments in ihrer Klasse, der alleine ohne Geschwister aufwachsenden Kinder sowie der Kinder, die nicht in einer traditionellen Kleinfamilie leben. Frau König vermutet, dass diese und andere Faktoren im Verhalten der Kinder ihren Niederschlag finden: Die Zahl ehrgeiziger Kinder ist höher als früher, im sozialen Verhalten zeigen sich zugleich häufiger typische Einzelkindphänomene. Die Kinder empfinden sich selber und zeigen sich auch offener als kleine unverwechselbare Individuen mit ganz persönlichen Vorstellungen, Stärken und Schwächen (vgl. auch Fölling-Albers 1995, S. 20 ff.).

veränderte soziale Fakten und Faktoren

Mit der Zeit merkte Frau König, dass es ihr immer schwerer fiel, ohne ständige Ermahnungen und Interventionen ihr gewohntes Unterrichtsschema mit einem kleinschrittig sich wiederholenden Wechsel von Lehrererklärung, fragend-entwickelndem Unterrichtgespräch und Stillarbeit umzusetzen. Nach dem Besuch einer Fortbildungsveranstaltung versuchte sie, mit den Kindern nach dem Prinzip des Tages-, später Wochenplanunterrichts zu arbeiten. In den ersten zwei Monaten hatte sie damit eher Schwierigkeiten als Erfolge: Sie konnte sich zunächst an den neuen Vorbereitungsrhythmus, bei dem sie am Wochenende mehr als zuvor gefordert war, ebenso wenig gewöhnen wie an das Prinzip, sich bei Hilfen und Kontrollen eher zurückzunehmen. Und auch die Kinder nahmen die Versuche Frau Königs, die Interventions- und Kontrolldichte im Lehrerverhalten zurückzunehmen, anfangs als Aufforderung zu Unterrichtsstörungen oder unterrichtsfernen Aktivitäten wahr. Gerade als Frau König sich zum Abbruch ihres kleinen Experimentes gezwungen sah, weil seine destruktiven Elemente doch zu überwiegen schienen, kam es zu einem ersten Umkippen der Situation: Routinen und Sicherheit bei der Interaktion im Klassenzimmer wie auch bei der

Routine und Sicherheit im Klassenzimmer und bei der Unterrichtsvorbereitung

Unterrichtsplanung begannen sich bei Frau König auszubilden; und auch auf Schülerseite fingen einige Kinder zu begreifen an, dass die Stabilisierung von Kompetenzen, sofern sie ihnen selber wichtig waren, doch attraktiver sein könnte, als Mitschüler und die Lehrerin zu ärgern. Auf vergleichbare Anzeichen hatte sie seit Wochen vergeblich gewartet. Nun, wo sie sich zeigten, fiel es ihr leicht, das Experiment weiterzuführen und allmählich zur Regelpraxis zu machen. Von Woche zu Woche fiel es ihr ein wenig leichter, ihre Interventionen im Unterricht zurückzunehmen und eine werkstattähnliche Arbeitsatmosphäre zuzulassen, bei der Kinder – selbst in den Pausen – sich im Klassenzimmer bewegen, um Materialien zu suchen, Arbeitspartner zu kontaktieren oder Arbeitsergebnisse zu besprechen.

Die Kolleginnen von Frau König nahmen die Veränderungen in ihrer Klasse durchaus wahr, z.T. mit Skepsis oder sogar Ablehnung, z.T. mit Neugier, Interesse oder auch Bewunderung. Frau König spürte dies und lud ihre Kolleginnen zum Hospitieren ein. Weil niemand kam, ging sie noch einen Schritt weiter und schlug vor, ihre Unterrichtserfahrungen auf einer Konferenz zur Diskussion zu stellen: „Wir müssen offen über Offenen Unterricht reden. Es reicht nicht, wenn euer einziger Kommentar ist: bei Frau König ist es immer etwas lauter".

Offener Unterricht = offen für Veränderungen

Vor mehr als einem Vierteljahrhundert wurde der Begriff des ‚Offenen Unterrichts‘ in die schulpädagogische Diskussion eingeführt, und doch ist es in diesem Zeitraum weder gelungen, diesen Terminus mit einer eindeutigen Definition zu belegen, noch ein einheitliches Konzept für ‚Offenen Unterricht‘ zu erarbeiten. Eine eindeutige Definition würde allerdings auch dem Begriff des ‚Offenen Unterrichts‘ widersprechen, da offen für Offenen Unterricht auch offen für Veränderungen und für verschiedene Interpretationen des Unterrichts steht. Ein flexibles Konzept, wie das des Offenen Unterrichts mit einer abschließenden Definition zu belegen, würde dann auch am Charakter des Prozesshaften und Experimentellen vorbeigehen.

4.2 Diskussionsstand zum Offenen Unterricht

Öffnung der Schule und des Unterrichts

Seit Beginn der siebziger Jahre setzt sich die Literatur mit der Öffnung der Schule und des Unterrichts auseinander. Zunächst wurde Offener Unterricht in vielen Veröffentlichungen als Gegenkonzept zu dem in den Jahren zuvor propagierten lehrerzentrierten Frontalunterricht dargestellt (vgl. Eliade 1975). Barbara Scheel (1978, S. 8) wollte Schule so verändern, dass die individuelle Persönlichkeit des Schülers zum zentralen Punkt von Unterricht wird. Der Lehrer bzw. die Lehrerin muss es ihrer Meinung nach verstehen, Schüler zu einer Lernverantwortung zu bringen und sie ermutigen, Lernen als für sie selbst strukturierbare Situation zu verstehen (vgl. Scheel 1978, S. 18). Am Anfang der didaktisch-methodischen Diskussionen um den Offenen Unterricht wurden oft geschlossene und offene Curricula gegenübergestellt. Ramseger (1975), Bönsch/Schittko (1979), Nehles (1981) u.a. beschreiben den herkömmlichen geschlossenen Unterricht als einen Unterricht, der vom Lehrer genau durchstrukturiert und vorausgeplant ist. Sie bemängeln die Starrheit dieses Unterrichts und fordern die Ablösung der geschlossenen Curricula durch offenere, die durch die Interessen und Bedürfnisse der SchülerInnen beeinflussbar sind:

Die Termini „offenes Curriculum", „Offener Unterricht" stehen für die Absicht, an Stelle „geschlossener Curricula" und kaum beeinflussbarer Vorgaben Lernen zu ermöglichen, indem die Lernenden zunehmend zu Subjekten ihrer eigenen Lernprozesse werden können (Bönsch/Schittko 1979, S. 45 f.).

Ein wichtiges Thema der Literatur der 70-er und frühen 80-er Jahre, z.B. bei Ramseger (1977), Benner/Ramseger (1981), sind die verschiedenen Dimensionen der Öffnung. Mitte der 80-er Jahre nahm die Anzahl der Veröffentlichungen über den Offenen Unterricht für einige Jahre merklich ab, seit Beginn der 90-er Jahre ist aber wieder ein deutlicher Anstieg zu verzeichnen. Die jüngeren Publikationen, wie z.B. Kasper (1989), Wallrabenstein (1991), Bönsch (1993), Jürgens (1994), Hell (1993), Hegele (1994), Vercamer (1995) und Badegruber (1995) beschäftigen sich vor allem mit den verschiedenen praktischen Möglichkeiten zur Öffnung des Unterrichts, aber auch mit einem veränderten Selbstverständnis der Grundschule. Bernd Badegruber (1995) bietet z.B. „Offenes Lernen in 28 Schritten" an. Hier wird der Leser in ganz kleinen Schritten mit vielen praktischen Anregungen an den Offenen Unterricht herangeführt. Auch Renate Vercamer und Irmintraut Hegele beschreiben in ihren Büchern „Lebendige Kinderschule" (1995) bzw. „Lernziel: Offener Unterricht" (1994), wie man Offenen Unterricht in der Grundschule umsetzen kann. Es geht in der neueren Literatur also nicht mehr nur um die Darstellung einer Alternative zu geschlossenen Unterrichtsformen, sondern um die Realisierung eines neuen Unterrichts- und Schulverständnisses, letztlich um eine neue innere Schulreform. Hartmut von Hentig fordert in seiner Veröffentlichung „Die Schule neu denken" (1993), dass die Schule nicht nur neu gemacht werden soll, sondern zuerst neu gedacht werden muss (vgl. v. Hentig 1993, S. 178).

In dem Buch „Die Zukunft beginnt in der Grundschule" (1996) von Gabriele Faust-Siehl u.a. und der Denkschrift „Zukunft der Bildung – Schule der Zukunft" (1995) der Bildungskommission NRW wird ein entsprechender Versuch unternommen, Schule neu zu denken: Die Schule soll ein „Haus des Lernens" (Bildungskommission NRW 1995, u.a. S. 86) werden, welches offen ist für die Bedürfnisse und Interessen der Kinder und in dem jeder als Individuum die Chance erhält, „(seine) eigene Lernidentität zu entwickeln" (ebda., S. 91). Während in den 70-er Jahren Offener Unterricht lediglich als ein Gegenkonzept zu geschlossenen Unterrichtsformen dargestellt wurde, definiert Wallrabenstein (1991, S. 54) Offenen Unterricht als „Sammelbegriff für unterschiedliche Reformansätze in vielfältigen Formen inhaltlicher, methodischer und organisatorischer Öffnung mit dem Ziel eines veränderten

verschiedene Dimensionen der Öffnung

Realisierung eines neuen Unterrichts- und Schulverständnisses

Chance, die eigene Lernidentität zu entwickeln

Umgangs mit dem Kind auf der Grundlage eines veränderten Lernbegriffs".

Infolgedessen gibt es auch nicht ein präzis definierbares Konzept des Offenen Unterrichts, sondern unterschiedlich akzentuierte Systeme von „[...] Veränderungen des Unterrichts im Rahmen einer Methodenvielfalt mit traditionellen und neueren Elementen, die unter entscheidender Beteiligung der Lernenden ihre individuelle Ausprägung erfahren" (Keck/Sandfuchs 1994, S. 233).

Auf die *Beteiligung der Lernenden* wird in vielen Charakterisierungsversuchen Offenen Unterrichts häufig ein besonderer Akzent gelegt, so etwa bei Edith Neuhaus-Siemon (1989): „Mit dem Terminus ‚Offener Unterricht' wird ein Unterricht bezeichnet, dessen Unterrichtsinhalt, -durchführung und -verlauf nicht primär vom Lehrer, sondern von den Interessen, Wünschen und Fähigkeiten der Schüler bestimmt wird, wobei der Grad der Selbst- und Mitbestimmung des zu Lernenden durch die Schüler zum entscheidenden Kriterium des Offenen Unterrichts wird" (Neuhaus-Siemon 1989, S. 407; zu neueren Forschungen zum Thema Offener Unterricht vgl. die entsprechenden Beiträge in Brügelmann u. a. 1998, S. 8 ff.).

4.3 Merkmale, Ziele und Wurzeln Offenen Unterrichts

Bei der Ausdifferenzierung von Merkmalen Offenen Unterrichts orientieren sich viele Autoren an dem erwähnten zentralen Charakteristikum der Beteiligung der Lernenden. Schon in den 70-er Jahren ist diese Tendenz bei Bönsch/Schittko (1979, S. 12) erkennbar.

Aber schon in dieser Frühphase der systematischen Beschäftigung mit Offenem Unterricht wurde das Prinzip der Öffnung und Offenheit breiter verstanden. So spricht Angelika Wagner von fünf Dimensionen einer Öffnung des Unterrichts:

fünf Dimensionen der Öffnung des Unterrichts

- Offenheit in der Organisationsform (Zeitorganisation, Arbeits- und Sozialformen)
- Offenheit im inhaltlichen Bereich (fakultative Inhalte)
- Offenheit im kognitiven Bereich (fächerübergreifende Themen, unterschiedliche kognitive Ebenen)
- Offenheit im sozio-emotionalen Bereich (Berücksichtigung sozialer und emotionaler Bedürfnisse)
- Offenheit gegenüber der Welt außerhalb der Schule (z. B. Umwelt- oder Gemeinwesensbezug)

(vgl. Wagner 1979, S. 175 ff.).

„Öffnung" des Unterrichts

In den 90-er Jahren umreißt Wulf Wallrabenstein den heute weitgehend akzeptierten Facettenreichtum Offenen Unterrichts: „Öffnung heißt
- Lernen und Leben als ganzheitliche Erfahrung für Kinder in der Wechselbeziehung von Schule und Umgebung zu ermöglichen;

- Zugänge aus der Schule heraus zu den Gegenständen des Alltags, der Natur und zum Alltagsleben der Gemeinde und des Stadtteils zu öffnen;
- Handlungsspielräume für Lehrerinnen, Lehrer und Kinder im Unterricht zu schaffen, die eigenständige Entscheidungen über Arbeitsformen und Arbeitsmöglichkeiten hervorrufen;
- flexible Organisationsformen des Lernens für vielfältige, wechselnde Aktivitäten bereitzustellen und
- den Verlust sinnlich-praktischer Erfahrungen durch den Aufbau von anregungsreichen Lernumwelten mit Werkstattprinzipien auszugleichen" (Wallrabenstein 1991, S. 69 f.).

Es ist sicher nicht zufällig, dass Wallrabenstein mit dieser kategorialen Zusammenstellung nicht eine Charakterisierung von „Offenheit" des Unterrichts als einem festzuhaltenden Idealzustand beabsichtigt, sondern von „*Öffnung*" spricht. Damit wird das Prozesshafte, das Immer-auf-dem-Wege-Sein, das Experimentelle des Offenen Unterrichts angesprochen. Schon 1979 umschrieb Angelika Wagner Offenen Unterricht als „Prozess, bei dem eine Klasse langsam und ungleichmäßig auf vielen Ebenen und über mehrere Phasen von traditionellen zu zunehmend offeneren Formen fortschreitet" (Wagner 1979, S. 174 f.).

Der Offene Unterricht verfolgt unterschiedliche Ziele, die sich größtenteils aus der sich wandelnden Gesellschaft und den veränderten Lebensbedingungen der Kinder ergeben haben. Man kann sie allerdings in drei Hauptziele zusammenfassen, die schon in der Literatur aus den 70-er Jahren über alternative Schul- und Unterrichtspraktiken angesprochen wurden (vgl. Ramseger, 1975, S. 62 ff.; van Dick 1979, S. 155 ff.; Knauf u.a. 1980, S. 170):

drei Hauptziele Offenen Unterrichts

1. Kinder sollen so gefördert werden, dass sie ihre *individuellen Fähigkeiten und Interessen, ihren Lerntyp und Lernstil erkennen*, Freude daran haben, sie *weiterzuentwickeln* und dabei ihr *Selbstvertrauen*, Selbstbewusstsein und ihre Identität ausbauen, aber auch ihre Schwächen wahrnehmen und annehmen und sich bereit finden, an ihnen zu arbeiten.
2. Kinder sollen über Zeiten, Räume und Situationen verfügen können, in denen sie Formen *sozialer Beziehungen erproben und stabilisieren,* ihre individuellen Bedürfnisse artikulieren, durchsetzen, aber auch ausgleichen und differenzieren, Perspektivenwechsel und dabei Konfliktlösestrategien ausprobieren und eine *Kultur der wechselseitigen Akzeptanz* und der *Freude an Gemeinschaftlichkeit, Kooperation und Solidarität* erfahren können.
3. Kinder sollen die *ganzheitliche Erfahrung eines Zusammenhangs und einer Wechselbeziehung von Lernen und Leben ermöglicht bekommen,* indem Schule Erfahrungsbrücken zur natürlichen und sozialen, technischen und kulturellen Umwelt des Nahbereichs herstellt und selber praktische Handlungserfahrungen in einer anregungsreichen Lernumwelt (nach dem Werkstattprinzip) erleichtert.

Durch unterschiedliche Arten der Differenzierung wird es den Kindern im Offenen Unterricht ermöglicht, sich ihren individuellen Lernmöglichkeiten und Lernbedürfnissen entsprechend zu entwickeln. Die SchülerInnen sollen lernen, selbständig zu arbeiten und Verantwortung für sich und auch andere zu übernehmen. Sie werden an der Planung und Gestaltung des Unterrichts beteiligt und können eigene Ideen und Wünsche in den Unterricht einbringen. An die Stelle des übenden Lernens im Gleichschritt tritt eine Lernkultur, in der jedes Kind seine Lernbedürfnisse und Erfahrungen einbringen kann und motiviert ist, sein eigenes Fähigkeitsprofil weiterzuentwickeln. *Voraussetzung* dafür ist, dass Kinder die Chance erhalten,

Voraussetzungen der Zielerreichung

- sich mit dem zu beschäftigen, was ihnen besonders wichtig ist,
- ihre *Lernzeiten* innerhalb eines vereinbarten Rahmens selber zu bestimmen,
- *Lernpartner* und *Lernorte* weitgehend selber zu wählen,
- mit der Vielfalt eigener als positiv empfundenen Lernerfahrungen auch ihren eigenen *Lerntyp* zu entdecken (vgl. Vester 1978, S. 98 ff.) und, darauf aufbauend, individuelle *Lernstrategien* zu entwickeln,
- je *nach individuellem Bedarf Hilfe oder Freiräume* durch die Lehrerin, den Lehrer zu erhalten,
- schrittweise unabhängiger zu werden von der Lernerfolgsrückmeldung durch die Lehrerin, den Lehrer und allmählich Sicherheit in der (auch kritischen) *Selbsteinschätzung* zu gewinnen (vgl. Knauf 1989, S. 41).

Persönlichkeitsentwicklung und soziales Lernen

Die Förderung der *Persönlichkeits- und Identitätsentwicklung* wird im Offenen Unterricht ausgeglichen durch die *Intensivierung vielfältiger sozialer Erfahrungen,* in denen Kinder mit unterschiedlichen Biographien, Vorlieben und Eigenarten miteinander in Berührung kommen und miteinander zu tun haben: in der Partner- und Kleingruppenarbeit, in der wechselseitigen Kontrolle der Lernergebnisse, im Stuhlkreis, in klassenübergreifenden Projekten, in gemeinsamen Ergebnispräsentationen, in Spielsituationen, bei Mahlzeiten in der Klasse. Im Offenen Unterricht ist die Schule ein Ort sozialer Begegnung. Offener Unterricht will die SchülerInnen zu partnerschaftlichem Verhalten und zur Teamfähigkeit erziehen, indem er gemeinsames Lernen vor die Einzelarbeit stellt und der gesamte Unterricht auf ein Helfersystem aufgebaut ist.

ganzheitliches Lernen

Lernen im Offenen Unterricht ist darüber hinaus *ganzheitliches Lernen*. Es bezieht die Erfahrungswelt der Kinder ein und ermöglicht es den Schülern und Schülerinnen, Erfahrungen aus erster Hand zu machen. Es ist also Ziel des Offenen Unterrichts, die Kluft zwischen Schule und Leben zu verkleinern.

historische Wurzeln des Offenen Unterrichts

Das Konzept ‚Offener Unterricht' hat sich seit den frühen 70-er Jahren ausgeprägt, ist aber nicht ohne seine Wurzeln vor allem in der Reformpädagogischen Bewegung im ersten Drittel unseres Jahrhunderts denkbar (vgl. Neuhaus- Siemon 1996). Protagonisten dieser internationalen Bewegung waren u. a. die Schwedin Ellen Key (1849–1926), die Deutschen Berthold Otto (1859–1933) und Peter Petersen (1888–1952), die Italienerin Maria Montessori (1870–1952), der Franzose Célestin Freinet (1896–1966) und die Amerikanerin Helen Parkhurst (1886–1973).

Für die Reformpädagogen sollten das Kind und seine unmittelbare Schöpferkraft im Mittelpunkt des Unterrichts stehen. Sie wandten sich gegen die herkömmliche Struktur der Pauk-, Buch- und Wortschule und entwickelten Konzepte für eine lebendige, von den in ihr Lebenden, Lernenden und Arbeitenden gestalteten Schule mit einem handlungsorientierten (aktiven) und lebensweltbezogenen Unterricht.

Maria Montessori wird oft als Vorkämpferin für den Offenen Unterricht angesehen. Schon sie betonte die Bedeutung der freien, selbständigen Arbeit der SchülerInnen. Ihr Leitspruch „Hilf mir, es selbst zu tun!" steht in sehr enger Verbindung zum Anliegen des Offenen Unterrichts.

„Hilf mir, es selbst zu tun!"

Sie ging von einem Bild des Kindes aus, das mit der traditionellen Vorstellung vom noch unfertigen Wesen radikal brach. Montessori war überzeugt, dass auch das Kind eine vollwertige und selbständige Persönlichkeit besitze und über die Kraft verfüge, diese aus sich selbst heraus zu entfalten. Dem Erwachsenen fällt dabei die Aufgabe zu, dieses von Montessori als *„Normalisation"* bezeichnete Wachstum zu respektieren und zu begleiten. „Er hat dem Kind Raum für den inneren Selbstaufbau, für die Entwicklung individueller Begabungen, die aus eigener Kraft des Kindes erfolgt, zu geben [...]" (Wolter-Pfingsten 1993, S. 182).

Montessori versteht und deutet Erziehung als Realisierung von Freiheit, insbesondere als das Sichern des Prinzips der *„freien Wahl"*, das sich auf die Wahl

Erziehung als Realisierung von Freiheit, besonders als das Sichern des Prinzips der „Freien Wahl"

• der Aufgabe bzw. des Materials,
• der Zeit,
• des Ortes und
• des Partners bezieht.

Erst durch das Element „Freiheit" kann die Selbständigkeit der Kinder wachsen und ihre Selbständigkeit gefördert werden. „[...], indem das Kind zum ,Meister seiner selbst' wird, erlangt es die innere Disziplin der Persönlichkeit, was wiederum zur Selbstbestimmung des Kindes führt" (Knauf 1992, S. 96).

Gefördert wird die Sicherheit des Kindes bei der Wahrnehmung von Selbstbestimmung durch die räumlich-gegenständlichen Rahmenbedingungen der *„vorbereiteten Umgebung"*. Das von der Lehrerin aufgrund ihrer Beobachtungen der Kinder arrangierte Lern-Ambiente soll in Proportionierung und Möblierung auf das Größenmaß der Kinder bezogen sein, ihnen damit Respekt und Wohlbefinden vermitteln. Es soll hell, klar und einfach strukturiert, zugleich schön gestaltet sein, Freiflächen anbieten und mit den offen präsentierten didaktischen Materialien zum Tätigwerden stimulieren. Es soll eine Balance zwischen (äußerer) Klarheit und Anregungsintensität gefunden werden, die auf die innere Klarheit und das Handlungsbedürfnis der Kinder ausstrahlt. Das von Montessori selber entwickelte und bis heute (nicht nur in Montessori-Schulen) verwendete Material soll durch seine Gegenständlichkeit (Farbe, Form, Werkstoff) die Sinne und über sie das Fühlen, Denken und den Tätigkeitstrieb der Kinder ansprechen. Dadurch, dass jeweils nur eine isolierte Schwierigkeit zu bewältigen ist und das Kind

eine Balance zwischen äußerer Klarheit und Anregungsintensität

den Erfolg seiner Auseinandersetzung mit dem Material selber überprüfen kann, wird es zu zielgerichtetem (Lern-)Handeln stimuliert und
geleitet.

Geeignete Materialien und eine ,vorbereitete Umgebung' „[...] binden
die Aufmerksamkeit des Kindes an einem bestimmten Gegenstand"
(ebda., S. 97). Montessori spricht in diesem Zusammenhang von der
,Polarisation der Aufmerksamkeit'. Durch die allmählich wachsende
Aufmerksamkeit für einen Gegenstand und den täglichen Umgang mit
diesem Gegenstand entwickelt das Kind systematisch kognitive Strukturen und Handlungsmuster. „Es schafft so im Chaos eine Ordnung
und baut Schritt für Schritt sein Bewusstsein auf" (ebda.).

Auf andere reformpädagogische Impulse sowie die Bedeutung der angelsächsischen Erfahrungen mit „informel teaching" und „open classroom" wird bei der Vorstellung einzelner Formen Offenen Unterrichts
eingegangen (vgl. Kapitel 4.5).

4.4 Zur Begründung Offenen Unterrichts

Offener Unterricht ist kein Selbstzweck. Seine Praxisrealisierung, die
für viele Lehrkräfte nur mit gravierenden Veränderungen ihrer beruflichen Handlungsstrategien und mit Einschnitten in ihr professionelles
Selbstverständnis verbunden ist, lässt sich nur legitimieren, wenn er für
Lernen und Persönlichkeitsentwicklung der Kinder förderlich ist (vgl.
Boenicke 2000). Es gibt drei Argumentationslinien über die offener Unterricht begründet werden kann. Sie beziehen sich auf die Qualifikati-
onstheorie, die Lern- und Entwicklungstheorie, die Kindheitssoziolo-
gie. Auf sie soll im Folgenden eingegangen werden.

1. Die qualifikationstheoretische Begründung

Schlüsselqualifikationen
= grundlegende Fähig-
keiten und Fertigkeiten

An anderer Stelle dieses Buches (vgl. Kapitel 3.5) wurde auf die aktuelle Diskussion um *Schlüsselqualifikationen* eingegangen. In den 70-er
Jahren hat Dieter Mertens, der damalige Leiter des Bundesinstituts für
Berufsbildungsforschung, diesen Begriff entwickelt und begründet. Unter Schlüsselqualifikationen verstehen wir seither grundlegende Fähigkeiten und Fertigkeiten, die

- nicht dem zunehmend rascheren Veralten des Wissens unterworfen
  sind,
- nicht mit dem Wandel beruflichen und zivilisationsbedingten Quali-
  fikationsbedarfs ihre Bedeutung verlieren,
- vielmehr gerade den Einzelnen befähigen, gesellschaftliche Wandlungsprozesse aktiv und gestaltend zu bewältigen.

Unter Schlüsselqualifikationen lassen sich gerade Kompetenzen fassen,
die für das Bestehen in gesellschaftlichen Übergangssituationen notwendig sind (vgl. Landwehr 1996).

Anfang der 90-er Jahre wurde in einer textanalytischen Studie zusammengestellt, was konkret in Wirtschaft, Pädagogik, Politik und Soziologie unter Schlüsselqualifikationen verstanden wird (vgl. Didi u. a. 1996). Vor allem Kooperations- oder Teamfähigkeit, Selbständigkeit, Reflexionsfähigkeit und Kreativität wurden immer wieder genannt. Diese Qualifikationen ließen sich, verallgemeinernd, auch als Sozial-, Selbst- und Methodenkompetenz umschreiben (vgl. Reetz 1991). In vielen bildungspolitischen Grundsatzdokumenten, etwa der UNESCO oder der OECD, wird Bezug auf die Schlüsselqualifikationen genommen. Sie werden dabei in einen Zusammenhang mit der Forderung nach lebenslangem Lernen und mit der Notwendigkeit technologisch-zivilisatorischer Innovationen gestellt. Auch die repräsentative Untersuchung von Stellenanzeigen hat ergeben, dass Schlüsselqualifikationen im Berufsleben ähnlich wichtig, wenn nicht sogar wichtiger geworden sind als fachliches Wissen und Können. Wiederum sind es Selbständigkeit und Teamfähigkeit, die am häufigsten explizit gefordert oder gewünscht werden.

Sozial-, Selbst- und Methodenkompetenz

Schlüsselqualifikationen sind allerdings nicht nur auf berufliche Anforderungen bezogen; sie sind vielmehr auch für die Bewältigung des außerberuflichen Lebensalltags hilfreich, etwa bei der Lösung von Konflikten, der Planung gemeinsamer Unternehmungen, bei der Abwägung unterschiedlicher Interessen und divergierender eigener Handlungsziele. Vor dem Hintergrund der zunehmenden Ausprägung pluralistischer Wertekulturen und individueller Lebensstile in unserer Gesellschaft werden heute im privaten Bereich ähnlich wie im Berufsleben Anforderungen an das Individuum gestellt, die mit den Begriffen Sozial- und Selbstkompetenz umrissen werden können und die eine Brücke darstellen zwischen Handlungsmöglichkeiten in gewohnten und in sich verändernden Alltagsstrukturen. Dabei haben Schlüsselqualifikationen immer einen zweidimensionalen Charakter: sie dienen zum einen der Anpassung des Individuums an Situationen, die bewältigt werden müssen, also an extern vorgegebene Strukturen. Zum anderen sollen sie dem Einzelnen die Chance eröffnen, sich, eigene Interessen, eigene Fähigkeiten in Situationen gestaltend und verändernd einzubringen. Schlüsselqualifikationen können also sowohl eine instrumentelle als auch eine emanzipatorische Funktion übernehmen.

In Anschluss an Norbert Landwehr (1996), der die Funktion der Schlüsselqualifikationen insbesondere in transistorischen gesellschaftlichen Konstellationen (Übergangssituationen) betont, möchte ich folgende, auch für die Grundschule wichtigen Schlüsselqualifikationen herausstellen: Schlüsselqualifikationen lassen sich nicht als Lernstoff vermitteln und aneignen. Auch als Thema eines isolierten Unterrichtsprojekts können sie kaum Wirksamkeit entfalten. Angebahnt und gefestigt werden sie eher in einem Kontinuum an schulischen und außerschulischen Handlungserfahrungen, die geprägt sind durch

für die Grundschule wichtige Schlüsselqualifikationen

- Vielfalt und Dichte sozialer Interaktion (zum Aufbau von Kooperationsfähigkeit)
- Verknüpfung von gemeinsamer Planung und Handlungsverantwortung (mit der gleichen Zieldimension)

- Herausforderung an individuelle Entscheidungen, an die Entwicklung eigener Handlungs- und Problemlösestrategien (zum Aufbau von Selbständigkeit, Kreativität, selbstmotiviertem Lernen).

Diese drei im einzelnen weiter ausdifferenzierbaren Konstellationen können sicher nur durch Häufigkeit, Regelmäßigkeit und Vielfalt eine prägende Wirkung haben, also Sozialisationseffekte auslösen, so wie es Berger/Luckmann für sich wiederholende Situationsstrukturen annehmen, die handlungsleitende Wissensbestände hervorrufen (vgl. Berger/Luckmann 1999).

Die beschriebenen Konstellationen mit häufigkeitsabhängiger Prägewirkung in Hinblick auf Schlüsselqualifikationen sind weitgehend identisch mit den inhaltlichen und sozialen Situationsstrukturen im offenen Unterricht: In ihm werden Kinder herausgefordert, Wahlentscheidungen in Hinblick auf Lerngegenstand bzw. Reihenfolge der Aufgaben, in Hinblick auf Lernpartner, -zeiten und -orte zu treffen; sie sind in einem hohen Maße eigenverantwortlich für die Durchführung des Lernprozesses und die Bewertung seines Ergebnisses; zugleich haben sie die Möglichkeit, mit anderen Kindern gemeinsam Aufgaben zu lösen oder punktuell ihre Hilfe in Anspruch zu nehmen bzw. selber Hilfe anzubieten sowie die Ergebniskontrolle gemeinsam durchzuführen oder diese von einem Lernpartner durchführen zu lassen. Es kann also angenommen werden: Die regelmäßige Handlungspraxis offenen Unterrichts stärkt den Aufbau zentraler Schlüsselqualifikationen wie Offenheit und Flexibilität, Kreativität, Problemlösefähigkeit, Kooperationsfähigkeit, Lernkompetenz und Eigeninitiative.

2. Die lern- und entwicklungstheoretische Begründung

Die Lern- und Entwicklungstheorie liefert die wichtigste Argumentationskette für offenen Unterricht, weil sie differenzierte Aussagen über die Struktur von Handlungen machen kann, in denen sich Lernakte unmittelbar vollziehen oder in denen Lernakte vorbereitet bzw. gefestigt werden. Daraus lassen sich Schlüsse darüber ziehen, inwieweit charakteristische Aktions- und Interaktionsstrukturen in offenen Lernsituationen Lerneffekte tatsächlich fördern. Unmittelbare Aussagen zu Gunsten offener Lernformen oder Kritik an ihnen bieten lerntheoretische Ansätze in der Regel nicht; denn es geht ihnen um eine theoretische Beschreibung und Begründung der Gesetzmäßigkeiten von Lernhandlungen (vgl. Edelmann 1996, S. 1 ff.), nicht um eine Begutachtung von Unterrichtskonzepten. Manche lerntheoretischen Konzepte vermeiden weitgehend sogar die Bezugnahme auf schulische Lernhandlungen.

Theorie der kognitiven Entwicklung und des Lernens

Dies trifft insbesondere auf den bedeutsamsten Versuch im 20. Jahrhundert zu, eine Theorie der kognitiven Entwicklung und des Lernens zu formulieren, auf die Theorie des Schweizer Psychologen *Jean Piaget* (1896–1980), die im Folgenden skizziert werden soll. Der Piaget-Schüler Guy Lefrancois fasst das theoretische Konzept Piagets in drei Punkten zusammen:

„1. Der Erwerb des Wissens ist ein allmählicher Entwicklungsprozess, der durch die Interaktion des Kindes mit seiner Umwelt ermöglicht wird.

2. Die Art, in der das Kind die Welt erlebt und darstellt, ist eine Funktion seines Entwicklungsstadiums. Dieses Stadium ist durch die zu diesem Zeitpunkt vorhandenen Denkstrukturen definiert.

3. Reifung, Umwelt, Gleichgewichtsstreben (Equilibrierung) und Sozialisation sind die das Lernen formenden Kräfte" (Lefrancois 1976, S. 158).

Der in der dritten Aussage enthaltene Hinweis auf das „Gleichgewichtsstreben (Equilibrierung)" bezieht sich auf eine der wichtigen Subtheorien im Theoriegebäude Piagets, auf die *Äquilibrationstheorie*. Diese beruht auf der biologischen Grundvorstellung, dass das Individuum durch die Vernetzung seines Lebens mit der (physischen und sozialen) Umwelt fortwährend mit äußeren Anforderungen, Zwängen, Widerständen und Veränderungen konfrontiert wird. Es werden damit Spannungen und Störungen im Verhältnis von Individuum und Umwelt aufgebaut, die dieses ausgleichen oder abbauen möchte, damit wieder ein Gleichgewicht hergestellt wird; denn nur dann lebt es im Einklang mit seiner Umwelt (vgl. Piaget 1984, S. 62). | „Äquilibrationstheorie"

Jede Handlung des Menschen ist letztlich Reaktion auf eine augenblickliche Störung mit dem Ziel, wieder ein Gleichgewicht mit der Umwelt herzustellen. Ist dies erreicht, hört die Aktion auf. Nach Beseitigung der Störung empfindet das Individuum seinen Zustand als stabiler und gefestigter. Die Reaktionen des Individuums auf Störungen in der Beziehung zur Umwelt können vielfach als Lernvorgänge beschrieben werden. Denn in diesen Reaktionen verändern wir oftmals unsere „Schemata" – das sind nach Piaget die Vorstellungs-, Denk- und Handlungsmuster, mit denen wir unser Verhältnis zur Umwelt aktiv strukturieren. Lernen bedeutet danach ein Fortschreiten von labilen Gleichgewichtszuständen zu stabilen.

Die Beseitigung von Störungen in der Beziehung von Individuum zur Umwelt wird von Piaget insgesamt als Anpassungsprozess (Adaption) verstanden. Die Adaption kann vom Individuum mit Hilfe von zwei Strategien geleistet werden, die sich komplementär ergänzen. | Strategien zur Adaption

Die eine Strategie, die *Assimilation*, zielt darauf ab, neue Erscheinungen oder Situationen in das vorhandene eigene Verhaltensrepertoire zu integrieren. Neue oder fremde Strukturen der Umwelt werden damit den gegebenen Schemata angepasst. Ein Beispiel für Assimilation wäre, wenn ein Kleinkind, das zuvor Bauklötze durch die Gitterstäbe in seinen Laufstall gezogen hat, nun auch versucht, ein Spielzeugauto durch die Stäbe zu ziehen. Damit würde ein neuer Gegenstand dem bereits entwickelten Greifschema assimiliert. | Assimilation

Im Gegensatz dazu meint *Akkomodation* die Veränderung der bisher praktizierten Denk- und Verhaltensstrukturen zu Gunsten der Umwelt. Um das Gleichgewicht zwischen Individuum und Umwelt herzustellen, passt sich das Individuum der Umwelt an (vgl. Mönks/Knoers | Akkomodation

1996, S. 149), nicht umgekehrt, wie bei der Assimilation. Um bei dem beschriebenen Beispiel zu bleiben, möchte das Kind nun einen Stock, der quer zu den Gitterstäben liegt, in den Laufstall ziehen. Es probiert zunächst, den Stock an sich heranzuziehen. Das bisher erfolgreiche Schema versagt jedoch. Schließlich gelingt es dem Kind, den Stock zu drehen und so in den Laufstall zu ziehen. Das bisherige Schema wird an die Struktur des neuen Gegenstands angepasst, ihm akkomodiert.

Nimmt man beide Teile des Beispiels zusammen, so lässt sich feststellen, das Assimilations- und Akkomodationsvorgänge hintereinander ablaufen. In der Realität sind sie oftmals kompliziert verschachtelt.

Hauptstufen der Denk- oder Intelligenzentwicklung

Nach Piaget ist die Denkentwicklung ein Fortschreiten zu immer größerer Beweglichkeit des Denkens. Diesen Gesamtprozess teilt Piaget in folgende Hauptstufen der Denk- oder Intelligenzentwicklung ein:

1. die sensu-motorische Stufe (bis ca. 1,5 Jahre)
2. die prä-operationale Stufe (ca. 1,5 bis 7 Jahre)
3. die konkret-operationale Stufe (ca. 7 bis 12 Jahre)
4. die formal-operationale Stufe (ab ca. 12 Jahre)
(vgl. u.a. Piaget 1973, S. 62 ff.).

In dem für Kinder im Grundschulalter wichtigen Übergang von der prä-operationalen zur konkret-operationalen Stufe werden Denkvorgänge flexibler. So gelingt es dem Kind, Umkehrschlüsse zu vollziehen, langsam die egozentrische Weltsicht zu überwinden, quantitative Vergleiche zutreffend anzustellen. Sein Denken bleibt aber an konkreten Handlungen, zumindest an vorgestellten konkreten Handlungen gebunden (vgl. Keller 1998, S. 155).

Im Theoriekonzept Piagets steht die Aktivität des lernenden Kindes im Vordergrund. Es setzt sich unmittelbar lernend mit seiner Umwelt auseinander, weil es Störungen in seiner Beziehung zur Umwelt abbauen will. Ein Lehrer als Interpret von Welt und als Mittler zwischen Kind und Umwelt ist im Konzept Piagets nicht vorgesehen. Dennoch lassen

Folgerungen für Unterrichtsgestaltung und Lehrerverhalten

sich aus seinem Lern- und Entwicklungskonzept Folgerungen für Unterrichtsgestaltung und Lehrerverhalten ableiten, vor allem folgende:

1. Lernen entspringt dem Bedürfnis nach Abbau von Spannungen zwischen Individuum und Umwelt. Es entspringt also einerseits dem Bedürfnis nach Verstehen von Prozessen und Strukturen in der gegenständlichen und sozialen Welt und andererseits dem Bedürfnis nach Zugewinn an Kompetenz im Umgang mit Personen, Anforderungen, Problemen in der konkreten Lebenswelt. Kinder können sich demnach dann mit Unterricht identifizieren und wollen sich dann in ihn einbringen, wenn sie die berechtigte Erwartung haben, in ihm Kompetenzen zu gewinnen, die sich sowohl auf allgemeine Horizont- und Fähigkeitserweiterung als auch auf die eigene Lebenssituation mit ihren spezifischen Herausforderungen beziehen. Offener Unterricht, in dem Kinder inhaltliche Wahlmöglichkeiten haben, bietet eher als einseitig lehrergesteuerte Lernformen die Chance, entsprechende Balancen zwischen allgemeiner und spezifisch lebensweltbezogener Kompetenzerweiterung herzustellen.

2. Lernen ist im Konzept Piagets ein vom Lernenden selber gestalteter Prozess, der von individuellen Motiven, Erfahrungen und experimentellen Strategien bestimmt wird. Dies entspricht der hohen Gewichtung von Selbsttätigkeit und Selbständigkeit speziell im offenen Unterricht.
3. Nach der Stufentheorie Piagets befindet sich das Kind im Grundschulalter in der Phase der konkreten Operationen bzw. im Übergang von der prä-operationalen zur konkret-operationalen Phase. Demzufolge lernen Grundschulkinder nur erfolgreich, wenn Lernvorgänge gebunden sind an den sinnlich experimentellen Umgang mit materiell fass- und be-greifbaren Gegenständen. Gerade Formen offenen Unterrichts setzen einen solchen aktiv handelnden Umgang mit konkreten Gegenständen voraus.

Das Theoriekonzept Piagets hat großen Einfluss auf die lerntheoretische Diskussion im letzten Drittel des 20. Jahrhunderts ausgeübt. Erkennbar ist dies etwa im Denken *Jerome Bruners* (vgl. Bruner u.a. 1971; Bruner 1973). Wie Piaget geht Bruner von einem Lernbegriff aus, der die aktive, problemorientierte Auseinandersetzung mit der konkreten Umwelt in den Mittelpunkt stellt. Dabei kommt es nach Bruner zum Akt der *Entdeckung*, in dem das Individuum nach experimentellen Suchbewegungen zu Erkenntnissen, zu einer Wissens- und/oder Könnenserweiterung kommt. Der Kompetenzzuwachs bezieht sich unmittelbar auf die Erweiterung von Kenntnissen, Fertigkeiten und/oder Fähigkeiten, darüber hinaus auf die Differenzierung der Methoden des Erkenntnisgewinns. Außerdem stellt die Entdeckungssituation eine Situation dar, die als Erfolg erlebt wird, daher emotional positiv besetzt ist, im Gedächtnis haften bleibt und zur Stärkung intrinsischer Lernmotive beitragen kann.

Wie Piaget sieht auch Bruner einen engen Zusammenhang zwischen Lernen und Entwicklung, wobei Bruner die äußeren, z.B. biographischen und kulturellen Bedingungen als Entwicklungsfaktoren stärker gewichtet als Piaget (vgl. Bruner 1971, S. 22 f.). Auch ist es für Bruner weniger wichtig, die altersspezifischen Entwicklungsstadien differenziert zu erfassen als charakteristische Entwicklungsschritte bei der Erkenntnisgewinnung und -speicherung herauszuarbeiten. So unterscheidet er *eine enaktive, eine ikonische und eine symbolische Repräsentationsebene* kognitiver Prozesse: Zunächst sind es also konkrete gegenständliche Handlungen, dann kommen bildliche Vorstellungen, schließlich symbolische Zeichen wie Begriffe, Buchstaben und Zahlen hinzu, um kognitive Prozesse durchzuführen und im Gedächtnis zu repräsentieren (vgl. ebda., S. 21). Dabei wird nicht die eine Repräsentationsebene durch eine andere abgelöst, vielmehr kommt es zu einer Erweiterung des Repertoires kognitiver Operationen und innerhalb der Repertoires zu Akzentverschiebungen von enaktiven zu symbolischen Handlungen.

enaktive, ikonische und symbolische Repräsentationsebenen kognitiver Prozesse

Für den Grundschulunterricht ergibt sich aus dem Theoriekonzept Bruners (in Ergänzung zu Piagets Vorstellungen):

1. Kinder brauchen Spielräume, Zeit und Materialien für die Realisierung eigener Entdeckungen, um ihr Wissen und Können und ihre

methodischen Fertigkeiten zu erweitern, wie es insbesondere im offenen Unterricht möglich ist.

2. Entdeckendes Lernen, wie es durch den offenen Unterricht gefördert wird und das Suchen, Experimentieren, Überwinden von Schwierigkeiten und Problemlösen einschließt, wird von den Lernenden als etwas Positives, Lernhandlungen Stimulierendes erlebt, weil es Erfolgserlebnisse vermittelt.

3. Die Erfolgschancen von Unterricht werden verbessert, wenn verschiedene Lernmodi zugelassen und gefördert werden: Lernen durch konkrete, gegenständliche Handlungen, durch Medien unterstütztes anschauliches Lernen, formale Denkoperationen mittels sprachlicher oder mathematischer Begriffe (enaktive, ikonische und symbolische Repräsentationsebene). Der offene Unterricht, der von der Heterogenität der Kinder, ihrer Lerntypen und Lernformen ausgeht, erfüllt diese Voraussetzungen im besonderen Maße.

Noch stärker als Bruner versucht der Piaget-Schüler *Hans Aebli*, Lerntheorie auf den Unterricht und die Rolle des Lehrers zu beziehen. In seinem Buch „Grundformen des Lehrens" beschreibt er eine breite Palette von Handlungsformen, die von der Lehrerin eingesetzt werden können, um (selbständiges) Lernen der Schüler zu stimulieren (vgl. Aebli 1983).

Eine dieser Handlungsformen ist das Vormachen und Vorzeigen, das bei Kindern Beobachtungs- und Nachahmungslernen hervorrufen soll (vgl. ebda., S. 65 ff.). In allen Gesellschaften sind Beobachtungs- und Nachahmungslernen (oft auch als Imitations- oder Modell-Lernen bezeichnet) von zentraler Bedeutung, um Sprache, Verhaltensweisen, ja selbst Denkmuster und Formen moralischen Urteilens von Generation zu Generation weiterzugeben (vgl. ebda., S. 67 f.). Dabei beginnt bereits während des Beobachtens der Nachahmungsvorgang und zwar zunächst als ein innerer Prozess, der allerdings oft von einem Mitsprechen, meist in Gestalt eines leisen Selbstgesprächs, begleitet und unterstützt wird. „Im Kontinuum der Beobachtung führt die sprachliche Benennung überhaupt erst zur deutlichen Unterscheidung von Abschnitten und Teilbereichen" (ebda., S. 74) und erleichtert das Behalten der demonstrierten Handlung. Die Sprache kann eine Brücke zwischen beobachteter und selbst vollzogener Handlung sein. Wichtig ist aber auch, dass das Kind Zeit zum probierenden Nachahmen hat, nicht zuletzt, um eigene Misserfolge zu überwinden. Hierbei kann die Möglichkeit hilfreich sein, auch einmal gleichzeitig mit der Lehrerin eine vorgemachte Handlung zu vollziehen.

Bei der Beschreibung einer anderen Grundform des Lehrens und Lernens, der eigenständigen *Erarbeitung eines Handlungsablaufs* (vgl. ebda., S. 182 ff.), betont Aebli die Aufgabe der Schule und konkret der einzelnen Lehrerin, mit den SchülerInnen einerseits Handlungen selbständig aufzubauen, andererseits aber auch Handlungen anderer Menschen (gedanklich und/oder praktisch) nachzuvollziehen, damit so ein differenziertes Repertoire an Handlungsmöglichkeiten aufgebaut wird (vgl. ebda.). Das in Handlungen erworbene Wissen ist kein trainiertes Routinewissen. Es ist ein Wissen, das auf alltägliche Verwendung bezo-

Marginalien:

selbständiges Lernen der Schüler stimulieren

eigenständige Erarbeitung eines Handlungsablaufs

Kinder zum Suchen und Forschen anregen

gen ist, dessen Entstehung im Subjekt aber immer auch mit verallgemeinerbaren Erkenntnissen verbunden ist. „Das Handlungswissen, was wir zu vermitteln suchen, ist dem theoretischen Wissen nicht fremd, und umgekehrt: das theoretische Wissen [...] dient dem Handlungswissen" (ebda., S. 202).

In einem Unterricht, in dem Kinder Handlungswissen erwerben, könnte sich folgende Aktionsabfolge ergeben:

1. Einbringen von Themen- oder Handlungsvorschlägen
2. Präzisierung und Begründung der Vorschläge
3. Beurteilung durch die Klasse oder Kleingruppe
4. Ausführung der ausgewählten Handlungsvorschläge, wobei einzelne Schritte durch einen Schüler oder die Lehrkraft zunächst vorgemacht werden können
5. gemeinsames Prüfen des Ergebnisses.

Eine noch komplexere Lernhandlung sieht Aebli im *Problemlösen*, das dem Entdecken bei Bruner verwandt ist. Für die Schule ist es eine wichtige Aufgabe, Kinder zum Suchen und Forschen anzuregen. Erfahrungsgemäß gelingt dies vor allem, wenn sie sich mit Problemen auseinandersetzen oder auf Probleme stoßen, die sie mit einem besonderen (persönlichen) Interesse verbinden und daher auch mit Energie und Hartnäckigkeit zu lösen bereit sind: „Ein Schüler mit einem Problem ist ein Schüler, der eine Antwort sucht. Er will etwas tun, um die Antwort zu finden" (ebda., S. 279).

Kinder zum Suchen und Forschen anregen

Durch Problemlösen erarbeiten sich SchülerInnen Verfahren und Techniken der Erkenntnisgewinnung. Erfolgreiches Problemlösen stärkt Flexibilität, Kreativität und Motivation beim Bewältigen von Schwierigkeiten im Alltagshandeln wie auch in der Realisierung kognitiver Operationen (vgl. ebda., S. 302 ff.). Und es wird die Bereitschaft geweckt, den Nutzen des Suchens, Forschens, Denkens und Erkennens bei verschiedenen Problemtypen zu akzeptieren.

Besondere Aufmerksamkeit schenkt Aebli der Rolle des Lehrers beim problemlösenden Lernen. Einerseits hat er eine verantwortliche und aktive Rolle bei der Auswahl der zu bearbeitenden Probleme und bei der Beobachtung der Kinder während ihrer Problemlöseanstrengungen, damit Kinder nicht überfordert werden und nicht ohne Hilfe in Krisen geraten, in denen sie ihr Selbstvertrauen, ihre Lern- und Handlungsmotivation verlieren. Andererseits sollten sie sich am Prinzip der *minimalen Hilfe* orientieren, um Kindern nicht ihre Anstrengungsbereitschaft und ihr eigenes Erfolgserlebnis zu nehmen. Daher ist es meist wichtiger, Kindern Fragen und Aufforderungen zu geben, als ihnen Antworten zu vermitteln (vgl. ebda., S. 290 ff.).

Rolle des Lehrers beim problemlösenden Unterricht

In seinen Ausführungen zum Unterricht macht Aebli keine konkreten Aussagen zum Offenen Unterricht. Vielmehr geht er von der geläufigen Praxis des eher lehrerzentrierten, „fragenentwickelnden Unterrichts" aus. Er nimmt allerdings jede Gelegenheit wahr, um für eine „Öffnung" der konventionellen Grundstruktur dieses Unterrichtstyps zu werben. Insgesamt arbeitet Aebli folgende Aspekte heraus, die zu einer lerntheoretischen Begründung Offenen Unterrichts beitragen:

lerntheoretische Begründung Offenen Unterrichts

1. die Bedeutung konkreten, praktischen Handelns für die Intensität des Lernens
2. die Bedeutung personaler, lebensweltlicher Bezüge zu den Lernthemen
3. die Bedeutung eigentätigen Aufbaus von Handlungs- und Problemlösestrukturen für die Entwicklung von Lernmotivation
4. die Bedeutung selbständig entwickelter Lernhandlungen für den Aufbau nachhaltiger Flexibilität, Kreativität, Krisenresistenz und Freude am Lernen und Problemlösen.

Der Biochemiker und Psychologe _Frederic Vester_ (1978; 1989) hat aus neurobiologischer Sicht ebenfalls eine Reihe von Argumenten für den Offenen Unterricht zusammengetragen. Auf seine Beobachtungen und Schlussfolgerungen soll im folgenden Kapitel bei der Darstellung von klimatisch-atmosphärischen Aspekten des Lernens detaillierter eingegangen werden. Hier seien die wesentlichen Überlegungen Vesters in Hinblick auf ihre Bedeutung für die Begründung Offenen Unterrichts knapp referiert:
Für Vester ist Lernen das Zusammenwirken von
– Informationsaufnahme (durch die Sinne),
– Informationsverarbeitung (innerhalb des hormonell beeinflussten Nervensystems) und
– schrittweiser Informationsspeicherung im Ultrakurzzeit-, Kurzzeit- und Langzeitgedächtnis).

Beeinflussung der Informationsaufnahme

Die Informationsaufnahme kann durch zwei Aspekte positiv beeinflusst werden:

1. durch die Nutzung möglichst mehrerer sinnlicher Eingangskanäle für die Aufnahme von Informationen, die z.B. gehört und gelesen und durch eigenes praktisches Tun (haptischer Eingangskanal) erarbeitet werden; Vester spricht vom _mehrkanaligen Lernen_: „Je mehr Arten der Erklärung angeboten werden, je mehr Kanäle der Wahrnehmung genutzt werden, desto fester wird das Wissen gespeichert, desto vielfältiger wird das Wissen verankert und auch verstanden, desto mehr Schüler werden den Wissensstoff begreifen und sich später auch wieder erinnern" (Vester 1978, S. 53),
2. durch die Berücksichtigung der verschiedenen, individuellen Lerntypen, z.B. des auditiven, visuellen, haptischen oder auch intellektuellen Lerntyps; ausgegangen wird davon, dass jeder Mensch (aus genetischen und/oder biographischen Gründen) einen bestimmten sinnlichen Eingangskanal für die Aufnahme von Informationen bevorzugt, wobei diese Favorisierung unterschiedlich ausgeprägt sein kann; die Menschen unterscheiden sich aber auch im Grad ihrer Orientierung auf praktische oder kognitive Problembewältigung, ihres Tempos, ihres Grades an Spontaneität, der Notwendigkeit, bei der Aufgabenbewältigung allein zu sein oder mit anderen kommunizieren zu können; Entdecken und Nutzung des eigenen Lerntyps sind Voraussetzungen für den Aufbau effektiver persönlicher Lernstrategien und einer stabilen Lernhaltung.

Für die Verarbeitung von Informationen ist die rasche sowie vielfältige Abgleichung und Verknüpfung mit anderen, bereits gespeicherten Informationen entscheidend. Aktivierende oder blockierende Hormonausschüttungen (Adrenalin bzw. Noradrenalin) beeinflussen diesen Prozess erheblich, weil sie die Verbindung zwischen den informationsleitenden Nervenzellen erleichtern oder stören. Umgebungseinflüsse im Unterricht, wie die Stimmigkeit der sozialemotionalen Atmosphäre in der Klasse, die Ausstrahlung und Freundlichkeit der Lehrerin oder die Ästhetik und Heimatlichkeit der Lernumgebung tragen so wesentlich zum Gelingen des Lernens bei.

Ende des 20. Jahrhunderts wurden Überlegungen Piagets, insbesondere zur „Äquilibration", zum Ausgleich von Störungen zwischen Individuum und Umwelt, in der systemisch-konstruktivistischen *Neuinterpretation des Lernbegriffs* aufgegriffen und weitergeführt.

Rolf Huschke-Rhein (1998) und Horst Siebert (1999) haben die jüngere Diskussion um eine „systemische Erziehungswissenschaft" bzw. einen „pädagogischen Konstruktivismus" zusammengefasst. Die Begriffe „systemisch" und „konstruktivistisch" sind nicht identisch; sie entstammen verschiedenen Denktraditionen und Forschungsrichtungen, die aber in ein integrierbares, wenngleich facettenreiches Theoriekonzept zusammenlaufen. Siebert hat die verschiedenen Wurzeln des systemisch-konstruktivistischen Denkens in einem Schaubild zusammengefasst (vgl. Siebert 1999, S. 8). Er nennt elf Bezugsdisziplinen bzw. Theoriestränge, darunter die Neurobiologie, die Kognitionsforschung, die Kommunikationswissenschaft, die Wissenssoziologie und die Emotionsforschung. Außerdem verweist er auf eine lange erkenntniskritische Tradition, in der u.a. Vico, Kant und Schopenhauer stehen (vgl. ebda., S. 5). Für die Pädagogik relevant sind aus systemisch-konstruktivistischer Sicht zudem die ökologische Systemtheorie (Bateson), der sozialökologische Ansatz (Bronfenbrenner), der ökopsychologische Theorieansatz (Schmidt-Denter), die Organisationstheorie und die Familientheorie (vgl.Huschke-Rhein 1998, S. 216).

In Hinblick auf Lernen und pädagogisches Handeln lassen sich die Grundannahmen systemisch-konstruktivistischen Denkens folgendermaßen umreißen:

Neuinterpretation des Lernbegriffs

Grundannahmen systemisch-konstruktivistischen Denkens

1. „Die konstruktivistische Erkenntnistheorie [...] geht davon aus, dass wir ,die Wirklichkeit' nicht einfach abbilden können, sondern dass wir sie konstruieren müssen" (ebda. S. 129). Mit unseren Erkenntnissen bauen wir auch die Welt, in der wir leben und die wir erleben, selber auf (vgl. Glasersfeld 1997, S. 17). „[...] für Konstruktivisten ist alle Verständigung, alles Lernen und Verstehen stets Bau und Interpretation des erlebenden Subjekts" (ebda.). „Wissen wird vom lebenden Organismus aufgebaut, denn kognitive Konstrukte sind folglich das Resultat der aktiven Erfahrungsinterpretation. Der lernende Organismus darf darum nicht als passiver Empfänger angesehen werden, dessen Wahrnehmungen und kognitive Strukturen ihm kausal von der Außenwelt aufgezwungen werden, sondern als ein schöpferisch tätiges Subjekt" (Huschke-Rhein 1998, S. 129). Instruktion scheidet somit als Grundbegriff des Lernens aus (vgl.

ebda., S. 127)! Wir organisieren unsere Erkenntnisse und unser Wissen vielmehr selber und sind für sie verantwortlich. Im Konstruktivismus spricht man dann auch von *„Autopoiesis"* (vgl. ebda., S. 195 ff; Siebert 1999, S. 197).

„Autopoiesis"

2. Lernen hängt dennoch nach systemisch-konstruktivistischer Auffassung im besonderen Maße vom Verhältnis Individuum – Umwelt ab. Wir konstruieren das Wissen, das für uns *„viabel"* ist. „,Viabel' heißt gangbar, passend, brauchbar, funktional. Handlungen, Begriffe und begriffliche Operationen sind dann viabel, wenn sie zu den Zwecken [...] passen, für die wir sie benutzen. Nach konstruktivistischer Denkweise ersetzt der Begriff der Viabilität im Bereich der Erfahrung den traditionellen philosophischen Wahrheitsbegriff, der eine ‚korrekte' Abbildung der Realität bestimmt" (Siebert 1999, S. 202). Unser Wissen hat also etwas mit unseren Bedürfnissen, Erwartungen, zu lösenden Problemen, mit den uns persönlich wichtigen Dingen zu tun.

„Viabilität"

3. Lernen ist zugleich ein ganzheitlicher Prozess, in dem Denken, Fühlen/Empfinden und Handeln einen Zusammenhang, ein Wirkungsfeld mit wechselseitigen Beeinflussungen darstellen (vgl. Huschke-Rhein 1998, S. 130 ff.). Im systemischen Denken wird daher von Wirkungskreisläufen, von *„zirkulären"* Prozessen ausgegangen (vgl. ebda., S. 197), deren Richtung nicht vorgegeben ist. Siebert beschreibt für das Lernen einen solchen Wirkungskreislauf (siehe Abbildung unten).

„zirkuläre Prozesse"

4. Wichtigste Elemente für das Lernen ist das Bilden von *Hypothesen*, das Interpretieren von *Bedeutungszuschreibungen* und das Hierarchisieren von lebensgeschichtlichen Relevanzen (vgl. Siebert 1999, S. 16 ff.).

Hypothesen= Interpretieren von Bedeutungszuschreibungen

5. Neben dem *Konstruieren* von Hypothesen und Bedeutungen gehört auch deren *Rekonstruktion* zum Lernen. Das bedeutet, dass wir

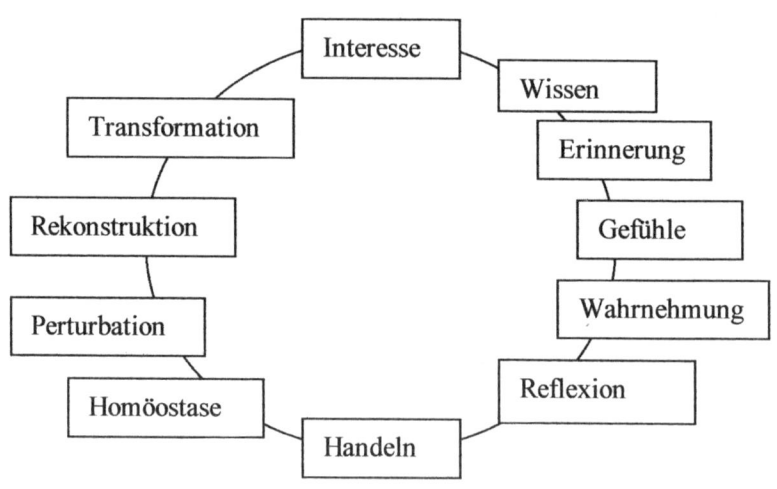

(Quelle: Siebert 1999, S. 9)

auf Grund neuer Erfahrungen unsere kognitiven Systeme immer wieder neu sortieren, zu veränderten Interpretationen unserer Wirklichkeit kommen. Dabei können auch Teile unserer Überzeugungen aufgegeben und ausgetauscht werden. Es kommt also auch zu *Dekonstruktionen* unserer kognitiven Systeme (vgl. ebda., S. 24).

6. Wir lernen in der Regel „unwillkürlich", weil wir nahezu permanent „viable" Lösungen für den Umgang mit unserer (sozialen) Umwelt benötigen (vgl. Huschke-Rhein 1998, S. 128). Auf der anderen Seite gibt es eine Grundtendenz zur *Lernresistenz*, weil Systeme, so auch der Mensch, strukturkonservativ sind. „Bereits die Untersuchungen zur *selektiven Wahrnehmung* belegen, dass wir vor allem das sehen, hören, lernen, was unsere vorhandene Wirklichkeitskonstruktion bestätigt, was wir bereits wissen, was uns ‚Recht gibt'. Tiefgreifende Korrekturen von Einstellungen, Verhaltensweisen, Gewohnheiten sind mit Verunsicherungen, mit Unlust, oft auch mit Kränkungen verbunden. Entsprechende Zumutungen werden zunächst abgelehnt [...]. Im Normalfall greifen wir auf Bewährtes zurück, wir ‚assimilieren' die Umwelt in unsere neutralen Strukturen und Erfahrungen" (Siebert 1999, S. 21 f.). Lernen überspringt also dann am leichtesten die Resistenzbarrieren, wenn wir es in unsere vorhandenen Strukturen einbauen können (Assimilation). Es kann aber vor allem auch dann effektiv (tiefgreifend) sein, wenn es als Reaktion auf Störungen im Verhältnis Individuum – Umwelt wirksam ist und sowohl mit Konstruktion als auch mit Rekonstruktion und Dekonstruktion unserer kognitiven Strukturen verbunden ist.

Kindern gelingen tiefgreifende Lernprozesse oft leichter als Erwachsenen, weil sie noch nicht über ein vergleichbar dichtes und verfestigtes Netz kognitiver Strukturen verfügen. Beim Vergleich typischer Momente des Lernens von Kindern und Erwachsenen stellt Siebert u.a. folgende Unterschiede heraus:

Kind	Erwachsener
Phantasie	Erfahrung
Konstruktion	Rekonstruktion
Anschauung	Begriffswelt
Möglichkeiten	Viabilität
Zirkuläres Denken	lineares Denken
Kreativität	Ordnung

(vgl. ebda., S. 25)

Welche Konsequenzen können aus dem systemisch-konstruktivistischen Ansatz für die Unterrichtsgestaltung gezogen werden?

Diese Frage möchte ich mit folgenden Thesen beantworten:
• Instruktion sollte im Unterricht zurückgefahren werden, um Zeit für selbstorganisierte „autopoietische" Lernprozesse zu schaffen, die

Marginalien:

Rekonstruktion und Dekonstruktion unserer kognitiven Systeme

typische Momente des Lernens bei Kindern und Erwachsenen

Konsequenzen aus dem systemisch-konstruktivistischen Ansatz für die Unterrichtsgestaltung

tiefgreifender kognitive Strukturen prägen und selbstverständlicher mit den vorhandenen Kompetenzen vernetzt werden können.

- Lernen in der Schule sollte möglichst weitgehend mit den individuellen Kompetenzbedürfnissen und Lernmotiven kompatibel sein und sich auf den Lebenszusammenhang der Kinder beziehen, damit es für die einzelnen Kinder sinnvoll nützlich, also „viabel" ist.
- Sozialemotionales Klima im Unterricht und räumlich-gegenständliche sowie ästhetische Faktoren des Lernens sollten als Elemente eines „zirkulären" Wirkungszusammenhangs genutzt und gestärkt werden, um lernfördernde Effekte auszulösen.
- Der Unterricht sollte – je nach Lernoffenheit bzw. Lernhemmungen der Kinder – aufbauendes, komplementäres Lernen (Assimilation) erleichtern, aber auch Störungen und Herausforderungen für die Rekonstruktion vorhandener Strukturen ermöglichen (z. B. durch kritische Fragen, formulierte Erwartungen oder auch artikulierte Enttäuschungen sowie durch Wechsel der Lernorte oder durch die Konfrontation der Kinder mit außerschulischen Experten).
- Lernen sollte einen hohen Grad an Anschaulichkeit aufweisen und die Kreativität der Kinder herausfordern (z. B. durch die ästhetische Gestaltung von Lerndokumenten bis hin zur dekorativen Präsentation von Mathematikaufgaben und ihren Ergebnissen).

Der offene Unterricht bezieht alle diese Postulate in seine Praxis ein.

3. Die veränderte Kindheit

„veränderte Kindheit" und „Kindheit im Wandel"

Verschiedentlich wird in der grundschulpädagogischen Literatur die Forderung nach Offenem Unterricht mit den Tendenzen „veränderter Kindheit" in Verbindung gebracht (vgl. u. a. Wallrabenstein 1991). Seit den 80-er Jahren ist das Thema „veränderte Kindheit" oder „Kindheit im Wandel" zu einem Leitmotiv in der pädagogischen Literatur geworden. Paten standen die vielbeachteten Publikationen von Rolff/Zimmermann (1985), Preuß-Lausitz (1983) und Fölling-Albers (1989). Inzwischen ist die Zahl der einschlägigen Veröffentlichungen kaum zu überschauen. Dabei geht die neuere wissenschaftliche Beschäftigung mit den sozial-historischen Veränderungsprozessen der Aufwachsensbedingungen von Kindern bis in die 60-er Jahre zurück, als die grundlegenden Arbeiten von Ariès und de Mause zur Geschichte der Kindheit erstmals erschienen.

Die aktuelle Diskussion um veränderte Kindheit bezieht sich vorrangig auf die von Erwachsenen selber erlebten Wandlungsprozesse in der zweiten Hälfte des 20. Jahrhunderts. Theoretischer Bezugspunkt sind die Feststellungen über globale soziale Veränderungen in den (post-)modernen Industrie- und Dienstleistungsgesellschaften, wie sie am Beispiel der Bundesrepublik Ulrich Beck (1986) in seinem Buch „Risikogesellschaft" formuliert hat. Hier werden die verschiedenen Ebenen der Auflösung der traditionell Sicherheit und Orientierung gebenden Strukturen beschrieben: Internationalisierung von Produkten und Märkten sowie technologische Innovationen, Destabilisierung von Arbeitsplätzen und Berufsbildern. Umlernen, Arbeitsplatz-, Firmen- und Ortswechsel sind die Reaktionen des Individuums. Mobilität und die Globalisierung von Informationen mittels der modernen Medien destabilisieren zugleich die Bedeutung physischer, mentaler und emotionaler Zugehörigkeit zu Orientierung gebenden Gemeinschaften wie Familie, Verwandtschaft, Nachbarschaft, Gemeinde, Region, Konfession, Partei oder Gewerkschaft. Damit verlieren auch sozial kontrollierbare Werte und Normen an Bindungsfähigkeit. Das Individuum wird immer mehr freigesetzt zur Realisierung eigener Lebensentwürfe und Lebensstile. *Pluralisierung und Individualisierung* sind prägnante Strukturelemente der (post-)modernen Gesellschaft. Kinder sind auf mehreren Ebenen von diesen Entwicklungstendenzen berührt und betroffen:

Pluralisierung und Individualisierung

1. Familie:

Die Verbindungen, in denen Kinder mit ihren Eltern, zumindest mit einem Elternteil zusammenleben, haben in den letzten Jahren an Verschiedenheit und Kompliziertheit gewonnen. Die klassische Kern- oder Kleinfamilie mit zwei zusammenlebenden Elternteilen und meist mehr als einem Kind ist zwar nach wie vor die am meisten verbreitete Form, sie hat aber ihre normbildende Kraft verloren, vor allem in Großstädten und bei jüngeren Eltern (vgl. Nave-Herz 1997; Melzer 1991; Onnen-Isemann 2000): nicht verheiratete Gemeinschaften, Einelternfamilien, Stieffamilien mit Kindern aus unterschiedlichen Partnerschaften, Wechsel der elterlichen Bezugspersonen (z. B. nach Scheidung oder Trennung) sind als z. T. patchworkartige Strukturen des familialen Zusammenhalts immer häufiger anzutreffen und werden (bis hin zur Gesetzgebung) zunehmend sozial akzeptiert. Kinder machen damit auch immer mehr Erfahrungen mit der Diskontinuität sozialer Beziehungen. Dies ist umso bedeutungsvoller, weil mit dem gravierenden Geburtenrückgang seit den 60-er Jahren die Möglichkeiten der sozialen Interaktion mit anderen Kindern innerhalb der Familie immer eingeschränkter werden; denn fast drei Viertel aller Kinder wachsen nur mit einem Geschwisterteil oder allein auf. Parallel mit dem Geburtenrückgang hat die Frauen- und damit auch die Müttererwerbstätigkeit stark zugenommen. Daraus ergibt sich eine zeitliche, personale, oft auch emotionale Verdichtung der Eltern-Kind-Interaktion in der Familie.

veränderte Familiensituationen

2. Erziehungsverhalten:

Trotz gesunkener Kinderzahl sind gesellschaftliche Wertigkeit und innerfamiliale Bedeutung von Kindern eher gestiegen. Zwar gibt es in der Bundesrepublik nicht im gleichen Maße wie etwa in Skandinavien eine (öffentliche) Diskussion um Würde und Rechte der Kinder, doch an der öffentlichen Bestürzung über Fälle (früher oftmals unbeachtet gebliebener) Misshandlung von Kindern kann abgelesen werden, welchen Wert die Gesellschaft Kindern heute beimisst. Entsprechend haben sich Erziehungsideale und Erziehungsformen verändert (vgl. Büchner 1994 u.a.; Krappmann 1996; Garlichs/Lenzinger/Bohleber 1998): Immer weniger werden Anpassung und Konformität von den Kindern erwar-

Würde und Rechte der Kinder

tet. An ihre Stelle treten als positive Erziehungsziele zunehmend Selbständigkeit und Autonomie. Der „Befehlshaushalt", in dem elterliche Autorität und auf der Seite der Kinder Gehorsam und traditionelle Tugenden wie Ordnung und Sauberkeit charakteristisch waren, wird sukzessive durch den „Verhandlungshaushalt" abgelöst, in dem Kinder und Erwachsene „partnerschaftliche Formen des Interessenausgleichs" entwickeln. Überspitzt lässt sich sagen, dass „Erziehung" durch „Beziehung" ersetzt wird.

3. Mediatisierung von Wahrnehmungen und Erfahrungen:

Je jünger Kinder sind, desto stärker sind sie bei der Wahrnehmung und Erfahrung der eigenen (physischen) Existenz und der gegenständlichen wie auch sozialen Lebenswelt auf Informationen angewiesen, die durch die eigenen Sinne vermittelt werden. Frederic Vester (1978) hat die Zusammenhänge zwischen Sinneswahrnehmung und kognitiven Prozessen beschrieben und Jean Piaget kann als Kronzeuge herangezogen werden, der die Bedeutung von Sinnestätigkeit und Bewegung für die Entwicklung jüngerer Kinder nachgewiesen hat. Das gegenständliche Wahrnehmen, Experimentieren und Erkunden der Kinder im Vorschul- und jüngeren Schulalter hat einen eminent entwicklungsfördernden Effekt.

Sinneswahrnehmung und kognitive Prozesse

Die Möglichkeiten für einen eigentätigen Umgang mit den vielfältigen Gegenständen im Nahbereich sind allerdings rückläufig. Seit den 60-er Jahren zeigt sich – trotz Gegenbewegungen – eine zunehmende Spezialisierung und Funktionalisierung der Außenräume (vgl. bereits Herlyn 1981 sowie Zeiher/Zeiher 1996). Verkehr, Wohnen, Arbeiten, Einkaufen, Freizeit, Kommunikation werden in jeweils spezielle Funktionsbereiche kanalisiert. Kinder werden dementsprechend vielfach aus den Lebensbereichen der Erwachsenen in Spezialräume verdrängt, in denen sie auch vor den Gefahren der Straße geschützt werden: Spielplätze, Kindertageseinrichtungen, Sportanlagen, aber auch die privaten Kinderzimmer (vgl. u.a. Bertels 1991. S. 29 ff). Es kommt zu einer „Lenkung des Kinderlebens in umbaute und umzäunte Räume" (Zinnecker), zu einer Ablösung personaler Kontrolle durch „strukturelle Kontrolle" mittels Regeln und institutionellen Erwartungen, zugleich zu einer „Verhäuslichung" (vgl. Krappmann 1996, S. 105 ff.; Bacher u.a. 1994, S. 184 ff.). Beide Tendenzen erschweren es den Kindern, eigentätig in selbst gewählten Räumen mit selbst gewählten Partnern und selbst gewählten Gegenständen umzugehen, um unmittelbare Erfahrungen zu sammeln.

„mediale Angebotskultur"

Der Verlust an unmittelbaren sinnlich-gegenständlichen Erfahrungen wird kompensiert durch mediatisierte Informationen, die Kinder u.a. im isolierten Privatbereich ihrer Kinderzimmer mittels elektronischer Medien vielfältig verfügbar haben. An die Stelle aktiven, experimentellen Erschließens von Wirklichkeit tritt die Auswahlentscheidung bei der Nutzung einer breiten medialen „Angebotskultur". Dabei treten zwei tiefe Brüche auf:

1. die hohe Beteilung aller Sinne, des Bewegungsapparates, des ganzen Körpers beim eigentätigen Erschließen der Umwelt wird ersetzt

durch weitgehende Still-Legung der Motorik und ausschließliche Inanspruchnahme des Seh- und Gehörsinns
2. die mediatisierten Informationen sind isoliert und vom zeitlichen,
räumlichen, persönlichen und sozialen Lebenszusammenhang des
Rezipienten abgelöst (vgl. Möller 1989; Gunz/Ortmair 1994;
Glogauer 1998).

4. „Verinselung" des kindlichen Lebensraums:

Das Zusammenspiel von Stadtentwicklung, sozialen Veränderungen,
Siegeszug der elektronischen Medien hat zu einer immer stärkeren Ausdifferenzierung isolierter Lebensorte mit eigener räumlicher und zeitlicher Platzierung sowie eigener sozialer und normativer Orientierung
geführt: Das Zuhause, die Schule, der Hort, der Nachhilfeunterricht,
der Sportverein, das kommerzielle Freizeitangebot, das Übernachten
bei der Freundin, das Wochenende bei den Großeltern, der Ferienauf-
enthalt sind alles räumlich und zeitlich getrennte „Inseln" mit eigenen
Bezugspersonen und Regeln im Leben der Kinder (vgl. Zeiher/Zeiher
1994). Die „Inseln" werden mit PKW, ÖPNV und Telefon locker verknüpft. Sie sind je nach sozialer Positionierung und kultureller Orientierung des Familienumfeldes unterschiedlich zusammengesetzt. Das jeweils persönlich zusammengesetzte Mosaik von Lebensorten enthält
vor allem vorgegebene, aber auch frei wählbare Elemente. Zusammen-
gehalten wird dieses Mosaik durch Zeitplanung und Zeitkontrolle, die
Kinder heute viel eher zu beherrschen lernen als noch vor wenigen
Jahrzehnten. Sie agieren in einem dichten Netzwerk „sozialer Zeiten",
in dem Termine, Zeitdauer und Fristen vom gesellschaftlichen Einrichten (Schule, Musikschule, Sportverein etc.) und der familialen Bezugspersonen (z.B. Arbeitszeiten der Eltern) bestimmt sind.

Ausdifferenzierung isolierter Lebensräume

5. Verschiedenheit der „Kindheitsmuster":

Die beschriebenen Tendenzen treffen auf Kinder in jeweils persönlich
unterschiedlichem Maße zu. In Großstädten sind diese Entwicklungslinien ausgeprägter feststellbar. Aber auch hier leben Kinder in familialen Patchwork-Strukturen und Kinder in traditionellen Kleinfamilien
nebeneinander, wobei die soziale Orientierung der Stadtteile oftmals
auch die verschiedenen Familienkonstellationen voneinander trennt.
Kinderleben unterscheidet sich durch
- die materiellen Voraussetzungen der Familie (vgl. Wintersberger
1998; Bacher 1994; Büchner 1994; Klocke 1996)
- die Stabilität der Familienkonstellation
- die Erziehungsziele und den Erziehungsstil
- die kulturelle Orientierung der Familie
- die Lebensumwelt der Kinder.

Die wesentlichen Konsequenzen veränderter Kindheit für Entwicklung
und (schulisches) Lernen der Kinder in der zweiten Hälfte des 20. Jahrhunderts lassen sich folgendermaßen zusammenfassen:

wesentliche Konsequen-zen veränderter Kindheit

1. Geburtenrückgang und Strukturveränderungen der bebauten Umwelt führen dazu, dass soziale Kontakte und Interaktion zwischen

Kindern außerhalb der Schule häufig weniger dicht und regelmäßig sind als in früheren Jahrzehnten.

2. Die zunehmende Verschiedenheit, personelle Reduktion und häufigere Veränderungen in familialen Konstellationen führen dazu, dass Kinder ganz unterschiedliche Grade sozialemotionaler Intensität und Stabilität sowie unterschiedliche Formen sozialer Beziehungen zu Erwachsenen erfahren.

3. Die im gesellschaftlichen Gesamtzusammenhang der zunehmenden Pluralisierung und Individualisierung sich ebenfalls verändernden Erziehungsziele und -stile fördern eine eher partnerschaftliche Beziehungsstruktur zwischen Kindern und Erwachsenen; in ihr tritt vielfach das Aushandeln an die Stelle von formulierten Anforderungen und deren Ausführung.

4. Die veränderte Lebensumwelt macht es Kindern immer schwerer, durch Bewegung und Erkundung im Nahbereich unmittelbare sinnlich-gegenständliche Erfahrungen zu sammeln; im Zuge der Tendenz zur „Verhäuslichung" werden Erfahrungen zunehmend in mediatisierter Form vermittelt; damit prägen sich im Kinderleben immer mehr Bewegungsarmut und die Ablösung medial vermittelter Informationen vom Lebenszusammenhang aus.

5. Die durch Motorisierung und Telekommunikation ermöglichte Nutzung verschiedenster privater und öffentlicher Lebensorte lässt den einstmals zusammenhängenden Lebensraum der Kinder in einen lockeren Verbund „verinselter" Lebensorte zerfallen, die über jeweils eigene Bezugspersonen, Regeln und raum-zeitliche Platzierung im Lebensalltag der Kinder verfügen; Kinder erfahren immer seltener Handlungs- und Erlebniszusammenhänge, lernen aber, eigene Zeitpläne mit denen der Institutionen und Eltern zu verknüpfen.

6. Soziale Position und kulturelle Orientierung des Familienzusammenhangs, außerdem die Spezifik der bebauten Lebensumwelt führen zu einer großen Bandbreite biographisch geprägter Kindheitsmuster und zu einer entsprechenden Heterogenität in der Zusammensetzung schulischer Lerngruppen.

Der Grundschule bleibt keine Alternative, als auf diese Veränderungen im Kinderalltag einzugehen, um ihren ganzheitlichen Erziehungs- und Bildungsauftrag bei der Förderung von Persönlichkeit und sozialen Kompetenzen sowie bei der Weiterentwicklung von Kenntnissen, Fähigkeiten und Fertigkeiten zu erfüllen. Dabei geht es

– zum einen um ansatzweise kompensatorisches Gegensteuern, um etwas von den gesellschaftlich bedingten Verlusten an sozialen, sinnlich-gegenständlichen Bewegungs- und Ganzheitlichkeitserfahrungen auszugleichen,

– zum anderen darum, Unterricht effektiv zu machen, indem Lernsituationen geschaffen werden, in denen die gewandelten Wissens-, Verhaltens- und Erwartungsvoraussetzungen der Kinder ernst genommen werden.

Bedeutung der veränderten Kindheit für die Unterrichtspraxis

Im Einzelnen kann das Ernstnehmen veränderter Kindheit in der täglichen Unterrichtspraxis bedeuten,

- die bei wachsender Heterogenität der Lerngruppen sehr unterschiedlichen Lernvoraussetzungen und -bedürfnisse durch innere Differenzierung und Individualisierung im Unterricht zu berücksichtigen
- Gemeinschaftserfahrungen der Kinder durch die Förderung der Zusammenarbeit im Unterricht in selbst gewählten Gruppierungen sowie durch Kreisgespräche, gemeinsame Mahlzeiten, Spiele, Bewegungs- und Entspannungsübungen zu stärken
- Bewegungserfahrung zu fördern durch werkstattähnliche Arbeitssituationen, in denen Stillsitzen kontraproduktiv ist, sowie durch selbst gewählte Anspannungs- und Entspannungsphasen, durch Wahl und (wechselndes) Arrangement des Mobiliars, durch Integration vielfältiger Bewegungselemente in den Schulalltag
- sinnlich-gegenständliche Erfahrungen zu fördern durch die Kopplung von Lernvorgängen an gegenständliche Handlungen (wie beim „Sinnesmaterial" der Montessori-Pädagogik), durch projektförmige Unterrichtsformen, in denen Produkte mit gegenständlichem Charakter entstehen, durch die Integration von Forscherecken mit Untersuchungs- und Experimentiergeräten in den Klassenraum, durch die Integration von Spielhandlungen in den Unterricht, durch Erkundungen an außerschulischen Lernorten
- die modernen audiovisuellen Medien in den Unterricht einzubeziehen, sie dadurch zu nutzen, sie aber auch zu entzaubern: Informationen der Massenmedien aufgreifen, gelegentlich auch kritisch hinterfragen, selber Medien herstellen
- Ganzheitlichkeitserfahrungen zu ermöglichen durch Projekte, die auf Alltagsprobleme (z.B. Umwelt, Verkehr) bezogen sind und vielfältige Informationen und unterschiedliche Tätigkeiten vernetzen, durch längerfristige Handlungsketten, in denen Beobachtung und Reflexion, Produktion und Konsumtion (z.B. am Thema „vom Korn zum Brot") verknüpft werden, durch Erkunden des Nahbereichs, um räumliche Zuordnungen zu erfahren, durch fächerübergreifendes Arbeiten, durch Einbeziehung ästhetischer Momente in den Unterricht der verschiedenen Fächer und Lernbereiche, z.B. beim Erstellen von Lerndokumenten.

Dies alles sind wesentliche Momente offenen Unterrichts.

4.5 Formen Offenen Unterrichts

1. Der Projektunterricht

Der Projektunterricht gilt als älteste Form Offenen Unterrichts. Er kann verstanden werden „ [...] als besondere Unterrichtsform, in der sich Lehrer und Schüler einem gemeinsam formulierten Thema/Problem zuwenden, zu dessen Bearbeitung einen Plan entwickeln, sich arbeitsteilig mit der Lösung beschäftigen und die Lösungsversuche anderen vermitteln bzw. in einem gemeinsamen Projekt präsentieren" (Bastian 1993, S. 8).

Selbsttätigkeit und
Erziehung zum
demokratischen Handeln

Vorläufer des Projektunterrichts sind die progetti oder projets, die Entwürfe, die von den Studenten der Kunst- und Architekturakademien Italiens und Frankreichs im 17. und 18. Jahrhundert vorgelegt werden mussten (vgl. Knoll 1995). Schon damals wurde das Lernen an Projekten als Methode verstanden, mit der die Kluft zwischen Ausbildung und Beruf, Theorie und Praxis überbrückt werden konnte. Diese Methode verbreitete sich in der zweiten Hälfte des 19. Jahrhunderts vor allem in der amerikanischen Berufsausbildung; sie erreichte um 1900 in den USA auch den Werkunterricht im allgemeinbildenden Unterricht mit jüngeren Schulkindern. Bald wurde die Projektmethode zum Inbegriff der „progressive education", der amerikanischen Version der Reformpädagogik, für die Selbsttätigkeit und Erziehung zum demokratischen Handeln von zentraler Bedeutung waren.

An dieser Stelle knüpfte der amerikanische Pragmatismus mit seinem Hauptvertreter, dem Philosophen und Pädagogen John Dewey (1859–1952) und dessen Schüler William H. Kilpatrick (1871–1965) an. Dewey begründete und entwickelte erstmals unter politischen, philosophischen, lernpsychologischen und pädagogischen Aspekten ein umfassendes Konzept dessen, was wir heute unter Projektunterricht verstehen.

Erziehung entsteht durch
die aktive Auseinander-
setzung mit der Umwelt

Die Basis seiner erfahrungsbezogenen Erziehungsphilosophie war die Überzeugung, dass Erziehung durch die aktive Auseinandersetzung des Menschen mit seiner Umwelt entsteht. Lehrer und Schüler lernen und handeln nach Deweys Vorstellung gemeinsam und sind aktiv am Lernprozess beteiligt. Sie rekonstruieren und organisieren innerhalb ihrer durch die jeweiligen Fähigkeiten gesetzten Grenzen Erfahrungen neu und erleben so individuelle Weiterentwicklung. Dabei spielen Planung und Organisation des Lernprozesses eine große Rolle.

Dewey ist der Ansicht, dass die „denkende Erfahrung" der Weg des Menschen sei, sich selbst und die Welt zu verändern und sich erkennend mit ihr auseinander zu setzen. Er sah Erkennen und Tun als untrennbar voneinander an (vgl. Speth 1997, S. 22 f.).

Kilpatrick vertrat ähnliche Ansichten, doch sein Projektbegriff war weiter gefasst. Für ihn war ein Projekt planvolles Handeln aus ganzem Herzen, das in einer sozialen Umgebung ohne jeglichen Zwang stattfindet (vgl. Oelkers 1997, S. 22). Ein Projekt war für ihn ein Unternehmen des Kindes, während Dewey es als gemeinsames Unternehmen von Lehrern und Schülern ansah.

Grundstruktur eines
Projekts:
Beabsichtigen
Planen
Ausführen
Beurteilen

Einig waren sich Dewey und Kilpatrick darin, dass ein Projekt vier immer wiederkehrende Grundstrukturen umfasst: Beabsichtigen, Planen, Ausführen und Beurteilen.

Auch in der deutschen Reformpädagogik des ersten Jahrhundertdrittels lassen sich wichtige Vorläufer des Projektunterrichts finden. Hervorzuheben sind vor allen Dingen die Vertreter der Arbeitsschulbewegung wie Berthold Otto, Hugo Gaudig, Georg Kerschensteiner, Fritz Karsen, Otto Haase, Peter Petersen und Adolf Reichwein.

In den 70-er Jahren erlebte der Projektbegriff eine Renaissance, ja eine fast inflationäre Verbreitung. Die Unterrichtspraxis wurde davon aber nur begrenzt beeinflusst. Mit dieser Theorie-Praxis-Diskrepanz, aber auch mit terminologischen Problemen, wie der Abgrenzung der Begriffe Projektmethode, Projektunterricht, projektorientierter oder projektartiger Unterricht, setzen sich seit den 80-er Jahren Karl Frey, Herbert Gudjons und Dagmar Hänsel auseinander. Deren Überlegungen werden im Folgenden skizziert:

Für **Frey** ist das Projekt die ideale Methode des Lernens und Lehrens. Er stellt die Methode, nicht die Inhalte in den Vordergrund. Ein idealtypisches pädagogisches Projekt umfasst als Weg der Bildung nach Frey nachstehende sieben Komponenten. Enthält ein institutioneller Lernprozess nicht alle sieben Komponenten, so spricht Frey von projektartigem Lernen (vgl. Frey 1998, S. 75 ff.).

sieben Komponenten für ein idealtypisches Projekt

1. *Die Projektinitiative*

Bei der Projektinitiative werden zunächst von dem Lehrer, den Schülern oder Außenstehenden Vorschläge und Ideen zur Durchführung eines Projektes unterbreitet, so dass eine offene Ausgangsposition entsteht.

Projektinitiative

2. *Auseinandersetzung mit der Projektinitiative in einem vorher vereinbarten Rahmen (Ergebnis: Projektskizze)*

Nach der Absteckung eines Rahmens für die Beschäftigung mit der Projektinitiative (mit strengen Spiel- und Verhaltensregeln) wird mit allen Teilnehmern über die Realisierungsmöglichkeiten des Projekts diskutiert. Haben sich alle über ein Thema verständigt, wird dieses schriftlich und für alle gut einsehbar im Klassenraum veröffentlicht. Eine solche Veröffentlichung wird auch als Projektskizze bezeichnet.

Projektskizze

3. *Gemeinsame Entwicklung des Betätigungsgebietes (Ergebnis: Projektplan)*

In dieser Phase wird die Projektskizze dahingehend konkretisiert, dass gemeinsam vereinbart wird, wer, wie, was, wo, wann und warum tut. Hierbei ist auf persönliche Wünsche, Kritik und Bedürfnisse zu achten. Jeder Teilnehmer soll möglichst eine ‚bildende‘ Aufgabe zugeteilt bekommen. Die Teilnehmer verwandeln die Initiative also zu ihrer eigenen Initiative, so dass Tun „zielgerichtetes Tun von ganzem Herzen" (Kilpatrick) wird. Der so erstellte Plan dient nun als Leitfaden für das weitere Projekt, kann aber stets noch verändert oder modifiziert werden.

Projektplan

4. *(Verstärkte) Aktivitäten im Betätigungsgebiet/Projektdurchführung*

Diese Phase lässt sich als Kernstück des gesamten Projekts beschreiben: Die Teilnehmer führen in Einzel-, Partner- oder Gruppenarbeit ihre Aufgaben aus.

Projektdurchführung

5. *Abschluss des Projekts*

Nach Frey kann ein Projekt auf drei Arten beendet werden.
Beim bewussten Abschluss steht ein vorzeigbares Produkt am Ende der Arbeitsphasen. Findet hingegen eine Rückkoppelung statt, so vergleichen die Projektteilnehmer ihren ‚Endstand‘ mit den Anfängen. Es wird über Lernzuwachs, Projektverlauf und Verbesserungsvorschläge diskutiert. Läuft ein Projekt aus, so gehen alle Erkenntnisse, Produkte und Verfahren direkt bereichernd in den Alltag über.

Projektabschluss

6. *Fixpunkte*

Fixpunkte

Vor allen Dingen innerhalb längerer Projekte bietet es sich an, sogenannte Fixpunkte als „organisatorische Schaltquellen" (vgl. Frey/Wol-
ter 1995, S. 20) einzuschieben. Sie dienen als Mittel gegen „blinde Be-
triebsamkeit". Man kann sich über den gegenwärtigen Arbeitsstand
vergewissern, Fragen klären, Ergebnisse austauschen und Arbeitsweisen und Arbeitstempo diskutieren.

7. *Metainteraktion*

Metainteraktion

Hierbei wird ebenfalls eine Pause eingelegt. Doch diese Phase der „ab-
gehobenen Auseinandersetzung" trägt vorrangig dazu bei, dass „aus
Tun bildendes Tun" wird; Schwerpunkt der Gespräche sind Gruppen-
prozesse und soziale Aspekte.

Anders als *Frey* spricht *Gudjons* nicht von einer Projektmethode, sondern er verwendet den Begriff des Projektunterrichts. Der Projektunterricht steht für das Ideal einer veränderten Schule und für das Ideal
eines pädagogisch wünschbaren Unterrichts. Gudjons hat im Sinne
einer „einkreisenden Umschreibung" einen zehn Punkte umfassenden
Merkmalkatalog des Projektunterrichts erstellt (vgl. Gudjons 1994,
S. 14 ff.):

Merkkatalog des
Projektunterrichts

1. Situationsbezug und Lebensweltorientierung
2. Orientierung an den Interessen der Beteiligten
3. Selbstorganisation und Selbstverantwortung
4. Gesellschaftliche Praxisrelevanz
5. Zielgerichtete Projektplanung
6. Produktorientierung
7. Einbeziehen vieler Sinne
8. Soziales Lernen
9. Interdisziplinarität
10. Grenzen

Diesen qualitativen Kriterien ordnet er vier prozessorientierte Kategorien zu, in denen, den Komponenten Freys vergleichbar, eine Verlaufsstruktur des Projektunterrichts skizziert wird:

Verlaufsstruktur des
Projektunterrichts

1. Projektschritt: eine für den Erwerb von Erfahrungen geeignete pro-
blemhaltige Sachlage auswählen
2. Projektschritt: gemeinsam einen Plan zur Problemlösung entwickeln
3. Projektschritt: sich mit dem Problem handlungsorientiert auseinandersetzen
4. Projektschritt: die erarbeitete Problemlösung an der Wirklichkeit
überprüfen.

Für Gudjons sind die Dimensionen Schüler-, Handlungs- und Produktorientierung von zentraler Bedeutung für die Charakterisierung des
Projektunterrichts. Bei ihrer unterrichtspraktischen Umsetzung ergeben
sich fast immer Prozesse sozialen Lernens: Innerhalb der Gruppe entwickeln die Kinder ihre Fähigkeiten weiter zu kommunizieren, (gemeinsame) Ziele zu finden, Pläne zu entwerfen, diese umzusetzen und ihre Ergebnisse zu beurteilen. Demokratisches Handeln wird kontinuierlich
erprobt.

Allerdings ist nach Gudjons der Projektunterricht nicht für alle schulischen Lernprozesse geeignet. Er bildet vielmehr eine notwendige Komplementärform zum lehrgangsorientierten Unterricht.

Hänsel rückt von einer Charakterisierung des Projektunterrichts mittels umkreisender Merkmale oder einer Aufzählung von Planungsschritten ab (vgl. Hänsel 1997). Sie möchte Projektunterricht qualitativ, d.h. inhaltlich und methodisch bestimmen. Inhaltlich ist es für sie von zentraler Bedeutung, dass im Projektunterricht „[...] Lehrer und Schüler ein echtes Problem in gemeinsamer Anstrengung und in handelnder Auseinandersetzung mit der Wirklichkeit zu lösen suchen [...]" (ebda., S. 75). Methodisch kennzeichnet Hänsel Projektunterricht „[...] als pädagogisches Experiment, das von Lehrern und Schülern in Form von Unterricht unternommen wird und das zugleich die Grenzen von Unterricht überschreitet, indem es Schule und Gesellschaft durch praktisches und pädagogisches Handeln erziehlich zu gestalten sucht" (ebda., S. 76). Projektunterricht ist ein Grenzfall: Er ist Unterricht, unterscheidet sich aber von gewohnten Unterrichtsstrukturen. In ihm entwickeln Lehrer und Schüler ihre Rollen und Beziehungsformen weiter, ohne dass die besondere Verantwortung des Lehrers aufgegeben wird. Im Projektunterricht verändert sich auch das Verhältnis von Schule und außerschulischer Lebenswelt, ohne dass die Schule ihre spezifische gesellschaftliche Funktion verliert. Unterricht, der diese Grenzfallkonstellation nicht impliziert, sich aber an den Prinzipien der Projektmethode orientiert, kann nach Hänsel als *projektorientierter Unterricht* bezeichnet werden (vgl. ebda., S. 73).

Lehrer und Schüler suchen ein echtes Problem in gemeinsamer Anstrengung zu lösen

Die *besonderen Chancen des Projektunterrichts* sind oft beschrieben worden (vgl. u.a. Knauf u.a. 1980, S. 178 ff.; Eyerer 2000, S. 62 ff.). Sie liegen u.a. darin, dass Kinder – in der Regel gemeinsam –

besondere Chancen des Projektunterrichts

- sich mit exemplarischen Teilaspekten ihrer Lebenswelt systematisch auseinandersetzen
- dabei gemeinsame Ziele für die Veränderung, Gestaltung oder Problemlösung suchen und konkretisieren
- Entscheidungsmut entwickeln
- sich vielfältiger Methoden bedienen (z.B. Beobachten, Befragen, Untersuchen, Experimentieren, Ordnen, Vergleichen, Literatur auswerten)
- Reflektieren mit praktischem Handeln verbinden
- dabei Wissbegierde, Lern- und Handlungsmotivation stabilisieren
- Einzel-, Kleingruppen- und Klassenaktivitäten funktional verknüpfen
- dabei verschiedene Kommunikations- und Informationstechniken einsetzen und verfeinern
- sich ihrer individuellen Interessen, Stärken und Schwächen bewusst werden
- Zielstrebigkeit, Planungshandeln und Formen des Krisenmanagements erproben
- Sachwissen in ausgewählten Teilbereichen intensivieren und seine lebenspraktische Bedeutung einschätzen lernen
- eigenes Können an Ergebnissen überprüfen lernen
- Autorenstolz bei der Fertigstellung und (öffentlichen) Präsentation von Produkten entwickeln (vgl. ebda. sowie Hameyer 1995).

Neben Sachkompetenzen werden damit Methoden-, Sozial- und Selbstkompetenz und die Schlüsselqualifikationen Kooperations- und Kommunikationsfähigkeit, Kreativität und Verantwortungsbewusstsein im Projektunterricht herausgefordert.

verschiedene Typen des Projektunterrichts

Karl Frey und Hans-Dieter Bunk haben sich mit den verschiedenen *Typen des Projektunterrichts* beschäftigt. Frey differenziert nach der Dauer der Projekte und unterscheidet zwischen *Klein-, Mittel- und Großprojekten*. Für Kleinprojekte setzt er zwei bis sechs Stunden an; sie können auch als *spontane Projekte* entstehen, die innerhalb eines Tages abgeschlossen sind. Mittelprojekte umfassen mindestens einen ganzen Tag, z.B. bei der Veranstaltung eines *Projekttages*. Großprojekte dauern zwischen einer Woche und einem ganzen Jahr! Zu ihnen können auch die sogenannten *Projektwochen* gezählt werden, die an manchen Schulen für alle Kinder den traditionellen Unterrichtsalltag durchbrechen (vgl. Landesinstitut für Schule und Weiterbildung Soest 1990; Duncker/Götz 1985).

Bei den Projekttagen und -wochen handelt es sich in der Regel um Schulprojekte, die sich von *klassenübergreifenden* und *Klassenprojekten* unterscheiden lassen (vgl. Bunk 1990, S. 18 ff.). Außerdem können sich *Kleingruppenprojekte* entwickeln, etwa im Wahlbereich des Wochenplanunterrichts oder im Zusammenhang mit dem Werkstattunterricht, wo einzelne Kinder selbständig über mehrere Tage (Wochen) ein überschaubares Thema bearbeiten und die (produktförmigen) Ergebnisse der Klasse vorstellen. Vorbilder für Kleingruppenprojekte lassen sich u.a. in der an Kindertageseinrichtungen vielfach praktizierten Reggio-Pädagogik finden (vgl. Knauf 1998).

Erkundungs-, Veränderungs- und Unterhaltungsprojekte

Eine praxisnahe Differenzierung von Projekttypen nach Ziel- und Inhaltsaspekten hat Bunk gefunden, indem er zwischen *Erkundungs-, Veränderungs- und Unterhaltungsprojekten* unterscheidet (vgl. Bunk 1990, S. 18 ff.).

Die *Rahmenbedingungen* des Projektunterrichts werden in der Schulpraxis oft als unzureichend eingeschätzt. In der Tat sind Projekte oft nur mit Unterstützung des Kollegiums und z.T. auch der Eltern realisierbar; denn sie verlangen

- eine möglichst weitgehende *raum-zeitliche Offenheit* bzw. Flexibilität
- eine Lehrerrolle, die Balancen entwickelt und hält zwischen Loslassen und Verantwortungsübernahme, zwischen Vertrauen und (Krisen-)Management
- eine entwickelte *Fähigkeit der Kinder zu Selbstregulation, Planungsdenken und Anwendung von Dokumentationstechniken.*

„Hintergrundlehrerin"

Eine einheitliche Vorstellung von einer angemessenen Interpretation der Lehrerrolle im Projektunterricht gibt es nicht. Während Hänsel die besondere Reflexions- und Planungsverantwortung der Lehrerin betont (vgl. Hänsel 1997, S. 84 f.), geht Frey eher von einer zurückhaltend-kooperativen Lehrerrolle aus, für die er den Begriff der *„Hintergrundlehrerin"* prägte (vgl. Frey 1998, S. 241). Bastian sprach in Hinblick auf den Projektunterricht schon 1984 von dem „[ ] komplizierten Verhältnis von Freiheit und Abhängigkeit, von Gemeinsamkeit und Unterschiedlichkeit, von selbständig sein sollen und nicht selbständig sein können" (Bastian 1984, S. 294).

Auch im Hinblick auf die Fähigkeitsvoraussetzungen der Kinder gibt es ein Spannungsverhältnis: Einerseits soll der Projektunterricht gerade Chancen bieten, neue Kompetenzen zu erwerben und andere zu vertiefen, andererseits verlangt das Umsetzen und Durchstehen zunächst oft abstrakter oder ferner Handlungsziele eine Reihe von sozialen Strategien und Arbeitstechniken. Besonders wichtig sind Visualisierungs- oder Dokumentationstechniken, die Klarheit und Struktur in die Fülle von Ideen und in die oft verschlungenen Handlungsverläufe bringen können. Visualisierungsverfahren, die Prozesse, Vernetzungen und Bedeutungshierarchien zum Ausdruck bringen können, sind hierfür geeignet, insbesondere Mindmap-Methoden (vgl. u. Buzan/North 1997). Vorformen hierzu, den sog. „Themenstern", hat Werner G. Mayer schon 1978 für den Projektunterricht entwickelt (Mayer 1978, S. 34 u. 83 ff.; vgl. auch Hamayer 1995, S. 10).

Visualisierung und Dokumentation

2. Freie Arbeit

Der Terminus Freie Arbeit wird heute weitgehend synonym mit den Begriffen Freiarbeit, freies Lernen, freie Aktivität verwendet. Auch die *Definitionen Freier Arbeit* zeigen eher geringe Unterschiede. Werner G. Mayer charakterisiert Freie Arbeit folgendermaßen: „Sie ist eine Hochform differenzierender und individualisierender Arbeitsverfahren" (Mayer 1992, S. 23). „Sie dient unterrichtlich zur Arbeitsmotivation, Differenzierung und Individualisierung, zur Entfaltung der Begabungen und zum Ausgleich von Defiziten. Sie dient erzieherisch zur Förderung der Selbständigkeit, zur Kooperationsfähigkeit und zum verantwortlichen Gebrauch der Freiheit" (ebda., S. 67). Stärker unterrichtsorganisatorische Aspekte spricht Dietlinde Heckt im Vorwort zum Buch von Claus Claussen u. a. zur Wochenplan- und Freiarbeit an: „Von Freiarbeit wird üblicherweise dann gesprochen, wenn die Kinder [...] frei über die Inhalte und die Art ihrer Aktivitäten, über ihr Lerntempo und die von ihnen gewünschte Sozialform, über Materialien und Arbeitsplätze in der dafür ausgewiesenen Zeit entscheiden können" (Heckt in Claussen u. a. 1993, S. 5). Diesen Definitionen lassen sich andere etwa von Wulf Wallrabenstein (1994, S. 95), Eiko Jürgens (1996, S. 107), Richard Meier (1994, S. 46), Gunter Reiß (1994, S. 163), Helga Müller-Bardorf (1992, S. 25), Annette Kayser und Lieselotte Schäkel (1994, S. 8) an die Seite stellen. Erwähnung verdient schließlich die Begriffserklärung Joachim Schnabels, die sich an der Spannung zwischen den beiden Wortbestandteilen *„Frei"* und *„Arbeit"* festmacht: „Frei" verweist auf die verschiedenen Entscheidungsfreiheiten, die dem Kind während der Freien Arbeit gegeben werden. Diese Freiheiten werden begrenzt durch den „Arbeits"-Charakter der Freien Arbeit, der Anstrengung, Zielorientierung und auch Kontrollen impliziert (vgl. Schnabel 1996, S. 8 f.).

Diese Begriffserklärung verweist auf die historischen Wurzeln des Konzepts der Freien Arbeit, die wie beim Projektunterricht in der Reform-

Freie Arbeit = Freiarbeit, freies Lernen, freie Aktivität

Wurzeln der Freien
Arbeit liegen in der
Reformpädagogik

pädagogik liegen (vgl. Traub 2000, S. 73 ff.). Die beiden Begriffsbestandteile waren für die Vertreter der Reformpädagogischen Bewegung in hohem Maße positiv besetzt. Freiheit assoziierte sowohl die Überwindung der alten „Buch- und Lernschule" (Georg Kerschensteiner) als auch die Freisetzung der "kindlichen Schöpferkraft" und seine Befreiung von „Zwang und Schematismus" (Ellen Key).

Arbeit bedeutete Tat, Tatkraft, Energie, Produktivität. Die Arbeitsschulbewegung, zu deren deutschen Vertretern Kerschensteiner und *Hugo Gaudig* (1860–1923) gehörten, wollte eine „Arbeitsschule" schaffen, in der die „Aktivität des Kindes berücksichtigt wird und Selbstständigkeit und Unternehmungslust gefördert werden" (Scheibe 1972, S. 190). Für Gaudig sollte sich die Schule an den Qualifikations-Zielen orientieren: „Aktivität, Selbständigkeit, und die Fähigkeit, konsequent Arbeiten durchzuführen" (ebda.). Hierzu sollte die *„Freie geistige Schularbeit"* in einem ganz auf Selbsttätigkeit aufbauenden Unterricht beitragen.

„Freie geistige
Schularbeit"

Peter Petersen (1884–1952) stand der Arbeitsschulbewegung nahe. Hauptelemente von Unterricht und Schulleben sollten Arbeit, Spiel, Gespräch und Feier sein, die Petersen zu den „Urformen des Lernens und Sich-Bildens" zählt (Petersen 1980, S. 56 ff.). In den „Wochenarbeitsplänen", die nach Petersens Jena-Plan die Schulzeit strukturieren sollten, waren u. a. Fachunterricht, Kurse, Gruppen und *Phasen Freier Arbeit* enthalten.

Célestin Freinet (1896–1966) stand in Verbindung mit Petersen und integrierte selektiv Elemente der Jenaplan-Pädagogik in sein pädagogisches Konzept, das vor allem auf die Stärkung der Lernmöglichkeiten der Kinder aus den unteren Bevölkerungsschichten gerichtet war. Nach Freinets Überzeugung muss eine „Schule des Volkes" einen greifbaren, zugleich kritischen Bezug zur Wirklichkeit und zum Leben der Kinder haben (vgl. Baillet 1989, S. 17). Die Kinder sollen in *freiem Arbeiten* sich selbst und ihre Umwelt entdecken und verstehen. Freies und selbsttätiges Arbeiten sowie Lernen mit „natürlichen Methoden" sollen die Kinder zu Selbstständigkeit, Kooperation und Verantwortungsbereitschaft führen. Mit dem Recht auf freie Persönlichkeitsentwicklung verband Freinet auch die Möglichkeit, sich frei ausdrücken und kommunizieren zu können. Deswegen legte er besonderen Wert auf die Förderung des *freien Ausdrucks*, indem er in seinem Konzept Kindern die Gelegenheit zur Nutzung vielfältiger, freier Gestaltungstechniken bot, wie Schreiben, Drucken, freies Malen, plastisches Gestalten, freier Tanz, freies Musizieren, körperlicher Ausdruck (vgl. Vasquez/Oury 1976, S. 17 ff.). Herausgefordert werden sollte damit Phantasie, Kreativität, Experimentierfreude und Forschergeist.

sich selbst und seine
Umwelt entdecken und
verstehen

Die Freie Arbeit wird zu Recht am meisten mit den Ideen und Praxisstrukturen der Montessori-Pädagogik in Verbindung gebracht. In der Tat bieten Montessori-Schulen in der Regel täglich zwei bis drei Stunden Freiarbeit an. Dieser Begriff wurde von *Maria Montessori* (1870-1952) allerdings selber (noch) nicht verwendet. Ihre pädagogischen Vorstellungen gingen aber davon aus, dass das Kind frei werden sollte vom Streben der Erwachsenen, es zu „formen" (vgl. Montessori 1968,

S. 5). Sie vertrat die Ansicht, dass das Kind allein verantwortlich sei für seine Entwicklung, die sich in „sensiblen Phasen" vollziehe. Für das Kind kann Lernen eine stimulierende und zugleich höchst befriedigende Handlung sein. Sie vollzieht sich in der „Polarisation der Aufmerksamkeit", einer „[...] totalen Konzentration des Kindes auf einen selbstgewählten Gegenstand, die erst dann nachlässt, wenn die selbstgewählte Aufgabe gelöst ist" (Fisgus/Kraft 1996, S. 10).

„Polarisation der Aufmerksamkeit"

Voraussetzung für diese Konzentration ist die „vorbereitete Umgebung". Deren Bestandteile sind die Lehrerin selber (vgl. Montessori 1973, S. 250) und die von ihr nach Beobachtung der Kinder ausgewählten und erklärten Materialien, die sinnlichen Aufforderungscharakter und Möglichkeiten der Selbstkontrolle enthalten. Die Kinder haben die *„freie Wahl"*, mit welchem Arbeitsmittel sie sich zu welchem Zeitpunkt und für welche Zeitdauer beschäftigen. Sie bestimmen die Anzahl der Wiederholungen, ihren Arbeitsplatz und suchen sich selber eventuelle Partner.

Das von Montessori betonte *Freiheitsprinzip* hat seine Grenzen: das Spektrum der bereitgestellten Materialien ist bewusst eingeschränkt; jedes Material ist grundsätzlich nur einmal vorhanden und enthält eine genau definierte Verwendungsart.

„Freiheitsprinzip" mit gewissen Grenzen

Nach Abbruch der reformpädagogischen Phase durch die NS-Zeit in Deutschland kommt in den 60-er Jahren vor allem *Ilse Lichtenstein-Rother* das Verdienst zu, an die reformpädagogische Überlieferung wieder angeknüpft zu haben, die im „Informal Teaching" englischer Primarschulen zur damaligen Zeit schon verbreiteter aufgegriffen wurde (vgl. Lichtenstein-Rother 1969, S. 90 ff.; Wenzel 1983, S. 22 ff.).

Die heute noch bei der Freien Arbeit *zentralen Merkmale* lassen die reformpädagogischen Wurzeln dieser Unterrichtsform noch deutlich erkennen:

zentrale Merkmale der „Freien Arbeit"

- Kindorientierung
- Wahlfreiheit
- Differenzierung und Individualisierung
- Selbstverantwortliches Lernen
- Selbsttätigkeit und Selbständigkeit
- Soziales Lernen
- Ganzheitliches Lernen
- Kreativität
- Freude am Lernen.

Zur Platzierung und *Organisationsstruktur der Freien Arbeit* im Schulalltag werden verschiedene Lösungen praktiziert:

Organisationsstruktur der „Freien Arbeit"

1. *Freie Arbeit als eigenständige Unterrichtsstunden,* die im Stundenplan ausgewiesen sind und sich vom übrigen Unterricht unterscheiden
2. *Freie Arbeit als Bestandteil des Wochenplanunterrichts,* vorrangig platziert im Wahlbereich des Wochenplans
3. *Freie Arbeit als methodisch-didaktisches Prinzip* im gesamten Unterricht oder in einem bestimmten Unterrichtsfach (vgl. Sehrbrock 1993, S. 11 f.; Jürgens 1998, S. 105 f.; Morawietz 1992, S. 18).

Jürgens empfiehlt, mit dem begrenzten Einsatz Freier Arbeit zu beginnen, um eine prinzipielle Öffnung des gesamten Unterrichts anzustreben. Freie Arbeit sollte nicht Ausnahmesituation bleiben. Daher sind auch Annäherungen von Freiarbeit und konventionellem Regelunterricht anzustreben, indem z. B. Wahl- und Pflichtaufgaben auch als Bestandteil der Freien Arbeit eingesetzt würden (vgl. Jürgens 1998, S. 106 f.).

die richtige Mischung von Formen macht die Gesamtqualität des Unterrichts aus

Insgesamt lassen sich unterschiedliche Öffnungs- und Freiheitsgrade der Freien Arbeit realisieren (vgl. Gesing 1997, S. 238 ff.). Da Kinder für ihre Entwicklung sowohl Orientierung als auch Erprobungsspielräume brauchen (vgl. Lipowsky 1999, S. 50), kann ein komplementäres Verhältnis von *offenen und stärker strukturierten Situationen* oder Situationsmerkmalen auch für die Freie Arbeit als sinnvoll betrachtet werden. „Die richtige Mischung von Formen, die durch Merkmale von Offenheit gekennzeichnet sind, und Formen, die als eher geschlossen angesehen werden müssen, macht die Gesamtqualität des Unterrichts aus" (Kasper 1989, S. 18). Dabei wird es vor allem darauf ankommen, manchen Kindern mehr orientierende Vorgaben, anderen mehr Spielräume zu geben.

Phasengliederung der Freien Arbeit

Als Strukturierungselement kann u. a. eine (fließende) *Phasengliederung der Freien Arbeit* eingesetzt werden, wie sie Mayer vorschlägt (vgl. Mayer 1992, S. 27 ff.):

1. *Die Initiationsphase* findet im Gesprächskreis statt, in dem jedes Kind mitteilt, was es zu bearbeiten beabsichtigt. Hier kann es auch zur Bildung von Interessen- und Arbeitsgemeinschaften für die Zeit der Bearbeitung der ausgewählten Aufgaben kommen. Die Lehrerin hilft unentschlossenen Kindern bei der Wahl von Arbeitsmaterialien, indem sie die Kinder berät und ihnen Vorschläge unterbreitet.

2. *Die Explorationsphase* dient dazu, Informationen zu beschaffen und Material zu sammeln. Der Gesprächskreis wird aufgelöst, die Kinder strömen aus, um notwendige Arbeitsmaterialien und Informationen zu besorgen. Dies kann an den offenen Regalen mit den bereitliegenden Arbeitsmaterialien, im Schulgebäude und gegebenenfalls auch außerhalb der Schule im Rahmen der Hausaufgaben erfolgen.

3. *Die Produktionsphase* ist die Phase des selbstständigen Arbeitens an selbst gewählten Aufgaben. Dies kann in Einzel-, Partner- oder Gruppenarbeit am Arbeitsplatz der Kinder oder in entsprechenden Funktionsbereichen geschehen. Die Lehrerin ist als Beobachterin und Beraterin tätig und achtet darauf, dass die gewählten Aufgaben zu Ende geführt werden.

4. *Die Diskussions- oder Kontrollphase* führt wieder die Kinder und die Lehrerin im Gesprächskreis zusammen. Die Kinder tragen oder zeigen ihre Arbeitsergebnisse vor, legen somit Rechenschaft über ihre Tätigkeit ab. Im gemeinsamen Gespräch werden die Arbeiten begutachtet, verglichen und eingeschätzt.

5. *Die Integrations- oder Dokumentationsphase* bildet den Abschluss der Freien Arbeit. Die verwendeten Materialien werden wieder weg-

geräumt, die Arbeitsergebnisse in persönlichen Ordnern abgeheftet oder ausgestellt. Auf diese Weise werden Sammlungen vervollständigt oder das Ritual regelmäßiger Klassenausstellungen gepflegt.

Wichtig bei diesem sicher variierbaren Modell sind die Integration der Freien Arbeit in das Kontinuum einer kindorientierten Lernkultur und der Wechsel zwischen offenen, individualisierten Unterrichtsphasen und gemeinschaftlich gestalteten, kommunikativen Situationen (vgl. Lipowsky 1998, S. 52). *Von der Lehrerin werden dafür Veränderungen ihres tradierten Rollenbildes und Aufgabenspektrums erwartet*, aber auch das Aushalten und Ausgestalten ganz unterschiedlich strukturierter Situationen im Schulalltag. Manfred Bönsch hat wesentliche Elemente der veränderten Lehrerrolle schon 1978 beschrieben: „Das Wichtigste für den Lehrer ist, Ruhe und Gelassenheit gegenüber der Tatsache zu gewinnen, dass Lernen anderen Intentionen und Wegen folgt, als er es für richtig hält [...]. Das Sich-Zurück-nehmen-Können, das Abwarten, die Geduld und das Vertrauen in sich langsam entwickelnde Aktivitäten sind die wichtigsten Tugenden, die für Freie Arbeit entwickelt werden müssen" (Bönsch 1978, S. 15). Die Beteiligung der Schüler an der Unterrichtsstrukturierung bedeutet zwar eine Aufgabe bzw. Einschränkung des Planungsmonopols des Lehrers, trotzdem bleibt der Lehrer in vielen Situationen und Lern- und Handlungszusammenhängen der (Vor-)Planende. Die Mitbeteiligung der Schüler entbindet den Lehrer nicht von der notwendigen Planung des Unterrichts, „sondern verändert seine Rolle innerhalb dieses Prozesses und stellt damit einhergehend neue Erwartungen und erweiterte Anforderungen an deren Kompetenzen" (Jürgens 1994, S. 32 f.).

> Integration der Freien Arbeit in das Kontinuum einer kindorientierten Lernkultur

Während der Arbeitsphasen der Kinder gibt der Lehrer seine „traditionell direktive Haltung" (Breuer 1994, S. 24) auf und tritt in den Hintergrund. Er ist nun mehr *Beobachter* von Arbeits- und Lernprozessen und versteht sich als *Berater, Impulsgeber und Kommunikationspartner*. Er wird gefragt oder fragt selbst nach, wenn jemand nicht weiter weiß. Er hilft bei der Auswahl von Aufgaben und achtet darauf, dass die Kinder weder über- noch unterfordert werden. Er weist auf Schwierigkeiten hin und regt zur Zusammenarbeit an. Er lobt das Durchhaltevermögen der Kinder und würdigt ihre Arbeiten. Des weiteren achtet er darauf, dass die Kinder die gemeinsamen Klassenregeln einhalten und dass eine entspannte Lernatmosphäre herrscht. Die *Freie Arbeit* bietet dem Lehrer die Chance, das einzelne Kind mit seinen Interessen und Abneigungen, seinen Vorzügen und Schwächen und seine soziale Stellung innerhalb der Klasse kennen zu lernen. Erst durch eine kontinuierliche, gezielte und ganzheitliche Beobachtung kann er jedem Kind die Lernhilfe geben, die es braucht. Indem er Lernprozesse beobachtet und gescheiterte *Lernprozesse analysiert*, kann er dem Schüler individuelle Ratschläge geben, auf bestimmte Medien hinweisen oder Lerngemeinschaften zwischen den Schülern anregen (vgl. Schloms 1993, S. 57). Somit ist er in der Lage, allen Kindern gezielte Hilfe anzubieten und erhält die Möglichkeiten zur Förderung aller Kinder. Die *Freie Arbeit* bietet dem Lehrer positive Erfahrungen: Indem er die Bandbreite seiner Unterrichtsmethoden um Varianten erweitert. Wenn auch der Lehrer in

> Lehrer als Beobachter, Impulsgeber und Kommunikationspartner

> Hintergrundlehrer

der Interaktion mit den Kindern eher zum „*Hintergrundlehrer*" (Karl Frey) wird, bleibt seine Verantwortung für die Sicherung geeigneter *Rahmenbedingungen* für den Offenen Unterricht sehr komplex (vgl. Kapitel 4.6):

Er besorgt *Lernmaterialien*, wählt sie aus und präsentiert sie, sorgt für eine anregungsreiche, zugleich Orientierung und Wohlbefinden vermittelnde *Lernumgebung* (vgl. Kapitel 5.5) ebenso für eine *Zeitrhythmisierung*, die auf das elementare Bedürfnis nach einem Wechsel zwischen Anspannung und Entspannung Rücksicht nimmt. Bei der Raumgestaltung und dem Umgang mit Zeit kann im Offenen Unterricht ein hoher Grad der Schülerbeteiligung erreicht werden. Dies gilt in ganz besonderem Maße für die Erarbeitung von *Regeln und Ritualen* (vgl. Kapitel 6.3). Diese können Symbole für Zusammenhalt und Gemeinschaftlichkeit der Lerngruppe sein, während im eigentlichen Lernprozess innerhalb des Offenen Unterrichts eher die Prinzipien der Differenzierung und Individualisierung dominieren.

Ziele der Freien Arbeit

Als *Ziele* der Freien Arbeit lassen sich zusammenfassend die Förderung von *Selbstständigkeit*, von individuellen *Lernmotiven, -strategien* und *-stilen*, die Entwicklung von *Eigenverantwortung, Zielstrebigkeit* und *Durchhaltevermögen* sowie die Ausbildung von *Selbstbeurteilungsfähigkeit, Kooperationsbereitschaft* und *Teamgeist* beschreiben.

3. Wochenplanunterricht

selbsttätiges und selbstständiges Arbeiten

„Mit Wochenplanunterricht wird eine Unterrichtsform bezeichnet, die den Kindern in der Grundschule zunehmend selbsttätigeres und selbstständigeres Arbeiten ermöglichen soll [...]. Wochenplan ist ein flexibel handhabbares unterrichtsorganisatorisches Konzept. Die Wochenplanarbeit stützt sich auf (1) ein vorsorglich konzipiertes Angebot an Pflicht- und Wahlaufgaben, (2) einen Zeitrahmen, (3) eine vorbereitete Lernumgebung mit (4) zugeordneten Arbeitsmaterialien, (5) Organisationshilfen, (6) Formen von Eigen- und Fremdkontrolle, (7) Auswertungsgespräche, (8) Planungsgespräche und -verfahren, (9) soziale Regelungen" (Claussen 1993, S. 282).

Wie beim Projektunterricht und der Freien Arbeit liegen die Wurzeln des Wochenplanunterrichts in der Reformpädagogik. Die historischen Bezüge sind allerdings komplizierter und eher mittelbarer Natur. So kann die Idee, „Plan" und Planerfüllung als Organisationsgrundlage für den Unterricht mit jüngeren Kindern zu nehmen, sicher auf die Reformpädagogik zurückgeführt werden. Gerade Reformpädagogen, die der Arbeitsschulbewegung nahe standen, waren davon überzeugt, dass eine „Schule der Tat" Pläne braucht. So haben programmatisch dann auch Peter Petersen und Helen Parkhurst ihren pädagogischen Überzeugungen den Rahmen und Namen eines Plans gegeben, den sie Jena-Plan oder Dalton-Plan nannten.

„Schule der Tat"

Bei *Petersen* lassen sich noch konkretere Querbezüge finden. So führte er in sein Jena-Plan-Konzept „Wochenarbeitspläne" ein. Mit ihnen ist aber ganz im Gegensatz zu der nach innen offenen Zeitstruktur des heutigen Wochenplans eine Vorgabe fester Zeitblöcke für Arbeit, Spiel, Gespräch und Feier gemeint (vgl. Stach u.a. 1984, S. 106 f.). Erst im „Großen Jena-Plan" von 1934 sollten die Kinder bei der Planung mitentscheiden, um sich „frei und selbständig" zu bilden.

Bei Célestin *Freinet* sollte am Ende jeder Woche ein Klassenrat abgehalten werden. In ihm sollten die Aufgaben und Themen der nächsten Woche(n) beraten werden. Gemeinsam stellten die Schüler einen Klassenarbeitsplan auf, den „plan collectif". Im Rahmen dieses Plans sollte dann jedes Kind seinen persönlichen Plan entwerfen, den „plan individuel" (vgl. Klein 1996, S. 5).

Die heute geläufige Wochenplankonzeption entwickelte sich im Verlauf der 70-er Jahre, als in Hessen durch Barbara Scheel und im Rahmen des von Wolfgang Klafki geleiteten „Marburger Grundschulprojektes" offene Unterrichtsstrukturen erprobt wurden (vgl. Scheel 1978, S. 39 ff.; Huschke 1982).

"„Marburger Grundschulprojekt"

Die Grundidee ist eine Unterrichtsorganisation durch einen schriftlichen Plan, der Aufgaben mit unterschiedlichen Verbindlichkeitsgraden enthält. „Wochenplanunterricht besteht gewissermaßen in einer Zusammenfassung und Ausweitung der sonst über die Woche verstreuten Kurzphasen von Still-, Partner- und Gruppenarbeit. Die Schüler sollen lernen, einen umfangreichen Auftrag in eigener Regie zu bearbeiten. Beim einfachen Wochenplan haben die Kinder mehr Möglichkeiten als sonst, sich ihre Arbeit selbst einzuteilen, langfristig sollen Kinder angeregt und in die Lage versetzt werden, sich auch weitgehend an der Gestaltung des Unterrichts, auch der Inhalte, zu beteiligen" (Huschke/ Mangelsdorf 1990, S. 11).

Zusammenfassung und Erweiterung von Still-, Partner- und Gruppenarbeit

Zu Beginn einer Woche erhält jedes Kind der Klasse einen Plan, in der Regel ein DIN A 4-Blatt, das Aufgaben zu verschiedenen Lernbereichen enthält. Optisch wird – durch Symbole und Spalten – der Plan so aufgebaut, dass für die Kinder sofort erkennbar ist, welche Aufgaben zu welchem Fach gehören. Jedes Kind kann mit Hilfe des Plans die zu erledigenden Aufgaben und ihren Umfang überschauen. Es hat das Ziel für das Ende der Woche bereits zu Beginn der Woche vor Augen.

Für die Bearbeitung des Wochenplans wird eine feste Zeit innerhalb einer Woche angesetzt, z.B. täglich eine Stunde, drei Tage die Woche anderthalb Stunden oder ähnlich.

Bevor die Arbeit beginnt, ist eine Besprechung des Planes – zumindest in der Einführungsphase oder bei Neuheiten bezüglich des Inhaltes oder des Materials – sinnvoll.

Besprechung des Planes

Die Bearbeitung erfolgt nun selbständig durch die Kinder. Ein jedes entscheidet für sich selbst, mit welcher Aufgabe es beginnt, in welcher Reihenfolge die Aufgaben erledigt werden, in welcher Sozialform dies geschieht (Einzel-, Partner-, Gruppenarbeit, es sei denn, der Plan legt diese bereits fest), ob – und wenn ja in welcher Form – es Hilfe in Anspruch nimmt (Hilfsmittel nutzen, Lehrer oder Mitschüler fragen) und wie es sich seine Zeit einteilt.

Nach Erledigung einer Aufgabe wird diese vom Schüler noch einmal kontrolliert und dann in der entsprechenden Spalte auf dem Plan abgehakt. Eine weitere Kontrollspalte für den Lehrer ist auch möglich.

verschiedene Typen von Wochenplänen

Je nach Graden der Wahlmöglichkeiten oder nach der Bezugnahme auf die individuellen Lernvoraussetzungen lässt sich zwischen verschiedenen *Typen* von Wochenplänen unterscheiden:

geschlossen

1. *der geschlossene Wochenplan,* in dem ausschließlich Pflichtaufgaben vorgegeben sind, die allerdings von den Kindern in selbst gewählter Reihenfolge und in freier Nutzung der insgesamt für den Plan verfügbaren Zeit erledigt werden können (vgl. Claussen 1997, S. 105 ff.)

differenziert

2. *der differenzierte Wochenplan,* in dem die Kinder neben Pflichtaufgaben auch Wahlpflicht- und Wahl- oder Zusatzaufgaben erhalten; methodisch und inhaltlich öffnet sich damit der Wochenplan und orientiert sich stärker an den individuellen Neigungen und Lernvoraussetzungen (vgl. Strote 1985).

individuell

3. *der individuelle Wochenplan,* der für einzelne Kinder oder Kindergruppen ein spezifisches, auf die jeweiligen Stärken und Schwächen abgestimmtes Aufgabenpensum vorgibt – eine im gemeinsamen Unterricht mit behinderten und nichtbehinderten Kindern schon in den 80-er Jahren erprobte Praxis.

offen

4. *der offene Wochenplan,* der Kinder in einem verabredeten Rahmen die Mitgestaltung ermöglicht (vgl. Claussen 1997, S. 163) oder – in Annäherung an die Freie Arbeit – die Chance gibt, individuelle Aufgaben zu wählen oder selber zu definieren.

In der Praxis hat sich der differenzierte Wochenplanunterricht am meisten durchgesetzt. In ihm wird der Wochenplan zu einem Organisationskonzept, das den Unterricht öffnet und differenziert.

Bei der Realisierung des Wochenplanunterrichts spielen *äußere Rahmenbedingungen* (Arbeitsmittel, Raum, Zeit) und *innere Rahmenbedingungen* (Umgang mit Pflicht und Neigung, Rollendefinition und Umgang miteinander) eine große Rolle.

Grundlegendes Arbeitsmittel im Wochenplanunterricht ist der Plan selber, der den Kindern für ihre eigene Bearbeitung ausgehändigt wird, zusätzlich aber – eventuell vergrößert – in der Klasse zur Orientierung

formale Gestaltung des Wochenplanunterrichts

aushängt. Zwei Kriterien für die formale Gestaltung des Wochenplanunterrichts sind entscheidend:
* Übersichtlichkeit und Verständlichkeit,
* ästhetische Attraktivität.

Beispiele, die für Klarheit und Transparenz stehen, finden sich bei Huschke/Mangelsdorf (1990, S. 90 ff.). Gern werden auch Identifikationsfiguren oder dekorative Momente integriert (vgl. Strote 1985, S. 83). Dabei kann die Verwendung von Computerprogrammen hilfreich sein. Wochenpläne für jüngere Kinder verwenden vielfach Symbole, um Orientierung und praktische Tipps zu geben.

Bei den eigentlichen Arbeitsmaterialien handelt es sich um Schulbücher, Lernkarteien, Lernspiele, Arbeitsblätter sowie um die Medien der Klassenbibliothek und um Verbrauchsmaterial. Gestaltungskriterien der Lern- und Arbeitsmittel sind:
* Die Aufgaben sollen ohne Lehreranweisung und -hilfe bearbeitbar sein.

- Die Arbeitsergebnisse sollen von den Kindern selber kontrollierbar sein.
- Die Arbeitsmittel sollen die Sinne ansprechen und zum Tätigwerden aktivieren.
- Die verschiedenen Lerntypen sollen berücksichtigt werden.
- Den Kindern sollen Wiedererkennungsreize vermittelt werden.

Gestaltungskriterien der Lern- und Arbeitsmittel

Für die *Gestaltung der Lernumgebung* gelten die gleichen Prinzipien wie für die Gestaltung von Plan und Lernmedien: Transparenz und Ästhetik.
Wie bei der Freien Arbeit soll der Raum Wohlbefinden und Anregung vermitteln sowie spezielle Aktions- und Dokumentationsmöglichkeiten bieten (vgl. Claussen 1993, S. 282).
Ein zentraler Aspekt im Wochenplanunterricht ist der Umgang mit Zeit, den Kinder schrittweise sicherer realisieren. Kinder benötigen in der Regel die Verarbeitung vielfältiger Erfahrungen, um einen zielstrebigen, zugleich entspannten Umgang mit Zeit sowie mit Zeit kostenden Verpflichtungen und Versuchungen zu entwickeln. Deswegen steht bei der Einführung des Wochenplans meistens das Arbeiten mit dem *Tagesplan* am Anfang. Aber auch die zeitliche Binnenstrukturierung der Wochenplanarbeit ist – zumindest anfangs – als Orientierungshilfe wichtig. Schon bald nach den ersten Erfahrungen mit dem Wochenplanunterricht haben Barbara Scheel (1978, S. 58 f.) und Ingo Strote (1985, S. 94 f.) Überlegungen zur zeitlichen Strukturierung der Wochenplanarbeit angestellt. Der folgende Vorschlag geht auf Christiane Schloms (1993, S. 6) zurück:

1. *Vorstellung:* Der neue Plan wird vorgestellt und gemeinsam (im Stuhlkreis) besprochen.
2. *Orientierung und Austausch:* Die Kinder sehen das Materialangebot durch, suchen sich Aufgaben und erforderliche Arbeitsmittel aus. Es bilden sich soziale Gruppierungen.
3. *Selbständige Arbeit:* Die Kinder arbeiten in der gewählten Sozialform. Der Fertigstellung der einzelnen Aufgaben schließt sich die jeweilige Ergebniskontrolle an. Die Lehrerin beobachtet, berät und gibt individuelle Hilfe.
4. *Aufräumen:* Nach dem täglichen Ende der Arbeitsphase werden erledigte Aufgaben im Plan gekennzeichnet und die Materialien zurückgeräumt.
5. *Abschlussbesprechung:* In einem abschließenden Gesprächskreis berichten Kinder ihre Erfahrungen, also über Erfolge und Probleme bei der Wochenplanarbeit. Danach sammelt die Lehrerin alle Wochenpläne ein, sieht sie durch und gibt den Kindern möglichst eine persönliche Rückmeldung.

zeitliche Strukturierung der Wochenplanarbeit

Eine derartige Zeitstruktur enthält Rituale, an die Kinder sich gewöhnen und die ihnen die Arbeit mit dem Wochenplan vertraut machen. Die Rituale werden gestützt durch gemeinsam entwickelte und im Raum visualisierte *Regeln,* wie „Ich rede nicht dazwischen" oder „Ich renne nicht durch die Klasse".

Regeln und Rituale

Kinder entwickeln im Wochenplanunterricht darüber hinaus ihre persönlichen Regeln, wie sie z. B. mit Trödeln und andererseits Hetze, mit Eigenverantwortung und Kooperation, vor allem mit dem Druck, etwas fertig stellen zu müssen, und dem Reiz anderer Aufgabenstellungen umgehen. Der Wochenplanunterricht schafft für die Entwicklung der Beziehung zu den eigenen Bedürfnissen und externen Erwartungen ein Experimentier- und Erprobungsfeld, das einen Beitrag zur Identitäts- und sozialen Entwicklung des Kindes leisten kann.

Im Wochenplanunterricht verändert sich die *Lehrerrolle* tiefgreifend. Sie spaltet sich auf in einen organisatorischen Bereich des *Material- und Zeitmanagements* und einen Bereich *personenbezogener Beratung*. Vor allem die Vorbereitung der Wochenpläne kostet Zeit, vor allem in der unterrichtsfreien Zeit (Wochenende, Ferien). Es entwickeln sich aber meist auch *Routinen* und Arbeitsentlastung durch *Kooperation* mit anderen Lehrkräften.

Lehrerrolle: Material- und Zeitmanagement und personenbezogene Beratung

Während des Unterrichts konzentriert sich die Lehrertätigkeit auf das Beobachten, individuelle Beraten und dosierte Helfen. Lernen muss die Lehrerin, ihre Hilfsbereitschaft Kindern gegenüber zurückzunehmen, damit Kinder sich ihrer Eigenverantwortung bewusst werden, selber nach verschiedenen Unterstützungsmöglichkeiten suchen, ohne gleich den „bequemen Weg" zur Lehrerin zu wählen. „Hilfen sollen immer im Sinne von Beratung, jeweils abgestuft auf den individuellen Lernverlauf, gegeben werden, aber nur, wenn eine echte ‚Hilfsbedürftigkeit' vorliegt" (Jürgens 1998, S. 100).

Zieldimensionen

Zieldimension des Wochenplanunterrichts ist es, *Lernbereitschaft, Leistungsfähigkeit, Planungsfähigkeit, Durchhaltevermögen, Neugierverhalten, Selbständigkeit, soziale Kompetenzen, Verantwortungsbewusstsein, Ordnungssinn, Fähigkeit zur Selbsteinschätzung und Selbstkontrolle zu stärken und zu differenzieren* (vgl. u. a. Hoek 1993, S. 41). Der Wochenplanunterricht findet seine Besonderheit darin, dass er wählbare *Balancen zwischen Offenheit und Struktur* ermöglicht. Zugleich lädt er dazu ein, andere Formen offenen Unterrichts zu integrieren. So kann im Wahlbereich des Wochenplans die Möglichkeit zur Freien Arbeit oder auch zu (eventuell wochenübergreifenden) Kleingruppenprojekten eröffnet werden. Darüber hinaus kann der Wochenplanunterricht auch als Übergangsform zu anderen Konzepten Offenen Unterrichts verstanden werden (vgl. Claussen 1993a, S. 63 ff.), z. B. zu der größeren Offenheit in der Freien Arbeit oder zu den neueren Konzepten des Lernens an Stationen oder des Werkstattunterrichts, die weniger an formale Organisationsmodelle gebunden sind als der Wochenplanunterricht.

Balance zwischen Offenheit und Struktur

4. Lernen an Stationen

Im Vergleich zum Projektunterricht, zur Freien Arbeit und auch zum Wochenplanunterricht kann Lernen an Stationen nur auf eine relativ kurze Tradition zurückblicken.

Aus dem circuit training, ein von Morgan und Adamson 1952 entwickelter Stationenbetrieb für den Sportunterricht mit unterschiedlichen Übungsstationen, die in kurzen Übungsphasen durchlaufen werden, entwickelte sich das Lernen an Stationen für die Grundschule.

Eine Zwischenstufe auf dem Weg dorthin bildete das Konzept des „Zirkeltrainings für das Hirn", das ab 1980 an der Schallenberg-Grundschule in Didlingen erprobt und von Uta Wallaschek weitergeführt führte (vgl. Wallaschek 1990; Bauer 1997, S. 26). Von Gabriele Faust-Siehl wurde schließlich der Begriff Lernen an Stationen eingeführt, um die Assoziation an das im Sport eingesetzte Zirkeltraining abzubauen (vgl. Faust-Siehl 1989, S. 22).

„Zirkeltraining für das Hirn"

Vorformen der Stationenarbeit finden sich schon Anfang des letzten Jahrhunderts bei den Reformpädagogen Célestin Freinet und Helen Parkhurst: So fanden in den Arbeitsateliers Freinets Kinder Materialien und Arbeitsanleitungen für selbständige Lernaktivitäten. Parkhurst bot ihren Schülern Gegenstandswinkel („subject corners") an, um sie individuell mit verschiedenen Materialien zu beschäftigen.

Lernen an Stationen: Stationenarbeit, Lernzirkel, Lernstraßen, Lernstände, Lernläden,

Bis heute hat sich das Lernen an Stationen noch nicht als einheitlicher Begriff durchgesetzt. In der neueren Literatur findet man auch andere Begriffe wie Stationenarbeit, Lernzirkel, Lernstraßen, Lernstände und sogar Lernläden (vgl. Morawietz 1992, S. 18; Wrede 1996, S. 3). Ungeachtet der unterschiedlichen Namensgebungen sind sich jedoch die meisten Autoren in grundlegenden Fragen einig. Lernen an Stationen ist eine Unterrichtsform, bei der selbstgesteuertes Lernen verwirklicht werden kann. Den Schülerinnen und Schülern werden Lernstationen angeboten, an denen sie bei freier Auswahl, in beliebiger Reihenfolge, mit freier Zeiteinteilung selbständig Lernen können. Zusätzlich bleibt den Kindern die Sozialform freigestellt.

Heutiges Stationenlernen in der Grundschule bedeutet den zeitlich begrenzten Betrieb einer überschaubaren Aufgabenauswahl, die an unterschiedlichen Ecken des Klassenzimmers, Flurs oder anderen Orten des Schulgebäudes präsentiert werden. Dabei durchläuft jeder Schüler mehrere Stationen, um sich mit einem bestimmten Lerngegenstand – meist fächerübergreifend – auf möglichst vielfältige Art auseinander zu setzen. Bei einem Stationenbetrieb müssen entweder alle Stationen oder eine bestimmte Anzahl wählbarer Aufgaben erledigt werden. Dabei sind Reihenfolge und Sozialform von den Schülern frei wählbar. An jeder Station liegt eine Arbeitsanweisung und anregendes Material, so dass selbständig gearbeitet werden kann. Wichtig ist jedoch, dass jedes Kind die Möglichkeit hat, sich an seinen Platz zurückzuziehen, um dort in Ruhe zu arbeiten.

Die Lehrerin stellt die verschiedenen Angebote für die einzelnen Stationen so zusammen, dass die Kinder an Vorerfahrungen anknüpfen können und jeder Schüler seine Fähigkeiten und Interessen erweitern kann. Es werden also Aufgaben für lernschwächere ebenso wie für lernstärkere Kinder angeboten, um ein Lernen zu ermöglichen, das von den Lernvoraussetzungen der einzelnen Kinder ausgeht. Bei den einzelnen Stationen sollten möglichst mehrere sinnliche Lerneingangskanäle berücksichtigt werden, um jedem Lerntyp gerecht zu werden. Das Material sollte differenziertes Arbeiten nach Interesse (verschiedene Aufgaben,

mehrere sinnliche Lerneingangskanäle berücksichtigen

verschiedene Fächer) und Niveau (verschiedene Sozialformen, verschiedene Förderschwerpunkte kognitiv, sozial, nachvollziehend, kreativ) ermöglichen.

alle Kinder arbeiten gleichzeitig

Beim Lernen an Stationen ist es bedeutungsvoll, dass alle Kinder gleichzeitig arbeiten können. Die Lehrerin muss der Klasse also mindestens so viele Arbeitsaufträge bereitstellen, wie auch Schüler in der Klasse sind, damit diese frei entscheiden können, welche Station sie bearbeiten möchten.

Die Schüler können auch bei der Gestaltung der Stationen mitarbeiten. Gemeinsam kann auch das Klassenzimmer für den Stationenbetrieb hergerichtet werden. Die einzelnen Stationen selbst sollten durch Hinweisschilder so kenntlich gemacht werden, dass die Kinder diese von ihren Arbeitsplätzen erkennen können.

Um eine notwendige Orientierung über den Inhalt und die Struktur der aktuellen Stationen sowie über den Stand der Arbeiten einzelner Kinder zu bekommen, bieten sich Laufzettel an. Auf diesen ist jede einzelne Station und die entsprechende Aufgabe vermerkt. Wenn die Kinder eine Station bearbeitet haben, können sie dies auf dem Laufzettel vermerken.

Unterteilung des Stationenlernens in vier Phasen

Faust-Siehl hat eine Unterteilung des Stationenlernens in vier Phasen vorgeschlagen. Andere Autoren haben sich ihrer Ansicht angeschlossen (vgl. u. a. Hollstein 1997, S. 21; Wrede 1996, S. 4):

1. *Das Anfangsgespräch:* Dieses Unterrichtsgespräch, welches im Stuhlkreis stattfindet, stellt die Orientierungsgrundlage dar und bietet die inhaltliche Verknüpfung des bisherigen Unterrichts zum Lernen an Stationen.
2. *Der Rundgang:* Die Kinder haben die Möglichkeit, die einzelnen Stationen kennen und einschätzen zu lernen.
3. *Die Arbeit an den Stationen:* Die Schüler bearbeiten die Aufgaben nach ihren Möglichkeiten und dokumentieren ihr Fortschreiten auf einer Laufkarte.
4. *Das Schlussgespräch:* Hier können Impulse für die weitere Arbeit gegeben oder abschließende Bemerkungen ausgetauscht werden. Des weiteren können auch Produkte wie Zeichnungen, Modelle oder ähnliches gezeigt werden. Wichtig ist, dass die Arbeit nach diesem Gespräch nicht beendet sein muss, sondern weitergehen kann. Es sind also Zwischengespräche möglich (vgl. Faust-Siehl 1979, S. 22).

Besonders wenn die Schülerinnen und Schüler mit dem Lernen an Stationen vertraut sind, erübrigt sich meist eine Einführungsphase durch das ausliegende und anregende Material in der Klasse. Ein Rundgang durch die Stationen weckt genügend kindliche Neugier und Motivation zur Bearbeitung der Aufgaben.

Regeln für das Stationenlernen

Für das Gelingen des Stationenlernens sind vereinbarte Regeln unentbehrlich. Sie können Zeit einsparen und ermöglichen allen Kindern ein ungestörtes Arbeiten. Naheliegend sind folgende Regeln:
• Wir führen angefangene Arbeiten zu Ende!
• Wir räumen jede Station nach Erledigung der Aufgabe auf!

- Wir arbeiten leise miteinander (Flüstersprache)!
- Ich kontrolliere meine Ergebnisse ehrlich!

Gestaltungsspielräume in der konkreten Ausgestaltung des Lernens an Stationen ergeben sich für jede Lehrerin bei der Festlegung der Freiheitsgrade für die Schüler. Liegen noch wenige Erfahrungen im Umgang mit offen Lernstrukturen vor, kann ein eher gelenktes Stationenlernen mit einem ganz überwiegenden Anteil an Pflicht- und Wahlpflichtaufgaben vorteilhaft sein. Die Zahl der Wahlaufgaben und der Aufgabenstellungen mit variablen Lösungen lässt sich dann sukzessive erhöhen.

Entscheidungen muss die Lehrerin auch hinsichtlich der Frage treffen, ob sie zur Förderung der Zusammenarbeit unter den Kindern für einzelne Stationen Partner- oder Gruppenarbeit vorgibt oder ob sie bewusst den Kindern die Freiheit und Verantwortung überträgt, sich selber für eine Sozialform zu entscheiden (vgl. Bauer 1997, S. 38).

Variabilität in der Praxis des Lernens an Stationen bietet sich auch durch die Orientierung an unterschiedlichen Typen dieser Form offenen Unterrichts. So unterscheidet Bauer zwischen folgenden Varianten:

unterschiedliche Typen des Stationenlernens

a) *Übungszirkel* bieten ein umfassendes Übungsangebot zu einer zuvor im Unterricht behandelten Thematik.
b) *Vertiefendes Erarbeiten* ermöglicht es den Kindern, im Unterricht zuvor erarbeitete Lerngegenstände auszudifferenzieren und zu erweitern.
c) *Selbständiges Erwerben* neuer Inhalte bietet den Kindern die Möglichkeit, sich selbständig auf unterschiedliche Weise neue Inhalte zu erarbeiten.
d) *Aufarbeiten von Schulbuchseiten oder anderen Medien* ermöglicht die Aufschlüsselung von komplexen Inhalten in Einzelaspekte und kann mehrperspektivische, projektähnliche Zugänge zu fächerübergreifenden Fragestellungen eröffnen (vgl. Bauer 1997, S. 82 ff.).

Für die Lehrerin liegt der Großteil ihrer Arbeit in der Vorbereitung der Lernstationen. Dies nimmt viel Zeit in Anspruch. Der Zeitaufwand für die Vorbereitung steigt, jedoch ist der Energieaufwand geringer als im traditionellen Unterricht, wo die Lehrerin laufend die Aufmerksamkeit der Kinder auf sich lenken muss. Das Lernen an Stationen ermöglicht ihr, sich mit einzelnen Kindern zu beschäftigen und vor allem zu beobachten. „Es können Lernprozesse beobachtet werden, nicht nur Lernergebnisse, Hilfen angeboten und durch die Beobachtung auch Bewertungen und Leistungsbeurteilungen kontinuierlich stattfinden" (Bauer 1997, S. 27).

Beschäftigung mit einzelnen Kindern und vor allem Beobachten

Im Sinne von Montessori („Hilf mir, es selbst zu tun!") fungiert die Lehrkraft als Berater, Anreger und kritischer Betrachter. Dieses Rollenverständnis impliziert, dass die Lehrerin eher Impulse als Lösungswege anbietet.

Viele Möglichkeiten des Offenen Unterrichts sind im Lernen an Stationen realisierbar:

Möglichkeiten des Offenen Unterrichts

- Orientierung an den individuellen Lernvoraussetzungen, Lerntypen und Lerninteressen der Kinder

- Ermöglichung individueller Lerntempi und persönlicher Rhythmen von Anspannung und Entspannung
- Berücksichtigung des Bewegungsdrangs von Kindern und ihres Bedürfnisses nach konkreten sinnlich-gegenständlichen Handlungen
- Stärkung der Selbstständigkeit, Selbsttätigkeit und Eigenverantwortung der Heranwachsenden
- Herausforderung zu kooperativen Handlungsformen.

Im Hinblick auf die Offenheitsgrade bei der Aufgabenerfüllung, die sozialen Aspekte des Lernens und die Lehrerrolle ähnelt das Lernen an Stationen dem Wochenplanunterricht. Der formale Plan wird aber beim Stationenlernen durch ein räumlich-gegenständliches Arrangement ersetzt, das dem Entwicklungsstand jüngerer Schulkinder hinsichtlich dem Bedürfnis nach konkreten Operationen (Piaget) und nach motorischer Aktivität Rechnung trägt. Dafür entfällt in der Regel der Orientierung vermittelnde Zeitrahmen des Wochenplans.
Beide Formen offenen Unterrichts lassen sich aber auch verknüpfen. Auch lassen sich (kleine) projektartige Elemente in das Stationenlernen integrieren oder – bei Erhöhung des Wahlanteils der Stationen – Annäherungen an die Freie Arbeit erzielen.

5. Werkstattunterricht

„Lernwerkstatt" = das Lernen steht im Mittelpunkt

Werkstattunterricht, Werkstattarbeit, Werkstattlernen und Lernwerkstatt sind weitgehend synonym verwendbare Begriffe. Die Werkstattarbeit, als junge Form des Offenen Unterrichts, lehnt sich an das Prinzip der handwerklichen Werkstatt an (vgl. Pallasch/Reiners 1990).
Eine „Lernwerkstatt bezeichnet eine Werkstatt, in der nicht die Herstellung von Gegenständen, sondern das Lernen im Mittelpunkt steht. Werkstattlernen bezeichnet die besonderen, durch konkretes Tun, Machen und Handeln geförderten Lernprozesse, die in diesen Einrichtungen und mit ihrer Hilfe möglich sind" (Meier 1996, S. 34).

Prinzipien des Werkstattunterrichts

Prinzipien des Werkstattunterrichts sind:

1. Kinder, die durch „Machen" und „Handeln" lernen, lernen besonders intensiv und effektiv.
2. Werkzeuge, Geräte, Materialien, Arbeitsvorschläge und eine aktivierende Lernumgebung regen die Schüler an, unterstützen sie bei der selbständigen und intensiven Arbeit und helfen, Methoden und Interessen zu entwickeln.

Die offene, von der Lehrerin zuvor zusammengestellte und arrangierte Präsentation obligatorischer, alternativ wählbarer und fakultativer Aufgaben bzw. Aufträge erinnert an das Stationslernen. Der Werkstattunterricht hat allerdings andere Wurzeln und geht in einigen Aspekten über das Lernen an Stationen hinaus, was noch zu zeigen sein wird.
Eine verstärkende Parallelerscheinung zum Werkstattunterricht kann in der Lernwerkstattbewegung gesehen werden, die sich im Anschluss an angelsächsische Vorbilder seit den 80-er Jahren in der bundesdeutschen Lehrerbildung und Erzieherweiterbildung ausprägte (vgl. A. Knauf

1995; Albert 1997). Entscheidender für die konkrete Ausprägung des Werkstattunterrichts sind Entwicklungen und Experimente, die in den 80-er Jahren in Schweizer Grundschulen stattfanden. Sie sind mit den Namen Käthi Zürcher/Franz Schär und vor allem Jürgen Reichen verknüpft.

Zürcher sieht vor allem zwei Typen des Werkstattlernens:

- *die Erfahrungswerkstatt,* in der Sammeln, Experimentieren, Erfahrungsaustausch eine wichtige Rolle spielen,
- *die Fertigkeitswerkstatt,* in der Üben, Vertiefen und Anwenden erworbener Fertigkeiten im Vordergrund stehen (vgl. Zürcher 1991, S. 15 ff.).

zwei Typen des Werkstattlernens

Reichen differenziert die Werkstatt-Typen nach ihrem Grad der Offenheit im Hinblick auf die Wahlmöglichkeiten und Entscheidungsspielräume der Kinder und unterscheidet danach zwischen

- *programmiertem Werkstattunterricht,*
- *vermischtem Werkstattunterricht* und
- *reinem Werkstattunterricht* sowie
- *begleitendem Werkstattunterricht* als freiwilliger Ergänzung zum übrigen Unterricht (vgl. Reichen 1991, S. 64 f.).

Differenzierung der Werkstatt-Typen nach dem Grad ihrer Offenheit

Der Werkstattunterricht kann auf ein bis zwei Stunden pro Tag oder einen, vielleicht auch zwei Tage in der Woche beschränkt sein oder als Block in ein bis zwei Wochen durchgeführt werden und damit den konventionellen Unterricht unterbrechen.

Werkstattunterricht vollzieht sich in einer vom Lehrer arrangierten Lernumwelt. Den Schülern steht meistens zu einem bestimmten Thema (beispielsweise Indianer, Römer, Haustiere, Frühling, Wasser) ein vielfältiges Angebot an Lernsituationen und Lernmaterialien für Einzel-, Partner- oder Gruppenarbeit zur Verfügung. Häufig wird fächerübergreifend gearbeitet. Es werden dabei verschiedene Aufgabenangebote in unterschiedlichen Ecken der Klasse und z.T. im Flur räumlich und inhaltlich gegliedert. Hilfreich für die Gliederung sind bestimmte Farben für die verschiedenen Unterrichtsfächer, Symbole und Zeichen für Wahl- und Pflichtaufgaben.

Es werden darüber hinaus verschiedene Arbeitsplätze (Leseecke, Kreativecke, Druckerei, Spielecke, Sachecke, Info-Ecke, Ruhezone u. v. m.) mit wenigen verpflichtenden, jedoch vielen freiwilligen Lernangeboten eingerichtet. Die Schüler entscheiden für sich, wann sie welches Angebot bearbeiten. Die Arbeitsphase findet am Sitzplatz des jeweiligen Kindes oder an den dafür vorgesehen Ecken statt. Nach Fertigstellen der Aufgabe wird das Produkt selbständig überprüft (Selbstkontrolle) und oftmals in der am Anfang der Unterrichtsreihe fertig gestellten Werkstattmappe abgeheftet. Diese Mappe dient der Lehrerin zur Kontrolle, Arbeitsübersicht und Bewertungshilfe. Alternativ hierzu können individuelle Arbeitskarten eingesetzt werden. Wird innerhalb des Werkstattunterrichts etwas kreatives erarbeitet, welches als Produkt nicht sichtbar und greifbar ist (z.B. ein Gedicht, ein Theaterstück), so werden diese am Ende des Werkstattunterrichts der Klasse vorgeführt. Zur Übersicht kann ein Wandplakat hilfreich sein, auf dem in Tabellenform die Namen der Kinder und alle Aufgaben stehen. Dort kann der

wenige verpflichtende und viele freiwillige Lernangebote

Lehrer auch individuell angeben, welches Kind welche Pflichtaufgabe bekommt. An den vereinbarten Zeichen für angefangene und beendete Arbeit kann der Lehrer anhand der von den Kindern abgestempelten Symbole die Übersicht bewahren und täglich die Entwicklung der Lernprozesse verfolgen. Auch Arbeitskarten, in die eingetragen wird, was sich das einzelne Kind vornehmen will und was es bereits erledigt hat, machen insgesamt den Unterricht auch für weniger selbständige Kinder transparent. Sie erhalten einen Überblick über das Gesamtlernangebot und wissen, welcher Schüler für welches Lernangebot zuständig ist.

„Experten- oder Helfersystem"

Eine Lernwerkstatt kann auch mit Hilfe eines Experten- oder Helfersystems durchgeführt werden. Dabei bekommen entweder nur einige Kinder die Rolle eines Helfers, oder alle Kinder sind Experten einer bestimmten Aufgabe. Die Experten bekommen eine Aufgabe der Lernwerkstatt zugewiesen, die sie besonders gut bearbeiten können und die sie vom Inhalt interessiert. Die entsprechende Aufgabe führen sie am Anfang der Werkstattreihe einmal durch, um sie kennen zu lernen, und helfen dann später vor allem den Kindern, die Probleme mit der Aufgabe haben. Die Kinder gehen dann selbständig zum Helfer und bitten ihn um seine Hilfe. Jeder Experte weiß letztendlich auch, wer seine Aufgabe bereits bearbeitet hat und wer nicht. Durch das Helfersystem wird die Selbständigkeit der Schüler gefördert, das Selbstvertrauen gestärkt und das Verantwortungsgefühl gesteigert.

„Kompetenzdelegation" = organisatorisches Kernstück des Werkstattunterrichts

Diese Kompetenzdelegation bezeichnet Reichen als „organisatorisches Kernstück des Werkstattunterrichts" (vgl. ebda., S. 74). Der Experte oder „Chef" nimmt auch Ergebnisse entgegen und korrigiert gegebenenfalls. Damit werden den Kindern traditionelle Aufgaben der Lehrerin übertragen. Die *Rolle des Lehrers* ist die des Beraters, Moderators und Helfers. Er regt die Lernprozesse an, indem er handlungsbetonte Aufgaben und selbstlehrende Materialien bereitstellt. Indem der Lehrer sich sehr zurücknimmt, hat er gleichzeitig die Gelegenheit, sich intensiv um schwächere und leistungsstarke Kinder zu kümmern und schneller Probleme innerhalb der Klasse wahrzunehmen und aufzugreifen.

Für das Gelingen einer Werkstatt sind *Verhaltensregeln* wichtig, die erlauben, dass die Kinder ihre Arbeit selbst aussuchen, die Sozialform größtenteils selbst bestimmen können, die Ergebnisse besprochen werden, andere Arbeitsplätze aufgesucht werden dürfen und man anderen Schülern Hilfe geben kann.

Startphase = übersichtliche Materialpräsentation

Wichtig ist eine gelungene *Startphase*. Dazu dient vor allem eine übersichtliche Materialrepräsentation, die es den Kindern ohne lange Erklärungen ermöglicht, sich zu orientieren. Von ähnlicher Bedeutung sind Arbeitsunterbrechungen für *gemeinsame Tätigkeiten* wie Kreisgespräch, Singen, Bewegungs-, Entspannungs- und Stilleübungen. Der *Abschluss* sollte Gelegenheit bieten, auf die gemeinsam und einzeln geleistete Arbeit mit Stolz, aber auch (Selbst-)Kritik zurückzublicken. Werkstattunterricht heißt individuell lernen durch selbständiges Aussuchen und Bearbeiten der Aufgaben, aber auch soziales Lernen durch Gemeinschaftsbildung und Teamarbeit. Auf Seiten der Schüler werden Selbständigkeit, Selbstvertrauen und Verantwortungsgefühl verlangt und gesteigert.

Das aus dem betriebswirtschaftlichen Zusammenhang übernommene Experten- oder Chefsystem ist eine in anderen Formen Offenen Unterrichts nicht anzutreffende Herausforderung, Identifikationen mit einem Lerngegenstand aufzubauen, dabei Stolz und Selbstwertgefühl zu vermitteln, aber auch Verantwortung für andere zu entwickeln.

4.6 Rahmenbedingungen Offenen Unterrichts

Gelingen und Effizienz offener Lernstrukturen stellen sich nicht von selber ein, sondern sind abhängig von einem Netz innerer und äußerer Bedingungen. Zu den inneren Bedingungen gehören *Lehrerpersönlichkeit* und *Lehrerrolle*, zu den äußeren Gestaltung der *Lernumgebung*, Umgang mit *Zeit* und Qualität des *Materials* zum Lernen und Arbeiten. Weitere Faktoren beeinflussen ebenfalls die Qualität Offenen wie auch eines traditionell strukturierten Unterrichts: Stärke und Zusammensetzung der Schulklasse, schulisches Einzugsgebiet, Einstellungsprofil des Kollegiums, Erwartungen der Eltern und Vieles mehr. Aus einer systemischen Sicht von professioneller Entwicklung und Innovation (vgl. Senge 2000) können alle diese und weitere Faktoren, einzeln oder zusammen, das Vorhaben einer Veränderung beruflicher Praxis entscheidend vorantreiben oder aber verhindern. Bis zu einem bestimmten Grad sind allerdings die inneren Voraussetzungen, vor allem die eigenen Leitbilder und „Visionen", die eigene Zielklarheit, Zielstrebigkeit und Energie, aber auch Realitätssinn, Umsicht, Fähigkeit, Partner zu gewinnen, Selbstkritikfähigkeit und Durchhaltevermögen, letztlich vor allem Optimismus die entscheidenden Bedingungen für den Erfolg beim Öffnen des Unterrichts. Es gilt seit zweitausend Jahren die Sentenz Senecas: Nicht weil es schwer ist, wagen wir es nicht; sondern weil wir es nicht wagen, ist es schwer.

So ist dann auch Wallrabenstein zuzustimmen, wenn er formuliert: *„Offenheit fängt bei uns selber an!"* (Wallrabenstein 1991, S. 22). Der Kern dieses Bei-sich-selber-Anfangens liegt im Menschenbild der Lehrerin, vor allem im Bild vom Kind. Eine Revision und Rekonstruktion des Bildes vom Kind könnte an dem ansetzen, was Montessori vor fast einem Jahrhundert mit großer Konsequenz artikuliert hat. Für sie war das Kind *„aktiver Baumeister und konstruktiver Bildner der eigenen Persönlichkeit und somit [...] Schöpfer seiner selbst"* (Klein-Landeck 1998, S. 18). Die Beziehung der Lehrerin zum einzelnen Kind ist bei Montessori durch hohe Komplexität und behutsame Veränderung im Prozess der schulischen Interaktion geprägt. In Anlehnung an Montessori formuliert Hildegard Holtstiege: „Der Erzieher leitet das Kind in seiner Umgebung den seinem Alter entsprechenden Dingen entgegen und lässt das Kind dann frei, damit es sich an diesen Dingen entwickelt" (Holtstiege 1991, S. 56). Die Lehrerin leitet also, später lässt sie die Kinder frei und zieht sich zurück. Aber sie bringt auch eine *emotio-*

Gelingen und Effizienz offener Lernstrukturen sind abhängig von inneren und äußeren Bedingungen

„Offenheit fängt bei uns selber an!"

nale Komponente ein. So soll sie in Gegenwart der Kinder ermutigend und Impuls gebend erscheinen, „[...] so dass sie wie eine Flamme wirkt, deren Wärme aktiviert, lebendig macht und einlädt" (Montessori 1973, S. 251). Sie sollte über Einfühlungsvermögen, Phantasie, Humor, Flexibilität sowie Selbstdisziplin verfügen.

Aufgaben der Lehrerin nach Montessori Die Aufgaben der Lehrerin hat Montessori in einem Zwölf-Punkte-Katalog zusammengefasst (vgl. Montessori 1979, S. 28 f.):

1. Die Lehrerin sorgt für materielle Ordnung.
2. Sie führt die Kinder in den Umgang mit Materialien ein.
3. Sie fördert die *Orientierung der Kinder in ihrer Umgebung* und zieht sich dann zurück.
4. Sie *beobachtet methodisch* die Kinder und erfasst, was sie brauchen.
5. Sie gibt dosiert *Hilfestellung* nach dem Grundsatz „ein zu viel dieser Hilfe stört das Kind" (Montessori zit. nach Holtstiege 1991, S. 76)
6. Sie schenkt den Kindern *Aufmerksamkeit.*
7. Sie *stört nicht*, wenn Kinder arbeiten.
8. Sie *toleriert Fehler.*
9. Sie *respektiert pausierende Kinder.*
10. Sie *bietet Kindern erklärend Gegenstände an,* die sie vorher abgelehnt haben.
11. Sie lässt noch *orientierungslose Kinder ihre Anwesenheit spüren.*
12. Sie steht Kindern zur Seite, die nach vollendeter Arbeit erschöpft sind.

Erkennbar sind bei Montessori die drei zentralen Dimensionen der Lehrerrolle:
• Orientierung geben
• emotionale Nähe signalisieren
• Freiräume respektieren.

In der Reggio-Pädagogik ist die komplexe Interpretation der Pädagogenrolle durch Montessori aufgegriffen und weiterentwickelt worden (vgl. Knauf 1998). In der aktuellen Diskussion um Qualitätssicherung im Offenen Unterricht tauchen Grundelemente der bei Montessori umschriebenen Lehrerrolle wieder auf vor allem der komplementäre Charakter von *Offenheit und Struktur* (vgl. Lipowsky 1999, S. 50). Dietlinde Heckt und Eiko Jürgens sprechen von einem „dynamischen Wechselbezug von Offenheit und Geschlossenheit" (Heckt/Jürgens 1999, S. 64). Gefordert werden aber auch „gemeinsame Reflexionsphasen im Anschluss an offene Lernsituationen" (Lipowsky 1999, S. 52), also die Herstellung eines *Spannungsverhältnisses zwischen Individualisierung und Gemeinschaftlichkeit.* Qualität von Unterricht stellt sich also nicht durch eindimensionale Orientierungen etwa am Prinzip der Offenheit her, sondern eher durch das Aushalten, sensible Ausbalancieren und Kultivieren von Spannungen, Gegenpolen oder – wie es in der Geschichte der Pädagogik immer wieder genannt wurde – von Antinomien (vgl. Winkel 1986; Knauf 1995, S. 74). Zu den Anti-

Spannungsverhältnis zwischen Individualisierung und Gemeinschaftlichkeit

nomien der Lehrerrolle im Offenen Unterricht gehört vor allem auch die Spannung, auf der einen Seite (emotional) überzeugt zu sein von der Richtigkeit des eigenen Weges, auf der anderen Seite durch methodische, forschende Beobachtung und Selbstbeobachtung die Neugier gegenüber Entdeckungen lebendig zu halten (z. B. hinsichtlich der Entwicklung der Kinder, des eigenen Verhaltens oder der Interaktion in der Klasse).

Bei der in den letzten Jahren sich wieder belebenden Diskussion um die Lehrerrolle geht es vielfach um den Spannungsbogen zwischen dem Setzen von Zielen und dem Strukturieren von Prozessen und Situationen einerseits, dem sich Zurücknehmen und Kindern Eigenverantwortung Geben andererseits (vgl. aus unterschiedlicher Sicht Gudjons 1998 und Weinert/Helmke 1996). Dabei wird teilweise übersehen, dass sich im Offenen Unterricht Planungsmonopol und Strukturierungskompetenz (idealiter) von der Lehrperson auf andere Ebenen verlagern:

- auf gemeinsam entwickelte und von allen akzeptierte Handlungs-, Interaktions- und Konfliktlöse-*Regeln* (vgl. Kapitel 6.3)
- auf wiederkehrende *Rituale*, die der Schulzeit Struktur, Dramaturgie und Bedeutung mit Höhepunkten und Entspannungsphasen verleihen (vgl. ebda.)
- auf das *Material*, das durch seine sinnliche wie seine Sachstruktur Anreize zum Tätigwerden, Hinweise zum Problemlösen und einfache Regeln zur Ergebnisüberprüfung enthält (vgl. die Ausführungen zum Wochenplanunterricht in Kapitel 4.5)
- auf die *Eigenmotivation der Kinder*, Zugewinne an Kompetenz selber zu organisieren (vgl. das Kompetenzkonzept Robert Whites: White 1957).

Die vier Dimensionen Regeln, Rituale, Material und Eigenmotivation bilden im Offenen Unterricht ein *Netz von Strukturelementen*, die dem Handeln der Kinder eine Zielperspektive und vor allem einen verständlichen Rahmen geben. Schon bei Montessori ist dieses Strukturnetz entwickelt.

Ein besonderes Gewicht nimmt bei Montessori das *Material* ein. Die Lehrerin führt die Kinder zum Material, erklärt es, übergibt es der Nutzung der Kinder und zieht sich dann zurück. Die Lehrerin überträgt gewissermaßen ihre Leitungsfunktion auf das Material. Deshalb hat Montessori auch der Gestaltung des Materials eine so herausragende und strenge Bedeutung beigemessen. Es soll

- durch Farbe, Material, Form und haptischen Reiz die *Sinne der Kinder ansprechen*,
- durch die nur einmalige Präsenz in der Klasse und die insgesamt begrenzte Auswahl einen *besonderen Wert darstellen*, der sich in der Regel dann auch in Vorsicht und Achtsamkeit des Kinderverhaltens widerspiegelt,
- durch seine systematische, nachvollziehbare Struktur das *Lernhandeln der Kinder leiten*,
- durch die leichte Überprüfbarkeit der Ergebnisse die *Freude der Kinder am Erfolg und ihr Qualitätsbewusstsein stärken*.

(Randnotizen:)

Diskussion um die Lehrerrolle

Anforderungen an das Lernmaterial

Bei der großen Fülle der heute auf kommerzieller Basis angebotenen Lernmaterialien können diese Kriterien für Auswahlentscheidungen noch heute herangezogen werden. In einem Punkt hat es allerdings einen tendenziellen Einschätzungswandel gegeben: Der Rigorismus, der dem Montessori-Material jeweils eine ganz bestimmte, eindeutig definierte Handlungsfunktion zuweist, wird heute kritisch gesehen. Die Beobachtungen Piagets, nach denen Kinder durch Experimente mit zufällig vorgefundenen oder angebotenen Materialien Gesetzmäßigkeiten entdecken oder Gegenstände in Spielhandlungen integrieren, dabei ihre Funktion (mehrfach) umdeuten können, weisen gerade auf die pädagogische Bedeutung nicht-funktional definierter Gegenstände für die Kreativitäts- und Intelligenzentwicklung hin. Andererseits hat gerade Piaget mit der Identifizierung von Entwicklungsstufen, wie der Phase der konkreten Operationen, die von Montessori hervorgehobene Bedeutung sinnlich-gegenständlicher Materialien für das Lernen bestätigt (vgl. zum Thema auch Knauf 1992).

die Dimensionen: Zeit und Raum

Für die Vermittlung struktureller Orientierung genauso wie für die Freiheit der Kinder haben schon bei Montessori die Dimensionen Raum und Zeit hohe Beachtung gefunden (vgl. Montessori 1973). In der Wissenssoziologie Peter Bergers und Thomas Luckmanns (1999) gehören Raum und Zeit zur „sozialen Möblierung" von Situationen, die unserer Lebenswelt und unserem Lebenslauf Ordnung geben. Entsprechend hohe Bedeutung hat die Gestaltung von Raum und Zeit für erfolgreiches Lernen gerade im Offenen Unterricht (vgl. Kapitel 5.5). Der schulische Raum hat für Kinder die Doppelfunktion des Wohnraums, des Habitats (vgl. Forster 1997) und der Werkstatt, in der Kinder an der „Konstruktion" von Qualifikationen, Haltungen und Einstellungen arbeiten.

Anforderungen an lernaktivierende Räume

Lernaktivierende Räume müssen
* Wohlbefinden erzeugen
* äußere Ordnung repräsentieren, die auf die innere Ordnung ausstrahlt (Montessori)
* zum produktiven Handeln durch einladende Materialien anregen
* gleichzeitig unterschiedliche Handlungen zulassen (Funktionszonen und -ecken)
* den Wechsel der Sozialformen erleichtern (Gruppentische, Einzeltische, Ermöglichen eines Gesprächskreises durch flexibles Arrangement des Mobiliars)
* die für die gesamte Entwicklung Heranwachsender so wichtige Dimension der Bewegung fördern
* sich zu Lern-, Erkundungs- und Erlebnisräumen außerhalb des Klassenzimmers öffnen
* dem Identifikations- und Heimatbedürfnis der Kinder durch deren Beteiligung an der Mitgestaltung der Räume Rechnung tragen
* den Kindern (und anderen) die Bedeutung ihrer schulischen Handlungen und Lernerfolge durch vielfältige Dokumentation und Ausstellung von Lernprodukten demonstrieren.

Die pädagogische Qualität *schulischer Zeitgestaltung* ist weniger präzise identifizierbar (vgl. Gunder 2000). Hier geht es vor allem um das

Aushalten, Ausbalancieren und Kultivieren der Spannungen (Antinomien) zwischen Verlässlichkeit (Struktur) und Flexibilität (Offenheit).
Verlässlichkeit drückt sich etwa im wiederkehrenden, zeitlich eindeutig
fixierten Ritualen aus, wie dem Morgenkreis, gestalteten Pausen, regelmäßig wiederkehrenden Aktionen im Schulleben (Bewegungs-, Ent-
spannungs- und Stilleübungen, Feste, Besuche, Aufenthalte außerhalb
der Schule, schulkulturelle Aktivitäten) (vgl. Kapitel 6.3). Flexibilität
realisiert sich vor allem im Zulassen oder situationsbezogenen Rhythmen von Anspannung und Entspannung. Gerade die Erfahrung, dass
im Schulalltag, individuelle Spannungsbögen akzeptiert werden und
damit auch persönliche Lern- und Arbeitsstile geachtet und gefördert
werden, kann die Identifikation der Kinder mit der Schule stabilisieren.

Stabilisierung der
Identifikation der Kinder
mit Schule

5 Qualitative Bedingungen erfolgreichen Lernens

5.1 Fallbeispiel: Frau Lohmann macht jetzt im Museum Unterricht

Ein Museum als normaler Lernort

Frau Lohmann ist Lehrerin an einer Grundschule im industriell geprägten Norden der Ruhrgebietsstadt Essen. Ende der 80-er Jahre erhielt der eher triste Stadtteil eine unerwartete Attraktion: ein archäologisches Museum, in dem Ausstellungen zu wechselnden Themen gezeigt wurden. Frau Lohmann gehörte zu den ersten Besuchern. Und sofort wusste sie: Irgendwie müsste das kleine Museum in ihre pädagogische Arbeit als Lehrerin einbezogen werden. Sie versuchte es zunächst mit freiwilligen Arbeitsgruppen am Nachmittag. In ihnen konnten sich die Kinder, je nach Thema der Wechselausstellungen, mit den Römern in Deutschland, mittelalterlicher Wohnkultur in Essen oder Schatzfunden aus dem Gebiet der heutigen Türkei beschäftigen.

Im neuen Schuljahr gelang es ihr, an einem Wochentag den Unterricht so zu „blocken", dass sie in Ruhe mit den Kindern ins Museum gehen (oder mit der Straßenbahn fahren) konnte, um dort den regulären Vormittagsunterricht zu machen. Die nebenamtliche Mitarbeiterin des Museums freute sich über die jungen Besucher/innen, für die das Museum ein ganz normaler Lernort war, nicht ein von Hemmschwellen umgebener Musentempel.

Frau Lohmann sah im Museum inzwischen nicht nur einen Ort, an dem sinnliche, kommunikative und kognitive Begegnungen mit originalen Objekten möglich sind. Sie hatte festgestellt, dass die Kinder dem „Schulvormittag" im Museum mit Erwartung entgegen sahen und am Unterricht im Museum mit besonderer Konzentration teilnahmen, auch wenn es sich um Sprach- oder Mathematikunterricht handelte, der nur wenig oder gar nichts mit den Exponaten des Museums zu tun hatte. Sie meinte, dass mehrere Faktoren zu diesem Phänomen beitragen würden:

- *die Abwechslung von der relativen Monotonie des Schulalltags*
- *die ungewöhnliche, anregende Lernumgebung*
- *das Freisetzen motorischer Bedürfnisse auf dem Weg zum Museum*
- *manchmal auch die Möglichkeit, „Lern-Gegenstände" anzufassen, sinnlich zu begreifen.*

Ihre Erfahrungen mit dem Unterricht im Museum versuchte Frau Lohmann zu generalisieren und auf den gesamten Unterricht zu übertragen. Immer häufiger suchte Frau Lohmann mit ihrer Klasse außerschu-

lische Lernorte auf, um Originalbegegnungen zu ermöglichen oder einfach um den Effekt einer stimulierenden Lernumgebung zu nutzen (z.B. eine Wiese im Park bei schönem Sommerwetter). Aber sie gestaltete auch immer wieder das Klassenzimmer neu,

- *um mehr aktivierende und Wohlbefinden erzeugende Atmosphäre in die Lernumgebung hineinzubringen,*
- *um die Eigenaktivität der Kinder durch speziell ausgestattete Zonen oder Ecken (z.B. Lese- und Forscherecke) zu fördern,*
- *um die Umsetzung der Kinderwünsche nach selbstgewählten Sozialformen (Einzel-, Partner- oder Gruppenarbeit) zu erleichtern,*
- *um die Arbeit der Kinder durch selbst gestaltete Bilder, Texte, Fotos, Dekorationen zu dokumentieren und damit auch Autorenstolz und Selbstbewusstsein der Kinder ernst zu nehmen,*
- *um damit die Lernumgebung zu einem heimatlichen Lebensort zu gestalten, mit dem die Kinder sich identifizieren können.*

Das Beispiel Frau Lohmanns wurde von ihren Kolleginnen zunächst teils mit Bewunderung, teils mit Skepsis begleitet. Einige ihrer Kolleginnen, die nach praktischen Ansätzen zur Schüleraktivierung Ausschau hielten, wurden von Frau Lohmann „angesteckt". Es kam zu Formen des Imitationslernens, die schließlich mehr oder weniger das ganze Kollegium erfassten. Die Schule wurde zur „lernenden Organisation" (vgl. Geißler 1991). Im Schulprogramm fand diese Entwicklung der Schule zu einem vielseitigen und ganzheitlichen Lernen und zu einer hohen Bewertung der räumlich-sinnlichen Dimensionen der Lernumgebung ihren Ausdruck.

5.2 Lernen mit allen Sinnen

Leicht entsteht der Eindruck, es handele sich hier um einen Modetrend, der sich von der traditionellen sprach-, anstrengungs- und übungsorientierten Vorstellung vom Lernen absetzen will. Die Einbeziehung von sinnlicher Tätigkeit und der emotionalen Dimension in die Strukturierung des Lernens ist allerdings alles andere als neu. Gern wird heute Pestalozzis Wort vom „Lernen mit Herz, Kopf und Hand" zitiert. Pestalozzi stand in den Jahrzehnten um 1800 dabei keineswegs allein. Die damals in Deutschland führende pädagogische Richtung des „Philanthropismus" mit ihren wichtigen Vertretern Campe, Rochow oder Salzmann standen für eine Pädagogik der Anschaulichkeit und des praktischen Tuns. Sie konnte sich dabei auf Rousseau und Comenius berufen, der schon Mitte des 17. Jahrhunderts eine Dimension des Lernens an sinnlichen Gegenständen und an Bildern entwickelte und das über Jahrhunderte nachwirkende Unterrichtswerk des „Orbis pictus sensualium" schuf.

Die empirisch orientierten, auf die Erfahrungswelt bezogene Strömung in der Philosophie der frühen Neuzeit begleiteten und stützten diese pädagogischen Entwicklungen (vgl. Girtler 1979, S. 17): Ende des 17. Jahrhunderts formulierte John Locke die These: Nihil est in intel-

sinnliche Tätigkeit und emotionale Dimension

lectu quod non fuit in sensu ante (Nichts ist im Geist, was nicht vorher in den Sinnen war). Locke knüpfte damit an Überzeugungen an, die im Humanismus der italienischen Frührenaissance vorgeprägt waren. Die „Künstler-Forscher" wie Leonardo da Vinci, Masaccio und Brunelleschi machten damals in ihren Experimenten, Projekten, Kunstschöpfungen und Traktaten deutlich, dass genaues Wahrnehmen, das darauf folgende gedankliche Verarbeiten von Sinneseindrücken und das ästhetische Ausdrücken der reflektierten Wahrnehmungen sowohl Schönheit als auch Erkenntnis hervorbringen. Kunst wurde verstanden als Wissenschaft und Erziehung (vgl. Heller 1988, S. 462 ff.). Bezeichnend ist die bewusst eingesetzte Doppeldeutigkeit der von den Renaissance-Theoretikern verwendeten Begriffe „sensatio" und „sensus", mit denen „nicht nur die sinnlich-erfahrungsmäßige *Erkenntnis*, sondern auch die *Sinnenlust* gemeint war" (ebda., S. 475).

5.3 Neurobiologische Faktoren des Lernens

Zusammenhang zwischen sinnlicher Wahrnehmung, Emotion und Kognition

Die in der Tradition von der Frührenaissance des späten 15. Jahrhunderts bis zur Reformpädagogik des 20. Jahrhunderts fortgeführte Überzeugung vom Zusammenhang zwischen sinnlicher Wahrnehmung, Emotion und Kognition beim Gewinnen von Erkenntnissen in Lernvorgängen können wir heute wissenschaftlich erklären. Wesentliche Beiträge haben hierzu die neuere Neurobiologie sowie die Entwicklungs- und Lernpsychologie geleistet.

Unser Wissen über das Zusammenspiel von Wahrnehmungsorganen, Zentralnervensystem und der Entstehung von Denkvorgängen und Gefühlen ist heute ziemlich differenziert (vgl. Vester 1978, S. 13 ff.; Gardner 1991, S. 44 ff.; Zitzlsperger 1995, S. 69 ff.; Zimmer 1995, S. 31 ff.): Sensorische Nerven leiten Informationen von den Sinnesorganen über das Rückenmark zum Gehirn, das nach Verarbeitung der Nachrichten Befehle über motorische Nerven zu den Muskeln sendet. Die einzelnen Bereiche des Gehirns verfügen über jeweils spezifische Funktionen und Zuordnungen zu den verschiedenen Eingangskanälen von Informationen. So gibt es genau lokalisierbare Felder im Gehirn,

„Lateralität" des Großhirns

die etwa für Sinnesaktivitäten wie Sehen, Schmecken, Tasten usw. oder auch für bestimmte kulturell vom Menschen entwickelte Tätigkeiten wie Sprechen und Schreiben (!) zuständig sind (vgl. u.a. Zimmer 1995, S. 32 f.).

Besonders wichtig für die Organisation von Lernvorgängen ist der Nachweis der sog. „Lateralität" des Großhirns durch den Medizin-Nobelpreisträger von 1981 Roger Sperry (vgl. u.a. Zitzlsperger 1995, S. 70 ff.): In jahrzehntelangen Untersuchungen hat er belegen können, dass die beiden Hälften (=Hemisphäre) des Großhirns unterschiedliche, ja geradezu gegensätzliche, dennoch komplementär aufeinander bezogene Aufgabengruppen übernehmen. In der (in der Regel) linken Großhirnhälfte werden vorrangig sprachliche, begrifflich-wissensmäßige, analytisch-logische, also auch mathematische Denkvorgänge vollzogen. Dagegen ist die rechte Hemisphäre für nonverbale, unmittelbar sinnliche Informationen und räumliche Wahrnehmungen sowie deren Verarbeitung zuständig. Auch ästhetische Empfindungen, kreative Aktivitäten und das menschliche Vermögen zur Synthesenbildung stehen mit der rechten Großhirnhälfte in Verbindung.

Wir wissen heute, dass jede Hirnhälfte vermutlich unabhängig von der anderen arbeiten und teilweise die Aufgabe der anderen übernehmen kann. Wir wissen auch, dass viele Informationen von beiden Hemisphären aufgenommen und auf eine jeweils spezifische Weise verarbeitet werden, auf der einen Seite mehr sinnlich-ganzheitlich, auf der anderen mehr begrifflich-analytisch (vgl. ebda., S. 78).

Durch die Brücke zwischen beiden Hemisphären, den sog. „Balken", das „corpus callosum", werden Daten über die Informationsverarbeitung ausgetauscht. So entsteht eine komplexe, differenzierte und nicht „einseitige" Vorstellung von einem Gegenstand, einem Erlebnis, einem Problem. Zugespitzt kommt die Biopsychologin Jerre Levy zu dem Schluss: „Alle wichtigen menschlichen Tätigkeiten gelingen nur, wenn beide Gehirnhälften ausgeglichen zusammenarbeiten. [...] Die eine Gehirnhälfte kann wenig ohne die andere" (zit. nach ebda., S. 71).

Für das Zusammenwirken der Gehirnhälften, aber auch insgesamt für die Verbindung von Sinneseindrücken und Informationsverarbeitung im menschlichen Hirn sind Datenübermittlung und -speicherung von zentraler Bedeutung. Der Biochemiker und Psychologe Frederic Vester hat sich mit diesem Komplex intensiv beschäftigt (vgl. Vester 1978). Er beschreibt, wie die einzelnen Gehirnzellen (Neuronen) jeweils mit über 1000 Faserleitungen (Axonen) miteinander „verdrahtet" sind (vgl. ebda., S. 25 ff.). Entscheidend für die menschliche Denktätigkeit sind die Funktionstüchtigkeit und Schnelligkeit dieses Verbindungssystems, aber auch die Möglichkeit, durch Filterung Informationsüberflutung zu vermeiden. Kontakt- und Schaltstellen in diesem System sind die sog. Synapsen, die durch Hormone (Adrenalin bzw. Noradrenalin) dazu gebracht werden, entweder den elektronisierten Informationsfluss zu sichern oder zu stoppen (vgl. ebda., S. 76 ff.). Stresssituationen, wie sie in Prüfungen oder schulischen Abfragesituationen auftreten, führen zu Noradrenalinausschüttungen, die den neuronalen Informationsfluss hemmen und damit Denkblockaden auslösen.

zentrale Bedeutung von Datenübermittlung und -speicherung

Adrenalinausstöße, die die Transmissionsfunktion der Synapsen aktivieren, entstehen dagegen, wenn

- Lernprozesse stressfrei gestaltet sind (vgl. ebda., S. 92 f.),
- Lernprozesse als Aktionsprozesse so gestaltet sind, dass der Lernende mit den Besonderheiten seines (z.B. visuellen, auditiven, kommunikativen, handlungspraktischen) Lerntyps angesprochen wird (vgl. ebda., S. 98 ff.),
- Lernprozesse in einer angenehmen, aktivierenden Atmosphäre stattfinden (vgl. ebda., S. 103, 107, 110 ff., 125),
- Lernprozesse über bekannte inhaltliche Assoziationen die Aufmerksamkeit des Lernenden erregen und dadurch das neu zu lernende einen Sinn erhält (vgl. ebda., S. 108, 116 ff.),

Gestaltung von effizienten Lernprozessen

• Lernprozesse Informationen über mehrere (sinnliche) Eingangskanäle vermitteln, wodurch verschiedene Assoziationen aktiviert und verschiedene Speichermöglichkeiten genutzt werden können (vgl. ebda., S. 109, 123).

5.4 Die biopsychischen Dimensionen des Lernens

Dr. George Goodheart = Begründer der Kinesiologie

In den 70-er Jahren haben die Therapeuten Paul und Gail Dennison versucht, pädagogische Konsequenzen aus den jüngeren neurobiologischen Erkenntnissen zu entwickeln (vgl. Dennison 1997; Dennison/Hargrove 1989). Dabei bezogen sie auch diagnostische und therapeutische Techniken des Chiropraktikers Dr. George Goodheart ein, der als Begründer der Kinesiologie gilt und eine Verbindung zwischen der neueren Hirnforschung und der traditionellen chinesischen Lehre von den Energiebahnen im menschlichen Körper herstellen wollte (vgl. Gaßner 1995, S. 89). Die Dennisons arbeiteten eine Reihe von Übungen heraus, die sie als ein Werkzeug zur Verbesserung des individuellen Lernsystems verstehen. Sie bezeichneten ihr Übungskompendium als Edu-Kinestetik (von Lateinisch educare = erziehen und Griechisch kinesis = Bewegung) oder auch als Brain Gym (= Hirngymnastik).

Grundannahmen der Edu-Kinestetik

Grundannahmen der Edu-Kinestetik sind
• die Einheit von Körper und Geist
• die Komplementarität der beiden Gehirnhälften
• die Konzentration schaffende Bedeutung einer Balance zwischen oberen und unteren Bereichen des Körpers („Zentrierdimension")
• die Zusammenarbeit von Hinter- und Vorderhirn, mit der Stress vorgebeugt und Alternativen zu eingeschliffenen Verhaltensmustern gewonnen werden können („Fokusdimension") (vgl. Röbe 1998, S. 10 f.).

Integration der beiden Gehirnhälften

Eine besondere Bedeutung spielen in der Edu-Kinestetik Übungen mit Überkreuzbewegungen der Extremitäten und die „Liegende Acht", die mit großem Schwung hintereinander von beiden Händen in die Luft geschrieben wird und vom Blick verfolgt wird. Damit sollen die Integration der beiden Gehirnhälften intensiviert, die Energieströme im Körper stimuliert und Stressmomente abgebaut werden (vgl. u. a. Gaßner 1995, S. 90 ff.).

Edu-Kinestetik ist kein speziell grundschulbezogenes Konzept. Sie liefert auch kein allgemeines Instrumentarium für die Unterrichtsgestaltung. Dennoch werden Elemente von Edu-Kinestetik/Brain Gym an vielen Grundschulen praktiziert, weil sie den Unterricht abwechslungsreich und lebendig gestalten und vor allem weil sie den kindlichen Bewegungsdrang zur Förderung von Konzentration und geistigen Ressourcen (Zusammenspiel beider Gehirnhälften) nutzen.

Die Edu-Kinestetik ist nicht der einzige Ansatz für die Stärkung der Körper-Geist-Zusammenhänge unter pädagogisch-psychologischem

Aspekt. Das von Pestalozzi geforderte Lernen „mit Kopf, Herz und Hand" steht auch bei anderen Konzepten im Mittelpunkt, vor allem bei der u. a. auf Fritz Perls' Gestalttherapie zurückgehende Gestaltpädagogik (vgl. Bürmann 1992; Burow 1988 u. 1993; Prengel 1983; Luca/Winschermann 1995). Charakteristisch für gestaltpädagogisch strukturiertes Lernen ist das „persönlich bedeutsame Lernen", in dem sich die individuelle Lebensgeschichte, der Kern der Persönlichkeit und der Lerngegenstand treffen. Dabei sind u. a. folgende Prinzipien wichtig:

- Stärkung *selbstunterstützender Fähigkeiten* u. a. durch eine angst-, druck- und konkurrenzfreie Atmosphäre
- *das Spielerische und die Kreativität*, die (etwa im darstellenden Spiel oder im musisch-ästhetischen Gestalten) dazu beitragen, Ich-Stärke (wieder-)herzustellen und die Identitätsentwicklung zu fördern
- *ganzheitliches Lernen*, welches durch vielfältige, oft experimentelle Aktivitäten des verbalen und nonverbalen Austauschs (z. B. einfach Erzählen) oder der Körperwahrnehmung (z. B. durch Berühren, Tasten, Bewegung) das „Sich-selbst-Erleben" als „Körper-Seele-Geist-Subjekt" ermöglicht.

In den 50-er und 60-er Jahren entwickelte der bulgarische Arzt und Erziehungswissenschaftler Georgi Lozanov das Konzept der *Suggestopädie* (vgl. Lozanov 1978), das verschiedentlich weiterentwickelt wurde (vgl. Edelmann 1988; Schiffler 1989; Baur 1990; Riedel 1995), nachdem die Journalisten Ostrander und Schroeder (1982) das Konzept unter dem Namen *„Superlearning"* popularisiert, zugleich simplifiziert hatten.

Die Suggestopädie geht davon aus, dass die (Gedächtnis-)Kapazitäten des Menschen im allgemeinen nur zu einem Bruchteil genutzt werden, aber durch einen Unterricht aktiviert werden können, der eine positive Lerneinstellung schafft. Ähnlich wie in der Gestaltpädagogik und von Vester neurobiologisch begründet (s.o.), spielen die sozial-emotionalen und sinnlich-ästhetischen Umgebungseinflüsse eine große Rolle bei der Stabilisierung einer positiven Lerneinstellung:

- „Der *Lehrer* selbst trägt wichtige Prinzipien: Sein Auftreten strahlt Optimismus und Entschlossenheit aus; Bedingung dafür ist eine Freude am Leben. Die entspannte und heitere Lernatmosphäre gründet in Vertrauen, gegenseitiger Anerkennung, befriedigenden Beziehungen. Sowohl auf verbaler wie nonverbaler Ebene wird Lernen als angenehme Aktivität dargestellt. Dies verlangt subtile Wortwahl, Gestik, Mimik, Intonation, Rhythmus" (Röbe 1998, S. 13).
- Die *Gestaltung der Lernumgebung* ist wohnzimmerartig mit Pflanzen, Bildern, Kerzenlicht, Duftöl, ausgestellten Materialien, die zum jeweils bearbeiteten Thema passen (vgl. ebda.). Besonders wichtig ist auch der Einsatz von Musik (insbesondere des Spätbarock oder der frühen Klassik, z. B. von Bach, Vivaldi, Mozart). Sie soll dem „Herzrhythmus" angepasst sein, dadurch Entspannung, Wohlgefühl und ästhetischen Genuss erzeugen (vgl. Sauter 1995, S. 214). Durch diese aufeinander abgestimmten, zusammenwirkenden, nie eine Reizüber-

---

Marginalien:

Gestaltpädagogik

Prinzipien für das „persönlich bedeutsame Lernen"

„Suggestopädie" und „Superlearning"

Prinzipien des Lehrers

Gestaltung der Lernumgebung

flutung hervorrufende Elemente „soll der Lernende für das Lernen ‚geöffnet' und ‚bereit' werden" (Röbe 1998, S. 13).

In der Suggestopädie sollen kognitive, sinnliche und emotionale Momente so miteinander verschränkt werden, dass durch Entspannung, körperbezogene Lernhandlungen und soziale Kommunikation bewusste und unterbewusste Aktivitäten beider Gehirnhälften stimuliert werden. Mit einer positiven Lerneinstellung wird auch eine Überwindung „antisuggestiver" Barrieren erhofft. Diese entstehen durch negative Lernerfahrungen, Berührungsängste und Abwehr gegenüber Neuem, das nicht unseren Vorstellungen und Gewohnheiten entspricht, die uns Vertrauen und kulturelle Sicherheit geben (vgl. ebda.).

erfolgreicher Unterricht braucht einen bestimmten Rhythmus

Unterricht kann nach dem Konzept der Suggestopädie vor allem Erfolg haben, wenn er einem bestimmten Rhythmus folgt: In der *Vorbereitungsphase* geht es zunächst um physische, dann um mentale Entspannung, die aufschließt für das *Präludium*, in dem eine vielfältige Begegnung mit dem neuen Lerngegenstand erfolgt. „Es geht hier nicht darum, dem Schüler zu zeigen, was er alles lernen muss, sondern ihn darauf hinzuweisen, was er schon weiß" (Bröhm-Offermann 1989, S. 19). Im Zentrum des dann folgenden *Konzertes* steht ein abwechslungsreicher, ausdrucksvoller und mit Musik unterlegter kurzer Lehrervortrag, an den sich eine Ruhephase anschließt. Die abschließende *Aktivierungsphase* nimmt den größten Teil des themenbezogenen, auf zwei bis drei Tage ausgelegten Unterrichtsblocks ein. In ihr dominiert die eigenständige Verarbeitung und Weiterführung des Themas durch die SchülerInnen entsprechend eigenen Interessen (vgl. Röbe 1998, S. 12).

NLP = Neurolinguistisches Programmieren

Das zur Zeit erfolgreichste neurobiologische Lernkonzept ist das Neurolinguistische Programmieren (NLP), das in den 70-er Jahren von den beiden Amerikanern Richard Bandler und John Grinder entwickelt wurde (vgl. Büschges-Abel 1998). Grinder war Linguistikprofessor, während Bandler als Mathematiker und Informatiker, später als Gestalttherapeut tätig war. Sie versuchten unterschiedliche theoretische Erklärungsmodelle und Therapieansätze zu verknüpfen, so knüpften sie an den Konstruktivismus an, wie ihn u.a. Paul Watzlawick (1990) in den USA mit der These vertrat, „dass die (sogenannte) Wirklichkeit das Ergebnis von Kommunikation sei und jeder Mensch in diesem kommunikativen Prozess seine eigene Wirklichkeit erzeuge" (Hücker 1995, S. 117 f.). Wichtige Wurzeln des NLP sind daneben die Gestalttherapie Fritz Perls', die Familientherapie Virginia Satirs sowie die Hypnotherapie Milton Ericksons (vgl. ebda.).

Grundlagen des NLP

Das NLP basiert auf einer Reihe von Grundannahmen (vgl. Hücker 1995, S. 127 f.; Winteler 1996, S. 13 f.), die im folgenden auszugsweise beschrieben werden: Körper, Geist und Seele sind Teile des gleichen kybernetischen Systems, das Umweltreize permanent verarbeitet und sortiert. Das Handeln des Menschen reagiert auf diese in Gefühlen, (Vor-)Urteilen, Normen und Wertvorstellungen sich konkretisierenden Verarbeitungen externer Informationen, jedoch nicht unmittelbar auf die äußere Wirklichkeit selber. Auf der Grundlage der verfügbaren und verarbeiteten Informationen trifft der Mensch jeweils die (subjektiv) beste

Handlungsentscheidung. Das Verhalten des Menschen ist zumindest in seinem (persönlichen) Zusammenhang immer stimmig, auch wenn es Außenstehenden skuril erscheint; es entspringt einer positiven Absicht. Fehlverhalten kann es objektiv dann auch nicht geben, sondern nur abweichende Vorstellungen über die Passfähigkeit von Problemen und möglichen Problemlösungen. Das Herstellen eines Konsenses über die Passfähigkeit von Problemlösungen beruht auf Kommunikation und Feedback. Grundsätzlich verfügen Menschen über die Ressourcen, die sie brauchen, um eine von ihnen angestrebte Veränderung zu erreichen. NLP wird derzeit hauptsächlich für das „Selbstmanagement" Erwachsener verwendet. Dafür gibt es eine Fülle aktueller Literatur (vgl. u. a. Winteler 1996).

Auch Ansätze einer Übertragung von NLP-Prinzipien auf den schulischen Unterricht gibt es zahlreiche (vgl. die Literaturauswahl bei Röbe 1998, S. 16). Doch scheinen diese Umsetzungsversuche insbesondere für den Grundschulunterricht erst im Anfang zu stecken (vgl. auch Hücker 1995, S. 126 f.).

Beiträge des NLP für eine kindorientierte Unterrichtsgestaltung dürften vor allem in folgenden Aspekten liegen:

NLP für eine kindorientierte Unterrichtsgestaltung

- die systematische Verknüpfung von Kognition, Emotion und Sensualität („Kopf, Herz und Hand") beim Lernen
- die Beachtung subjektiver Bedeutungen von Lerngegenständen (vgl. das Konzept des Konstruktivismus)
- die Berücksichtigung des individuellen Lerntyps im Hinblick auf den jeweils bevorzugten (visuellen, auditiven oder kinästhetischen) Eingangskanal
- die Entwicklung von Toleranz gegenüber ungewohntem (abweichendem) Verhalten, das immer auch Signalverhalten ist und eine Botschaft bezüglich des Ursprungs von Problemen enthält
- die Aufforderung zum gelassenen und produktiven Umgang mit (vermeintlichen, oft notwendigen, weil uns weiterbringenden) Misserfolgen und Fehlern sowie mit Kritik sowohl auf Lehrer- wie auf Schülerseite
- die Überzeugung von der eigenen Lern- und Entwicklungsfähigkeit auf der Basis der von eigenen Interessen geleiteten Nutzung der in jedem Menschen steckenden Ressourcen.

Darüber hinaus werden im Konzept des NLP spezifische Techniken für die Stärkung der Selbstentwicklungsmöglichkeiten und für die Verbesserung der Interaktion mit anderen bereitgestellt, die auch für schulisches Lernen und Unterrichten nützlich sein können:

Das *Ankern* soll die im Menschen steckenden Ressourcen verfügbar machen, indem auf positive Situationen oder gelungene Problemlösungen unmittelbar zurückgegriffen wird. In Anschluss an Vesters mehrkanaliges Lernen und Erinnern werden positive Erinnerungen mit körperlichen Reizen in Verbindung gebracht, z. B. durch einen festen Druck auf den rechten Oberarm, der bei Wiederholung auch die positive Situation emotional und kognitiv meist sofort rekonstruieren hilft. Kinder, die in der Regel ein weniger gebrochenes Verhältnis zu körperlichen Aktivitäten haben als Erwachsene, haben Freude an solchen Praktiken,

„Ankern"

zumal diese ihnen ihre Erfolgserlebnisse in Erinnerung bringen und so ihr Selbstvertrauen stärken können.

„Reframing" Das _Reframing_ ist umgekehrt ein Hilfsmittel um eine negative, ärgerliche Erinnerung neu zu interpretieren, in einen neuen Rahmen zu stellen. Dies verlangt zunächst eine kritische gedankliche Aufarbeitung einer erlebten Situation, deren Nutzen für unsere Weiterentwicklung in den Mittelpunkt unseres Bewusstseins gerückt werden soll. Um eine ganzheitliche Neubewertung auch emotional und sinnlich zu vollziehen, stellen wir uns die alte Situationsdeutung wie eine Filmszene vor, die nach und nach verblasst und durch die farbige Inszenierung unserer neuen Interpretation ersetzt wird. Auch so etwas gelingt Kindern meist leichter als Erwachsenen.

„Pacing" _Pacing_ dient in der Interaktion, z. B. mit einem (lustlosen oder aggressiv erscheinenden) Kind oder einem Elternteil dazu, eine „emotionale Verbindung, die sich durch Harmonie, Klarheit und Vertrauen auszeichnet" (Röbe 1998, S. 8), herzustellen. Dazu versucht man sich auf den anderen einzustellen, indem man in Körperhaltung, Gestik und Sprechweise sich dem anderen annähert (vgl. ebda.) und Distanz erzeugende Sprachelemente, wie z. B. das Wort „aber", vermeidet. Damit pendelt man sich in die Verhaltenswelt des anderen ein und signalisiert ihm (unterbewusst) zugleich das eigene Bemühen um Verständnis und Einfühlung.

Anregungen für den Unterricht Insgesamt zeigen die in den letzten Jahrzehnten entwickelten pädagogischen Ansätze, die sich neurobiologischer Erkenntnisse bedienen, eine bemerkenswerte Vielfalt an theoriegeleiteten Grundannahmen und praktischen Ideen. Keineswegs geht es in ihnen nur um die Aktivierung und wechselseitige Bezugnahme der beiden Gehirnhälften und der menschlichen Sinne als Eingangskanäle für Aufnahme und Verarbeitung externer Informationen. Es wird vielmehr ein breites Spektrum von Anregungen für die Erweiterung pädagogischer Handlungsmöglichkeiten im Unterricht angeboten:

- Übungen zur Entwicklung der Wahrnehmungsfähigkeit und zur Verbesserung von Konzentration und Merkfähigkeit
- Anregungen zur Schaffung einer entspannten, zugleich klaren, die Konzentration fördernden sozial-emotionalen Atmosphäre in der Klasse
- konkrete Hinweise für die Gestaltung einer sinnlichen, stimulierenden Lernumgebung
- Kriterien und methodische Ansätze für eine auf Vertrauen, Zutrauen und wechselseitige Achtung basierende Lehrer-Schüler-Beziehung
- „Techniken" für den Umgang mit Konflikten, (vermeintlichen) Misserfolgen und für das Anknüpfen an Erfolgserlebnisse.

Ein Problem der so anregungsreichen neurobiologischen Pädagogikansätze steckt in den Umsetzungsbedingungen: Es lassen sich nicht einzelne, als besonders sinnvoll eingeschätzte Elemente aus einem der in sich konsistenten Theorie- und Praxis-Kontexte herauslösen und in eine konventionelle Unterrichtspraxis integrieren. Die einzelnen Konzepte bilden – so ist zumindest der Anspruch – in sich geschlossene Systeme mit eigenen Erklärungsmodellen und sich daraus ergebenden Praxiskonsequenzen. Sie konkurrieren miteinander und mit geläufigen Unterrichtsformen. Mehr oder weniger deutlich ist auch der esoterische Charakter der Konzepte, die dann auch von den pädagogischen Akteuren in der Regel eine spezielle Qualifizierung verlangen.

Eine derartige Exklusivität findet sich allerdings schon bei einem Teil der älteren, reformpädagogischen Konzepte, insbesondere bei der Waldorf-, abgeschwächt auch bei der Montessori-Pädagogik. Letztere kann in vielerlei Hinsicht als Vorläuferin der neueren neurobiologisch orientierten Ansätze verstanden werden. Denn, wie später bei diesen, legt Montessori großes Gewicht auf

- die Sinnlichkeit von Lernumgebung und Materialien,
- eine durch Vertrauen, zugleich Klarheit geprägte Lehrerrolle,
- Übungen, in denen Kinder Körpererfahrungen, zugleich Entspannung und Konzentration gewinnen können.

Montessori-Pädagogik als Vorläuferin der neurobiologisch orientierten Ansätze

In den Studien Frederic Vesters spielt das Zusammenwirken von neurobiologischen und emotionalen Komponenten beim Lernen und Behalten eine große Rolle: Eine als angenehm, als wohltuend empfundene Lernumgebung oder ein Lerngegenstand, zu dem eine positive affektive Beziehung besteht, oder die Freude über Lernerfolge lösen bestimmte Hormonausschüttungen im Zentralnervensystem aus, die Synapsenverbindungen aktivieren und damit kognitive Verarbeitungsprozesse in Gang setzen oder aufrecht erhalten. Umgekehrt wird durch negative Gefühlsumstände ein biochemischer Prozess verursacht, der die Filterwirkung der Synapsen und damit Denkblockaden hervorruft.

Der Zusammenhang von Fühlen und Denken ist in den Grenzbereichen zwischen Biologie, Anthropologie, Psychologie und Pädagogik in den letzten Jahren zu einem großen Thema geworden. Emotionale Intelligenz ist gerade zum Modebegriff avanciert (vgl. z.B. Johnson 1997; Huber 1996; Schneider 1997). Bei der Beschäftigung mit der Entstehung und anthropologischen Bedeutung von Gefühlen wird auch auf ältere Emotionstheorien zurückgegriffen (vgl. u.a. Huber 1996, S. 17 u. allgemein Petzold 1995). Eine entscheidende Bedeutung für die öffentliche Diskussion um emotionale Intelligenz haben aber die Publikationen von Howard Gardner (Abschied vom IQ, 1991) und Daniel Goleman (Die Intelligenz der Gefühle, 1991). Gardner entwickelte in den 70-er Jahren sein Konzept der „multiplen Intelligenz", mit dem er den traditionellen Intelligenzbegriff erweiterte. Er unterschied zwischen

Zusammenwirken von Fühlen und Denken

- Sprachintelligenz
- logisch-mathematischer Intelligenz
- Intelligenz der räumlichen Wahrnehmung und Vorstellung
- musikalischer Intelligenz
- körperlich-motorischer Intelligenz
- intrapsychischer Intelligenz (Verständnis der eigenen Gefühle, Identitätsentwicklung)
- interpsychischer Intelligenz (Verstehen anderer) (vgl. Gardner 1991).

„Multiple Intelligenz"

An Gardner knüpften in den 80-er Jahren die – ebenfalls amerikanischen – Intelligenz- und Emotionsforscher Peter Salovey und John Mayor an, indem sie die Kategorien der intra- und interpsychischen Intelligenz weiter ausdifferenzierten und zwar in fünf Grundmerkmale der sogenannten „emotionalen Intelligenz":

Grundmerkmale der „emotionalen Intelligenz"

1. emotionale Selbstwahrnehmung
2. Gestalten von Emotionen
3. produktives Nutzen von Emotionen
4. Empathie (Einfühlungsvermögen)
5. Umgang mit sozialen Beziehungen (vgl. Huber 1996, S. 26 ff.).

Goleman griff den Begriff der emotionalen Intelligenz auf und popularisierte ihn.

Emotionale Selbstwahrnehmung als Grundelement emotionaler Intelligenz wird verstanden als „innere Stimme", die bei den kleinen und großen Entscheidungen die Funktion eines Ratgebers übernimmt: „Gleich ob es darum geht, welches Studium oder welchen Beruf wir wählen, welchen Menschen wir vertrauen oder unsere Liebe schenken – da die Vernunft in solchen Bereichen blind ist, braucht man dazu intuitive Gefühlsklugheit, die man über die emotionale Selbstwahrnehmung im Laufe des Lebens erwirbt" (ebda., S. 29).

Auch der Neurologe Antonio R. Damasio widerspricht aufgrund der Analyse von Fallbeispielen (Patienten mit Vorderhirnverletzungen) der klassischen Ansicht, dass Entscheidungen durch schlussfolgerndes Denken herbeigeführt werden und dabei Gefühle nur stören (vgl. Damasio 1995): Bei Verletzungen im präfrontalen Hirnbereich geht offensichtlich der Mechanismus verloren, der kognitive Vorstellungen mit Gefühlen verknüpft. Dadurch entstehen auch bei unveränderten Fähigkeiten sowohl zum Denken als auch zum Fühlen signifikante Probleme beim Treffen von (zukunftsorientierten) Entscheidungen (vgl. auch Leonhard 1996, S. 195 f.). Damasio spricht vom „somati-

„somatischer Marker" = Empfindungen im Bauch

schen Marker", der Empfindung im Bauch (Damasio 1995, S. 237), die eine Verbindung von kognitiven und emotionalen Prozessen zum Ausdruck bringt (vgl. ebda., S. 239). „Vernünftiges Handeln, so Damasio, ist [...] ohne Gefühle nicht möglich. Da Gefühle auch körperlich manifest sind und diese Manifestationen das Geschehen im Gehirn beeinflussen, bedeutet dies zugleich: Vernünftiges Handeln und die Planung dieses Handelns im Denken ist ohne körperliche Vorgänge nicht möglich. Damasio versteht diese Aussage auf den ganzen Körper bezogen. Er widerspricht nicht nur dem Dualismus Denken und Fühlen, sondern insgesamt dem Dualismus von Geist und Körper [...]" (ebda., S. 274).

„Wenn man das dualistische Menschenbild verwirft und sich diesen Ansichten über die Einheit von Gefühl und Verstand [...] anschließt", folgert der Erlangener Erziehungswissenschaftler Hans-Walter Leonhard, „so folgt eine grundlegende Revision des Menschenbildes, das in der Pädagogik spätestens seit der Forderung nach einer ‚Wissenschaftsorientierung' vorherrscht, mit weit reichenden Konsequenzen für die Theorie und Praxis der Erziehung [...]. Es geht [...] nicht um eine gesonderte, zusätzliche Gefühlserziehung neben der Verstandeserziehung, sondern um die Einsicht, dass, und wie jeweils, Verstandesvorgänge und Gefühlsvorgänge einander bedingen und voraussetzen" (ebda., S. 285).

Die Psychologin Andrea Abele hat sich der Frage emotionaler Einflüsse auf Denken und Handeln mit empirischen Methoden genähert. Sie verglich die Denkleistung einer größeren Stichprobe von Personen, die aufgefordert wurden, sich an positive Erlebnisse zu erinnern, mit Probanden, die sich an negative Situationen erinnern sollten, und mit einer Kontrollgruppe ohne spezielle Aufforderung an emotional gefärbte Erinnerungsleistungen. Das Experiment ergab, dass entgegen der Erwartung Übungseffekte bei Wiederholung der Übung gering waren. Dagegen kamen Personen mit angenehmen Erinnerungen zu einer im Mittel 20-prozentigen Leistungssteigerung (vgl. Abele 1991, S. 316).

emotionale Einflüsse auf das Denken und Handeln

Abele kommt zu dem Ergebnis, dass eine „positive Stimmung", „gute Laune die Lösung von solchen Aufgaben fördert, die durch ganzheitliches Denken erreicht werden können, z.B. Kreativitätsaufgaben" (ebda.). Auch Problemlösungskompetenz steigt in vielen Fällen an (vgl. ebda., S. 317). Man kann insgesamt eine „mit positiver Stimmung einhergehende physiologische und psychologische Aktivierung sowie [...] erhöhte Außen- bzw. Umweltorientierung" (ebda., S. 319) feststellen. Auswirkungen zeigen sich sowohl in „automatisierten Prozessen der Informationsverarbeitung und der Verhaltenssteuerung" als auch in „kontrollierten Denk- und Handlungsprozessen" wie z.B. „selektive Gedächtnissuche" (ebda.).

5.5 Aktivierung des Lernens durch Klassenraumgestaltung

In dem 1997 erschienenen Sammelband „Räume bilden" (vgl. Becker u.a. 1997) schreibt die Nürnberger Erziehungswissenschaftlerin Johanna Forster: „Während die Qualitätskriterien der ,Bewohnbarkeit' selbstverständlich auf den Wohnbereich angewandt werden, bleiben Schulbauten größtenteils davon frei [...]. Schulraum ist in diesem Sinne ,human', wenn er funktional ist, d.h. seine Gestaltung den Lernprozess unterstützt, und gleichzeitig auch den biologischen und sozialen Bedürfnissen der Benutzer entspricht. Weiter soll ein geeignetes Schulhabitat die Befriedigung ästhetischer Ansprüche sicherstellen. ,Ästhetik' meint hier nicht aktuelle Modeerscheinungen und Trends in der Kinderkultur, sondern zielt ab auf das Bedürfnis nach Stimulierung, Exploration und Abwechslung, aber auch nach Eingrenzung der Informationsmenge und Informationsvarianz" (Forster 1997, S. 182).

Ästhetik = Bedürfnis nach Stimulierung, Exploration und Abwechslung

Forster bezeichnet die Schulräume als „Habitat", als Wohneinheit. Sie bezieht sich dabei auf den amerikanischen Stadt- und Wohnsoziologen A. Rapoport, der die menschliche Lebensumwelt mit der Struktur einer Zwiebel vergleicht: „der Mensch im Zentrum ist umgeben von seinem wichtigsten Lebensumfeld, der Wohnung. Es folgen das Wohnumfeld und der Arbeitsplatz, das Wohnviertel, der Stadtteil usw. Die Lebensumfelder, die den Menschen physisch am nächsten sind, werden emotional hoch belegt, erfahren Identifikation und werden in Besitz genom-

men [...]. Für Schüler und Lehrer ist ‚Schule‘, wie vergleichbare Arbeitsplätze, aufgrund der langen Zeit, die sie dort verbringen, das zweit-
wichtigste Lebensumfeld [...]" (ebda., S. 181 f.).

Versucht man sowohl die pädagogisch als auch die anthropologisch be-
gründbaren Ansprüche an Schulräume auszudifferenzieren, wird man
auf viele Überschneidungen stoßen. Wenn Grundschule sowohl Lern-
als auch Erfahrungsort ist, an dem Kinder Selbstbewusstsein, Identität,
soziale Kompetenzen, Lernmotivation, ihren eigenen Lerntyp, Durchhaltevermögen, Verantwortungsbewusstsein und andere Schlüsselqualifikationen (weiter-)entwickeln können, dann müssen pädagogische in
allgemein anthropologische Qualitätskriterien übergehen. Im Einzelnen
lassen sich folgende Ansprüche an (Grund-)Schulräume stellen:

Ansprüche an
Grundschulräume

Ressourcenbereitstellung für Lernprozesse: übersichtliche und auffordernde (offene) Präsentation von Lernmaterialien, die für die unterschiedlichen Lernbedürfnisse der Kinder ausgewählt wurden; Vorhan-
densein und günstige Platzierung von Aktions- und Demonstrationsme-
dien (PC, Tafel, Projektor); geeignete Arbeitsflächen; Möblierung, die
das Unterrichtsgespräch und die Zusammenarbeit der Schülerinnen
und Schüler fördert; gute Erreichbarkeit und vielfältige Ausstattung
von Fachräumen.

Unterstützung verschiedener Lernformen: entsprechend dem Förderan-
spruch der verschiedenen Lerntypen, die durch die Heterogenität der
Kinder in der Grundschulklasse gegeben sind: Lernmöglichkeiten für
besser einzeln oder in Gruppen Lernende (Ecken und Nischen verschiedener Größe); Möglichkeiten des Lernens mittels Büchern oder Computer, Eigentätigkeit oder gemeinsamen Problemlösens (Leseecke; For-
schertisch, kleiner Arbeitstisch für Partner- oder Kleingruppenarbeit,
Sofa o.ä. für (dialogische) Gespräche usw.).

Förderung der Eigentätigkeit (beim Lernen) der Kinder: werkstattähnliche Anordnung des Mobiliars; Aufforderungscharakter der Materialpräsentation; übersichtliche Arbeitshilfen an den Wänden (Anlauttabelle, Rechtschreib- und Mathematikregeln u.a.); einzelne Abbildungen, Kalenderbilder oder Poster mit Handlungsaufforderungen;
ausgestellte Kinderarbeiten (Texte, Bilder) zur Stimulierung und Befriedigung des Autorenstolzes der Kinder; Verzicht auf zentrale Position
des Lehrerpults (keine Kommandozentrale mehr!).

Förderung der Kommunikation und Zusammenarbeit der Kinder:
Gruppentische, die von den Kindern selber neu arrangiert werden können, Rückzugsbereiche für Partner- und Kleingruppenarbeit; Nutzung
von Fluren, Eingangs- und Pausenhalle ohne besondere Erlaubnis und
deren Ausstattung mit Sitzgruppen (wie dies in Schweden und Däne-
mark selbstverständlich ist); regelmäßige Morgen- und Gesprächskreise
(dafür werden Sitzkissen oder Teppichbodenstücke verwendet oder einfach die Stühle umgestellt, was durch Bewegung und kurzes Dampf-
Ablassen zu einer strukturierenden Zäsur des Unterrichts beiträgt).

Andere Orte stimulieren,
machen neugierig und
regenerieren die
Konzentrationsfähigkeit

Förderung der Öffnung von Schule und Unterricht: Das Klassenzimmer sollte nicht der exklusive schulische Lernort sein. Kinder haben ein
Recht darauf, schulisch zu erfahren, dass Wissen und Können an unterschiedlichen Orten und in unterschiedlichen Handlungsprozessen
entstehen und auf verschiedene Aktionsfelder und -zusammenhänge

beziehbar sind. Lernen sollte an verschiedenen Orten innerhalb und außerhalb von Schulgebäude und Schulgelände stattfinden, in Kleingruppen oder mit der ganzen Klasse, z. B. – aber nicht nur – bei schönem Wetter draußen. Andere Orte stimulieren, machen neugierig und regenerieren die Konzentrationsfähigkeit.

Förderung der Lernfreude durch Raumgestaltung: Wichtige Faktoren hierfür wurden bereits Anfang unseres Jahrhunderts von Maria Montessori charakterisiert und erprobt (vgl. Knauf 1997c, S. 35): Helligkeit, ausgewogene, auf das Körpermaß von Kindern bezogene Dimensionierung des Raumes und seiner Ausstattung, helle angenehme Farben, ausgewählte (vor allem) natürliche Materialien, Klarheit und Übersichtlichkeit der Raumgestaltung. Ein neueres, ebenfalls in Italien entstandenes pädagogisches Konzept, das der Reggio-Pädagogik, hat die Kriterien für eine kinderfreundliche Gestaltung von Lern- und Erfahrungsräumen erweitert (vgl. Knauf 1995; ders. 2000c): das Hereinholen von Natur, Alltagsgegenständen, aber – zurückhaltend – auch von Kunstobjekten (in Kalenderbildern, Plakaten, Postern); die Schaffung von Transparenz, vor allem stimulierende Sichtkontakte zur Außenwelt; Schaffen einer Balance zwischen Bewahren und Veränderung der Raumgestaltung, um Kontinuität und Vertrautheit, aber auch Aktivität, Neubeginn, Entwicklung zum Ausdruck zu bringen; besonders wichtig: die Beteiligung der Kinder an der Raumgestaltung und die gemeinsame Dokumentation ihrer Lernerfahrungen, ihrer Lernprodukte und der Erlebnisse wie Gegenstände, die ihnen wichtig sind, im Raum. Schon vor zwei Jahrzehnten hat Hildegard Kasper versucht, diese Aspekte für die grundschulpädagogische Arbeit zu konkretisieren (vgl. Kasper 1979, insbes. S. 22 f.). Sie „hat das reformpädagogische Erbe einer didaktischen Sensibilisierung für den Raum aufgenommen und daraus Kriterien für die Gestaltung von identitätsstiftenden Lernräumen entwickelt:

Balance zwischen Bewahren und Verändern der Raumgestaltung

1. *Anregungsreichtum:* Der Klassenraum hat Aktivitäten anzuregen [...], seine Einrichtung (muss) werkzeugartig genutzt werden können.
2. *Wohnlichkeit:* Der Klassenraum soll Brücke sein zwischen häuslicher Umgebung und schulischer Lernwelt. Die Kinder sind an der Ausgestaltung zu beteiligen.
3. *Zonung:* Neben einer allgemeinen Unterrichtszone sind funktionsdifferenzierte Zonen zu schaffen: Leseecke, Informationsecke, Ruhezone, Zone für gestalterische oder experimentelle Betätigung [...]
4. *Materialzugänglichkeit:* Eine offene Präsentation vielseitiger Materialangebote fördert den selbständigen Umgang mit den Dingen sowie die Partner- und Gruppenbildung.
5. *Räumliche Ausweitung:* Flure, Nebenräume und Pausenhöfe müssen selbstverständlicher Nutzungsraum werden und zusätzliche Kontakte und Spielräume ermöglichen (Bauer 1997, S. 155).

Kriterien für die Gestaltung von identitätsstiftenden Lernräumen

Diese Kriterien ließen sich ergänzen durch:
6. *Variabilität der Sitzordnung:* Gruppentische, Einzelarbeitsplätze, Sitzkreis für Gespräche am Morgen, zum Tages- oder Wochenabschluss, Zusammenrücken der Tische für größere Gemeinschafts-

vorhaben, Schaffen freier Flächen für Bewegungs- oder Stilleerfahrung.

7. *Klassenraum als Ausdruck der Entwicklung von Kindern:* Arbeitsdokumente und Bilder der Kinder an den Wänden ebenso wie die Visualisierung der Gemeinschaftsregeln.

8. *Ästhetische Raumgestaltung als Lernförderung:* Farbwahl, sensible Helligkeitsbeeinflussung, Balance zwischen Ordnung und Vielfalt, Auswahl dekorativer Elemente, Natürlichkeit der Materialien, Pflanzen im Raum, Transparenz, Sichtkontakt nach außen (vgl. Knauf 1993, S. 62).

9. *Bewegungsförderung in der Lernumgebung:* Zulassen und Fördern werkstattähnlicher Bewegung während des Unterrichts; flexibles, bewegungsförderndes Mobiliar; Integration von Bewegungsphasen in den Schulalltag (vgl. Klupsch-Sahlmann 1999; Knauf/Politzky 2000).

Bedeutung von Gegensätzen und Spannungsverhältnissen in der pädagogischen Qualität von Räumen

Das Formulieren und Beschreiben von Kriterien kinderfreundlicher und lerngerechter Gestaltung schulischer Räume macht auf zwei Besonderheiten aufmerksam: Zum einen ist es die Bedeutung von Gegensätzen und Spannungsverhältnissen in der pädagogischen Qualität von Räumen.

So sollen Räume einerseits Geborgenheit, Heimatlichkeit, ja Heimlichkeit vermitteln, andererseits sich öffnen, verbinden, neugierig machen, Weltoffenheit dokumentieren. Und sie sollen einerseits Alleinsein, Konzentration durch Einzelarbeit ermöglichen, andererseits kommunikativ sein, Kommunikation und Gemeinschaftlichkeit fördern.

Schulpraktikerinnen erläutern diese pädagogisch fruchtbaren Gegensätze an vielen konkreten Beispielen (vgl. Mayer-Behrens 1993, S. 28 ff.; Müller-Bardorff 1997, S. 29; von der Groeben 1997, S. 162 ff.).

So schreibt Annemarie von der Groeben, die Lehrerin und Didaktische Leiterin an der Bielefelder Laborschule: „Kinder brauchen Geborgenheit, einfache, klare Ordnungen, Nischen und Kuschelecken; sie brauchen ebenso Abenteuer, Natur, Erlebnis, Spiel, Herausforderung und Bewährung" (Groeben 1997, S. 163).

„ein möglichst bekömmliches Verhältnis von Offenheit und Geschlossenheit"

An anderer Stelle sagt sie: „Wenn es das ist, was wir Kindern am meisten schulden – ihnen zu helfen, dass sie mit Mut und Zuversicht in die Welt gehen können – dann müssen wir ihnen ihre Kindheit einrichten wie einen großen Raum: mit vielen Nischen und Ecken, vielen Türen nach außen und einem offenen Gebäude drumherum, über das man direkt in die große Welt hineingelangt" (ebda., S. 168). Und sie stellt(e) sich die Frage nach „[...] einem möglichst bekömmlichen Verhältnis von Offenheit und Geschlossenheit" (ebda., S. 170).

Die Beschreibung pädagogischer Kriterien schulischer Raumgestaltung macht zum anderen darauf aufmerksam, dass Räume das Lernen von Kindern unmittelbar unterstützen (z.B. durch auffordernde Materialpräsentation), aber auch indirekt fördern können (vor allem durch eine Wohlbefinden und Lernfreude stimulierende Atmosphäre). „Ein Lernraum, der den Kindern Wohnung und Werkstatt zugleich ist, wird dann zu ihrem Lebensraum, weil er Heimat gibt, eine Nähe zu den Dingen herstellt und Identifikation mit dem Tun schafft" (Bauer 1997, S. 154). Hiervon waren schon die Reformpädagogen überzeugt, z. B. Petersen, der eine „Pädagogik der Arbeitsmittel" in einer „Schulwohnstube" realisiert wissen wollte, oder Freinet, „der eine Trennung zwischen geistigem und werktätigem Tun" in seinen als „Ateliers" gestalteten Schulräumen verhindern wollte (vgl. ebda.). Für diese vor rund einem Dreiviertel Jahrhundert bezogenen Positionen hat Johanna Forster Belege aus der jüngeren (interdisziplinären) Forschung zusammengetragen. Sie thematisiert vor allem die Wirkung folgender Dimensionen für die Förderung (oder Erschwerung) von Lernprozessen:

- Raumweite versus -enge (vgl. Forster 1997, S. 185 f)
- Transparenz versus Nischenbildung (vgl. ebda.; S. 178)
- Farbigkeit (vgl. ebda., S. 177)
- persönliche Identifikationsmöglichkeiten (vgl. ebda., S. 182 ff.)
- Balance zwischen Komplexität, Vielfalt der Gestaltung einerseits, Ordnung, Klarheit andererseits (vgl. ebda., S. 180 f.).

Nähe zu den Dingen herstellen und Identifikation mit dem Tun schaffen

5.6 Öffnung der Schule zu außerschulischen Lernorten

Typisch: Der Lehrer nimmt den Bach durch:
Er zeigt ein Bild
Er zeichnet an die Wandtafel
Er beschreibt
Er schildert
Er erzählt
Er schreibt auf
Er diktiert ins Heft
Er gibt eine Hausaufgabe
Er macht eine Prüfung.
Hinter dem Schulhaus fließt munter der Bach vorbei.
Vorbei.

„künstliche Lernarrangements"

Dieses 1973 entstandene Gedicht Schulmanns (zit. nach Schmitt 1988, S. 55) gilt auch nach mehr als einem Vierteljahrhundert. Schulisches Lernen geht von ‚künstlichen Lernarrangements' aus (Rumpf 1976, S. 70) und ist „tendenziell abstrahierend von der subjektiven Erfahrung" (Staudte 1986, S. 35), es sei denn, dass die Schule sich öffnet zu verschiedenartigen Lernorten. Wenn Kinder, wie es Freinet gefordert hat, „die Übungsräume verlassen" (vgl. Schmitt 1988, S. 55), dann erhalten sie die Möglichkeit,

- Lerngegenstände nicht nur abstrakt, sondern sinnlich-konkret zu erfahren,
- sie nicht nur isoliert von originalen Zusammenhängen in schulischen Lernschritten kennen zu lernen, sondern sie mit den komplexen ganzheitlichen Bezügen des Alltags in Verbindung zu bringen,

Möglichkeiten durch das Verlassen der Übungsräume

- lebensnah zu lernen,
- Lernen mit einem größeren als sonst gewohnten Grad an Spontaneität, Situationsbezug, also Offenheit zu organisieren,
- Lernen entsprechend dem entwicklungsbedingten Bedürfnis nach Handlungsorientierung, Sinnlichkeit, Kommunikativität und individueller Verschiedenheit zu gestalten.

Auf die genannten Aspekte möchte ich ein wenig näher eingehen. Damit sollen auch die didaktischen Entscheidungen Frau Lohmanns aus dem Fallbeispiel noch erläutert werden:

„Unmittelbare Lernerfahrungen"

Unmittelbare (Lern-)Erfahrungen: Seitdem es Schule gibt, wird Lernen in speziellen Räumen zu speziellen Zeiten mit speziellem Personal organisiert. Das hat den Vorteil größerer Konzentration und geringerer Störung durch die Fülle von Informationen und Besonderheiten des Lebensalltags wie auch durch den Bewältigungsdruck, den der Ernst des Lebens ausübt. Andererseits verliert Lernen in der Schule die Bezüge zu den Problemen, Erlebnissen, Wünschen und Erfolgen bei der Bewältigung des Lebensalltags. Lernen wird nicht mehr durch das individuelle Interesse an der unmittelbaren Lebensbewältigung bestimmt. Das schulische Abstrahieren des Lerngegenstandes vom Lebensalltag erleichtert zwar seine intellektuelle Bearbeitung, löst ihn aber aus seiner emotionalen und sinnlich-körperlichen Verknüpfung mit dem individuellen Leben. Das haben fast alle namhaften Pädagogen als Dilemma empfunden, von Comenius über die Philanthropen des 18. Jahrhunderts (Campe, Salzmann, Rochow), Pestalozzi, Fröbel, die Reformpädagogen des späten 19. und des 20. Jahrhunderts. Sie haben versucht, schulisches Lernen sinnlicher, handlungsorientierter, lebensnäher zu gestalten. An diese Tradition knüpft die Grundschuldidaktik heute an.

Der Lebensalltag wird durch eine zunehmende Abstraktion geprägt

Während die Grundschule – oft mühsam – den Abstraktionsgrad schulischen Lernens zurückzudrängen versucht, wird unser Lebensalltag von zunehmender Abstraktion geprägt:
- Technisierung und Elektronisierung von Herstellungs- und Bearbeitungsprozessen,
- Spezialisierung der Berufe,
- Verlagerung von Tätigkeiten im privaten Haushalt (Kochen, Waschen etc.) in externe Dienstleistungen und Erledigung durch technische Geräte,
- Verstädterung und „funktionale Entmischung" der Flächennutzung,
- Versiegelung von Boden und Wasserläufen,
- Verkehrsgefährdung durch Motorisierung.

All diese modernen Zivilisationserrungenschaften (vgl. Elias 1985) machen es (vor allem) Kindern immer schwerer, unmittelbare Erfahrungen von Erde, Feuer, belebter Natur, elementaren Herstellungsvorgängen zu machen. Zugleich wird die Zahl der Gleichaltrigen in Familie und Nahbereich durch Geburtenrückgang und veränderte Siedlungs- und Wohnformen für Kinder geringer. Seltener werden die Cliquen, mit denen das Wohnumfeld erkundet wird. „Straßensozialisation" (vgl. Zinnecker 1979), in der Kinder soziale Beziehungen erproben und zugleich experimentell und oft risikobereit den Nahbereich in Spielen und kleinen Abenteuern erschließen, spielt eine immer geringere Rolle (vgl. Harms 1985). „Der radikale Bruch kam mit dem Prozess der *Funktionsentmischung* und *Spezialisierung der Räume* in den sechziger und frühen siebziger Jahren. Die Straßen wurden immer mehr vom dichter und schneller werdenden Autoverkehr geprägt, Fahrbahnen für den Schnellverkehr erweitert und begradigt, Freiflächen zu Parkflächen umgewandelt. [...] An die Stelle von Gemischtwarenhandlungen traten Spezialgeschäfte bzw. Supermärkte. Dienstleistungsunternehmen verdrängten die wenigen noch verbliebenen innerstädtischen Produktionsbetriebe. [...] Dies führte [...] zu einer Ausdifferenzierung und Spezialisierung von kindspezifischen Räumen, um dem gestiegenen Schutz- und Entlastungsbedarf zu entsprechen. [...] Die allgemeine Tendenz zur Spezialisierung der Außenräume drängte Kinder zum einen in besondere gesellschaftlich organisierte Kinderräume, andererseits aber auch vermehrt in abgegrenzte Privaträume, die [...] durch die Einrichtung von Kinderzimmern ebenfalls eine verstärkte Funktionstrennung erfuhren" (Klein 1993, S. 95 f.).

An die Stelle von Primärerfahrungen treten in den Kinderräumen durch eine wuchernde Ausrüstung mit den Gegenständen der kommerziellen Kinderkultur und Massenkommunikation vielfältige Möglichkeiten, „Wirklichkeit aus zweiter Hand" vermittelt zu bekommen. Diese legen die Kinder zwar körperlich in den Rezeptionsphasen still, präsentieren ihnen aber ein bisher nie da gewesenes Maß an Sinneseindrücken und Sinnes- und emotionalen Reizen, die den Mangel an individuellen sinnlichen Erfahrungen kaum noch spüren lassen (vgl. Ohde/Wiederhold 1994, S. 9).

Das verstärkte Nutzen außerschulischer Lernorte kann eine Chance sein, den „Verlust an Umwelterfahrungen für Kinder" (Herlyn u.a. 1981, S. 83) kompensierbar zu machen und auch das Verschwimmen der Strukturen von Primärerfahrungen und „Wirklichkeit aus zweiter Hand" in der Vorstellungswelt von Kindern schrittweise rückgängig zu machen.

Das Heraustreten aus dem Schulraum und das Schaffen von Erfahrungsbrücken zum Nahbereich bereichert und belebt schulisches Lernen aus mehreren Gründen:

1. Schaffen von Lebens- und Wirklichkeitsbezug:

Die Entsinnlichung, Abstraktion und Mediatisierung von Erfahrungen, denen Kinder zunehmend aufgrund der sich verändernden sozialen, technologischen und räumlichen Aufwachsensbedingungen unterliegen, bedarf der Kompensation, der Gegensteuerung. Öffnung der Schule und räumliche Abwechslung bringen „frischen Wind und Tageslicht in die Schule" und ermöglichen, an Hecken und Zäunen zu lernen, wo es Anschauliches zu lernen gibt, damit die Kinder eine Vorstellung von dem gewinnen, was sie lernen.

Kinder können Originalobjekte und -phänomene der Natur, der (technischen) Zivilisation oder der Kultur und Ästhetik an Originalorten in Originalzusammenhängen kennen lernen, z.B. Tiere, Pflanzen, Biotope und Wetterphänomene beobachten, Arbeitsstätten, Siedlungsformen, historische Gebäude, Museen und andere Orte der Kulturvermittlung

Marginalien:

„Funktionsentmischung und Spezialisierung der Räume"

Wirklichkeit aus zweiter Hand

den Verlust an Umwelterfahrungen für Kinder kompensierbar machen

Schaffen von Lebens- und Wirklichkeitsbezug

erkunden. Dabei steht oftmals auch Fachpersonal zur Verfügung, das auf die neugierigsten Fragen meist Antwort weiß, die Lehrerin als Ansprechpartner entlastet und Abwechslung von der traditionellen Lehrerfixierung bietet.

Herstellen von ganzheitlichen Erfahrungen

2. Herstellen von ganzheitlichen Erfahrungen:
Nicht nur das Verdrängen ursprünglicher, mit dem eigenen Handeln erzeugter Erfahrungen durch medienvermittelte Erfahrungen, sondern auch das veränderte Raum-Zeit-Erleben der Kinder lösen ganzheitliche, Orientierung gebende Zusammenhänge im Alltagshandeln und im Bewusstsein der Kinder auf: Helga Zeiher hat in verschiedenen Veröffentlichungen deutlich gemacht, dass das traditionelle Modell des einheitlichen Lebensraums, den Kinder sich früher in konzentrischen Kreisen nach und nach erschlossen, dabei ist, vom _„Modell des verinselten Lebensraums"_ abgelöst zu werden. Kinder erleben in einem größer gewordenen Gesamtraum isolierte Teilräume. „Die Räume der Institutionen wie der Geschäfte, die Wohnungen von Freunden, die Freizeit- und Urlaubsorte gehören dazu. [...] Der Lebensraum ist nicht ein Segment der realen räumlichen Welt, sondern besteht aus einzelnen separaten Stücken, die wie Inseln in einem größer gewordenen Gesamtraum liegen, der als Ganzes unbekannt oder zumindest bedeutungslos ist" (Zeiher 1983, S. 187; vgl. auch allgemein Zeiher/Zeiher 1996).

„Tendenz zur Verinselung der Lebenswelt"

Die Kinder bewegen sich bzw. werden bewegt von einem Raum zum anderen: von der Wohnung morgens zur Schule, von dort zum Hort oder zum Tennisplatz, von dort vielleicht zum Ballettunterricht, und am Abend zum Übernachten bei der Freundin. Der Alltag „verinselt" sich in separate Situationen, die jeweils über eigene Orte, Zeiten, Bezugspersonen und (offene oder heimliche) Regeln verfügen. Dabei spielen materielle Möglichkeiten und Bildungsansprüche der Eltern eine wichtige Rolle. So spielen Tenniskurs und Ballettunterricht soziokulturell für manche Kinder eine fixe Rolle im Lebensalltag, die für andere Kinder durch Videokonsum oder die Suche nach Spielmöglichkeiten und -partnern auf dem Gerätespielplatz eingenommen wird.

Die Tendenz zur Verinselung der Lebenswelt führt zur Verzerrung und schrittweisen Auflösung eines überschaubaren, Orientierung sichernden Erfahrungszusammenhangs und Weltbildes bei Kindern. Die aus dem Fernsehen bekannten Straßen und Wohnareale San Franziscos sind manchen Kindern (oberflächlich) vertrauter als das Leben der Menschen am „Heimatort" ein paar Straßenzüge weiter.

Die Schule kann diese Tendenz nicht aufhalten. Sie kann aber Elemente der Überschaubarkeit und der Erfahrung von Zusammenhängen vermitteln. Drei Möglichkeiten hierfür bieten sich an:

Elemente der Überschaubarkeit und der Erfahrung von Zusammenhängen

1. _Das häufige, bewusst Umschau Halten im Nahbereich durch Unterrichtsgänge und Aufsuchen außerschulischer Lern- und Erfahrungsorte;_ das ist zwar oft aufwendig, zeitraubend und zeitigt nicht immer einen curricular „abrechenbaren" Effekt; der langfristige Gewinn an vernetzbarem Orientierungswissen im sinnlich erfahrbaren Nahbereich ist aber letztlich für Persönlichkeitsentwicklung und

Aufbau von Handlungsfähigkeit wichtiger als memorierbares und allzu schnell wieder sich verlierendes Einzelwissen;

2. *das Hereinholen von Personen (z.B. Experten, Eltern, älteren Menschen, Nachbarn),* die mit ihrem Wissen über das Leben früher, über spezielle Handlungserfahrungen, Besonderheiten des Nahbereichs und dessen Veränderungen zu einer Verfeinerung und Konkretisierung des Netzes von Wissen über die Lebenswelt von Kindern beitragen können;

3. *das projektorientierte Inszenieren von ganzheitlichen Handlungsketten,* etwa das Säen, Kultivieren, Ernten von Getreide im Schulgarten, das mühevolle Herauspuhlen und Zerquetschen der Getreidekörner (an Stelle des Dreschens und Mahlens), schließlich das Backen, Servieren und Verzehren von Brot; hierdurch können Kinder exemplarisch Kreisläufe von Produktion und Konsumtion, die Zusammenhänge verschiedener Berufe sowie die Langfristigkeit und Mühe elementarer Herstellungsprozesse erfahren, die heutzutage arbeitsorganisatorisch zerlegt und durch Technikeinsatz von den ursprünglichen handwerklichen Stoffumwandlungen abstrahiert sind.

3. Herstellen altersgemäßer Lernbedingungen und Lernstrukturen:

In den 40-er bis 60-er Jahren sind unsere Kenntnisse über altersspezifisch bevorzugte Formen des Lernens erheblich erweitert worden: Forscher wie Piaget, Bruner und Leontjew verknüpften in theoretischen Überlegungen und empirischen Experimenten lern- und entwicklungspsychologische Erkenntnisse. Leontjew ging davon aus, dass die individuelle Kompetenzentwicklung in Grundzügen die Aneignung des in Jahrtausenden in der Gattungsgeschichte des Menschen angesammelte Wissens und Könnens wiederholt. So steht die Naturauseinandersetzung mit dem Körper, insbesondere mit dem Mund und den Händen am Anfang der Entwicklung des Menschen. Es folgt der Einsatz einfacher Werkzeuge, die nicht nur praktisch-funktionalistisch, sondern auch magisch-phantasiegeladen gesehen werden. Der Prozess der Zivilisation wie auch der individuellen Kompetenzentfaltung ist ein Prozess der zunehmenden Symbolisierung (Verbegrifflichung) und Abstraktion. Im Grundschulalter ist diese Entwicklung erst teilweise fortgeschritten. Kinder dieses Alters brauchen für ihre Lernprozesse noch Körper- und Gegenstandsbezug. Sie sind aber schon in der Lage, die so gewonnenen Erlebnisse zu versprachlichen, also begrifflich zu strukturieren.

Bruner geht beim Gewinnen und Speichern von Lernresultaten von einem dreistufigen Entwicklungsprozess aus: Auf der ersten Ebene gewinnt der (noch junge) Mensch „enaktiv", durch konkretes sinnlich-gegenständliches Handeln neue Erfahrungen und damit Erkenntnisse, auf der zweiten Ebene „ikonisch", über visuelle Vorstellungen und Bilder, die an die Stelle unmittelbarer Handlungserfahrungen treten, diese aber mehr oder weniger leicht vorstellbar machen. Erst auf der dritten Stufe können Handlungen und Bilder ersetzt werden durch Symbole (Sprache, Zahlen, Formeln, Zeichensysteme elektronischer Systeme). Das Eindringen in diese höchste Stufe der Abstraktion des Erkenntnisgewinnens, Lernens und Behaltens wird zwar schon jüngeren Schulkindern abverlangt – die Betonung von Sprach- und Mathematiklernen

Herstellen altersgemäßer Lernbedingungen und -strukturen

Gewinnen und Speichern von Lernresultaten

macht dies drastisch deutlich –, doch haben Grundschulkinder noch keineswegs die Phasen des enaktiven und ikonischen Verstehens verlassen. Sie brauchen vielmehr, wie es schon Comenius erkannte, Bilder *und* Handlungen für ihre Entwicklung.

Kinder sollen sich mit identifizierbaren, direkt wahrnehmbaren oder vorstellbaren Objekten beschäftigen

Dieser Meinung ist auch Piaget, der die Entwicklung von Kindern bis etwa zum 15. Lebensjahr in einer Stufenfolge von vier Phasen sieht. Auf der Grundlage interkultureller Vergleichsuntersuchungen ordnet er diese vier Phasen auch bestimmten Lebensaltern zu (vgl. u.a. Piaget/Inhalder 1973; Thomas/Feldmann 1994, S. 127 ff.). Die in etwa ersten beiden Jahre des Grundschulalters gehören nach Piaget noch der „präoperationalen" Phase an, während sich dann die Phase der „konkreten Operationen" ausprägt. Unter „Operationen" versteht Piaget Manipulationen von Objektbeziehungen. „Konkrete Operationen" sind Manipulationen an greifbar vorhandenen Objekten, z.B. durch Verschieben und (Neu-)Ordnung (vgl. Piaget 1975, S. 69). „*Konkret* heißt nicht, das Kind müsse Objekte tatsächlich anfassen oder sehen, um Probleme lösen zu können. Der Begriff meint vielmehr, dass das Kind sich mit identifizierbaren – entweder direkt wahrnehmbaren oder vorstellbaren – Objekten beschäftigt" (Thomas/Feldmann 1994, S. 133 f.).

Auch nach Piaget sind die Erkenntnisprozesse von Kindern im Grundschulalter an Gegenstände gebunden, die unmittelbar experimentell manipulierbar, zumindest aber sinnlich wahrnehmbar oder vorstellbar sind. Lernorte außerhalb der Schule vermitteln für solche Prozesse des Erkennens und Lernens Ressourcen und Material: anfassbare, begreifbare, zumindest anschauliche Originalgegenstände, sichtbare Zusammenhänge, die sich in der Vorstellungswelt der Kinder einprägen und in imaginäre Handlungen der Kinder eingebaut werden können.

So heißt es dann auch zusammenfassend in den Grundschulrichtlinien des Landes Nordrhein-Westfalen: „Deshalb sollen überschaubare Bereiche der Arbeitswelt, Zeugnisse der Kultur und der Geschichte und auch der Natur des Heimatraumes aufgesucht und als Lernorte genutzt werden. Auf diese Weise kann ein sach- und handlungsbezogener Zusammenhang zwischen schulischem und außerschulischem Lernen hergestellt und genutzt werden" (Kultusministerium NRW 1985, S. 16).

Außerschulische Lernorte in der Unterrichtspraxis

sach- und handlungsbezogener Zusammenhang zwischen schulischem und außerschulischem Lernen

Zwei zentrale Fragen lassen sich in Zusammenhang mit der unterrichtlichen Nutzung außerschulischer Lernorte stellen:

1. Welche Lernorte kommen für den Grundschulunterricht in Frage?
2. Wie lassen sich diese Lernorte in den Unterricht integrieren?

Frage 1 zielt auf eine genauere Bestimmung geeigneter außerschulischer Lernorte, wie sie exemplarisch Helmut Stock versucht hat:

Bestimmung geeigneter außerschulischer Lernorte

1. Lernorte in der Natur: Tümpel, Wald, Wiese, Fluss, Lehrpfad, Wildfütterung, Wildgatter
2. Bauwerke: Schloss, Burg, Kirche, Stadtmauer, Stadttor
3. Betriebe: Bäckerei, Großmarkt, Schaufenster, Schreinerei, Großküche

4. Behörden: Forstamt, Landratsamt, Rathaus
6. soziale und kommunale Einrichtungen: Altersheim, Rettungsstatio-
nen (Rotes Kreuz, Wasserwacht, Bergwacht), Kindergärten, Kran-
kenhaus, Feuerwehr, Kläranlagen, Bücherei, Theater, Spielplatz
7. Museen: Heimatmuseum, Schulmuseum, Naturkundemuseum,
Kunstmuseum, Textilmuseum (vgl. Stock 1988, S. 54).

Die von Stock gewählten sechs Kategorien lassen sich als Orientierungshilfe gut heranziehen. Ihre Füllung fällt bei ihm etwas traditionell
aus. In der Kategorie „Natur" fehlen Umweltstationen, „Grüne Klassenzimmer", Zoos, Aquarien; die Kategorie „Bauwerke" berücksichtigt nicht die gerade für Kinder faszinierenden und für das Erfassen
physikalischer, ökonomischer und technischer Zusammenhänge so gut
geeigneten technischen Bau- und Kulturdenkmäler; bei den „Betrieben" fehlen industrielle Produktionsstätten ebenso wie etwa ein „Öko-
Bauernhof" und bei den „Museen" etwa die so wichtigen Freilichtmu-
seen.
Fast jeder Ort kann Lernort sein, wenn er für die Kinder Möglichkeiten
des Entdeckens, des Fragens oder auch nur des Wohlbefindens enthält.

Auch die *Frage 2*, die auf die Konkretisierung der Formen einer unterrichtlichen Integration außerschulischer Lernorte zielt, lässt sich nicht
eindeutig beantworten. Wichtig sind aber folgende Prinzipien:

- Das Aufsuchen außerschulischer Lernorte sollte nicht wie ein Schul-
ausflug aus dem schulischen Alltag ausgeklinkt werden.
- Außerschulische Lernorte sollten Fragen, Begegnungen, Beobachtungen, Erkundungs-, Informationsaktivitäten provozieren, die schulische Lernprozesse bereichern.

unterrichtliche
Integration außerschuli-
scher Lernorte

„Die außerschulischen Erfahrungsräume [...] sollen als Freiraum verstanden werden, an dem sich neue Kompetenzen gewinnen lassen und
[...] (an dem) Kindern Eigenverantwortung zugemutet werden kann"
(Ohde/Wiederhold 1994, S. 13; vgl. insgesamt Holtappels 1997).

6 Unterstützungssysteme erfolgreichen Lernens

6.1 Fallbeispiel: Üben und Wiederholen – ist das noch zeitgemäß?

Begeisterung und Skepsis im Hinblick auf die Umsetzbarkeit offener Unterrichtsformen

Birgit Ertl ist Grundschullehrerin in einer niederbayerischen Mittelstadt. Sie hat an mehreren Fortbildungsveranstaltungen zu den Themen Lesen durch Schreiben, Freiarbeit bei Montessori und Wochenplanunterricht teilgenommen. Durch die Lektüre von Beiträgen in Fachzeitschriften versucht sie außerdem, ihr Wissen über offene Unterrichtsformen zu erweitern. Bei der Einschätzung der vielfältig erhaltenen Anregungen mischen sich Begeisterung und Skepsis im Hinblick auf die Umsetzbarkeit. Ihre Neugier gerade hinsichtlich der Realisierungschancen offenen Unterrichts hat sie aber vor wenigen Jahren dazu gebracht, den Tages- und Wochenplanunterricht auszuprobieren. Trotz einiger Anfangskrisen hatte sie das Empfinden, dass dieser Versuch gelungen ist. Nach und nach stellte sie ihre gesamte Unterrichtstätigkeit auf eine Verstärkung offener, von den Schülerinnen und Schülern mitverantworteter Lernsituationen um.

Doch es gibt immer wieder Irritationen. So erhielt sie kürzlich einen Anruf der Vorsitzenden der Klassenelternvertretung. Diese gab in dem längeren Gespräch zunächst eine positive Rückmeldung in Hinblick auf Frau Ertls pädagogisches Engagement und auf ihre Fähigkeit, die Kinder für selbständiges Lernen zu motivieren. „Die Kinder gehen ja wirklich gern zu Ihnen in die Schule. Aber das kann doch nicht alles sein! Es muss doch auch stofflich etwas Messbares ‚rumkommen'. Und da meinen einige Eltern und ich auch, dass einfach nicht genug geübt wird. Das mag vielleicht etwas altmodisch klingen. Aber die Schule heute kann doch auch nicht auf so was wie Üben und Wiederholen verzichten. Früher war das ja das A und O der Schule. Manchmal war das sicher auch übertrieben. Von meiner Großmutter weiß ich, wie viele Gedichte da auswendig gelernt wurden. Das wollen wir als Eltern ja gar nicht. Auch den Drill von früher wollen wir nicht. Aber wir denken, dass in der Schule heute das Kind mit dem Bade ausgeschüttet wird. Vielleicht sehen wir das auch ein wenig zu schwarz. Aber es ist eben so, dass die Kinder davon berichten, wie schön es in der Schule ist, ganz selten jedoch auch davon, dass ihnen etwas in der Schule abverlangt wird, dass sie sich auch mal ein bissel quälen und sich durch etwas durchbeißen müssen".

Frau Ertl reagiert zurückhaltend und irritiert; sie muss erst einmal verdauen, was ihr von Elternseite indirekt vorgehalten wird. Sie verständigt sich schließlich mit der Elternvertreterin darauf, dass auf dem nächsten Elternabend darüber gesprochen werden soll, ob Üben und Wiederholen im Grundschulunterricht noch zeitgemäß sind.

Bei der Vorbereitung auf den Elternabend reflektiert Frau Ertl ihren Unterricht und findet, dass viele Elemente des Übens und Wiederholens in den von ihr praktizierten Offenen Unterricht integriert sind. Um diese vielleicht zu vordergründig optimistische Einschätzung kritisch hinterfragen zu können, geht sie die einschlägige neuere Literatur durch und verschafft sich so ein Bild über die aktuelle schulpädagogische Diskussion zum Thema Üben und Wiederholen. Dabei stößt sie sowohl auf Buchpublikationen (vgl. Bönsch 1993) als auch auf Themenhefte in pädagogischen Fachzeitschriften (vgl. Pädagogik 10/1998 u. Friedrich Jahresheft 2000). In ihnen werden die historischen Sichtweisen des Themas, vor allem aber aktuelle Interpretationen des Übungsbegriffs dargestellt.

Elemente des Übens und Wiederholens in den Offenen Unterricht integrieren

In historischen Rückblicken (vgl. Keck 2000; Sandfuchs 2000) wird die große Bedeutung herausgestellt, die das Üben bis in das 20. Jahrhundert hinein hatte. Einen Höhepunkt erlebte das stumpfe mechanische Gedächtnislernen als Parallele zum Kasernenhofdrill im wilhelminischen Kaiserreich.

Dabei hatte man Jahrhunderte zuvor Versuche unternommen, das Üben zumindest erträglicher und effektiver zu machen: Mitte des 17. Jahrhundert schuf Comenius mit seinem „Orbis pictus" ein Unterrichtswerk, in dem die Lernenden in Bildern „Ankerplätze für das zu übende Gedächtnis" fanden (Keck 2000, S. 20). Im späten 18. Jahrhundert plädierten die Philanthropen wie Basedow, Campe, Salzmann, Rochow für ein Anknüpfen an die „sokratische Lehrart", bei dem das Herausholen aus dem Bewusstsein, das Anschauen und Nachempfinden in der Natur, das Verknüpfen mit Assoziationen Wissen verfügbar machen soll (vgl. ebda., S. 21).

„Ankerplatz für das zu übende Gedächtnis"

Die im didaktischen Reflektieren des 17. bis 19. Jahrhunderts thematisierten Aspekte des Übens und Wiederholens – das Verstehen, Verknüpfen mit Assoziationen, eigenen Anschauungen und Bildern – sind für uns bis heute von zentraler Bedeutung. Sie bedürfen nur einer neuen Betrachtung. Einen entsprechenden Versuch unternimmt Hans Werner Heymann (1998). Ausgangspunkt seiner Überlegungen ist die Feststellung, dass Üben und Wiederholen schulisch und im Alltagsleben notwendig sind, weil Wahrnehmung und Gedächtnis notwendigerweise höchst selektiv arbeiten. Das Ultrakurzzeitgedächtnis eliminiert alle Informationen spätestens nach etwa 20 Sekunden, wenn sie von uns nicht mit einer emotionalen Assoziation (z.B. Freude, Erschrecken ...) oder einer gedanklichen Assoziation (Verbindung zu etwas Bekanntem, Überprüfen ihrer möglichen Nützlichkeit ...) verbunden werden.

Die im Kurzzeitgedächtnis für etwa 20 Minuten verbleibenden Informationen können nur dann ins Langzeitgedächtnis gelangen, wenn wir

– von ihnen in dieser begrenzten Zeitspanne (wiederholt) Gebrauch machen und
– sie mit Emotionen und vorhandenem Wissen so vernetzen, dass wir sie bei Versuchen des Sich-Erinnerns in unserem Gedächtnis wiederfinden können (vgl. ebda., S. 7).

Selbst Dinge (z. B. eigene gute Ideen) werden vergessen, wenn diese Bedingungen nicht erfüllt werden.

Erkenntnisse über die Funktionsweise unseres Gedächtnisses

Aus diesen wenigen Erkenntnissen über die Funktionsweise unseres Gedächtnisses resultiert eine Reihe vom Empfehlungen über die Verbesserung der individuellen Merkfähigkeit:

1. Wiederholtes Wiederholen von Wissensbeständen in aktiven, uns nützlich oder uns angenehm erscheinenden, „Funktionslust" auslösenden Handlungszusammenhängen
2. das sich selber deutlich Machen eines Sinns des zu Lernenden
3. das Verknüpfen des Lernens mit schon vorhandenem Wissen
4. das Verknüpfen des zu Lernenden mit positiven Gefühlen
5. das Verknüpfen des zu Lernenden mit bildhaftem Vorstellen („mehrkanaliges Lernen" oder „Mind-Maps", die beim Sich-Erinnern leichter abgerufen werden können als bloße Begriffe) (ebda., S. 8 f.).

Aus der Lern- und Motivationspsychologie leitet Heymann weitere Hinweise zur Optimierung von Übungsstrategien ab:

6. das Aufteilen von Übungen in überschaubare, dem eigenen Lernrhythmus entsprechende Abschnitte
7. Methodenvielfalt und Abwechslung beim Üben
8. das (sich selber) möglichst häufige Vermitteln von Erfolgserlebnissen, von Zufriedenheit über das bereits Beherrschte, von Gelegenheiten, eigene Stärken zu entdecken
9. das Verlagern der Verantwortung, Gestaltung und Überprüfen des Übens und seiner Erfolge auf die Lernenden selber (vgl. ebda., S. 9 ff.).

Verknüpfung alten und neuen Wissens

Andere Autoren bestätigen diese auch als Prinzipien fassbaren Empfehlungen, insbesondere die Bedeutsamkeit der *Verknüpfung alten und neuen Wissens* (vgl. Fasselt 1998, S. 13), Betonung der Aufgliederung von Überzeugungen in *überschaubare Phasen oder Pensen* (vgl. Menzel 2000, S. 12; Renkl 2000, S. 16), die *Methodenvielfalt von Übungen* (vgl. ebda., S. 12), die Bedeutung von *Erfolgserlebnissen* (vgl. ebda., S. 11; Sandfuchs 2000, S. 29; Bönsch 1993, S. 125 f.) und die *Stärkung der Eigenverantwortung* der Lernenden/Übenden (vgl. ebda., S. 57; Rampillon 2000, S. 15).

„Der Wille, erfolgreich zu sein!"

Wichtig ist eine Überlegung Wolfgang Menzels, die von den eigenen Erfahrungen gestützt wird: Übung steht in einem Spannungsverhältnis entgegengesetzter Gefühle. Auf der einen Seite erfordert Üben „Disziplin, Anstrengung und Durchhaltevermögen". Es ist eben „kein reines Vergnügen" (Menzel 2000, S. 10), es enthält Elemente des Asketischen. Solch unzeitgemäß erscheinenden Werte können das Handeln von Kindern auch heute bestimmen, wenn sie etwas können wollen, vor allem etwas besser können wollen. *Der Wille, erfolgreich zu sein*, kann „eine starke, wenn nicht sogar die stärkste Motivation für künftiges Handeln [...] sein" (Eisenhut u.a., zit. nach ebda., S. 11).

Manche LehrerInnen würden dieser Argumentation entgegenhalten, dass es ihnen bei einigen Kindern nicht gelingt, eine solche leistungsbezogene Motivation zu unterstützen oder sogar erst neu aufzubauen. Indirekt liefert Menzel eine Entgegnung auf eine solche Kritik, indem er auf die (motivierende) Bedeutung auch der winzigen Erfolge des „Schon-etwas-besser-Könnens als vorher" verweist (ebda.).

„Schon etwas besser können als vorher!"

Daraus ergibt sich allerdings auch das Problem, dass sich Erfolgs- und Kompetenzmotivation in der Regel erst einstellt, wenn die Übungshandlung schon begonnen wurde und der erste kleine Erfolg sichtbar wird. Die Schwierigkeit liegt also darin, *die Anstrengungsschwelle zu überwinden, die am Beginn der Übungsaktivität liegt.* Für die Lösung dieses punktuellen Problems bieten sich vor allem zwei kombinierbare Strategien an:

Strategien, die Anstrengungsschwelle zu überwinden

1. Die *Habitualisierung*, die gewohnheitsmäßige Durchführung von Übungssituationen, z.B. täglich ca. zehn Minuten. Dadurch wird die Schwelle am Übungsbeginn nicht mehr zu einem Akt persönlicher Entscheidung zwischen Lust und Unlust, sondern zu einer täglich zu absolvierenden Regelaktivität, vergleichbar dem von jüngeren Kindern ebenfalls nur ungern verrichteten Zähneputzen. Zur Ritualisierung des Übens könnte dann auch die regelmäßige Überprüfung der Übungsergebnisse gehören (vgl. ebda., S. 12). Sie hätte die Funktion der Bestätigung, Rückmeldung und des ernst Nehmens der individuellen Übungsleistung.
2. Die *attraktive, vor allem individuelle Gestaltung* von Übungen. Ute Rampillon (2000) formuliert hierzu eine Reihe von Maximen. Ausgangspunkt ist die These, dass Üben konstruktivistisch ist. „Das bedeutet, das die Lernenden ihr eigenes Wissen und Können in engem Zusammenhang mit ihrem Vorwissen, mit ihren Vorerfahrungen im Kontext spezifischer Situationen, durch Assimilation bzw. Akkomodation trainieren, umgestalten, konfrontieren, transferieren, internalisieren, experimentieren und anwenden. Lehrerinnen und Lehrer bieten ihnen dazu die geeigneten Rahmenbedingungen" (ebda.; vgl. auch Fasselt 1998, S. 13). Daraus folgert Rampillon u.a.:
   - Üben findet auch außerhalb des Klassenzimmers im individuellen Kontext (z.B. im Rahmen von Hausaufgaben) statt.
   - Motiviertes Üben lebt von ansprechenden Lernumgebungen.
   - Üben kann Neugier zum Weiterlernen erzeugen.
   - Üben geschieht auch im Team und Kleingruppen.
   - Üben bedeutet selbstverantwortetes Trainieren, einschließlich der selbstständigen Initiierung von Übungsprozessen.
   - Erfolgreiches Üben ist lernergerechtes Üben, das die verschiedenen Lerntypen berücksichtigt.
   - Das eigene Bewerten des Übens stärkt selbstgesteuerte Handlungsfähigkeit (vgl. Rampillon 2000).

Das Überwinden der (Unlust-)Schwelle beim Beginn des Übens kann individuell als Störung der Homöostase, des Gleichgewichts von An-

Überwinden der Unlustschwelle zu Beginn des Übens

spannung und Entspannung empfunden werden, weil es ein Mehr an Anstrengung und Anspannung verlangt. Diese Gleichgewichtsstörung ist subjektiv vergleichbar mit Situationen, in denen Kinder sich anschicken, etwas Neues zu lernen und damit einen weiteren Schritt in ihrer Entwicklung vollziehen. Lothar Krappmann hat sich in Anschluss an Oser/Althoff (1992) und Oerter (1995) mit dieser Situation beschäftigt: Wenn sich ein Kind in seine „entwicklungsnächste Zone" begibt, braucht es „[...] dafür oft Hilfestellungen oder vorgebahnte Erfahrungsmöglichkeiten, die an seiner Neugier oder Unzufriedenheit mit dem bisherigen Können ansetzen. Aber auch auf der Seite des Lernenden muss es eine Vorbereitung auf den nächsten Schritt in Lernen und Entwicklung geben. Das Kind braucht eine innere Aufgeschlossenheit für das neue Können. Im Idealfall hat das Kind schon Unzufriedenheit mit dem bisherigen Können entwickelt und findet endlich die Antwort auf die Unzufriedenheit" (Krappmann 1999, S. 62). Unterstützt werden können Kinder, den nächsten (Lern- und Übungs-)Schritt zu gehen, wenn mit ihnen über die Situation an der von ihnen selber empfundenen Schwelle und über die Möglichkeiten, den nächsten Schritt zu tun, konkret kommuniziert wird (vgl. ebda., S. 63).

Kinder lernen mit Heiterkeit leichter als unter Zwang

Diese „Strategie" dürfte allerdings nur erfolgreich sein, wenn der nächste Schritt in seiner Gestaltung und Mitgestaltung durch die Kinder attraktiv, also abwechslungsreich, produktiv und mit sichtbaren, sicheren und schnellen Erfolgen verbunden ist. Soweit wie möglich sollten solche Lern- und Übungssituationen so strukturiert sein, dass ihnen, wie es Berthold Otto schon 1912 beschrieben hat, „Kinder mit Heiterkeit das lernen, was sie bisher unter Qualen und Seufzen im Zwangsunterricht lernen sollen, aber tatsächlich vielfach nicht lernen" (zit. nach Kluge 1999, S. 49).

6.2 Lernhilfen nutzbar machen

Unter Lernhilfen können Handlungstechniken und (vor allem mediale) Hilfsmittel verstanden werden, die Lernprozesse von Kindern erleichtern oder wirkungsvoller machen können. Lernhilfen können von der LehrerIn bei der Gestaltung des Unterrichts eingesetzt werden oder von den lernenden Kindern selber verwendet werden, wenn sie entsprechend vorbereitet werden (vgl. auch Thal/Ebert 1999; Schräder-Naef 1996; Gugel 1998).

1. Sinnbezüge herstellen

Alle unsere Aktivitäten, auch Lernhandlungen wie Problemlösen, Suchen, Ordnen, Bewerten und Speichern von Informationen, sind intensiver, wenn diese Aktivitäten etwas mit uns persönlich, mit unseren Interessen, Erlebnissen, Problemen oder Wünschen zu tun haben. Um unsere Kräfte, Emotionen und unsere Zeit nicht beliebig zu verausgaben, organisieren wir unser Handeln primär nach dem Prinzip der Selektivität, wobei die subjektive Bedeutung der Handlung das entscheidende Kriterium ist. Gose und Levi (1998, S. 33) belegen dieses Prinzip mit dem einen trivialen Beispiel, dass wir uns in aller Regel viel eher an den Namen von jemandem erinnern, der uns 50 Mark schuldet, als an den Namen von jemandem, der uns Grüße von unserem Neffen überbrachte.

Kinder sind dementsprechend konzentrierter, ausdauernder und leistungsfähiger, wenn Lerninhalte etwas mit ihrem Leben, ihren Gefühlen und Gedanken zu tun haben. Lernen hat dann für sie einen (subjektiven) Sinn. Es gibt verschiedene Möglichkeiten, solche Sinnbezüge herzustellen:

– *Beteiligung der Kinder an der Auswahl von Inhalten:* Diese Möglichkeit kommt nicht nur für den traditionellen Klassenunterricht in Frage, in dem bestimmte thematisch gebundene Unterrichtseinheiten durchgeführt werden, sondern auch für Formen offenen Unterrichts, wie Projekt-, Werkstatt-, Wochenplan- und Stationsunterricht. Insbesondere im *Projektunterricht* besteht die Chance, dass Kinder nicht nur das Unterrichtsthema (mit-)bestimmen, sondern darüber hinaus die von ihnen bearbeiteten thematischen Facetten. In der *Freien Arbeit* haben Kinder ohnedies die Möglichkeiten, selber Aufgaben auch nach inhaltlichen Aspekten auszuwählen.

Partizipieren

Der Häufigkeitsrhythmus für die inhaltliche Mitbestimmung der Kinder kann ganz unterschiedlich sein; er bemisst sich primär nach den Organisationsstrukturen der gewählten Unterrichtsform: Für den *Klassenunterricht* mit seiner Abfolge von thematischen Einheiten kann alle halbe oder Vierteljahre in einem Brain storming und einem anschließenden Meinungsbild eine Reihe von Unterrichtsthemen festgelegt werden. In der Diskussion der Vorschläge ist es Aufgabe der Lehrerin, auch ihre Einschätzung über Realisierbarkeit, Lerngewinn und Lehrplanbezug der Vorschläge einzubringen. Die Diskussion der Ideen hat dabei allerdings nur Sinn, wenn nicht Lehrerkompetenz und -autorität von vornherein gegenüber der Kinderphantasie als gewichtiger eingeschätzt werden.

– *Herstellen von Brücken zum Lebensalltag:* Die LehrerIn hat auch die Chance, in Erklärungen und Gesprächssituationen während des Unterrichts immer wieder anhand von Beispielen aus typischen oder speziellen Lebenssituationen Alltagsbezüge zum Thema des Unterrichts und seinen einzelnen Schritten deutlich zu machen. Sie kann auch – und das erhöht die Authentizität dieser Bezüge und den Beteiligungsgrad der Kinder – im Gespräch die Kinder nach möglichen Parallelen zu eigenen Erfahrungen fragen. Dabei können Antworten spontan gegeben werden. Oder aber die Kinder werden aufgefordert, zu Hause über solche Querbezüge nachzudenken, sie aufzuschreiben, ggf. Materialien dazu zu sammeln und mitzubringen.

Brücken zum Alltag

– *Lernergebnisse präsentieren*: Für Kinder erhalten Lernanstrengungen einen Sinn, eine Bedeutung, wenn sie die Möglichkeit haben, ihre Arbeit, ihr Können, ihre Lernresultate anderen vorzustellen. Lernen kann für Kinder zwei Bedeutungsdimensionen haben, eine inhaltliche und eine soziale (vgl. das manchmal missbrauchte Begriffspaar

Präsentieren

der intrinsischen und der extrinsischen Motivation): Der Lerngegenstand übt von seinem sachlichen Gehalt her eine Faszination aus und enthält damit für die Lernenden Sinn; oder aber die mit dem Lernprozess erworbene Kompetenz bzw. das in ihm erstellte Produkt erhält Sinn durch soziale Rückmeldung und Anerkennung. Wenn Kinder die Ergebnisse von Lernprozessen sinnlich in Gestalt eines Werkes (Heft, Buch, Plakat, Bild etc.) zum Ausdruck bringen, dann haben sie etwas Vorzeigbares geschaffen, das auch einer sozialen Wertschätzung unterzogen werden kann, z.B. durch Mitschüler, die Schulgemeinschaft, die Elternschaft, die Öffentlichkeit im Stadtteil, in der Gemeinde. Der Vorführaspekt kann allerdings auch Ängste und damit Lernhemmungen auslösen. Daher sind für die Präsentation von Lernergebnissen einige Rahmenbedingungen wichtig; ihre Beachtung kann das Erreichen des Effektes erleichtern, Lernhandlungen durch Ergebnispräsentation Sinn zu vermitteln:

- Kinder können die Adressaten der Präsentation selber auswählen
- Kinder können auch über die Art der präsentierten Produkte entscheiden
- Ziel der Präsentation sind nicht Perfektion und Wettbewerb der Einzelergebnisse, sondern Vielgestaltigkeit und durchdachter Rahmen der Gesamtpräsentation.

Sinnlichkeit in der philosophisch-pädagogischen Tradition

Nach solchen Kriterien gestaltete Präsentationen beziehen sich sowohl auf den Individual- als auch auf den Gemeinschaftsaspekt des Lernens in der Klasse.

2. Lernen sinnlich machen

Seit der Renaissance, insbesondere seit Leonardo da Vinci wissen wir, dass Erkenntnisgewinn, -verarbeitung und -speicherung eng mit der sinnlichen Wahrnehmung verbunden sind. Von Leonardo da Vinci stammen die Maximen „All unser Wissen gründet sich auf Wahrnehmung" (Gelb 1998, S. 95) und „Die fünf Sinne sind die Sachwalter der Seele" (ebda., S. 97). Die Renaissance-Forscherin Agnes Heller bringt den Zusammenhang von Wahrnehmung und Erkenntnis in Verbindung mit der Doppeldeutigkeit der von den Renaissance-Theoretikern verwendeten Begriffe „sensatio" und „sensus", mit denen „nicht nur die sinnlich-erfahrungsmäßige Erkenntnis, sondern auch Sinneslust gemeint waren (Heller 1988, S. 475; Hervorhebung im Original).

Im pädagogischen und philosophischen Denken des 17. Jahrhunderts wurde an den sensualistischen Empirismus der Renaissance angeknüpft: Jan Amos Comenius schuf das erste große bebilderte Unterrichtswerk, den „Orbis pictus sensualium", in dem mit großformatigen Bildtafeln Kinder mit dem Kosmos der damaligen Zeit konfrontiert wurden. Und John Locke formulierte den vielzitierten Satz: Nihil est in intellectu quod non fuit in sensu ante (= Nichts ist im Geist, was nicht vorher in den Sinnen war).

In der zweiten Hälfte des 20. Jahrhunderts wurden die lernpsychologischen Erkenntnisse zu diesen theoretischen Annahmen „nachgeliefert":

Jean Piaget beobachtete, wie Kinder im Vorschul- und dann im Grund-schulalter durch sinnlich-gegenständliche Handlungen Erkenntnisse gewinnen (vgl. Piaget/Inhelder 1973, S. 21 ff.; Thomas u.a. 1994, S. 128 ff.). Jerome Bruner entwarf das Konzept der drei nacheinander sich entwickelnden kognitiven Repräsentationsebenen, bei denen „Kin-der in ihrer Entwicklung von handelnder zu bildlicher und schließlich zu abstrakter Darstellungsweise fortschreiten" (Bruner 1974, S. 205). Und Frederic Vester (1978) empfahl, die Ergebnisse der neurobiologi-schen Forschung pädagogisch durch „mehrkanaliges" Lernen zu nut-zen, weil die durch mehrere Wahrnehmungen und Sinneskanäle gewon-nenen Informationen sich vernetzt und daher auch sicherer und leichter abrufbar speichern lassen.

Die sinnliche Komponente in (schulischen) Lernprozessen leistet dreier-lei:
- eine *sinnlich anregende Lernumgebung* erhöht das Aktivitätsniveau und das Wohlbefinden, sie verbessert die Identifikation der Lernen-den mit der Lernsituation und wirkt sich damit auch positiv auf die Lernmotivation aus (vgl. Vester 1978, S. 110 ff.).
- *Visualisierung* und andere sinnlich vermittelten Informationen sind leichter verständlich als ausschließlich sprachlich vermittelte Infor-mationen und können daher auch besser verarbeitet werden.
- Über visuelle und andere sinnliche Informationskanäle gewonnene Daten lassen sich *besser speichern.*

Visualisierung erleichtert das Lernen: Visualisierte Informationen im Klassenzimmer und in den persönlichen Arbeitsmaterialien haben ei-nen dreifachen Effekt als Lernhilfe:

Bedeutung des Visualisierens

1. Visualisierung ergänzt das gesprochene Wort, ermöglicht damit mehrkanalige und daher intensivierte Informationsaufnahme und -verarbeitung; gesprochenes Wort, Schrift, Symbol und/oder Bild können sich wechselseitig erklären und erleichtern in der Kombina-tion daher das Verständnis.
2. Großformatige kurze Texte, Symbole, Bilder, Mindmaps können im Klassenzimmer über eine begrenzte Situation hinaus optisch präsent sein; ihre Aussagen sind daher immer wieder abrufbar und prägen sich teilweise auch sukzessive ein (vgl. Buzan/North 1997).
3. Bildliche Darstellungen, z.B. Schemazeichnungen etwa auf Over-head-Folien, als Tafelanschrieb oder auf Wandzeitungen können komplexe Zusammenhänge vereinfacht, zugleich prägnant dar-stellen und damit leichter verstehbar machen als Worterklärun-gen.

Hinter diesen drei Dimensionen von Visualisierung stehen die Überle-gungen Montessoris zur Gestaltung von „vorbereiteter Umgebung" und „Sinnesmaterial": Das Lernen als innerer Prozess, der im Individu-um abläuft, bedarf eines gegenständlich-sinnlichen Materials, an dem sich das Individuum be-greifend, fühlend, unterscheidend, ordnend, verstehend abarbeitet.
Eine solche lernende Abarbeitung am Material ist vor allem dann er-folgreich, wenn sich Material und seine Präsentation durch

* *Klarheit* und *innere Ordnung* sowie durch
* *sinnlichen Reiz* und *Schönheit* auszeichnen.

Prinzip Klarheit und Ordnung

Klarheit und Systematik erleichtern auch bei der Visualisierung die Zuordnung und das Verarbeiten von Informationen. Große Buchstaben, keine verwirrende, sondern überschaubare Anordnung der Informationselemente etwa bei der Präsentation des Alphabets (z. B. in der Anlauttabelle), von Rechenregeln, von Beschriftungen der verschiedenen Lernmaterialgruppen oder von Verhaltensvereinbarungen in der Klasse erleichtern die Informationserfassung und -verarbeitung. Entsprechend sollten zusammengehörige Informationen und Materialien auch in einen erkennbaren Kontext gebracht werden, der sich von anderen Bereichen trennt. *Sprach-, Mathematik-, Sachunterrichts- oder Kunstmaterialien und Informationen sollten sich im Klassenzimmer* (an den Wänden, in Regalen, auf Tischen oder Fensterbänken) *nicht durchdringen oder überlagern, sondern jeweils eigene Sektionen bilden.* Durch Wahl der *Farben,* Buchstabenformen, *Logos* oder Dekorationselemente könnten sich die einzelnen fachlichen Bereiche voneinander abheben. Damit wird die unterschiedliche, jeweils eigenständige Sach- und Fachstruktur schulischen Lernens auch sinnfällig. Fächerübergreifendes Lernen könnte dann auch als ein zusammenfassender und vernetzender (Teil-)Anspruch des Lernens deutlich gemacht werden.

Der Vorschlag, sachliche Zuordnung mit räumlicher Trennung zu verbinden, entspricht der von Metzig/Schuster (1998, S. 80 ff.) als Lernhilfe vorgeschlagenen „*Locitechnik*".

Die Erfindung dieser Technik wird dem griechischen Dichter Simonides (um 500 v. Chr.) zugeschrieben. Eine Anekdote berichtet, dass Simonides auf einer Festgesellschaft ein Gedicht vortrug und anschließend erleben musste, dass die Gesellschaft von dem zusammenstürzenden Festhaus begraben wurde. Die Überlebenden hatten Probleme, die Opfer zu identifizieren. Dies gelang allein Simonides, der sich erinnerte, wer an welchem Platz gesessen hatte.

Prinzip Ästhetik

Die Umsetzung des montessorischen Prinzips des Sinnenreizes und der Schönheit bei Visualisierungen (Schrift, Symbole, Schemazeichnungen) im Klassenzimmer macht die visualisierten Informationen attraktiv und „ansehnlich". Kinder sollen den angenehmen Reiz einer schön gestalteten Texttafel gern aufsuchen, damit sie (wie bei der Suggestopädie oder beim NLP) unterbewusst die Informationen aufnehmen und speichern. Frohe, aufmunternde, aber nicht aggressive Farben, Helligkeit, Sparsamkeit der Details, sich im Klassenzimmer wiederholende Gestaltungsmomente, die Anfass- und Fühlbarkeit, eine deutliche, aber nicht übersteigerte Größe der Informationselemente bilden Gestaltungskriterien. Das wichtigste Kriterium ist allerdings ein hohes Maß an Eigengestaltung durch die Kinder, weil diese die Beziehung der Information zu den Kindern verdeutlicht und ihre Gestaltungs- und Wahrnehmungspräferenzen zum Zuge kommen lässt.

Der Nutzung von Visualisierungstechniken für eine Erleichterung der *Informationsspeicherung* widmen Werner Metzig und Martin Schuster in ihrem Buch über Lernstrategien ein umfangreiches Kapitel (vgl. Metzig/Schuster 1998, S. 73 ff.). Sie gehen davon aus, dass der Speicherungs- und Merkeffekt von Informationen sich am besten durch die Herstellung *„assoziativer Verbindungen"* steigern lässt. Diese „[...] werden in zwei Schritten hergestellt:

1. Zu jeder Information, die gelernt werden soll, wird eine bildhafte Vorstellung entwickelt.
2. Die bildhafte Vorstellung jeder Information wird assoziiert mit der bildlichen Vorstellung der nächsten Information" (ebda., S. 73).

Die Autoren betonen die in verschiedenen Studien nachgewiesene besondere Effektivität der Verknüpfung von mehreren bildhaften Vorstellungen (vgl. ebda., S. 75 u. 95, z. B. für das Behalten von Handlungsketten). In der Grundschule ist allerdings der Bedarf an Merkhilfen für *einzelne* Symbole (z. B. die Grapheme der Schriftsprache) oder *einzelne* Begriffe (z. B. die lateinischen Fachbezeichnungen für Wortarten) entscheidender.

Für die Auswahl und Gestaltung bildhafter Vorstellungen haben Metzig und Schuster eine Reihe von Kriterien formuliert, die zur verbesserten Informationsspeicherung beitragen können. Danach können Visualisierungen durch

- konkrete,
- lebhafte,
- gefühlsgeladene,
- eventuell auch bizarre und
- selbst erfundene Vorstellungen

optimiert werden (vgl. ebda., S. 94 ff.).

Die Vorgabe bloßer Strichzeichnungen ist wenig effektiv (vgl. ebda., S. 95). Wirkungsvoller wären mit wirklichkeitsnahen Details ausgestattete, möglichst auch farbige Bildelemente. Diese sollten – entsprechend der Tendenz jüngerer Kinder zum Anthropomorphismus (Vermenschlichung) bzw. Animismus – Lebewesen sein. So könnten die einzelnen Buchstaben des Alphabets mit Tierdarstellungen (von Affe bis Zebra) in Verbindung gebracht werden (vgl. ebda., S. 87), die möglichst von den Kindern selber gemalt und dann im Klassenzimmer aufgehängt werden. Anthropomorphismus- und Animismustendenz erlauben humorvolle Varianten und Ausnahmen (das X kann beispielsweise durch ein zweibeiniges Xylophontier oder einfach durch den Xaver repräsentiert werden). Eine originelle und nach Einschätzung der Autoren besonders erfolgreiche Alternative ist die von Metzig und Schuster vorgeschlagene und konkret umgesetzte Interpretation der Buchstaben in Gestalt menschlicher Körperhaltungen (vgl. ebda., S. 101 f. u. Abb. 12).

3. Zeitmanagement

Der Begriff Zeitmanagement lässt schon erkennen, in welchem Bereich er entwickelt wurde und vorrangig eine Rolle spielt: im Arbeits- und Berufsleben insbesondere der wirtschaftlichen Führungskräfte (vgl. Briese-Neumann 1998; Seiwert 1999). Ein wirkungsvoller Umgang mit der Zeit stellt aber auch für viele Kinder im Grundschulalter ein Problem dar. Denn Zeit ist unsinnlich, abstrakt, verbraucht sich und zerrinnt ohne unser Zutun. Die Knappheit und Unwiederbringbarkeit von Zeit ist den meisten Kindern nicht bewusst. Leistung, die von Kindern erwartet wird, wird aber immer auch (offen oder ungewollt) mit der Dimension Zeit in Verbindung gebracht, konkret mit der Zeit, in der eine große oder kleine Aufgabe erledigt wird. Wenn ein Kind großzügig mit der Zeit umgeht, sagen wir: Das Kind ist verträumt. Und bewundernd stellen wir vielleicht bei einem anderen Kind fest, wie schnell es eine Aufgabe erledigt, während wir bei einem dritten Kind die Hastigkeit der Aufgabenerledigung mit Bedenken registrieren.

Für die Entwicklung eines „gesunden", d.h. effektiven, aber nicht überfordernden Zeitmanagements von Kindern sind folgende (miteinander vernetzte bzw. zu vernetzende) Aspekte wichtig:

Zeitwahrnehmung
- *Stärkung der Zeitwahrnehmung* durch bewusst erlebte, nicht mechanisch vollzogene Zeitmarkierungen im Schulalltag: inszenierter Morgenkreis, in dem der Blick zurück (gestern), auf den Augenblick und auf die unmittelbare Zukunft geworfen wird; gestaltete Pausen, Stille- und Entspannungsphasen (vgl. Kapitel 6.3).

biologische Leistungskurve
- *Berücksichtigen der biologischen Leistungskurve:* in Anlehnung an die Stundenpläne von Waldorf-Schulen sollten am Schulvormittag zunächst die Lernbereiche Sprache und Mathematik Vorrang haben, die in ihrem Umgang mit Symbolsystemen Konzentration und Präzision erfordern, um später bevorzugt handlungsorientierte und sinnesorientierte Lernprozesse zum Zuge kommen zu lassen.

Erfahren verschiedener Geschwindigkeiten
- *Erfahrbarmachung unterschiedlicher Geschwindigkeiten beim Lernen* (kurzes Wettrechnen versus gelassenes „Knobeln" an komplexen Aufgabenstellungen).

- Auffordern der Kinder zu einem bewussten, *entspannten Genießen* am Ende einer intensiven Arbeitsphase.

unterschiedliche Anspannungsgrade
- Beobachten und Beraten der Kinder in Hinblick auf ihre Fähigkeit, in ihren Aktionen *zwischen anspannenden Lernzeiten und Entspannungszeiten sowie Situationen mit mittlerem Anspannungsgrad (z.B. Gespräche) zu differenzieren.* Kindern, die deutliche Barrieren haben, in Lernzeiten „einzusteigen", sollten gezielt kleinere, lösbare Aufgaben gegeben werden, um Lernerfolge zu vermitteln und damit Lernhemmungen abzubauen.

- „Um erfolgreich zu lernen, muss der Lernende insbesondere bei umfangreicheren Lernprozessen eine *angemessene Zeitplanung entwickeln.* Erst sie gewährleistet ein zielsicheres Verhalten im Blick auf das angestrebte Lernergebnis" (Kliebisch/Basten 1997, S. 55). Der Tagesplan, später der Wochenplan oder der Werkstattunterricht und das Stationslernen mit ihrer größeren Aufgabenmenge vermitteln Kindern, wenn sie regelmäßig praktiziert werden, allmählich ein *Gefühl für eine ökonomische, dem eigenen An- und Entspannungsrhythmus angemessene Zeitplanung.* Dieses „Gefühl" besteht vor allem in der Fähigkeit, ungefähre Zeitbedarfe für verschiedene Aufgabenformen abzuschätzen.

- *Üben von Zeitplanung und Zeitbedarfsabschätzung* auch bei weniger vertrauten Tätigkeiten. Vielfältige Möglichkeiten bieten sich hierfür insbesondere in Unterrichtsprojekten, in denen Kinder (in der Regel in Gruppen) eigene Handlungspläne erstellen, um selber gesteckte (Produkt-)Ziele zu erreichen.

- „Viele Dinge im Leben sind wichtig, viele aber auch unwichtig. Viele Menschen verbringen viel Zeit damit, unwichtige Dinge zu tun und diese wichtiger zu finden als die Dinge, die für sie tatsächlich wichtig sind" (ebda., S. 62). Gerade für jüngere Kinder, für die Spontanhandlungen und Spielaktionen mit Wiederholungsreiz charakteristisch sind, wird es in der Regel schwierig sein, Kriterien für das *Setzen von Prioritäten* zu finden. Es ist meist ein vieljähriger Lernprozess, in dem Kinder sich darin üben und (relative) Sicherheit darin gewinnen, Handlungen nach (subjektiver) Bedeutung zu differenzieren. Geeignete Trainingssituationen kann der Wochenplan- oder Werkstattunterricht bieten, in dem Kinder mit Pflicht-, aber auch Wahlpflicht- und Wahlaufgaben konfrontiert werden. Eine in Ansätzen schon entwickelte Fähigkeit zur Prioritätensetzung verlangt der Projektunterricht, aber auch die Freie Arbeit, in denen Kinder Wahlentscheidungen zwischen verschiedenen Tätigkeiten treffen müssen (vgl. auch ebda., S. 64).

Prioritäten setzen

4. Lernen aus Fehlern

Erik Erikson, der große „Modernisierer" der Psychoanalyse, insbesondere der psychoanalytischen Entwicklungstheorie, ordnet den menschlichen Lebenslauf in Krisenphasen, in denen Menschen zwischen Polen oder Spannungsbögen sich bewegen oder hin- und hergeworfen werden. Das Grundschulalter befindet sich im Spannungsverhältnis zwischen „Leistung und Minderwertigkeit" (Erikson 1999, S. 253). Neu für diese Lebensphase ist, dass das Kind lernt, „[...] sich Anerkennung zu verschaffen, indem es etwas leistet" (ebda.).

Daher ist es wichtig, dass Kinder lernen, mit Fehlern umzugehen, d. h. Fehler als notwendiges Element des Lernens und der eigenen Entwicklung anzunehmen (vgl. Brügelmann 2001; Köhler 2000). Der Fehler sollte nicht mehr als „Teufel", als das Böse, als Ärgernis verstanden werden, der einem Erfolg, Image und gute Noten verdirbt, sondern als Begleiter und Helfer beim Lernen, extrem gesagt als „Freund".

In den Managementkonzepten der letzten Jahre wurde oft eher das Gegenteil betont: Gelernt werden sollte an exzellenten Vorbildern, insbesondere indem analysiert wird, wodurch andere hervorragen und inwieweit Elemente ihrer Exzellenz auf das eigene Handeln übertragen werden kann („Modelling", „Bench-marking"). Viel leichter ist es allerdings, das eigene Handeln zu analysieren, um dabei festzustellen, welche Fehler man immer wieder macht, in welchen Zusammenhängen diese auftreten, ob dahinter Verständnisprobleme oder eine zu geringe Kontrolle der eigenen Arbeit stehen.

Auch das NLP (Neurolinguistisches Programmieren) kennt und betont das Lernen aus eigenen Fehlern. Dort werden drei Handlungselemente des Lernens aus Fehlern betont:

Ziele verfolgen

1. Das beharrliche *Festhalten an einem Handlungsziel*, das einem persönlich wichtig ist und für das man sich einmal entschieden hat, weil man seine Energie zielgerichtet und nicht für zu viele und auch noch wechselnde Objekte einsetzen sollte.

Fehlerquellen suchen und analysieren

2. Das *gelassene Analysieren des eigenen Handelns, um auf Fehlerquellen oder fehleranfällige Handlungsumstände zu stoßen*, die in Zukunft gemieden oder verändert werden sollten.

Handlungsalternativen ausprobieren

3. Das *Experimentieren mit Handlungsalternativen*, wobei es wichtig ist, sich hierfür Zeit zu nehmen, damit nicht durch Hektik neue fehleranfällige Handlungsumstände entstehen.

Alle drei Punkte sind auch für Kinder wichtig: Sie sollten eine emotionale Haltung aufbauen, die sie beim Entdecken von Fehlern nicht „aus der Bahn wirft", nicht das Handlungsziel, z. B. eine selber gewählte Aufgabe, unattraktiv macht, weil es nicht beim ersten Anlauf erreicht wurde. Für die Lehrerin bedeutet dies, vor allem im Anfangsunterricht, immer wieder deutlich zu machen: Es muss *zwischen Ziel und Weg unterschieden* werden. Dies kann in einer geeigneten Formulierung geradezu als ein wichtiges Handlungsprinzip in die Auflistung der an der Wand des Klassenzimmers verschriftlichten Regeln aufgenommen werden. In den Gesprächen mit einzelnen Kindern oder Kleingruppen lässt sich dann dieses Prinzip bezogen auf konkrete Situationen lebendig machen (vgl. Köhler 2000).

6.3 Regeln und Rituale

Zur Geschichte des Rituals

Regeln und Rituale spielen im Schulalltag eine große Rolle. Vor allem im 19. Jahrhundert, in dem sich die Jahrgangsklasse, der Frontalunterricht und (zumindest im höheren Schulwesen) auch das Fachlehrer- und Stundenplanprinzip durchsetzte, wurden viele schulische Regeln

Ambivalenz von Regeln und Ritualen

und Rituale eingeführt, die teilweise noch heute praktiziert werden: das klassenweise Aufstellen vor Unterrichtsbeginn und am Ende der großen Pausen, Formen der Begrüßung, des Sich-Meldens, des „Drannehmens", Antwort-Gebens, des Toilettenbesuchs, des In-die-Ecke-Stellens, der Strafarbeiten, der Züchtigung, des Abmahnens („blaue Briefe") etc. Die Reformpädagogik lehnte (im „Jahrhundert des Kindes") viele dieser Rituale wegen ihres Formalismus, ihrer Kinderfeindlichkeit und ihres oft erniedrigenden Charakters ab. Sie führte aber neue ein, von denen angenommen wurde, dass sie mehr auf die Bedürfnisse der Kinder nach persönlicher Anerkennung, nach Gemeinschaftserleben und Rhythmisierung der Schulzeit eingehen, Morgen- und Abschlusskreis; Stilleübungen (Montessori); Klassenrat (Freinet); Wochen-, Monats- und Jahreszeitenfeier (Petersen, Steiner); Wochenarbeitspläne (Petersen; Freinet); Klassenfahrten (Reichwein) etc.

Pädagogische Chancen von Ritualen

Doch sind Rituale nicht per se gut oder schlecht (vgl. Groeben 1999, S. 7). Ihre pädagogische Wirkung hängt davon ab, mit welchen Absichten und welchen Mitteln Rituale eingesetzt werden. Grundsätzlich sind Rituale geeignet,

* Zugehörigkeit und Gemeinschaft,
* Orientierung,
* Regelmäßigkeit und Wiederkehr

zu verdeutlichen. Sie vermitteln Sicherheit und gemeinsame Werte wie Ordnung, Schönheit, Qualität. Sie können damit auch eine Entlastungsfunktion übernehmen. Denn sie entbinden vom täglichen Entscheidungsdruck: Es muss nicht immer alles neu diskutiert, ausgehandelt, beschlossen und geplant werden (zum Rahmen von Ritualen im Schulleben vgl. Schwarz 1994; Winkler 1994; Piper 1996).
Zugehörigkeit, Orientierung und Regelmäßigkeit als Wirkungsdimensionen von Ritualen können in Unterricht und Schulleben auf unterschiedlichen Ebenen konkretisiert werden:

1. Übergangsrituale bei der Einschulung
vermitteln die Aufnahme in eine neue Gemeinschaft, in der soziale Begegnung, Zusammengehörigkeit und Geborgenheit erwartet werden können (vgl. Prengel 1999, S. 113 f.). Einschulungsrituale knüpfen unbewusst an familiale „Bemutterungsrituale" an, die im frühen Kindesalter oft eine existenzielle Bedeutung haben. „Vor allem die Rituale um das Verstecken und Wiedergefunden werden (wie z. B. das Guck-Guck-Spiel ...) helfen dem Kind, sich der Zuwendung und Zuneigung der Erwachsenen zu versichern" (Schultheis 1998, S. 6).

Übergangsrituale bei der Einschulung

2. Übergangsrituale bei der Schulentlassung
stehen in der kulturgeschichtlichen Tradition der Initiationsriten, mit denen den Heranwachsenden feierlich erlebbar gemacht wird, dass sie einen neuen Entwicklungsstatus und damit einen neuen Lebensabschnitt erreicht haben, worauf sie stolz sein können. Der Schmerz der Ablösung von bisher prägenden Gemeinschaften hat seine Entsprechung im Zauber, der jedem Neuanfang innewohnt (Hesse). Im Kontinium zerrinnender Zeit wird durch das Übergangsritual ein Markstein gesetzt, der den einzelnen Lebensetappen einen Sinn gibt und der aus der lebensgeschichtlichen Rückschau dem fortlaufenden Alltagsleben Gliederung und Struktur vermittelt.

Übergangsrituale bei der Schulentlassung

3. Der Morgenkreis
ist ebenfalls eine Markierung im Kontinium der Zeit. Er gibt jedem Tag eine Bedeutung und dem Schulvormittag eine Dramaturgie mit wiederkehrenden und vielleicht auch mit für den Einzelnen besonderen Elementen. Der Morgenkreis kann auch eine Brücke zwischen gestern und heute, dem Zuhause und der Schule darstellen, indem in der Gesprächsrunde zunächst der Blick zurück geworfen wird („Was haben wir gestern gemacht?" „Was habt ihr zu Hause erlebt?"). Im Morgenkreis lässt sich aber auch eine Brücke schlagen zwischen Subjektivität

Morgenkreis
= Brücke zwischen gestern und heute

und Objektivität, zwischen Individualität und Gemeinschaft, zwischen Innenschau und Zielstrebigkeit, zwischen Augenblicks- und Zukunftsorientierung, indem die Kinder nach dem Erinnern (gestern; heute früh) ihre momentanen Befindlichkeiten zu artikulieren versuchen („Ich finde nicht gut, dass Marvin und Alexander sich heute morgen gehauen haben." „Ich bin froh, dass endlich wieder die Sonne scheint." „Die neue Jacke von Christina ist echt cool."). Das, was Kinder bewegt und oftmals auch das Lernen beeinträchtigt (vielleicht aber auch belebt), weil es einzelne oder alle Kinder mehr beschäftigt als das Unterrichtsgeschehen, kann offen geäußert werden, es bleibt nicht brodelnd „unter der Decke". Kinder können ebenso Konflikte offenkundig und damit bearbeitbar machen wie ihre aktuellen Interessen und Probleme, die sich dann im Unterricht vielleicht auch thematisch aufgreifen lassen. Im Erzählen von kleinen und großen Ereignissen, die Kindern bedeutungsvoll sind, wird „[...] erlebbar: Ich als Person mit meiner eigenen Welt bin den anderen so wichtig, dass sie mir zuhören und sogar nachfragen, um mich besser verstehen zu können" (Friedrichs 1999, S. 12). Gerade Kinder, die zu einer sozialen oder leistungsbedingten Außenseiterposition tendieren, haben im Morgenkreis die Chance, Beachtung, Rückmeldung und damit Impulse für die Stabilisierung ihres Selbstbewusstseins zu erhalten. Zugleich erhält die Lehrerin (vor allem am Montag Morgen) einen Einblick in Lebensgewohnheiten der Kinder (z.B. Freizeit- und Medienverhalten).

Die regelmäßige, „ritualisierte" Dreigliederung des Morgenkreises mit Blick zurück, einer Art Innenschau und dem Blick voraus stammt aus der Elementarerziehung und wird vor allem in der Reggio-Pädagogik praktiziert (vgl. u.a. Sommer 1999).

Kreisbildung um eine Mitte Kinder und Lehrerinnen haben die Praxis des Morgenkreises in vielfältiger Weise variiert. Wichtig sind die „Kreisbildung um eine Mitte, gegenseitiges Begrüßen (das Wahrnehmen jedes einzelnen Kindes)" (Hinz 1999, S. 21), das „gemeinsame Denken an die fehlenden Kinder" (Friedrichs 1999, S. 13), die Präsenz und das gegenseitige Vorstellen von Lieblingskuscheltieren (vgl. ebda.). Manchmal wird auch vorgelesen (vgl. ebda.). Oder jedes Kind trägt sich als Anfangsritual in ein spezielles Heft ein; jedes Kind soll dabei das Gefühl haben: „Ich bin jetzt da, gehöre dazu, es kommt auf mich an, und ich dokumentiere das mit dem Schreiben meines Namens" (Prengel 1999, S. 125).

4. Der Abschlusskreis

Abschlusskreis bildet die spiegelbildliche Entsprechung zum Morgenkreis. Wie letzterer die Schulzeit eröffnet, so beschließt dieser sie, gibt also als Übergangsritual eine Markierung im Kontinuum der Zeit. Es hat sich allerdings als am ehesten praktikabel durchgesetzt, den Abschlusskreis nur einmal wöchentlich und dann als Wochenabschlusskreis zu realisieren. Viele KollegInnen empfinden es als krampfhaftes Durchziehen eines vom Formalismus bedrohten Rituals, wenn in der knappen Schulzeit jeden Tag der Abschlusskreis angesetzt wird, unabhängig davon, ob die Kinder die notwendige Gelassenheit und innere Sammlung finden können oder nicht. In den 70-er und 80-er Jahren wurde entsprechend auch der Morgenkreis überwiegend ausschließlich als Montagmorgenkreis gehandhabt. Heute neigen dagegen viele LehrerInnen dazu, den ritualisierten Schulbeginn – oft in Kombination mit einem gleitenden Unterrichtsanfang – täglich zu praktizieren, während der Abschlusskreis als deutliche Zäsur nur am Ende der Schulwoche veranstaltet wird.

Der Wochenabschlusskreis hat zwei wesentliche Funktionen: Er „[...] dient einerseits zur Verabschiedung ins Wochenende, andererseits wird die zurückliegende Woche bilanziert. Ist etwas unerledigt geblieben? Was liegt einzelnen Kindern besonders am Herzen? Wie verantwortlich wurde mit Verpflichtungen umgegangen, die einzelne Kinder [...] übernommen haben? Wurde die Pflege des Gartens von den dafür zuständigen Kindern zuverlässig erledigt? Sind Bücher, Arbeitsmaterialien etc. in Ordnung [...]?" (Prengel 1999, S. 126).

Die Funktion der „Verabschiedung ins Wochenende" steht in einer ideellen Verbindung mit den Beobachtungen, die Maria Montessori zum Phänomen der „Polarisation der Aufmerksamkeit" beschrieben hat: Das Kind sucht eine fesselnde Tätigkeit (Suchphase), es beschäftigt sich versunken mit der gefundenen Aufgabe („Phase der großen Arbeit"), es ist stolz, die Aufgabe gemeistert zu haben, es entspannt sich durch Ruhe oder Bewegung („Phase der Ruhe"). Im Wochenabschlusskreis sollte etwas von dieser Phase der Ruhe zum Ausdruck kommen: Freude und Dank über Gelungenes, gelassenes Akzeptieren, dass nicht alles erreicht wurde, die Arbeitsphasen der vergangenen Woche Revue passieren lassen, sich freuen auf ein paar Tage Entspannung und Abwechslung vom Schulalltag.

Polarisation der Aufmerksamkeit

5. Rituale, die das Schuljahr gliedern:

„Kinder [...] lieben Rituale nicht nur, sie benötigen sie auch, um sich in der Schule wohl zu fühlen und dort zurechtzufinden. Sie schaffen Inseln der Ordnung durch ihre Regelmäßigkeit und selbstverständliche Wiederkehr" (Hinz 1999, S. 22). So lässt sich das ganze Schuljahr so rhythmisieren, dass aus dem diffusen Lauf der Zeit eine Folge für die Kinder überschaubarer Abschnitte entsteht, die durch Anlässe mit jeweils besonderem Charakter markiert sind: Monatsfeiern (vgl. Kosiek 1999, S. 24), die auf jahreszeitliche Besonderheiten eingehen: die Welt im Winterkleid, Fasching/Karneval, Ostern, Baumblüte, die ersten Früchte (Erdbeeren, Kirschen), Erlebnisse und Spiele mit Wasser, Erntedank, Herbstbelaubung, St. Martin, St. Nikolaus/Advent/Weihnachten. Daneben (oder alternativ) können jährliche Höhepunkte festlich begangen werden: Sommerfest, „Schulgeburtstag", eine öffentliche Ausstellung von Schülerarbeiten, ein Musikabend (vgl. ebda., S. 25 ff.).

Rituale als Inseln der Ordnung

6. Konfliktrituale:

Rituale in kultischen Handlungen haben oftmals eine quasi magische, eine bannende Wirkung. Dieser Effekt könnte für das Besänftigen oder Vorbeugen von Konflikten genutzt werden, wenn es gelänge, das impulsive Moment in Streitsituationen in eine ritualisierte Form zu überführen. Hierfür gibt es verschiedene Möglichkeiten, z. B. indem bestimmte, vielleicht nur äußerliche Elemente einer den Kindern im

Konfliktrituale

Gedächtnis gebliebenen erfolgreichen Konfliktlösung regelmäßig wiederholt werden, etwa eine bestimmte Platzierung der Konfliktparteien im Klassenzimmer, die Übernahme der Schlichtung durch ein bestimmtes Kind, bestimmte Worte als Versöhnungsformel. Ein anderes Beispiel beschreibt Prengel (ebda.): „Bei kleinen, gerade aufkeimenden Uneinigkeiten reicht es oft schon, dass einzelne andere Kinder mit einer trennenden Handbewegung signalisieren: Stop! Hört auf. Dieses Zeichen hatte die Klasse im Freitagabschlusskreis verabredet [...]".

Wichtig können auch ritualisierte Handlungen mit bestimmten symbolischen Gegenständen sein, zum Beispiel das Schlagen auf ein „Wutkissen" oder das Greifen in eine an der Klassenzimmertür hängende spezielle Tüte, um ihr ein imaginäres „Anti-Streit-Pulver" zu entnehmen (vgl. Winkler 1994, S. 11 f.).

Unterhalb der Schwelle eines konkreten Konfliktes liegen die verbreiteten Rituale zur Herstellung von Ruhe im Klassenzimmer, z. B. das Klingeln eines kleinen Glöckchens oder eines anderen eher sanft tönenden Klanginstrumentes, das Heben einer Hand, das Berühren oder Festhalten eines Kindes (vgl. Prengel 1999, S. 115 ff.).

7. *Kommunikations- und Lernrituale:*

Lernrituale

Prengel (ebda.) schildert eine ganze Reihe solcher von der Lehrerin eingeführter oder von Kindern (weiter-)entwickelter Rituale: die Festlegung einer gewohnheitsmäßig praktizierten Abfolge bei der Aufgabenerledigung und ihrer Kontrolle (erst Selbsttätigkeit und Selbstkontrolle, dann Ansprechen eines Tischnachbarn, zuletzt In-Anspruch-Nehmen der Lehrerin); Festlegungen für die Dauer und Abfolge von Redebeiträgen im Unterrichts- und Kreisgespräch (z. B. mittels Redestein, Redeball oder Redestab); „so haben sie (zwei Jungen) über einen längeren Zeitraum nur die Aufgabe gehabt, ihre ungezügelten Redebeiträge, Fragen oder andere Äußerungen nicht in das Unterrichtsgespräch hineinzurufen, sondern sich vorab zu melden und zu warten, bis sie an der Reihe waren. Für jeden gelungenen Tag haben sie ein Tortenstück aus einer Papptorte bekommen. Wenn sie ihre Torte vollständig hatten, wurde ihnen anerkennend applaudiert und sie durften ihre Torte mit nach Hause nehmen" (ebda., S. 119 f.).

Andere Rituale, von denen Prengel berichtet, beziehen sich auf das schriftliche (und bildliche) Dokumentieren von Geschichten, die Kinder erfinden, oder von Lernhandlungen. Dabei geht es zum einen darum, durch die Erfindung (persönlicher) Rituale, die Kindern einen klaren Handlungsrahmen vermitteln, einzelne Kinder zum Schreiben zu ermutigen (vgl. ebda., S. 121 f.). Zum anderen können Rituale eine für die ganze Klasse verbindliche Aufforderung enthalten, an Gemeinschaftswerken als Symbolen der Zusammengehörigkeit zu arbeiten: „In einem besonders schön gebundenen *Klassengeschichtenbuch* werden seit Anfang des Schuljahres Geschichten aus dem Montagsmorgenkreis gesammelt" (ebda., S. 121; Hervorhebung durch Verf.). Daneben „[...] werden alle Erarbeitungen, die verschriftet werden können, in einem Buch, das abschließend gebunden wird, gesammelt oder aber (es wird; Verf.) ein *Themenheft* angelegt, in das die Arbeitsergebnisse niedergeschrieben, gemalt oder eingeklebt werden. So hat jedes Kind nach

Abschluss eines jeden Projektes sein eigenes Heft oder Buch zum jeweiligen Thema in seinem Besitz" (ebda., S. 124; Hervorhebung durch Verf.).

Insgesamt lassen sich (Kommunikations- und Lern-)Rituale entwickeln
- zur produktiven Führung von Unterrichts- und Kreisgesprächen
- zur Ordnung im Umgang mit Unterrichtsmaterialien (vgl. ebda., S. 114)
- zum gemeinsamen Sammeln von Unterrichtsthemen (insbesondere für Projekte)
- zur eigenverantwortlichen und auch gemeinsamen Bearbeitung von Aufgaben sowie zur Kontrolle der Arbeitsergebnisse
- zur persönlichen und gemeinsamen Dokumentation von Schüleraktivitäten
- zur Schaffung eines von den anderen akzeptierten Verhaltensrahmens für einzelne Kinder.

8. Bewegungs- und Entspannungsrituale:
Es ist das große Verdienst der Reformpädagogischen Bewegung, Schule als Lebensraum interpretiert zu haben, der sich u.a. in Zeitrhythmisierung und Zulassen körperlicher Bedürfnisse konkretisiert. So nimmt im pädagogischen Gesamtkonzept Maria Montessori das „Prinzip der freien Wahl" einen zentralen Stellenwert ein. Bestandteil diese Prinzips ist die Möglichkeit der Kinder, über Zeit und Zeitdauer ihrer Lernarbeit sowie über Ort und Körperhaltung beim Lernen frei zu entscheiden. Sie ging davon aus, dass zum erfolgreichen Lernen Lernfreude gehört und dass diese sich am ehesten einstellt, wenn körper- und seelischer Rhythmus ausgeglichen sind. Ausgeruhtheit und selber gewählter Wechsel von Anspannung und Entspannung sind hierfür wesentliche Voraussetzungen.

Bewegungs- und Entspannungsrituale

Diese Überlegungen für eine kindgerechte und produktive Lernkultur in der Grundschule zu nutzen, könnte Folgendes bedeuten:

kindgerechte und produktive Lernkultur

- Kinder suchen sich für ihre Arbeit einen für sie angenehmen, ihnen jeweils individuell Konzentration bzw. Stimulanz sichernden Ort (dies bedarf oft der Vereinbarungen innerhalb der Klassengemeinschaft und mit der Lehrerin, dem Lehrer, insbesondere wenn das Klassenzimmer verlassen wird).
- Nicht Geradesitzen auf dem Stuhl, sondern das Wahrnehmen einer individuell angenehmen Arbeitshaltung wird mit den Kindern vereinbart (sinnvoll ist das Bereithalten verschiedener (Sitz-)Möbel, wie Sofa, Sitzbälle, verschieden geformte Stühle, Stehpult) (vgl. Knauf/Politzky 2000, S. 51 ff.).
- Kinder können individuelle Pausen machen. Dabei kann es für die meisten Kinder sinnvoll sein, dass sie sich ihre Pausen bewusst machen und nicht nur als verträumte Verlangsamung der Arbeit realisieren. Deshalb können Zeichen vereinbart werden (wie das Heben einer Karte oder eines anderen symbolischen Gegenstandes), mit dem Kinder sich selber und der Lehrerin deutlich machen, dass sie an ihrem Platz eine Pause beginnen oder diese beenden. Ein solches Ritual erübrigt sich, wenn ein Kind seine Pause durch Ortswechsel (etwa in Richtung Ruheecke) signalisiert.

- Gemeinsame Pausen gehören zum rhythmisierten Schultag (vgl. Holtappels 1999, S. 52). Häufige kurze Pausen verkürzen die Arbeitsphasen, machen sie überschaubar und verhindern, dass sie sich mühevoll hinschleppen. Bei der Beobachtung der Kinder nimmt die Lehrerin leicht Anzeichen genereller Ermüdung oder Unruhe wahr und kann spontan Pausen ansetzen. Die Kinder registrieren dies in der Regel als Bestätigung dafür, dass ihre Lehrerin ein Gespür für kindliche Bedürfnisse hat.

Rhythmisierung des Schultages
- Die Rhythmisierung des Schultages durch Pausen ist vor allem dann auch Kultivierung des Schullebens, wenn Pausen gestaltet werden. Dafür können im bewussten (ritualisierten) oder auch spontanem Wechsel verschiedene Elemente eingesetzt werden:
  - spontanes, nicht geregeltes Sich Bewegen
  - angeleitete gymnastische Bewegung
  - angeleitete Bewegung als kinesthetische Übung (liegende Achten mit den Händen beschreiben, im Wechsel und überkreuz mit den Knien die Ellbogen berühren ...)
  - progressive Muskelrelaxation (Anspannung und folgende Entspannung einzelner Muskeln)
  - einfache Entspannungsübung im Sitzen („Droschkenkutscherhaltung" und bewusstes Atmen)
  - Autogenes Training oder Yoga
  - Phantasiereise
  - einfach Erzählen
  - Singen
  - Frühstücken
  - Hinausgehen auf den Pausenhof
  - *(gezieltes) Natur Betrachten (und ggf. über Wahrnehmungen anschließend im Stuhlkreis Berichten).*

Der Ritualcharakter einzelner Elemente zur Pausengestaltung kann durch regelmäßige Wiederkehr betont werden (z.B. montags und freitags Singen, mittwochs zu einer ungefähr festliegenden Uhrzeit eine Phantasiereise); andere Elemente können dagegen spontan gewählt werden. Eine solche Ausbalancierung von Ritualisierung und Spontaneität entspricht einer offenen Lernkultur, die die Lernfreude der Kinder deshalb stimuliert, weil sie ihnen eigenständig nutzbare Handlungsspielräume zugesteht, durch Rituale und Regeln ihnen aber zugleich auch Orientierungssicherheit und Bedeutung ihres Tuns vermittelt.

Wie entstehen Rituale?

Rituale wirken auch, ohne dass ihr Ursprung den Beteiligten noch gegenwärtig ist. Ihre Magie löst sich vom Prozess oder Punkt ihrer Entstehung. Sie bedarf nicht der Legitimation eines bestimmten Entstehungsverfahrens. So werden manche Rituale (durch eine Autorität) einfach gesetzt, während andere sich aus der Wiederholung bestimmter Handlungen herauskristallisieren.
So sind in Unterricht und Schulleben viele Rituale kaum ohne bewusste Setzung durch die Lehrerin denkbar, z.B. die Einführung des Morgenkreises. Andere Rituale entwickeln sich dagegen in der Alltagspraxis,

z. B. bei der Gestaltung des Pausenfrühstücks, bei der Ausprägung von Konfliktlöseformen oder bei der Variation von Stillezeichen: Während eines Kreisgesprächs „[...] war es Lena, die den Einfall hatte, das akustische Ruhezeichen durch ein aus einer Bewegung hervorgehendes Zeichen zu ersetzen. Während sie den einen Arm hob, führte sie den anderen mit dem ausgestreckten Zeigefinger auf die Lippen" (Prengel 1999, S. 117).

Kinder können also Einfluss auf die Gestaltung von Ritualen nehmen. Hier zeigt sich der Unterschied zu den traditionellen autoritären Ritualen, die vorgegeben und von den Kindern zu lernen waren. Die gerade für eine offene Unterrichtskultur notwendigen nicht-autoritären Rituale „enthalten verbindliche Vereinbarungen und geben so Orientierung, Zuverlässigkeit, Zugehörigkeit und Sicherheit; sie sind der heutigen (post-)modernen Zeit angemessen, denn sie enthalten zugleich Offenheit für Individualisierung, für Heterogenes, für Unvorhergesehenes und Neues. Die neuen Rituale wirken mit ihren Visualisierungen und Inszenierungen aufklärerisch, da sie Kindern Einsichten in soziale Verhältnisse anschaulich machen und Kindereinflüsse verbindlich ermöglichen" (ebda., S. 128). Ganz ähnlich spricht Annemarie von der Groeben davon, dass „pädagogische Rituale" u. a. dann „stimmen", wenn sie „einen Kern von Veränderbarkeit in sich tragen, der die Individuen zum Mitdenken und eigenem verantwortlichen Handeln auffordert" (Groeben 1999, S. 9).

Einfluss der Kinder auf die Gestaltung von Ritualen

Regeln: die aufgeklärten Rituale

Rituale, die Kindern Einsichten in soziale Zusammenhänge geben und ihnen Mitgestaltungsmöglichkeiten einräumen, kann eine aufklärerische Wirkung zugesprochen werden (vgl. Prengel 1999, S. 128). Das gilt umso mehr, wenn Rituale gemeinsam erarbeitet und als Vereinbarungen schriftlich festgehalten sowie bei Bedarf verändert werden. Wir sprechen dann von *Regeln*. Regeln haben einen rationalen Kern, da sie auf Vernunft und Einsicht basieren. Sie erleichtern das Zusammenleben und gemeinsame Lernen in der Klasse, weil sie Grenzen und Freiräume sowie verbindliche Normen und sinnvolle Verhaltensweisen festhalten. Sie konkretisieren sich dementsprechend weniger in Symbolen und sinnlichen Inszenierungen als in transparenten sprachlichen Formulierungen als Ergebnis dialogischer Kommunikationsprozesse.

Regeln basieren auf Vernunft und Einsicht

Schulische Regeln sind dann am zweckmäßigsten und wirksamsten, wenn

Schulische Regeln

- sie mehr oder weniger in der ganzen Schule gelten, das Ethos und die Philosophie einer Schule zum Ausdruck bringen (vgl. Rutter 1979),
- sie auf konkreten Handlungserfahrungen basieren (was sind Kinder bereit, zu akzeptieren, wo stoßen sie auf Toleranzgrenzen),
- sie in (zeitlichem und kausalem) Zusammenhang mit konkreten Vorfällen und Konflikten (z. B. Unterrichtsstörung, aggressiven Handlungen) erarbeitet werden,
- sie von möglichst vielen Kindern gemeinsam diskutiert und entschieden werden,
- sie Minderheiten (z. B. Kinder mit Verhaltensauffälligkeiten) berück-

sichtigen, damit diese nicht (weiter) in Außenseiterpositionen geschoben werden,
- sie auch Ausnahmen zulassen, ohne dass die Regel entwertet wird,
- sie einfach und in sich schlüssig sind,
- sie in kurzen Aussagen festgehalten und im Klassenzimmer ausgehängt werden,
- sie in ihrer Formulierung einen Aufforderungscharakter zur Regeleinhaltung enthalten,
- sie den Aspekt einer im Prinzip sanften, abgestuften und flexiblen, personen- und situationsbezogenen Sanktionierung bei Regelverstoß mit reflektieren,
- sie auf Grund neuer Erfahrungen oder auf Grund der Entwicklung der Kinder neugefasst werden.

Regeln beziehen sich auf das Schulleben

Regeln beziehen sich auf das Schulleben, z. B. Pausen, Lösung von Konflikten, Aufenthalt in der Klasse, im Schulgebäude, innerhalb und außerhalb des Schulgeländes, vor allem aber auf die Unterrichtspraxis. Insbesondere der offene Unterricht, der nicht der permanenten Steuerung durch die Lehrerin bedarf, dafür den Kindern ein hohes Maß an Entscheidungs- und Handlungsspielräumen gibt, braucht ein flexibles Regelsystem. Im offenen Unterricht übernehmen Kinder einzeln und gemeinsam Eigenverantwortung, insbesondere
- für ihre eigene, der persönlichen Entwicklung zugute kommende Lernarbeit (eine Aufgabe beginnen und zu Ende führen),
- für die Qualität ihrer Arbeit und deren Überprüfung (Selbstkontrolle),
- für den Umgang mit Lernmaterialien und deren Ordnung (Materialien werden zurückgelegt),
- für die Ordnung in ihren eigenen Sachen (Heften, Aktenordnern, Bücher),
- für die Sicherung einer guten Arbeitsatmosphäre (gedämpfte Geräuschentwicklung, Vermeiden hektischen Herumlaufens),
- für eine gute Teambeziehung mit Lernpartnerinnen und -partnern (wechselseitige Hilfe, Vermeidung von Störung, kein Bloßstellen, Hänseln, persönliche Kritik),
- für das Verhalten beim Umstellen des Mobiliars (Auf- und Abbau des Stuhlkreises, Platz Schaffen für Bewegungs- und Entspannungsüben, für gemeinsames Singen oder Spielen),
- für die Nutzung eines differenziert gestalteten Klassenzimmers mit Funktionen wie Leseecke, Forscherecke, Ausstellungstisch, Spiel- und Rückzugsbereich,
- für den Umgang mit der Zeit (gemeinsame und individuelle Pausen; Tätigkeitswechsel, Grenzen zwischen Lernen und Spielen),
- für einen friedlichen und freundlichen Umgang zwischen den Kindern sowie zwischen Kindern und Erwachsenen.

6.4 Spielen und Lernen

Spielen und ein das Üben betonendes Lernen scheinen Gegensätze zu sein. Spielen in der Grundschule ist für viele Bildungspolitiker, Eltern und auch manche Grundschullehrer ein Synonym für „Kuschelecken- und Wohlfühlpädagogik". Spielen in der Schule könnte den Kindern die Anstrengungen beim Lernen nehmen, die notwendig sind, um im späteren Leben leistungsbereit und leistungsfähig zu sein (vgl. Petillon 1999, S. 30). Es könnte den Kindern vortäuschen, dass alles im Leben leicht und mühelos zu bekommen sei.

Eine solche, verbreitete Auffassung knüpft an die seit Jahrhunderten auch im Christentum wirksame dualistische Denktradition an, nach der Arbeit, Mühe, Anstrengung einerseits, Spiel, Freude und Entspannung andererseits nicht komplementär aufeinander bezogen sind, sondern wie gut und böse unvereinbare Gegensätze bilden. Diese Denktradition geht bis zu den Anfängen der menschlichen Vorstellungen vom Paradies und der Vertreibung aus dem Paradies zurück. Übertragen auf den Bereich der Pädagogik, drückt sich das dualistische Denkmodell etwa in den mittelalterlichen Darstellungen des Lehrers aus, der immer mit einer Rute als Symbol der pädagogisch notwendigen Reinigung des Schülers von allem Triebhaften und Lustbetonten abgebildet wird (vgl. Kaczmarek/Twellmann 2000). Das dualistische Denkmodell ist in der Neuzeit dann auch in der Pädagogik des Pietisten *August Hermann Francke* (1663–1727) wiederzufinden (vgl. Kluge 1999, S. 46).

dualistisches Denkmodell

Die dualistische Einschätzung der Gegensätzlichkeit von Spiel und Lernen übersieht die außerordentliche Bedeutung des spielerischen oder „spielenden Lernens" (vgl. Walter 1993, S. 93) für die Fähigkeitsentwicklung des Menschen vor allem in seinem ersten Lebensjahrzehnt: Die Entwicklung von Körperbeherrschung, Sprache, sozialem Verhalten, Umwelterkundung und Weltdeutung ist im Vorschulalter zum überwiegenden Teil Resultat vielfältiger Spielprozesse, die das Kind selber initiiert oder in die es einbezogen wird (Kluge 1981).

„spielendes Lernen"

In der Pädagogik ist die Bedeutung des Spiels für das Lernen vor allem jüngerer Menschen immer wieder betont worden. Am Anfang der Pädagogikgeschichte steht in dieser Hinsicht vermutlich Platons Aussage in seinem philosophischen Dialog „Der Staat": „Du darfst [...] die Knaben nicht zwangsweise in den Wissenschaften unterrichten, sondern spielend sollen sie lernen" (zit. nach Kluge 1999, S. 45). Über 2000 Jahre jünger ist Jean Jacques Rousseaus Plädoyer für die pädagogische Bedeutung des Spiels in seinem Erziehungsroman „Emile" (1762). Hier wird recht differenziert die Beziehung des Heranwachsenden zum Spiel beschrieben: „Ob er spielt oder sich beschäftigt, beides ist ihm gleich: sein Spiel ist ihm Beschäftigung. Er kennt keinen Unterschied. Alles tut er mit einem Interesse [...]" (zit. nach ebda., S. 47).

Bemerkenswert ist bei Rousseau die Beobachtung, dass Kinder das Spiel wie eine andere Tätigkeit („Beschäftigung") wahrnehmen. In der Tat gibt es strukturell große Parallelen zwischen Spiel und anderen Handlungsprozessen, z. B. auch der Arbeit. Auch im (Kinder-)Spiel greift der Mechanismus des sich wiederholenden Wechsels von An-

Aktivierungszirkel = Wechsel von Anspannung und Entspannung

spannung und Entspannung. Heckhausen (1984) spricht dementsprechend auch vom „Aktivierungszirkel" des Spannungsaufbaus und -abfalls im Spiel. Das Spiel bildet die umfassende Tätigkeitsform, in der Kinder kognitive, emotionale und vor allem körperlich-sinnliche Realitätsauseinandersetzung verschiedenster Art organisieren. Außerdem finden sie im (Einzel-)Spiel „einen unentbehrlichen Ruhehafen für erschütterte Gefühle nach stürmischen Perioden auf den Wellen des Lebens" (Erikson 1987, S. 216). Die Trennung der Lebensbereiche Arbeit und Freizeit besteht für Kinder im Vorschulalter nur in Andeutungen. Das Spiel ist daher für die meisten Kinder ein komplexes Handlungs- und Erfahrungsfeld, das Momente von Anspannung und Freiheit, Lernen und Spaß, Leistung und Entspannung enthält und miteinander verknüpft. Es ist für Kinder im doppelten Sinne produktiv: Es ermöglicht Kindern, physisches Können, kognitives Welterfassen sowie Situations- oder Beziehungsdeuten zu erproben, wie es vor allem Piagets Forschungen deutlich gemacht haben; auf der anderen Seite dient es der Triebentlastung und Bewältigung von Entwicklungskrisen, wie es die psychoanalytische Forschung herausgearbeitet hat (vgl. Knauf 1989, S. 194). Das Spiel ist die „infantile Form der menschlichen Fähigkeit, Modellsituationen zu schaffen, um darin Erfahrungen zu verarbeiten und die Realität durch Planung und Experimente zu beherrschen" (Erikson 1987, S. 216).

Vergleiche zwischen Spielen und Lernen
Nicht nur im Hinblick auf die möglichen Erfahrungen, die Kinder im Spiel gewinnen können, zeigen sich Parallelen zum Lernen, sondern auch in der Binnenstruktur beider Handlungsformen, die vergleichbare Polaritäten enthält: „Obwohl beim Lernen (wie auch bei vielen Spielen; Verf.) umsichtiges Vorgehen verlangt wird, erfordert es einen mutigen Schritt in ein noch unbeherrschtes Gebiet; obwohl Respekt vor den Regeln erforderlich ist, benötigt das Lernen (wie das Spiel; Verf.) Raum zum Ausprobieren; obwohl es anstrengende Phasen gibt, kommt auch beim Lernen die Beschwingtheit des Könnens. Und obwohl Lernen sicherlich noch mehr als das Spiel auf Erfolg ausgerichtet ist, hängt dieser Erfolg doch oft davon ab, sich im Lernen nicht rigide zu verhalten, sondern sich [...] spielerisch zurücklehnen zu können" (Krappmann 1999, S. 61 f.).

Nach einem Vergleich beider Handlungsformen kommt Krappmann zu der Folgerung: „So wachsen Spielen und Lernen gleichsam aus einer Wurzel der explorierenden, experimentierenden und nach guten und befriedigenden Lösungen suchenden Aneignung der Welt durch junge Menschen. Hier liegt die Begründung dafür, dass Kinder, die gut spielen, auch gute Chancen haben, erfolgreich zu lernen, und dass diejenigen, denen das Lernen nicht schwer fällt, auch einen Zugang zum Spiel haben. Daher gibt es auch so viele Zwischenformen zwischen Spiel und Lernen im Kinderleben [...]" (ebda., S. 63).

Einsiedler berichtet von mehreren Untersuchungen, in denen auf der Basis von Experimenten mit Kontrollgruppen nun auch der empirische Nachweis erbracht wurde, dass die systematische Einbeziehung von Spielhandlungen in den Grundschulunterricht zu einer durchschnittlichen Verbesserung der Lernleistungen geführt hat (vgl. Einsiedler 1999, S. 161 ff.; Einsiedler 1999a, S. 67). Eine der zitierten Untersuchungen wurde von Hartmann u.a. (1988) in Österreich durchgeführt. Die Versuchsklassen der 1. bis 4. Jahrgangsstufe hatten Spielecken mit einer Vielzahl von Spielmedien, die sowohl für Freispiel als auch für verschieden konzipierte Unterrichtsphasen (z.B. innere Differenzierung, Veranschaulichung, individuelles Fördern) eingesetzt werden konnten. Ergebnis der Untersuchung war, dass die Kinder der Spielklassen

- weniger Aggressivität
- positiveres Sozialverhalten
- eine bessere Arbeitshaltung

zeigten.

Einsiedler/Treinies (1985) untersuchten im Erstleseunterricht den Erfolg von vier Gruppen, die (a) Lernspiele und Spielpartner frei wählen konnten, (b) Lernspiele ohne freie Wahl individuell zugeordnet bekamen, (c) Lesen mit Übungsmaterial üben konnten, (d) keine Spiel- oder Übungsmedien erhielten. Ergebnis der Untersuchung war, dass der Lernerfolg der Gruppe (a) mit freier Spiel- und Partnerwahl am größten, der in der Gruppe ohne Spiel- und Übungsmaterialangebot am geringsten war (vgl. Einsiedler 1999, S. 164 f.).

Trotz der empirisch nachgewiesenen Bedeutung des Spiels als Unterstützungshandlung für schulisches Lernen findet Spielförderung in der Grundschule nur wenig statt. Dies liegt allerdings nicht nur an den Lehrkräften und an den auf Unterrichtspraxis Einfluss nehmenden Eltern, die oftmals die lernfördernden Effekte des Spiels verkennen, sondern auch an den Schulvorstellungen von Kindern (vgl. Hüttenmoser 1981). Werden sie eingeschult, übernehmen sie oft nach den positiven Anfangserfahrungen zur Rationalisierung ihrer Lernanstrengungen von Erwachsenen oder älteren Geschwistern die Einschätzung, dass die prestigeträchtigen Fähigkeiten Lesen, Schreiben, Rechnen eben nur mit Anstrengung zu erlernen sind. Damit erfährt das Spiel als eine dem vorschulischen Lebensabschnitt zugeordnete Tätigkeitsform eine Abwertung. Das Spielverhalten, das sich in den ersten Lebensjahren mit außerordentlicher Dynamik zu einem differenzierten Repertoire entwickelt hat, gerät mit dem Schuleintritt in eine Stagnation (vgl. Eichler 1973, S. 181, sowie bereits Hetzer 1857, S. 18). Die Kinder übernehmen von den Erwachsenen den Wertgegensatz Arbeit/Leistung versus Spiel, wobei die Schule den Werte- und Praxissektor von Arbeit und Leistung einnimmt.

der lernfördernde Effekt des Spiels wird oft verkannt

Um eine lernunterstützende *Spielförderung* in der Grundschule zu verwirklichen, kommt es darauf an, die Möglichkeiten ihrer Umsetzung realistisch einzuschätzen. Ausgangspunkt könnte eine Klärung des Spielbegriffs und eine genauere Bestimmung des Verhältnisses von Spielen und Lernen sein.

lernunterstützende Spielförderung

Zum Spielbegriff kommt Einsiedler nach ausführlicher Diskussion verschiedener spieltheoretischer Positionen zu folgender Eingrenzung:

„Wir verstehen unter Kinderspiel eine Handlung oder eine Geschehniskette oder eine Empfindung,

- die intrinsisch motiviert ist/durch freie Wahl zustande kommt,
- die stärker auf den Spielprozess als auf ein Spielergebnis gerichtet ist (Mittel vor Zweck),

Spielbegriff

– die von positiven Emotionen begleitet ist
– und die im Sinne eines So-tun-als-ob von realen Lebensvollzügen abgesetzt ist" (Einsiedler 1999, S. 15; vgl. die ausführlichen Kommentierung bei Petillon 1999, S. 16 ff.).

Sicherlich können auch diese Kriterien als notwendige Elemente von Spielhandlungen diskutiert werden, insbesondere die Betonung der Prozess- gegenüber der Produktorientierung. Dies ist z. B. für die Frage nach der Integration von Spielelementen in schulische Handlungsprozesse wichtig. Die Ambivalenz von Prozess- und Produktorientierung ist allerdings auch bei einer Reihe schulischer Lernprozesse gegeben. So wird in der Montessori-Pädagogik der mit „Polarisation der Aufmerksamkeit" bezeichnete Zustand hochkonzentrierten, „versunkenen" Lernens primär mit dem Reiz der Lerntätigkeit, nur sekundär mit deren Erfolg begründet. Und auch im Projektunterricht, bei dem in der Regel produktförmige Ergebnisse am Ende stehen, entstehen die eigentlichen Lerneffekte im Planungs- und Durchführungsprozess.

Parallelen und Differenzen zwischen Spiel- und Lernhandlungen

Insgesamt lassen sich strukturelle Parallelen, aber auch Differenzen zwischen Spiel- und Lernhandlungen feststellen. Diese Meinung wird insbesondere von Günter Walter vertreten und begründet (vgl. Walter 1993, S. 88 f.). Andere Autoren folgen ihm (vgl. Petillon 1999, S. 22 ff.). „Spielen ist keine direkte Lernmethode" (Walter 1993, S. 91). Spielen und Lernen sind aber eng miteinander verbunden und können sich wechselseitig aufeinander beziehen. Auch Bedingungen des Spiels wie „Atmosphäre, z. B. Sicherheit, Geborgenheit, Spielen Wollen", „Freiwilligkeit", „materiale und personale Umwelt" (ebda., S. 89 f.) können für Lernhandlungen wichtig sein.

In Anlehnung an Walter differenziert Petillon Spielhandlungen nach folgendem Schema (vgl. Petillon 1999, S. 22 ff.):

„PLAY und GAMES"

PLAY:
spielerischer Umgang mit Alltagssituationen

GAMES:
vorstrukturierte Spiele:
Spieltyp 1: Spiele zur Förderung des Problemlöseverhaltens (Objektspiele; Ratespiele; Planspiele; Strategiespiele)
Spieltyp 2: Spiele zur Förderung von Übungsverhalten (Übungsspiele zum Festigen von Wissen und Fertigkeiten; Differenzierung)
Spieltyp 3: Spiele zur Förderung von Selbstkonzept und Sozialverhalten (Interaktionsspiele; kooperative Spiele; Rollenspiele; darstellendes Spiel).

Mit diesem Schema bereichert Petillon die Vielzahl der Versuche, Spielhandlungen zu klassifizieren. Neu und erwägenswert ist der Versuch Petillons, zwischen „Play" und „Games" zu unterscheiden. Dieser Versuch ist allerdings nicht frei von Tücken; denn er verkennt die „spieltypischen" Übergänge zwischen vorstrukturierten Spielen (Games) und offenen, spontanen Spielhandlungen im Alltag (Play). Besonders die zu den vorstrukturierten Spielen gerechneten Spieltypen 1 und 3, in denen Problemlöseverhalten bzw. Selbstkonzept und Sozialverhalten gefordert sind und gefördert werden können, leben von den Übergängen zwischen vorstrukturierten und offenen Situationen. Dies trifft beispielsweise auf Rollen- und darstellendes Spiel (Spieltyp 3) oder auf Konstruktions- und Erkundungsspiele zu, die Petillon unter den wenig anschaulichen Begriff Objektspiele (Spieltyp 1) subsumiert (vgl. ebda., S. 24).

Ich möchte daher auch auf die in der Psychologie am meisten Beachtung gefundenen Versuche der Spielklassifikation zurückgreifen, die von *Charlotte Bühler* (1967) und *Jean Piaget* (1993) unternommen wurden. Bühler unterscheidet zwischen

- Funktionsspielen
- Illusions- oder Fiktionsspielen
- Rezeptionsspielen
- Konstruktionsspielen
- Regelspielen (vgl. Bühler 1967),

Spielklassifikationen

wobei sie unter dem wenig geläufigen Begriff Rezeptionsspiele so wichtige, aber oft vernachlässigte Aktivitäten wie „Bilder betrachten", „Anhören von Märchen, Kinderreimen, Liedern", „Vorlesenlassen" versteht (ebda., S. 135).

Piaget ordnet bestimmte von den Kindern favorisierte Spiele der kindlichen Intelligenzentwicklung zu. Sein Klassifikationsmodell setzt bei den drei Hauptmerkmalen kognitiver Entwicklung an, der Sensomotorik, den Vorstellungen und den Überlegungen. Danach kommt er zu einer Unterscheidung zwischen

Sensomotorik, Vorstellungen und Überlegungen

- Übungsspielen
- Symbolspielen
- Regelspielen
- Konstruktionsspielen, die allerdings eine Grenzkategorie zwischen Spiel und nicht spielerischen Tätigkeiten bilden (vgl. Piaget 1993, S. 142 ff.).

Walter hat versucht, eine Reihenfolge von altersbedingt bevorzugten Spielhandlungen aufzustellen. Er kommt zu folgender Tabelle:
„Spiele des Kleinkindalters
- *Übungs-, Funktionsspiele (0 bis 2 Jahre);*
- *Symbolspiele (ab 2 Jahre);*
- *Rollen- oder Illusionsspiele;*
- *Konstruktionsspiele;*
- *Regelspiele (ab 4 Jahre);*
- *soziale Rollenspiele, darstellende Spiele;*
- *Objektspiele u.a. mit Spielzeugobjekten, mit Naturmaterial, Konstruktionsmaterial;*
- *Regelspiele, u.a. Gesellschafts- und Teamspiele, Interaktions- und kooperative Spiele"* (vgl. Walter 1993, S. 82 f.).

Im Anschluss an die von Bühler und Piaget entwickelten Spielklassifikationen möchte ich eine funktionale Einteilung schulischer Spielhandlungen vorschlagen und erläutern (vgl. auch Knauf 1989, S. 196 ff.):

funktionale Einteilung schulischer Spielhandlungen

1. *Explorationsspiele:* Spiele, in denen neue Erfahrungen gewonnen werden

2. *Konstruktions- oder besser Produktionsspiele:* Handlungen, in denen (allein oder gemeinsam) Kinder etwas herstellen, ein Werk vollenden
3. *Übungsspiele:* Handlungen, in denen unter Nutzung des Wiederholungsreizes Kinder gewonnene Einsichten und vor allem Fertigkeiten spielerisch sichern und festigen
4. *Phantasie- und Entlastungsspiele:* Einzel- oder Rollenspiele, in denen Kinder sich mit ihren Gefühlen, Erlebnissen und Bedürfnissen auseinandersetzen.

Exploration **Explorationsspiele** sind etwa die sog. Kim-Spiele, in denen anhand verschiedener Materialien die Sinne mit unterschiedlichen Eindrücken konfrontiert werden (vgl. Walter 1982, S. 80 f.). So können bei verbundenen Augen verschiedene Gegenstände in ihrer Oberflächenstruktur ertastet, Gerüche zugeordnet oder Speisen „erschmeckt" werden. Als Explorationsspiele organisieren lassen sich auch das Gewinnen von Körper- und Bewegungserfahrungen (ebda. S. 107 ff.) oder das Erkunden eines außerschulischen (Lern-)Ortes. Auch komplexe soziale Wirkungszusammenhänge können in Spielsituationen erkundet werden, etwa im klassischen Verfahren des Rollenspiels (zu Spielen im Sachunterricht vgl. Walter 1999; Brandt/Thiesen 1991; zum sozialen Lernen im Spiel vgl. Klippstein/Klippstein 1978).

Produktion Dies gilt auch für die **Produktionsspiele**, in denen Gegenstände zum Spielen, Schmücken, Informieren oder Ausstellen hergestellt, oder Inszenierungen, z. B. pantomimische Darstellungen, Festsituationen, parodistische Modenschauen hervorgebracht werden sollen. Originalität der Idee, ästhetische Gestaltung, Sorgfalt und jeweiliger Gebrauchswert liefern gewisse Kriterien für die im Produktionsspiel erbrachte Leistung.

Übung Die **Übungsspiele** gehören zu den klassischen Medien der Grundschulpädagogik. Mit der Renaissance der Freien Arbeit sind viele ältere Übungsspiele wieder entdeckt und variiert worden. Die materielle Grundlage der Freien Arbeit ist die Existenz eines differenzierten Repertoires von Selbstbildungsmitteln, deren Handhabung typische Spielmomente enthält. Charakteristisch sind die Regelhaftigkeit, die Aufforderung zur Wiederholung, alltagsnahe Handlungsstrukturen, der rasche Wechsel von Anspannung und Entspannung durch kleine Aufgaben, deren selber kontrollierbare Erledigung Erfolgserlebnisse vermittelt.
Der Reiz des Übungsspiels unterscheidet sich signifikant von der Attraktivität der Explorationsspiele. Zeichnen sich letztere durch das Erfahren und Erschließen von Neuem und Unbekanntem aus, setzen Übungsspiele einen gewissen Bekanntheitsgrad und eine Regelhaftigkeit gerade voraus, wodurch der Wechsel von Anspannung und Entspannung als Wurzel des Wiederholungsreizes kalkulierbar und in gewisser Weise manipulierbar wird. In beiden Spieltypen geht es aber letztlich um das Interesse des spielenden Subjekts, seine personale Stabilität und Handlungsfähigkeit zu erweitern (zu Spielen im Sprachunterricht vgl. Belke 1999; Belke/Geck 1996; Regelein 1990; zu Spielen

im Mathematikunterricht vgl. Zenker-Schweinstetter 1999; Bartl/Bartl 1993; Regelein 1992).

Die Gruppe der von mir so zusammengefassten **Phantasie- und Entlastungsspiele** entspricht am ehesten den kulturanthropologischen und psychoanalytischen Spielkonzepten. „Das Spiel kann zwischen Lust- und Realitätsprinzip eine hervorragende Vermittlerrolle einnehmen. Indem es selbst stets lustvoll oder zumindest lustbetont ausgeübt wird, trägt es unbemerkt dazu bei, Lebenseindrücke zu verarbeiten", so fasst Norbert Kluge (1981, S. 17) den psychoanalytischen Ansatz in der Spieltheorie zusammen.

(Randnotiz: Phantasie und Entlastung)

Zur Charakterisierung dieses Spieltyps aus kulturanthropologischer Sicht möchte ich ein Zitat Huizingas, des Klassikers der neueren Spieltheorie (1956, S. 20), anschließen: „Der Form nach betrachtet, kann man das Spiel [...] eine freie Handlung nennen, die als ‚nicht so gemeint' und außerhalb des gewöhnlichen Lebens stehend empfunden wird [...] und mit der kein Nutzen erworben wird, die sich innerhalb einer eigens bestimmten Zeit und eines bestimmten Raums vollzieht [...]".

Das von Huizinga genannte Kriterium von Raum und Zeit verdient beim Phantasie- und Entlastungsspiel besondere Beachtung. Phantasie kann sich nicht einstellen, wenn Zeitdruck herrscht. Wenn fürs Spielen nur „Zeitreste" verbleiben, kann sich das Spielen kaum über die von Hetzer (1957) bei Schulkindern konstatierten regressiven und schematischen Spielformen hinaus entwickeln. Individuelle, phantasievolle Modi der Entlastung von psychischen Anspannungen können sich erst dann entfalten, wenn Zeit als persönliches Eigentum der Kinder anerkannt und respektiert wird.

In Schule und Unterricht als öffentlicher Veranstaltung ist dies nur zu einem relativen Maße realisierbar. Umso wichtiger sind für Kinder die begrenzten Möglichkeiten, den gemeinschaftlichen und pflichtmäßigen Schulalltag mit Spuren ihrer individuellen Ausdrucksformen zu durchziehen.

Bedingungen des Spiels in der Grundschule

Voraussetzung für die Entfaltung schulischer Spielförderung und einer schulischen Spielkultur ist ein möglichst von allen Kolleginnen und Kollegen getragenes und am besten im Schulprogramm festgehaltenes Verständnis der Schule als eines Ortes, an dem Lernen, Leben und das Sammeln von Erfahrungen in vielfältigen Situationen ermöglicht wird. Ein solches Verständnis von Schule schließt einen reflektierten Lernbegriff ein, wie ihn Petillon umrissen hat: „Ein innovativer, breit angelegter Lernbegriff geht von offeneren Lernbedingungen aus, räumt den Kindern einen größeren Freiraum für eigenständige Gestaltung ein und zielt darauf ab, die Persönlichkeitsentwicklung umfassend zu fördern. Wenn für das Lernen Probierverhalten, selbständiges Sich-Einlassen auf Lerngegenstände, Selbstkontrolle und völliges Aufgehen in einer Tätigkeit grundlegend sind, dann kann das Spiel zum organisierten, angeleiteten Lernen hinzutreten, es ergänzen und vertiefen" (Petillon 1999, S. 32).

(Randnotiz: gemeinsames Verständnis von Spielkultur)

Die wichtigsten Rahmenbedingungen für eine das Lernen stützende schulische Spielförderung liegen im
* Umgang mit *Zeit*
* Gespür für *individuelle Bedürfnisse* und für Chancen, *Gemeinschaft* erfahrbar zu machen,
* ausbalancierten Wechsel von *Offenheit* und stärker *strukturierten Situationen*
* *räumlichen Ambiente*.

Zeit als Wechsel von Anspannung und Entspannung

Hierzu einige Erläuterungen: Für den Umgang mit **Zeit** ist der flexible *Wechsel zwischen Anspannung und Entspannung* wichtig, bei dem Kinder lernen, Kräfte zu sammeln und freizusetzen. Der Wechsel von Anspannung und Entspannung im Rhythmus des Schultags macht die unterschiedlichen emotionalen Modi erfahrbar und kultivierbar, in denen sich Menschen mit ihrer Außenwelt austauschen: Erwartung, Konzentration bis zur Arbeits- oder auch Spielbesessenheit, Enttäuschung und Wut über Nichtgelingen, Aufatmen und Stolz, wenn etwas geschafft ist, Träumen und scheinbar absichtsloses Agieren auf gedämpftem Anspannungsniveau. Diese Gefühle können in der Arbeit wie im Spiel entstehen. Sie mit Leib und Seele zu erleben und mit ihnen spielerisch und produktiv umzugehen, ist eine Voraussetzung, um Leistungen zu erbringen, die auch von anderen anerkannt werden, zugleich aber auch, um sich als Person weiterzuentwickeln.

Das Spiel kann andererseits auch als „Reservat der Langsamkeit" die „Produktivität der Langsamkeit" erfahrbar machen (vgl. ebda., S. 36).

Wechsel von Gemeinschaft und individuell gestaltbarer Situation

Im zyklischen Rhythmus des Schultags sollte auch dem Wechsel von **gemeinschaftlich und individuell gestaltbaren Situationen** Beachtung geschenkt werden. Nur in sozial definierten Situationen können auch soziale Kompetenzen wie Akzeptanz des anderen, Empathie, Solidarität und Kooperation entwickelt werden. Und individuell definierbare Situationen sind oft notwendig, um geschützt vor sozialer Kontrolle individuelle Ausdrucksstile und Formen psychischer Entlastung zu finden. Die von der Katharsisidee ausgehende psychoanalytische Spieltheorie betont vor allem die heilsame Wirkung des Einzelspiels. Es gibt aber auch Gruppenspiele – mit oder ohne Spielleiter –, in denen Kinder sich ausdrücken und zugleich sich von den anderen angenommen fühlen können, z.B. das ‚Gruppennetz', bei dem jedes Gruppenmitglied, sobald es an eine lange Schnur angebunden wird, seinen Namen nennt und etwas Wichtiges, das es in den letzten drei Tagen erlebt, gesehen oder gehört hat, den anderen mitteilt (vgl. Herzig 1988, S. 168 f.).

Wechsel zwischen offenen und geschlossenen Situationen

Eine pädagogisch zentrale Forderung ist die nach einem sensibel ausbalancierten **Wechsel zwischen offenen und geschlossenen Situationen** im Laufe des Schultags. Geschlossenheit von Situationen ist notwendig, um die Gemeinschaftlichkeit von Arbeitszielen und den kooperativen Charakter von schulischer Lernarbeit, aber auch von Spiel und Feier in der Schule erfahrbar zu machen. Offenheit von Situationen ist andererseits unverzichtbar, weil Konzentrationsfähigkeit, Arbeitstempo, Spieloder Erholungsbedürfnis der Kinder in ihren zeitlichen Dimensionen unterschiedlich ausgeprägt sind und auch die Faszination von Spiel wie von Arbeitssituationen nicht kalkulierbar ist.

Oft wird eine Entscheidung zwischen den Polen Offenheit und Geschlossenheit zu treffen sein. Dahinter verbergen sich häufig Entscheidungen zwischen Förderung von Neugierverhalten und Handlungsautonomie der Schüler einerseits, dem Geben von Orientierungssicherheit andererseits.

Neugier und Sicherheit

Die Kategorien Offenheit und Geschlossenheit spielen auch für die Gestaltung des **räumlichen Spielambientes** in der Schule eine wichtige Rolle. Einerseits ist für die Kultivierung des Spielverhaltens ein eigenes, nicht für andere Zwecke zur Verfügung stehendes Territorium von Bedeutung – und viele Grundschulklassen haben ja auch dementsprechend Spielecken eingerichtet –, andererseits verhindert ein Abdrängen des Spiels in eine marginale Position des Schulalltags, dass sich das Spiel zu einem selbstverständlichen Modus schulischer Kompetenzaneignung und zu einer wichtigen Form der Gemeinschaftspflege entwickeln kann. Räumliche Offenheit für Spielhandlungen in der Schule heißt dementsprechend dann auch, dass punktuell das ganze Klassenzimmer, andere Bereiche von Schule und Schulumgebung sowie Orte außerhalb der Schule Spielfeld für gemeinsames Spiel werden können. Wie Spielräume im Klassenzimmer, im Schulhaus, in der Sporthalle, auf dem Sportgelände und dem Schulhof gestaltet werden können, haben ausführlich Birgit Halfmann und Olaf Geib (1999) beschrieben.

Kompetenzaneignung und Gemeinschaftspflege

6.5 Fördern und Förderunterricht

In den Empfehlungen der Kultusministerkonferenz zur Arbeit in der Grundschule von 1994 heißt es: *„Aufgabe der Grundschule ist es, Kinder mit unterschiedlichen individuellen Lernvoraussetzungen und Lernfähigkeiten so zu fördern, dass sich Grundlagen für selbständiges Denken, Lernen und Arbeiten entwickeln sowie Erfahrungen im gestaltenden menschlichen Miteinander vermittelt werden"* (zit. nach Sandfuchs 1998, S. 2).

Alle Bundesländer haben dementsprechend Förderkonzepte und Lehrerstunden für den Förderunterricht vorgesehen (vgl. Zumhasch 1994). So wird in den nordrhein-westfälischen Grundschulrichtlinien als „grundlegendes Prinzip" der Grundschule aufgeführt, die individuellen Voraussetzungen der Schüler zu berücksichtigen, um sie „[...] in ihrer Persönlichkeitsentwicklung in den sozialen Verhaltensweisen sowie in ihren musischen und praktischen Fähigkeiten gleichermaßen umfassend zu fördern" (Kultusministerium des Landes NRW 1985, S. 9).

Das Wort „Fördern" kommt vom althochdeutschen *„furdiren" = „weiter nach vorne bringen"* (vgl. Gesing 1997, S. 66). „Fördern kann jeder beanspruchen, Fördern schließt keinen aus, Fördern ist nicht nur etwas für die ‚aus dem Raster Fallenden', Fördern bewegt sich zwischen den Polen ‚Stützen' und ‚Steigern'. – Dies gilt nach der ursprünglichen Bedeutung" (ebda.).

Das grundlegende Prinzip, auf dem der Gedanke des Förderns in der Grundschule basiert, ist die Orientierung an den Entwicklungs- und

Lernbedürfnissen jedes einzelnen Kindes. Fördermaßnahmen können und sollten daher allen Kindern zu Gute kommen, nicht nur den Kindern mit Lernproblemen, sondern auch denen mit besonderen Leistungsstärken oder Begabungen. „Fördern macht sich somit zur pädagogischen Aufgabe, den jungen Menschen in seinen Allseitigkeiten, in seinem ganzen Personsein zu entfalten und zu bilden" (Preuss 1994, S. 109).

Die Praxis sieht aber anders aus: Die überwältigende Mehrzahl der Fördermaßnahmen wendet sich an Kinder, die wir als lernschwach einschätzen, während insbesondere die besonders befähigten keine spezielle Förderung erfahren. Wir gehen oft pauschal davon aus: „Hochbegabte lernen gern, schnell und effektiv, haben ein gutes Gedächtnis und Denkvermögen, können abstrahieren, arbeiten ausdauernd und selbständig, entwickeln Fantasie; Lernfähigkeit und Lernwille sind hoch entwickelt" (Sandfuchs 1998, S. 2).

Hochbegabte

In Wirklichkeit ist aber auch jedes begabte Kind ein Individuum mit Stärken, Schwächen, Empfindlich- und Verletzlichkeiten. Oft nimmt es Misserfolge intensiver wahr als Kinder, die Enttäuschungen schon gewohnt sind, auf sie gelassener reagieren und nicht gleich ihr Selbstbild in Frage stellen. In ihrem Buch „Das Drama des begabten Kindes" hat Alice Miller (1995) diese Problematik aus tiefenpsychologischer Sicht dargestellt und gedeutet. Systematische Untersuchungen bestätigen ebenso wie Elternberichte, dass hochbegabte Kinder oftmals durch Problemverhalten auffallen (vgl. u.a. Freeman/Urban 1983, S. 69). So beschreiben Eltern in einem publizierten Fallbericht ihres hochbegabten Sohnes „seine große motorische Unruhe, Konzentrationssprünge und Leistungsangst, seine Schwierigkeiten in der Organisation und sauberen Durchführung einer Arbeit und seine geringe Belastbarkeit im Vergleich zu anderen" (Wieczerkowski 1996, S. 211). In der Schule fallen hochbegabte Kinder oft durch gelangweilt Sein, Desinteresse, Unordnung, mangelnde Arbeitshaltung, insbesondere durch die Verweigerung von Routine- und Wiederholungsübungen auf. Häufig haben sie auch Schwierigkeiten, in Kleingruppen zu arbeiten, sie bevorzugen das allein Sein beim Lernen. „Manchmal dauert es nur wenige Wochen oder Monate, bis manche hochbegabte Kinder im Unterricht auffallen" (Mähler/Hofmann 1998, S. 121).

Effektivitätsmängel des traditionellen Förderunterrichts

Aber auch der geläufige Förderunterricht für lernschwache Kinder ist in die Kritik geraten, weil seine Effizienz umstritten ist. So geht Dietrich Binder (1992) davon aus, dass die lehrgangsmäßige Struktur des Förderunterrichts lernfördernde, vor allem aber auch lernhemmende Elemente enthält: Lernfördernd ist in der Regel die didaktische Aufbereitung des Übungsstoffs. Lernhemmend ist aber die entstehende Abhängigkeit der Lernenden von fremder Hilfe und die meist geringe Berücksichtigung der ganz persönlichen Lernvoraussetzungen und Lernbiographie. Sowohl in der Diagnose lernschwacher Kinder als auch in den aus ihr gezogenen pädagogischen Konsequenzen werden zu häufig Fehler gemacht. Die Probleme der Kinder werden vielfach eingeschätzt als „[...] Konzentrationsschwierigkeiten, als Gedächtnisschwäche, Differenzierungsschwäche oder Mangel an Anstrengungsbereitschaft usw." (Binder 1992, S. 36). Außer Acht gelassen wird

Störung der Lernbiographie

dann, dass es sich auch um Reaktionen auf die Schule bzw. den Unterricht selber handeln könnte. Folge ist die schulische Konzentration auf Defizite des Lernverhaltens, während der systemische Zusammenhang von gestörter Lerngeschichte und Lernfreude nicht beachtet wird. Die Annahme, ein Förderschüler lerne auf Grund seiner Defizite langsamer, führt dazu, dass im Förderunterricht die Ansprüche an das Kind reduziert werden, der Übungsstoff in kleine Einheiten zerlegt und das Lerntempo gedrosselt wird. Die Förderlehrkraft kann die Schritte des einzelnen Kindes genau überwachen und sofort eingreifen. So entsteht eine Helferbeziehung zwischen Lehrer und Schüler. Das einzelne Kind macht in dieser Beziehungsstruktur zwar Lernfortschritte, das eigentliche Ziel des Förderunterrichts, die Stärkung selbstmotivierten Lernens und selbständigen Lernens, rückt in immer weitere Ferne.

Ähnlich argumentiert Norbert Sommer-Stumpenhorst (1997). Er ist der Auffassung, dass Förderunterricht vor allem durch das Aufarbeiten und Wiederholen des für lernschwache Kinder negativ besetzten Klassenunterrichts demotivierend ist und das negative Selbstbild des Betroffenen noch unterstützt.

Die Argumentationselemente von Binder und Sommer-Stumpenhorst finden sich wieder im „Teufelskreis Lernstörungen", den die Psychologen Betz/Breuninger (1982) beschrieben und analysiert haben. Mit ihrem Erklärungsmodell für Lernstörungen und deren Resistenz gegenüber schulischen Fördermaßnahmen zeigen sie einen systemischen Wirkungszusammenhang in mehreren Stadien auf, der vor allem auf den Wechselbeziehungen zwischen schulischen Anforderungen und Aufgabenstellungen, dem Lern- und Leistungsverhalten des einzelnen Kindes, seinem Selbstbild und den von Mitschülern, Lehrern und Eltern entworfenen Fremdbildern basiert: Entstehen im Lernprozess eines Kindes „Lücken", so wird dieses von der Lehrkraft (und den Mitschülern) wahrgenommen und gedeutet. Es werden Defizite identifiziert, die auf Fähigkeitsmängel und/oder Faulheit/geringe Anstrengungsbereitschaft des Kindes zurückgeführt werden (Betz/Breuninger 1982, S. 22 ff.). Die Attribuierung von (Charakter-)Eigenschaften (Stigmatisierung) wirkt sich auf das Selbstwertgefühl des Kindes aus. Das Kind beginnt, bei der Erklärung seines Versagens auf die Deutung der Umwelt zurückzugreifen. Das Selbstbild passt sich schrittweise dem Fremdbild an. In Bezug auf Lernhandlungen und Leistungsbereitschaft verstärken sich Resignation und Vermeidungsverhalten. Es entsteht schließlich eine misserfolgsorientierte Motivationslage (vgl. ebda., S. 30). In verhaltensauffälligen Ersatzhandlungen (Klassenclown) kompensiert das Kind sein Versagen im Lern- und Leistungsbereich.

Wirkzusammenhang: Lernen – Umwelt – Selbstbild

Vermeidungsverhalten und Misserfolgsorientierung

Förderunterricht, der sich primär auf das Schließen der Lernlücken bezieht, verfehlt sein Ziel, weil er durch die Sonderbehandlung des Kindes nicht seine Stigmatisierung und seine misserfolgsorientierte Motivationslage ändert.

Gibt es überhaupt eine sinnvolle, erfolgreiche und kindorientierte Förderpraxis? – Die Antwort heißt eindeutig: Ja. Nicht zuletzt aus der Kritik am konventionellen Förderunterricht lassen sich Grundsätze für erfolgversprechendes Fördern gewinnen:

1. Jedes Kind als Einzelfall betrachten und behandeln:

personenbezogene
Förderpläne

Jedes Kind hat seine persönliche Lerngeschichte, seine spezifischen Schwächen, aber auch Stärken. Pauschale Urteile, die sich nicht auf das Besondere des individuellen Lern- und Leistungsprofils beziehen,

- reichen als diagnostische Grundlage für personenbezogene Fördermaßnahmen nicht aus,
- werden von den betroffenen Kindern, auch wenn wir unsere Einschätzung nicht offenkundig machen, durch unser Verhalten gespürt und als mangelndes (oder negatives) Interesse an ihrer Person verbucht,
- stabilisieren oft die Stigmatisierung der betroffenen Kinder und ihre negative, misserfolgsorientierte Motivationslage.

Regelmäßige Beobachtung der Kinder hilft uns, die Besonderheiten eines Kindes zu erkennen, z.B. seine punktuellen Blockaden und das, was einem Kind leicht fällt und Freude macht. Auf diesem differenzierten Wissen aufbauend, lassen sich am erfolgreichsten personenbezogene **Förderpläne** entwickeln.

2. Ein gezieltes diagnostisches Instrumentarium verwenden:

gezielte Diagnose

Wir verfügen heutzutage über eine Fülle diagnostischer Instrumente, um die jeweils persönlichen Profile von Lernproblemen zu erfassen. So ist etwa die Lese-Rechtschreibschwäche eine jeweils individuelle Syndromkonstellation. Zu deren Lokalisierung und Präzisierung hat Franz Arenhövel eine Reihe von Tests entwickelt (vgl. Arenhövel 1995, S. 158 ff.). Noch differenzierter ist die „Hamburger Rechtschreibprobe" konzipiert. Arenhövel beschreibt außerdem, wie Freies Schreiben als Diagnoseinstrument genutzt werden kann, um nach einer Einteilung von Fehlern (z.B. Merkwort-, Doppelungs-, Ableitungs-, Dehnungs-, phonematischen, Wahrnehmungs- und sonstigen Fehlern) das spezifische Problemprofil eines Kindes zu ermitteln (vgl. Arenhövel 1995, S. 26 ff.).

Das differenzierteste Diagnoseinstrumentarium für Kinder mit schulischen Problemen wurde in den 70-er und 80-er Jahren von der Psychologin *Mary Wood* nach einer mehr als zehnjährigen Erprobungsphase entwickelt und unter der Kurzbezeichnung *„Entwicklungstherapie"* (Developmental Therapy) veröffentlicht (vgl. Wood 1986). Die Entwicklungstherapie basiert auf Grundannahmen, die dem Teufelskreismodell von Betz/Breuninger sehr nahe stehen:

„Entwicklungstherapie"
nach Mary Wood

- **Lernschwierigkeiten und Verhaltensprobleme bilden einen Wirkungszusammenhang.**
- **Verhaltensentwicklung kann nur in einem individuell zugeschnittenen Stufenprogramm gefördert werden.**
- **Verhaltensänderungen sind nur möglich, wenn das Kind spürt, dass mit Verhaltensveränderungen Erfolgserlebnisse verbunden sind, für die sich persönliche Anstrengungen lohnen.**
- **Die geübten neuen Fähigkeiten müssen eine positive Bedeutung im sozialen Alltag der Kinder haben.**

Das von Wood entwickelte Diagnoseinstrument besteht aus 171 Fähigkeitsbeschreibungen, mit deren Hilfe die Lehrerin den aktuellen Entwicklungsstand eines Kindes sehr genau einschätzen und einen „Individuellen Erziehungsplan" aufbauen kann (vgl. Bergsson 1995, S. 4 ff.). Etwa alle fünf Wochen soll nach Wood eine Fortschrittsevaluation stattfinden, um das individuelle Förderprogramm zu aktualisieren.

Am Sonderpädagogischen Förderzentrum für Erziehungshilfe in Essen wurde ab 1981 Woods Modell der Entwicklungstherapie adaptiert und weiterentwickelt (vgl. Bergsson 1995). Es entstand der „Entwicklungstherapeutische Lernziel-Diagnose-Bogen (ELDiB)". In ihm wurden gegenüber dem amerikanischen Original mehr Fähigkeiten aus dem Bereich der Schulleistungen aufgenommen und vor allem Eltern sowie die Kinder selber als Betroffene und Beteiligte mit einbezogen: So entstanden – mit vereinfachten Formulierungen – spezielle Diagnosebögen, die von Eltern und Kindern ausgefüllt werden sollen. Ziel ist es, die Eltern als Experten für den Erziehungsprozess und damit auch für die Problemlagen ihrer Kinder einzusetzen und anerkennen (vgl. ebda., S. 129) sowie Kinder als Subjekte von Entwicklung und Lernen ernst zu nehmen. Im Konzept des Essener Förderzentrums sind Diagnose und Fördermaßnahme eng miteinander verknüpft. So wird ein tägliches Evaluationsverfahren praktiziert, in dem das Kind sein Erreichen der mit ihm vereinbarten Ziele einschätzt.

3. Einen individuellen Förderplan entwickeln:
Erfolgreich können nur Fördermaßnahmen sein, die auf einer diagnostischen Analyse aufbauen und personenbezogene, aufeinander aufbauende Handlungsschritte vorsehen. Beachten muss der Förderplan vor allem

- die Vorkenntnisse des Kindes,
- sein Lerntempo und seinen Lernrhythmus,
- seine Handlungs- und Lernmotive
- und die Möglichkeit des Kindes, Erfolgserlebnisse und für sich ein Wertgefühl zu gewinnen (vgl. Sandfuchs 1998, S. 3; Gesing 1997, S. 72 f.).

individuelle Förderpläne

Daher kann nur individuell entschieden werden, wie nah die Fördermaßnahmen an den Gegenständen und Handlungsformen des Regelunterrichts orientiert sein können. Wenn es der Verbesserung der Lernmotivation und der Stabilisierung des persönlichen Selbstkonzeptes dient, können Fördermaßnahmen „mit eigenen kleinen Projekten [...] ohne erkennbaren Bezug zum Regelunterricht" sinnvoll sein (ebda.). Das Essener Förderzentrum hat in Anschluss an Mary Wood ein Konzept für einen *„entwicklungsfördernden Unterricht"* vorgelegt und erprobt (vgl. Bergsson 1995, S. 133 ff.): Auf der Basis der ausgewerteten Diagnosebögen, insbesondere der Selbsteinschätzung des Kindes wird gemeinsam mit dem Kind ein Förderplan aufgestellt, der als *„Erziehungsplankarte"* in der Klasse aufgehängt wird. Die Karte enthält zu den Bereichen

- Verhalten
- Kommunikation
- soziale Interaktion
- schulisches Lernen

„entwicklungsfördernder Unterricht"

jeweils maximal zwei Entwicklungsziele. Etwa alle zwölf Wochen wird die Diagnose erneuert und die Entwicklungsziele neu formuliert. Die neue Erziehungsplankarte wird über die vorhergehenden gehängt. Sie kann beispielsweise folgende Überschriften enthalten:

Ich verhalte mich   **Ich spreche**   **Ich und die Gruppe**   **Ich lerne**
(vgl. ebda., S. 133)

Der entwicklungstherapeutische Unterricht ist geprägt durch vereinbarte Rituale und eine eher kurzschrittige Zeitstruktur, die den Kindern inneren Halt und Sicherheit geben soll. Ein Tages- und Wochenplan informiert die Kinder regelmäßig über die Binnenstruktur der Fördermaßnahmen. Sie besteht aus wiederkehrenden Kernaktivitäten, die nie länger als 20 Minuten dauern. Ein Beispiel für den Tagesplan:

Gruppenbeginn	10 Minuten
Leseecke	10 Minuten
Arbeit I (Sprache)	20 Minuten
Bewegung und Spiel	20 Minuten
Arbeit II (Mathematik)	20 Minuten
Kreativität	15 Minuten
Imbiss/Abschluss	25 Minuten

Bei der Auswahl der Aktivitäten stehen folgende Prinzipien im Vordergrund:

2. **Die Kinder sollen das nötige Selbstvertrauen haben, um die Aufgaben erfolgreich anzugehen (notfalls mit Lehrerunterstützung).**
3. **Die Kinder sollen Freude bei ihren Aktivitäten haben.**
4. **Die Kinder sollen die Arbeitsschritte verstehen.**
5. **Die Themen sollen für die Kinder eine Bedeutung haben.**

ganzheitliche Förderkonzepte

4. Fördermaßnahmen ganzheitlich konzipieren:
Betz/Breuninger (1982) haben auf den systemischen Wirkungszusammenhang von schulischem Leistungsversagen, (entwicklungsbedingten) Wahrnehmungs- und Strukturierungsproblemen, Selbstkonzept, Fremdwahrnehmung, Vermeidungsstrategien und Verhaltensauffälligkeit aufmerksam gemacht. Der Mensch ist eine Einheit aus Geist, Körper und Seele, der mit seiner Umwelt in ständiger Wechselwirkung steht. Das bedeutet, dass ich das Kind als Ganzes berücksichtige, nicht etwa nur seine Schulprobleme und Defizite. Es ist notwendig, das Kind ‚da abzuholen, wo es steht', d.h. an den Stärken des Kindes anzusetzen. Damit bekommt das Kind das Selbstvertrauen, das es braucht, um sich mit neuen Reizen und Anforderungen auseinander zu setzen und neue Erfahrungen zu machen.
Dabei sind drei wichtige Variablen für erfolgreiches Lernen beim Kind zu berücksichtigen:
– die momentanen Bedürfnisse des Kindes,
– Neugier und Motivation,
– Kreativität.

Gerade Fördermaßnahmen, die Kindern wieder Selbstvertrauen in ihre Person und in die Wirksamkeit ihres Handelns vermitteln sollen, müssen die schwankenden Bedürfnislagen der einzelnen Kinder reflektieren. Beobachten der Kinder und flexibles Anpassen der Unterrichts- und Übungsstrukturen an diese Schwankungen sind daher notwendig. Kinder mit Lernproblemen haben oft ihr ursprüngliches Neugier- und Experimentierverhalten verloren. Dieses wird aus der Kompetenzmotivation gespeist, mit der jedes Kind zunächst ausgestattet ist und zum laufen und sprechen Lernen mobilisiert. Ist das ursprüngliche Neugierverhalten durch negative Erfahrungen, z. B. durch mangelnde Rückmeldung, Desinteresse der Bezugspersonen, Kritik oder lächerlich Machen gestört, muss dieses durch kleine Erfolgserlebnisse wieder aufgebaut werden. Diese stellen sich am ehesten ein, wenn Kindern

- einerseits ein *Schonraum zum spielerischen Experimentieren* gegeben,
- andererseits verstärkendes *Interesse an ihrem Handeln, insbesondere an ihren Erfolgen* entgegengebracht wird.

In einer lockeren und entspannten Atmosphäre und in einer sinnlich anregenden, nicht reizüberfluteten, sondern Klarheit ausstrahlenden Umgebung wird das körperliche und seelische Wohlbefinden der Kinder gefördert. Dies ist die Voraussetzung für die Ermutigung der Kinder, ihre Fähigkeiten auszuprobieren, Fehler anzunehmen und sie als Anlass zum Weiterarbeiten, zum Verbessern der Handlungsergebnisse und der vorangehenden Handlungsstrategien zu nutzen (vgl. Sandfuchs 1998, S. 4).

Fördermaßnahmen sollten als *Werkstattsituationen* interpretiert werden, die im Rahmen innerer Differenzierung im Regelunterricht oder in Kleingruppen außerhalb des Regelunterrichts geschaffen werden. Solche Kleingruppenarbeit könnte eine Form konzentrierter Aktivität darstellen, in der weniger von den Nebeneffekten der Großgruppe gestört, der Wechsel von Anspannung und Entspannung, von Arbeit und Spiel, Einzelaktivität und dialogischen Handlungsformen realisiert werden kann. Eine solche Kleingruppenarbeit kann auch außerhalb des Klassenzimmers, z. B. in einer Sitzgruppe im Flur stattfinden. Sie sollte nicht nur eine Veranstaltung für schwächere oder für besonders begabte Schülerinnen und Schüler sein, sondern allen Kindern zugute kommen, z. B. als Kleingruppen(doppel)stunde an einem bestimmten Wochentag. Die Lehrerpräsenz und -intervention kann und sollte für die verschiedenen parallel tätigen Kleingruppen nicht gleich sein. Manche Kinder brauchen mehr Unterstützung und Rückmeldung als andere. Die Lehrerin muss sich auf Grund kontinuierlicher Kinderbeobachtung entscheiden, welcher Gruppe sie sich vermehrt zuwenden will. Den anderen wird der Vertrauensvorschuss vermittelt, den definierten Zeitrahmen eigenverantwortlich zu nutzen. Dies entspricht dem Erziehungsauftrag der Grundschule, Selbsttätigkeit, Selbständigkeit und Eigenverantwortlichkeit der Heranwachsenden zu fördern. Sind die Kinder zu dieser Eigenverantwortlichkeit noch nicht in der Lage, müssen sie schrittweise, durch Vereinbarung und Erprobung von Regeln, zu dieser hingeführt werden.

Fördern als Werkstattsituation

Bedeutung der Kleingruppe

6.6 Aufgaben und Hausaufgaben

Verfolgt man die Geschichte der pädagogischen Diskussion um die Hausaufgaben, so stößt man u. a. auf folgende Auffälligkeiten:

1. Das Thema Hausaufgaben fordert kontroverse Positionen heraus.
2. Seit mehr als einem Jahrhundert bedient sich die Diskussion weitgehend derselben Argumente.

Die Diskussion um den pädagogischen Wert von Hausaufgaben
Schon 1980 sahen sich Karl Josef Kreuzer und Walter Twellmann zu der These veranlasst: „Wir wagen die Behauptung, dass hinsichtlich der Hausaufgabenproblematik seit etwa 100 Jahren keine einschneidenden neuen Gesichtspunkte aufgetaucht sind und die Hausaufgabenpraxis und -reflexion im wesentlichen unverändert blieben" (Kreuzer/Twellmann 1980, S. 809). Die Kontroverse geht letztlich bis ins frühe 17. Jahrhundert zurück (vgl. Dietrich/Klink 1972, S. 41 f.), sie lässt sich aber erst 250 Jahre später genauer verfolgen: In seinem Methodiklehrbuch von 1868 gibt Georg Luz die Argumente wieder, die einige Jahre zuvor von einem Lehrer unter dem Motto „Weg mit den Privatarbeiten!" zur Abschaffung der Hausaufgaben herangezogen hatte. Einige sind durchaus noch aktuell:

- „Hemmung der körperlichen Ausbildung der Jugend zur Zeit ihres Wachstums
- Hindernis der Erholung durch Spiel und geselliges Leben
- Quelle der meisten Strafen
- Ursache manchen Haders zwischen Schule und Haus
- Störung und Beeinträchtigung der Unterrichtsstunden in Folge der Korrektur und Durchsicht
- Beschränkung des Schülers in seiner Lieblingsbeschäftigung und Entfaltung seiner Individualität
- Lähmung und Ertödtung der Lernfreude und der Lust an ernster geistiger Arbeit" (Luz 1968, S. 38 f.).

Luz versucht, diese Argumente zu entkräften, indem er die Funktion der Hausaufgaben als Mittel der Charakterbildung und der Rückmeldung über das Lernverhalten an den Lehrer sowie als Bindeglied zum Elternhaus herausarbeitet (ebda., S. 382 f.). Die Hausaufgabenkritik benutzt er, um auf die Abhängigkeit einer erfolgreichen Hausaufgabenpraxis von Rahmenbedingungen aufmerksam zu machen:

1. nicht zu viele und zu schwere Hausaufgaben („... weises Maß häuslicher Aufgaben")
2. Transparenz des Sinns und Nutzen der Hausaufgaben gegenüber allen Beteiligten – auch den Eltern!
3. Beachtung der häuslichen Lebensumstände
4. regelmäßige Hausaufgabenkontrolle („Würdigung der Arbeiten")
5. Bezugnahme auf den aktuellen Unterricht
6. Beachtung der Lernvoraussetzungen der Schüler
9. strenge Begrenzung der täglichen Hausaufgabenzeit („Die Hausaufgaben haben sich an das in der Schule Behandelte anzuschließen,

dürfen das Durchschnittsmaß der Fähigkeiten der Schüler nicht übersteigen und zugleich nicht zu viele Zeit – etwa nur eine halbe bis eine Stunde – erfordern" (ebda., S. 385 ff., letzteres Zitat: S. 388).

Eine besonders lebhafte Diskussion um die Hausaufgaben entwickelte sich Anfang des 20. Jahrhunderts, als traditionelle Vorstellungen, wie sie von Luz formuliert waren, auf die von der Reformpädagogik propagierten Forderungen nach einer „Pädagogik vom Kinde aus", aber auch auf die Anfänge empirischer Schulforschung stießen. Drei scharf konturierte Positionen lassen sich in dieser Epoche feststellen. Sie haben bis heute nur wenig von ihrer Aktualität eingebüßt.

Die erste Position wurde 1914 von Johann Joachim Wolff vertreten, der die reproduktive Funktion der Hausaufgaben betonte. Sie sollten vorrangig der Übung, Festigung und Einprägung dienen, aber auch anspruchsvollere Tätigkeiten ermöglichen, z.B. indem Schüler einen bekannten Stoff unter bestimmten Aspekten selber „gestalten, ordnen und verwerten". Damit übernehmen die Hausaufgaben auch eine Funktion für die „Willens- und Charakterbildung, für die Erziehung zur Selbständigkeit, zur Arbeitsamkeit, zur Ordnungsliebe, zur Weckung des Verantwortungsgefühls". Wichtig war für Wolff eine enge Bindung der Hausaufgaben an den Unterricht. Vorformuliert wird die zentrale Aussage des Hausaufgabenerlasses für die Schulen in Nordrhein-Westfalen vom 02.03.1974: „Alle Hausaufgaben müssen aus dem Unterricht erwachsen und zu ihm zurückführen."

„Pädagogik vom Kinde aus"

enge Bindung der Hausaufgaben an den Unterricht

Für die Forderungen der Reformpädagogik kann exemplarisch die Position Hugo Gaudigs stehen. Von ihm wird „[...] das Prinzip der Selbsttätigkeit [...] als entscheidend für die Erreichung des Erziehungs- und Unterrichtsziels: die geistig selbständige, lebendige Persönlichkeit angesehen [...]" (Odenbach 1970, S. 145). Für dieses Ziel wird das Verhältnis von Unterricht und Hausaufgaben umgekehrt: Der Unterricht wird zum eigentlichen Ort des Übens, an dem die Arbeitstechniken vermittelt werden, die für das „freitätige Arbeiten in den häuslichen Arbeitsstunden" notwendig sind (Gaudig 1909, S. 52). Dabei schließt die freie, selbständige Anwendung des Gelernten zu Hause auch die Selbstkontrolle und -regulation durch die Schüler ein (vgl. ebda., S. 59). Das selbständige Arbeiten in häuslicher Umgebung bereitet auf das Leben und Lernen nach der Schulzeit vor.

Die dritte Position in der Kontroverse um die Hausaufgaben wird zu Beginn des 20. Jahrhunderts von den frühen Vertretern der empirischen Schulforschung repräsentiert. Friedrich Schmidt (1904) und vor allem Ernst Meumann (1904/1925) untersuchten vergleichend, inwieweit die häuslichen Arbeitsbedingungen Einfluss auf den individuellen „Selbstantrieb zur Arbeit" und darüber auch auf die Qualität der Lerntätigkeit haben. Die Auswertung häuslicher Arbeiten zeigte eine nahezu einheitliche qualitative „Minderwertigkeit" der Hausaufgaben gegenüber vergleichbaren in der Schule angefertigten Arbeiten (vgl. Meumann 1925, S. 34). Erklärt wurde dieses Phänomen mit der im häuslichen Rahmen nur schwer erreichbaren Selbstmotivation und mit dem natürlichen „Gesellschaftstrieb" des Kindes, das den Ansporn und die Auf-

Selbstkontrolle und Selbstregulation

Einfluss häuslicher Arbeitsbedingungen auf den individuellen „Selbstantrieb zur Arbeit"

munterung, nicht aber das „Dreinreden" (ebda., S. 38 ff.) und die Unterbrechung durch andere braucht. Meumann folgert: „[...] so ist es prinzipiell verwerflich [...], dass man der Hausarbeit auch nur die Befestigung der in der Schule erworbenen Kenntnisse überlassen will" (ebda., S. 44).

Nach dem II. Weltkrieg wurden die Hausaufgaben wiederholt Gegenstand empirischer Untersuchungen. Am bekanntesten ist die großangelegte Studie Bernhard Wittmanns aus den späten 50-er Jahren (vgl. Wittmann 1964). Ihr Ergebnis wurde in der Folgezeit weitgehend bestätigt (vgl. Schmidt 1984, S. 47). An Wittmanns experimenteller Untersuchung nahmen sechs Klassen des 3. und sechs Klassen des 7. Schuljahrs teil, deren Leistungsprofil zuvor getestet worden war. Die Hälfte der insgesamt zwölf Klassen erhielt über einen längeren Zeitraum keinerlei Hausaufgaben in Mathematik und Rechtschreiben. Am Ende des Versuchszeitraums konnten keine signifikanten Leistungsunterschiede zwischen den Klassen des gleichen Jahrgangs festgestellt werden. Anhaltspunkte für eine Leistungsverbesserung durch Hausaufgaben wurden nicht gefunden. Zu bedenken ist allerdings: Die Schlussfolgerungen beziehen sich im wesentlichen auf „nachbereitende", nicht auf pädagogisch sinnvolle „vorbereitende" oder „offene Hausaufgaben".

Neuere Untersuchungen vermitteln ein etwas differenzierteres Bild: Zwar lässt sich weder folgern, dass „Hausaufgaben ineffektiv sind, noch, dass sie zu einem unverzichtbaren Bestandteil schulischen Lernens gehören (müssen)" (Roßbach 1996, S. 61; vgl. auch die Untersuchungen von Petersen u.a. 1990 sowie von Nilshon 1995); doch werden über solche allgemein gehaltenen Aussagen hinaus qualitative Unterschiede in der Hausaufgabenpraxis heute deutlicher erkennbar, z.B. dass sich Hilfen bei den Hausaufgaben, „wie Erklärungen der Hausaufgaben und zusätzliches Üben" negativ auf die Schulleistungen auswirken (vgl. ebda.)!

Aufgaben statt Hausaufgaben

Die Fronten zwischen Hausaufgabenbefürwortern und der Hausaufgabengegnern haben sich in den 90-er Jahren zwar aufgeweicht, sind aber immer noch erkennbar.

„Prinzip der sozialen Chancengleichheit"

Im Themenheft „Aufgaben statt Hausaufgaben" der Grundschulzeitschrift ist eine besonders pointierte Position dokumentiert. Hier ist zu lesen, dass „... Hausaufgaben ein Instrument schulischen Lernens [sind], das auf äußere Produkte abzielt, um damit ein Lernergebnis zu dokumentieren, statt sich auf den Prozess der Entwicklung von Lernfähigkeiten beim einzelnen Kind zu orientieren" (Nilshon 1996, S. 9). „[...] die Praxis der Reproduktion vorhandener Wissensbestände schließt zwangsläufig eine Praxis der Lernenden als selbständig aneignender Subjekte aus" (ebda., S. 11). Im gleichen Heft wird ein Problemkomplex der Hausaufgaben thematisiert, der seit dem 19. Jahr-

Problematik der Elternmithilfe

hundert diskutiert wird: die Mithilfe der Eltern, insbesondere der Mütter, bei der Hausaufgabenerstellung (vgl. Enders-Dragässer 1996): Uta Enders-Dragässer beschreibt verschiedene „familiäre Konfliktkonstellationen", die um die Hausaufgaben immer wieder entstehen und prangert die „Inanspruchnahme der Mütter durch die Schule" an, die „in der Diskussion um unbezahlte Frauenarbeit und um Kinderbetreuung auffallend ausgeklammert" werden (ebda., S. 54).

Immer häufiger entlasten sich Eltern von diesen Problemen, indem sie schon für ihre Kinder im Grundschulalter eine kommerzielle Hausaufgabenbetreuung oder Nachhilfe besorgen (vgl. Bauer 1996). Da die Kosten eines solchen außerschulischen und außerfamilialen Unterrichts vielfach beträchtlich sind (vgl. ebda.), tut sich hier ein neues, gesellschaftliches Problem auf: die Aushöhlung des Prinzips der sozialen Chancengleichheit.

Wenn auf Hausaufgaben generell verzichtet würde, entfiele allerdings ein Bindeglied zwischen Schule und Elternhaus; denn Eltern können sich mittels der Hausaufgaben kontinuierlich über Lerngegenstände, schulische Anforderungen, Leistungsstand ihrer Kinder und zum Teil auch über schulisch intendierte Lernformen informieren. Dass hierbei auch innerfamiliale Konflikte entstehen, z. B. über (reale oder vermeintliche) Motivations-, Sorgfalts- oder Qualitätsmängel bei der Hausaufgabenerstellung, ist naheliegend. Wenn der Konflikt nicht im Spannungsfeld Eltern – Kind verbleibt, sondern die Schule einbezieht, bietet er allerdings auch einen Anlass dazu, Probleme der Elternintervention in die Hausaufgabenpraxis und/oder umgekehrt des Lehrerverhaltens bei der Hausaufgabenvergabe und -kontrolle aufzudecken und damit diskutierbar, eventuell auch lösbar zu machen (vgl. auch Petersen u. a. 1990).

Die Bedeutung der Hausaufgaben für die Lernentwicklung von Kindern

Hausaufgaben haben darüber hinaus eine Reihe von Vorzügen:

- Hausaufgaben verhindern eine Isolation schulischer Lernpraxis im Lebensalltag der Kinder, die letztlich in eine dichotomische Aufspaltung von schulischer Arbeit und außerschulischer Freizeit in Bewusstsein und Zeitgestaltung der Kinder münden würde. Die kritisierte „Verinselung" kindlicher Lebensbereiche (vgl. Zeiher/Zeiher 1996) würde ohne Hausaufgaben noch eine Verschärfung erfahren.

- Hausaufgaben ermöglichen Kindern, individualisierte Lernstrategien zu stabilisieren, die ihrem Lerntyp (vgl. Vester 1978) und ihrem persönlichen Empfinden nach Rhythmisierung von Anspannung und Entspannung und ihrem Bedürfnis nach freier Wahl von Zeit, Zeitraum und Tempo entsprechen.

- Hausaufgaben vermitteln Kindern die Herausforderung, Arbeit und Spiel, Gefühle des Verpflichtetseins und Bedürfnisse nach freier Zeitverfügbarkeit auszubalancieren. Kinder lernen dabei, Unlust durch Selbstbelohnungssysteme sowie durch Ansätze von Selbstmotivierung und Verantwortungsbewusstsein (temporär) zu überwinden. Die Internalisierung sonst von außen kommenden Drucks und die damit verbundene Erfahrung, Bedürfnisspannungen selber aushalten zu können, gehören zu den wichtigen, meist übersehenen Sozialisationseffekten im Kindesalter. Sie befähigen die Kinder und späteren Erwachsenen, die Anforderung unserer Gesellschaft, die sowohl Leistungs- als auch Konsumgesellschaft ist, zu ertragen und zu erfüllen. Dies ist vielleicht die wichtigste Funktion der Hausaufgaben (vgl. auch Meywald, 2000).

Bedeutung der Hausaufgaben für die Lernentwicklung von Kindern

Bedürfnisspannungen aushalten

Lernökologie und Aufbau individueller Lerngewohnheiten

- Hausaufgaben geben Kindern die Chance zu lernökologischen Experimenten, mit denen Kinder eine Passung zwischen Lernhandeln und optimaler Lernumgebung finden. Manche Kinder (und Erwachsene) lernen am effektivsten in einer absolut ungestörten Umgebung, andere brauchen ein bestimmtes Maß aktivierender Reizstimulanz (z.B. gedämpfte Musik, ein Ausblick ins Freie). Manche Kinder (und Erwachsene) benötigen Lernpartner, andere können besser allein lernen. Schon Jahrzehnte bevor Frederic Vester die Bedeutung der verschiedenen Lerntypen entdeckte, formulierte Maria Montessori das Prinzip der Freiheit der Wahl. Nach ihm können Kinder je nach ihrer individuellen Bedürfnisstruktur beim Lernen über Ort, Körperhaltung, Zeit, Zeitdauer und soziale Situation selber entscheiden. Die nach dem Ausprobieren verschiedener Möglichkeiten sich herauskristallisierende Passung zwischen persönlichen Bedürfnissen und Tätigkeitseffizienz erleichtert den Aufbau von individuellen Lerngewohnheiten. Solche als Teil persönlicher Alltagspraxis akzeptierten Gewohnheiten senken die motivationale Schwelle, Lerntätigkeiten zu beginnen und fortzuführen, die zwar mit dem Bedürfnis nach Kompetenzzuwachs, aber oft auch mit Anstrengungen und Enttäuschungen verbunden sind.

Stabilisierung von Techniken der Informationsbeschaffung und -verarbeitung

- Hausaufgaben ermöglichen Kindern, qualitativ ganz unterschiedliche Lernerfahrungen zu stabilisieren und zu habitualisieren: sich etwas einprägen (z.B. das Einmaleins, ein kleines Gedicht oder grammatische Begriffe); etwas wiederholen und damit festigen (z.B. das flüssige Lesen eines Textes); sich mit etwas beschäftigen, das man nicht ganz verstanden hat; gezielt Gegenstände oder Informationen sammeln (ob Blätter von Laubbäumen, ob Zeitungsartikel zu einem Thema), die anschließend im Unterricht verarbeitet werden. Dies alles sind über die Schulzeit hinausweisende Erfahrungen, mit denen sich Gewohnheiten des Informationsbeschaffens, Wissensstrukturierens und damit Lernens ausprägen. Das Lernen des Lernens und das lebenslange Lernen basieren weitgehend auf solchen Gewohnheiten, die wiederum auf eine Fülle alltäglicher Handlungserfahrungen zurückgehen.

Funktionen der Hausaufgaben

unmittelbare und allgemeine Funktionen der Hausaufgaben

Hausaufgaben haben unmittelbare Funktionen, die sich auf den Unterrichtsprozess beziehen, und allgemeinere Funktionen, die auf die Lernentwicklung der Kinder zielen. Diese zweite Ebene der Hausaufgabenfunktionen spielt in der aktuellen didaktischen Diskussion und heutigen Unterrichtspraxis eher eine untergeordnete Rolle, in älteren Schriften wird sie mit der Darstellung der erzieherischen Dimension der Hausaufgaben verschiedentlich angesprochen. Es geht hier ausgeführt, um

- *das Verhindern der Isolation schulischen Lernens im Tages- und Wochenablauf*
- *die Herstellung eines Interessen-, Kommunikations- und Handlungsdreiecks zwischen Kindern, Eltern und Lehrkräften*
- *die Förderung experimenteller Erfahrungen der Kinder im Hinblick auf den Aufbau lernökologisch günstiger individueller Raum- und Zeitstrukturen bei Lernhandlungen*

- *die Ausbildung individueller Strategien des Informationsbeschaffens und Wissensstrukturierens, die außer- und nachschulisch Elemente einer tragfähigen Lernhaltung bilden können (Lernen des Lernens als Basis lebenslangen Lernens).*

In der Regel werden Hausaufgaben in einen engen Bezug zum Unterricht gebracht. Sie können dabei *vorbereitende* und *nachbereitende* Funktionen übernehmen. Auf eine lange Tradition können insbesondere die *nachbereitenden Hausaufgaben* zurückblicken. Sie dienen dazu, die Ergebnisse schulischer Lernprozesse zu sichern. Es geht also um das

- *Festigen*
- *Einprägen und Auswendiglernen*
- *Üben*
- *Wiederholen*
- *Zusammenfassen*
- *Vertiefen*
- *Übertragen (Transfer).*

Festigen, Einprägen, Auswendiglernen und Üben beziehen sich vor allem auf die Beherrschung der Symbolsysteme Sprache und Mathematik, wo Rechtschreibung, Grammatik, Anwendung der Grundrechenarten auf sichere Verfügbarkeit eines Wissens- und Regelfundus angewiesen sind (z. B. Grundwortschatz, Groß- und Kleinschreibregeln, Kleines Einmaleins).

Auch *Wiederholen* und *Zusammenfassen* dienen der verbesserten Verfügbarkeit reproduzierbarer Wissensbestände. Kinder sollen Routinen aufbauen, mit deren Hilfe sie ohne große Anstrengungen im Bereich der Kulturtechniken Operationen erledigen können. Wiederholen und Zusammenfassen sind selber keine automatisierbaren Handlungen. Das Wiederholen kann auch das Auffrischen, also das Suchen und Vergegenwärtigen etwas länger zurückliegender Lernprozesse intendieren. Das Zusammenfassen – etwa in Protokollen oder Schemazeichnungen – verlangt eine geistige Generalisierungs- und Abstraktionsleistung.

Das *Vertiefen* und *Übertragen* ist ebenfalls mit eigenständigen geistigen, nicht bloß mechanischen Prozessen verbunden. Beide Funktionen verlangen das Erschließen neuer thematisch passender Aspekte. Bei dem Sachunterrichtsthema „Vögel im Winter" konnte eine „vertiefende" Hausaufgabe im Auftrag bestehen, Informationen über die Verträglichkeit verschiedener Futtersorten zu beschaffen. Eine transferorientierte Hausaufgabe wäre vielleicht darauf gerichtet, herauszubekommen, welche anderen heimischen Tiere der Hilfe durch Menschen bei extremem Winterwetter bedürfen.

Das Vertiefen und Übertragen als Hausaufgabenfunktion leitet bereits zum Typus der *vorbereitenden Hausaufgaben* über. Vorbereitende Hausaufgaben orientieren sich am Ziel, Selbständigkeit und Eigentätigkeit der Kinder zu stärken sowie ihre eigenen Erfahrungen und ihre spezifische Lebenswirklichkeit zu berücksichtigen. Sie sollen Kinder Möglichkeiten des Entdeckenden Lernens außerhalb der Schule verschaffen. Hintergrund sind die lerntheoretischen Erkenntnisse Jean Piagets und Jerome Bruners, denen es um die Bedeutung aktiver, lernender Auseinandersetzung mit der gegenständlichen Welt ging. Dementspre-

Sicherung der Ergebnisse schulischer Lernprozesse

Festigen, Üben, Auswendiglernen und Einprägen

Wiederholen und Zusammenfassen

Vertiefen und Übertragen

chend übernehmen vorbereitende Hausaufgaben vor allem folgende
Funktionen:
– *sich Informieren*
– *Beobachten*
– *Sammeln*
– *Erkunden*
– *Vergleichen.*

Diese Funktionen von Hausaufgaben nutzen die natürliche Kompetenzmotivation (White) der jüngeren Kinder und knüpfen an Aktivi-
tätsformen an, die von Kindern (schon) im Vorschulalter favorisiert
werden (z. B. Sammeln oder Erkunden). Wegen der hohen Bedeutung
von Eigentätigkeit in vorbereitenden Hausaufgaben werden sie auch
produktive Hausaufgaben genannt (vgl. Speichert 1980 und 1982).
Schwierigkeiten vorbereitender oder produktiver Hausaufgaben liegen
für die Lehrerin allerdings oftmals darin, die in der Regel recht verschiedenartigen Ergebnisse kindlicher Eigentätigkeit zu würdigen und
in einen thematischen und unterrichtsbezogenen Gesamtzusammenhang einzubeziehen.

Hausaufgaben im offenen Unterricht

Produktive wie reproduktive Lernaktivitäten, die in der Hausaufgabenpraxis aus dem Unterrichtsvormittag heraus verlagert werden, sind im
offenen Unterricht vielfach integriert: Das für nachbereitende Hausaufgaben charakteristische Üben, Festigen, Vertiefen, Wiederholen und
Übertragen findet sich als Kernaktivität in der Freien Arbeit wie auch
im Wochenplanunterricht und im Stationslernen, vielfach auch im
Werkstattunterricht wieder. Das Sich-Informieren, Sammeln, Beobachten, Erkunden, Vergleichen, das für vorbereitende oder produktive
Hausaufgaben kennzeichnend ist, macht im Wesentlichen die Kinder-
aktivitäten im Projektunterricht aus und kann auch im Werkstattunterricht oder in den Wahlaufgaben des Wochenplanunterrichts oder des
Stationslernens eine Rolle spielen.
Der offene Unterricht weist den Hausaufgaben keine spezifische Funktion zu! Doch lassen sich die Strukturmomente der einzelnen Formen
offenen Unterrichts weitgehend problemlos auf die Hausaufgabenpraxis übertragen. Dies liegt daran, dass offener Unterricht auf die Stärkung der Selbständigkeit, Eigentätigkeit und Selbstverantwortung der
Lernenden abzielt, also gerade auf wesentliche Voraussetzungen der
Hausaufgabenerledigung. Der offene Unterricht kennt den traditionellen Bruch zwischen einer lehrergesteuerten Unterrichtspraxis und einer möglichst selbstgesteuerten Hausaufgabenpraxis nicht. Offener
Unterricht und selbstverantwortete Hausaufgabenerstellung stützen
sich wechselseitig: Im offenen Unterricht eignen sich Kinder das
Handwerkszeug für die eigenverantwortliche Aufgabenbewältigung
außerhalb der Schulzeit an; und die experimentell gewonnenen Erfahrungen bei der Hausaufgabenpraxis in Hinblick auf lernökologische
Aspekte wie Zeitwahl, Tempo, Pausen, Arbeitsplatz- und Partnerwahl
lassen sich umgekehrt auf das Lernen im offenen Unterricht übertragen.

Die Umsetzung solcher prinzipiell gegebener Möglichkeiten kann unterschiedlich aussehen. Im Wesentlichen hängen sie von den Formen offenen Unterrichts ab:

Im *Wochenplanunterricht* liegen drei verschiedene Alternativen auf der Hand:

Möglichkeiten von Hausaufgaben im Wochenplanunterricht

1. Spiegelbildlich zum Wochenplan wird den Kindern ein ähnlich strukturierter Wochenhausaufgabenplan gegeben. Dieser bezieht sich auf Materialien, die die Kinder zu Hause verfügbar haben (z.B. Schulbücher) oder die die Kinder mit nach Hause nehmen (z.B. Arbeitsblätter). Wie beim Wochenplan lässt sich nach gewonnener Sicherheit der Kinder das Mitsprache- und Mitgestaltungsrecht der Kinder schrittweise erhöhen. Elemente der traditionellen Hausaufgabenpraxis lassen sich im Wochenhausaufgabenplan aufgreifen: das Wiederholen und Übertragen von Aufgabenstrukturen etwa von der Vorwoche ebenso das Sich-Informieren, Sammeln oder Erkunden (als Element der vorbereitenden Hausaufgaben) im Vorgriff und als Vorbereitung auf den Wochenplan der folgenden Woche.
2. Kennzeichnung einzelner Wochenplanaufgaben als besonders geeignet für die Erledigung außerhalb der Schulzeit. Die Kinder erhalten also nur *einen* Plan und haben die Entscheidungsfreiheit für Zeit- und Ortswahl bei der Aufgabenerledigung. Die Empfehlung bringt zum Ausdruck, dass die Kinder zu Hause über die notwendigen Arbeitsmaterialien verfügen müssten, stellt also eine gewisse Orientierungshilfe dar.
3. Hausaufgaben werden nicht gesondert ausgewiesen. Die Kinder entscheiden selber, welche der Aufgaben des Wochenplanes von ihnen zu Hause erledigt werden. Sie erleben dabei die Chance, die zugleich Verpflichtung und Verunsicherung ist, selber persönliche Balancen zwischen den Wünschen herzustellen, etwas schnell hinter sich zu bringen, etwas auf die lange Bank zu schieben und sich auf Lieblingsaufgaben zu konzentrieren. Dies stärkt die individuelle Entscheidungs-, Planungs- und Zeitverwendungsfähigkeit. Diese Praxis ist jedoch nur erfolgreich, wenn sich Kinder nicht überfordert fühlen. Daher ist es sinnvoll, erst zumindest eine der unter 1. und 2. genannten Alternativen mit den Kindern praktiziert zu haben. Für Kinder mit Entscheidungsproblemen oder generellen Lernschwierigkeiten wird auch nach dem Durchlaufen der Vorstufen eine persönliche Lehrerberatung wichtig sein.

Bei allen drei Alternativen kann die LehrerIn den Kindern Orientierung und Sicherheit geben, wenn sie in der Wochenmitte eine Übersicht über die bis dahin erfolgte Hausaufgabenerledigung gewinnt. Kindern, die dann noch gar nicht mit den Hausaufgaben begonnen haben oder umgekehrt im Eiltempo schon alles erledigt haben, sollten eine Beratung darüber erhalten, wie eine erfolgreiche und stressarme Zeiteinteilung organisiert werden kann.

„Orientierung und Sicherheit"

Die *Freie Arbeit* als eine vor allem auf Montessori zurückgehende Form offenen Unterrichts geht davon aus,

Hausaufgaben bei der Freien Arbeit

- dass Kinder selber am besten entscheiden können, welche Aufgabe ihrem Stand der Lern- und Leistungsentwicklung und ihren aktuellen Lerninteressen entsprechen sowie
- dass die eigene Wahl einer Tätigkeit am meisten Motivation, Lernfreude und Energie für die Aufgabenlösung freisetzt.

Hausaufgaben als quantitative Erweiterung der Zeit für Freie Arbeit

Die Freie Arbeit führt – bei den einzelnen Kindern in unterschiedlichem Tempo – schrittweise zur Fähigkeit, selbständig treffsicher geeignete Aufgaben zu wählen und mit geeigneten Mitteln zu lösen. Die Hausaufgaben könnten als eine quantitative Erweiterung der Zeit für Freie Arbeit betrachtet werden, weil Kinder ja schulisch in der Freien Arbeit lernen, selber die Verantwortung für Lernen und Arbeiten zu übernehmen, so dass sie auch die Voraussetzung für selbständiges Arbeiten zu Hause erwerben. Zwei Aspekte sollten dabei allerdings bedacht werden:

1. In fast jeder Klasse gibt es auch Kinder, deren Selbständigkeitsentwicklung nur sehr langsam vorankommt.
2. Alle Kinder brauchen für ihre Entwicklung ein gewisses Maß an Zeitstrukturierung und Orientierungspunkten im Alltag; daher ist ein konturloses Übergehen von schulischer Freier Arbeit in eine gleichförmige Hausaufgabenpraxis nicht unproblematisch.

Eine Lösung für beide Dilemmata könnte darin bestehen, dass die Hausaufgaben nicht frei gewählt werden, sondern vereinbart werden. Das kann sowohl mit (Klein-)Gruppen als auch mit einzelnen Kindern geschehen. Die schulisch fast immer gegebene Zeitknappheit, die durch Konzentration auf das Wesentliche bekämpft werden sollte, gebietet es, Vereinbarungen über Hausaufgaben mit Gruppen von Kindern abzuschließen, die über ähnliche Lernvoraussetzungen und -interessen verfügen. Kinder mit entwickelter Selbständigkeit können Vereinbarungen über Hausaufgaben für mehrere Tage, z. B. für eine ganze Woche abschließen. Besonders begabte Kinder können auch einen längerfristigen „Kontrakt" erhalten, beispielsweise auch für größere Vorhaben, die nach ihrem Abschluss auch der Klasse präsentiert werden können (kleine Referate, themenbezogene kleine Hefte, Plakate, Materialsammlungen, Bastelobjekte). Indem besonders begabte Kinder etwas vorstellen, was die meisten Kinder der Klasse interessiert, kann ihrer Außenseiterrolle entgegengewirkt werden. Dies wird allerdings nur dann gelingen, wenn derartige Präsentationen nicht zum Privileg der „Spitzenschüler-Innen" wird, sondern auch andere Kinder gelegentlich eigene Arbeiten vorstellen. Damit werden Effekte intrinsischer und extrinsischer Motivation gekoppelt: Motor der eigentätigen Erarbeitung ist das individuelle, nicht vom Lehrer gesteuerte Interesse an einem bestimmten Thema, einer speziellen Sache; das Ergebnis der Eigentätigkeit bleibt aber nicht etwas Privates, es wird – manchmal mit Herzklopfen – den anderen in der Klasse vorgestellt; es erfährt Rückmeldung, die gut tut und zu einer Stabilisierung des eigentätigen Aktivitäts- und Lerninteresses

„Verstärkerlernen"

führt. Diesen Mechanismus hat Skinner „Verstärkerlernen" genannt. Er hat aber auch mit einer der Grundideen Freinets zu tun, in Lernprozessen Privatheit und Öffentlichkeit miteinander zu verknüpfen.

Für Kinder mit Lernproblemen, die meistens auch mit der Entwicklung von Eigenverantwortung und Selbständigkeit Schwierigkeiten haben, ist es sinnvoll, Einzelverabredungen zu treffen (Beispiel: „Miriam, ich finde es gut, wenn du dich in den nächsten Tagen ganz besonders um die Groß- und Kleinschreibung kümmern würdest. Ich habe gemerkt, dass du gerade dabei bist, das richtig zu verstehen. Hast du schon eine Idee, was du dir jetzt neu zutraust? ...“). Ein so eingeleiteter Dialog kann dem Kind zugleich Rückmeldung, unterstützende Orientierung und Herausforderung geben.

Die Praxis der vereinbarten Hausaufgaben gibt den Kindern

Möglichkeiten der Praxis vereinbarter Hausaufgaben

- *Sicherheit* bei ihren häuslichen Lernaktivitäten,
- *Identifikationsmöglichkeiten*, da sie Mitwirkende und nicht nur Adressaten der Vereinbarungen waren,
- *Gestaltungsspielräume* in Hinblick auf Zeit- (und Orts-)Wahl.

Einen historischen Vorläufer haben die vereinbarten Hausaufgaben in den Lernkontrakten („assignments“), die von der amerikanischen Reformpädagogin und Montessori-Schülerin Helen Parkhurst im zweiten und dritten Jahrzehnt des letzten Jahrhunderts in ihrem „Dalton-Plan“ entwickelt und erprobt wurden, wenngleich die assignments nicht zu Hause, sondern in eigenen „free-study periods“ erledigt wurden (vgl. Popp 1995, S. 122 f.): „Das ‚typische‘ Daltonplan-‚assignment‘ konfrontiert den Schüler mit Aufgaben, die er selbständig bearbeiten soll, und deren Vielfalt reicht vom Auswendiglernen von Fakten über die bedeutungsbezogene Aneignung von Wissen oder fachspezifischen Methoden, bis zum problemlösenden Denken und zur Arbeit an den Lern- und Problemlösestrategien selbst“ (ebda., S. 134 f.).

Stationenlernen: Das in den letzten Jahren aus dem circle training im Sport entwickelte Lernen an Stationen basiert, wie die Freie Arbeit, auf einer offenen Präsentation von Aufgaben und Lernmaterialien. Die Kinder wählen jedoch nicht aus einer vorbereiteten Aufgabenvielfalt nach ihren individuellen Lernbedürfnissen aus, sondern finden eine in Stationen vorsortierte Auswahl an Pflicht-, Wahlpflicht- und Wahlaufgaben vor.

Hausaufgaben beim Lernen an Stationen

In dieser Systematik sind Parallelen zum Wochenplanunterricht erkennbar. Das Stationenlernen ist allerdings in seinem Zeithorizont variabel (das Stationsarrangement kann über wenige Tage oder auch – im Extremfall – über mehrere Wochen stabil bleiben; es kann auch teilweise ausgetauscht werden); wichtig ist daneben, dass die Stationen die Lernmaterialien sinnlich-gegenständlich bereithalten und nicht nur, wie der „Wochenplan“, Aufgaben schriftlich oder mit Symbolen benennt.

Hausaufgaben lassen sich beim Stationenlernen trotz der genannten Unterschiede ähnlich wie beim Wochenplanunterricht definieren: Entweder können sich Kinder selber einzelne für die Bearbeitung zu Hause geeignete Aufgaben auswählen (dabei ließe sich eine bestimmte Zahl von Stationenaufgaben als Hausaufgabenpensum für einen bestimmten Zeitraum festlegen) oder es werden bestimmte Stationen als geeignete Hausaufgaben gekennzeichnet. Es kann darüber hinaus eine Station als Hausaufgabenstation speziell ausgewiesen werden.

Hausaufgaben im
Werkstattunterricht

Der *Werkstattunterricht* kann als eine Variante zum Stationenlernen verstanden werden. Ein Charakteristikum des Werkstattunterrichts ist vielfach, dass die in der „Werkstatt" präsentierten Aufgaben einem bestimmten Thema zugeordnet sind. Beliebt sind jahreszeitliche „Werkstätten" (z.B. „Herbst-" oder „Weihnachtswerkstatt") oder Werkstätten zu Sachunterrichtsthemen (z.B. „Strom-" oder „Bäumewerkstatt"). Jürgen Reichen, einer der Protagonisten des Werkstattunterrichts, verbindet mit dieser Form des offenen Unterrichts darüber hinaus die Möglichkeit, Eigen- und Mitverantwortung der Lernenden zu stärken und damit auch eine spezifische Motivationsquelle aufzubauen: Jedes Kind spielt die Rolle des Experten („Chefs") für eine der präsentierten Aufgaben (vgl. Reichen 1991 sowie Zürcher 1991). Für die Bewältigung dieser Aufgaben engagiert sich das Kind besonders und steht anderen Kindern bei der Bearbeitung dieser Aufgabe beratend zur Verfügung.

Die Hausaufgaben im Werkstattunterricht können sich in den ersten Tagen der Werkstatt speziell auf die Chefaufgabe und deren sichere Lösung beziehen. Im weiteren Verlauf der Werkstatt können Hausaufgaben wie beim Stationslernen gegeben werden: freie empfohlene oder eindeutig gebundene Übernahme einzelner Aufgaben für eine Erledigung zu Hause.

Durch die Themenbindung der meisten Werkstätten besteht daneben eine zusätzliche Chance für selbständige Schüleraktivitäten zu Hause: vorrangig in den letzten Tagen der Werkstatt können Kinder zum Thema Gegenstände und Informationen sammeln, die in der Werkstatt selber nicht präsent sind. Am letzten Tag können die Ergebnisse der Suchbemühungen in einem Abschlusskreis vorgestellt werden. Dazu können auch persönliche Erfahrungen und kreative Ideen zum Thema gehören. Ein anderer Vorschlag wäre, dass Kinder zum Abschluss der Werkstatt zu Hause in einem Heft oder auf einem kleinen Plakat, in Text und Bildern zusammenfassen, was sie persönlich in der Werkstatt an Neuem erfahren und gelernt haben. Diese Berichte können dann auch in der Klasse vor- und eventuell auch ausgestellt werden.

Hausaufgaben beim
Projektunterricht

Der „Klassiker" offener Unterrichtsformen ist der *Projektunterricht*. Sein pädagogisches Profil erhielt er in den ersten Jahrzehnten des letzten Jahrhunderts durch John Dewey und William H. Kilpatrick. Vor allem Karl Frey, Herbert Gudjons und Dagmar Hänsel haben die deutsche schulpädagogische Diskussion um den Projektunterricht in den letzten Jahren geprägt (vgl. u.a. Frey 1998; Gudjons 1994; Hänsel 1995). Projektunterricht als spezifische, immer aber auch experimentelle Unterrichtsform lebt von einem zentralen Thema, das für Kinder bedeutungsvoll ist und mit dem sie sich gegenständlich handelnd und problemlösend auseinandersetzen. Oft steht am Ende eines meist in Kleingruppen organisierten Handlungsprozesses ein sinnlich erfahrbares Ergebnis, ein vorzeigbares Produkt, z.B. eine Ausstellung, eine szenische Darstellung, eine Veränderung der Lernumgebung.

Hausaufgaben im Projektunterricht haben nur einen Sinn, wenn sie konstruktiver Bestandteil des gesamten Handlungsprozesses sind. Naheliegend sind insbesondere Informations-, Material-, Werkzeugbeschaffung, Organisation von Kooperationskontakten, Ortsbesichtigungen, also Aktivitäten, die im Klassenzimmer nicht realisierbar sind. Der Projektunterricht schafft mit seiner Handlungsorientierung und der thematischen Bezugnahme zur außerschulischen Lebenswelt der Kinder einen hohen Bedarf an Aktivitäten, die nicht oder nicht optimal im Klassenzimmer durchführbar sind. Solche Aktivitäten sind allerdings nur teilweise wie übliche Hausaufgaben zu planen und von der Lehrerin zu erteilen. Sie sind vielmehr integrale Elemente in den Handlungsprozessen der Kleingruppen.

In einem dritten Schuljahr entwickelte sich beispielsweise die Projektidee, einen „Schulteich" anzulegen. Als naheliegend wurde in der Projektplanung festgestellt, folgende Aktivitäten außerhalb der Unterrichtszeit zu realisieren:

- Besichtigung eines bestehenden kleinen Teichs
- Besorgen von Materialien (z. B. Abdeckfolie) und Werkzeugen (z. B. Spaten)
- Besorgen von Wasserpflanzen und -tieren zur „Bevölkerung" des neuen Teichs
- Kontaktaufnahme mit Sponsoren und der Feuerwehr.

Realisierung von Aktivitäten außerhalb der Unterrichtszeit

In dem auf einer Wandzeitung skizzierten Gesamtplan für die Realisierung des Projekts bzw. in den von den einzelnen Arbeitsgruppen erstellten Aktivitätenplänen waren diese außerschulisch zu erledigenden Aufgaben notiert. Die Lehrerin konnte bei der Detailkonzeption der geplanten Aktivitäten einen beratenden Einfluss nehmen. Sie konnte auch die Kinder ermuntern, das eine oder andere außerhalb des Unterrichts zu erledigen, und für die Organisation dieser Aktivitäten Tipps und Qualitätskriterien vermitteln. So blieben auch in der offenen Struktur des Projektunterrichts die außerschulischen Aktivitäten der Kinder im Beobachtungshorizont und damit in der (Teil-)Verantwortung der Lehrerin.

Hausaufgaben und „Eigenaufgaben": Orientierung und Freiraum

Die Beispiele aus den verschiedenen Formen offenen Unterrichts machen darauf aufmerksam, dass für Hausaufgaben unterschiedliche Grade

- der Aufgabendefinition durch die Lehrkraft bzw. der Wahlfreiheit der Kinder sowie
- des Festigens, Übens und Wiederholens oder aber des eigenständigen Suchens und kreativen Gestaltens möglich und sinnvoll sind (vgl. auch Nilshon 1995).

Unterschiedliche Grade für Hausaufgaben

Wichtig ist, dass die einzelne Lehrerin ihren Stil findet, mit dem sie sich identifizieren und ihre pädagogischen Grundüberzeugungen realisieren kann. Mindestens ebenso bedeutungsvoll ist, dass die Lehrkraft mit ihrer Hausaufgabenpraxis möglichst allen Kindern Chancen gibt,

- *Routinen der Informationsgewinnung, Problemlösung, aber auch der Wissensspeicherung und Fertigkeitssicherung aufzubauen und zu stabilisieren sowie*

mögliche Chancen der Hausaufgabenpraxis

- *Strategien und Stile zu entwickeln, die einerseits Lernen als aneig-nende Auseinandersetzung mit Neuem persönlich attraktiv machen und andererseits den manchmal unvermeidlichen Arbeitscharakter von Lernen tolerieren helfen.*

Die Grenzziehung zwischen Lernarbeit im Unterricht und bei der Hausaufgabenerledigung kann unterschiedlich deutlich gezogen wer-den. Beim Wochenplanunterricht kann dies deutlich gezeigt werden. Hier können Hausaufgaben ganz unabhängig vom Wochenplan erteilt werden; vor allem bei älteren Grundschulkindern kann aber auch vor-gesehen werden, dass sie selber entscheiden, welche Teile des Wochen-plans sie zu Hause erledigen. Beide Praktiken antworten auf (gegen-sätzliche) Bedürfnisse von Kindern: **Orientierung und Freiraum.** Das zentrale pädagogische Ziel der Grundschule, die Förderung der Selb-ständigkeit jedes Kindes, macht es notwendig, dass das Prinzip des Ori-entierung Gebens in der Grundschule schrittweise und behutsam hinter das Prinzip des Freiraum Gebens zurücktritt.

zentrales Thema: „Orien-tierung und Freiraum"

Dieser graduelle Übergang von Orientierung zu Freiraum ist nicht al-lein parallel zum Älterwerden der Kinder zu realisieren. Manche Kin-der können schneller „losgelassen" werden, andere brauchen länger Unterstützung und Beratung.

Die unterschiedlich ausgeprägten (tendenziell entwicklungsbedingten) Bedürfnisse der Kinder nach Orientierung bzw. Freiraum bedürfen ins-besondere bei der *Erteilung und Kontrolle* der Hausaufgaben einer Be-rücksichtigung. Die traditionelle Hausaufgabenforschung geht davon aus, dass Mängel in der Hausaufgabenpraxis vor allem in der oft nur kursorischen Hausaufgabenerteilung am Ende der Unterrichtsstunde sowie in der vielfach nur unregelmäßigen Kontrolle der Hausaufgaben liegen (vgl. u. a. Wagner 1956; Feiks/Rothermel 1983). In offenen Lern-formen fehlt der rituelle Akt der Hausaufgabenerteilung am Stunden-ende. Die Lehrkraft hat stattdessen die Möglichkeit, im Unterrichtsver-lauf mit einzelnen Kindern oder Kleingruppen, die sie zu sich bittet oder zu denen sie kommt, Vereinbarungen über Art, Umfang, Erarbei-tungszeitraum und Kontrolle der Hausaufgaben zu treffen. Diese Ver-einbarungen können nach dem Grundsatz zunehmenden Freiraums un-terschiedlich präzise sein.

Hausaufgaben = Eigenaufgaben

Aus erteilten Hausaufgaben werden so sukzessive *„Eigenaufgaben".* Solche Eigenaufgaben können, um Überforderung der Kinder zu ver-meiden, insbesondere anfangs neben definierten Aufgaben stehen. Ei-genaufgaben geben Kindern Identifikationsmöglichkeiten: In der Schu-le können Kinder die ihnen bedeutungsvollen Themen mit denen ihnen besonders attraktiven Medien und Techniken bearbeiten. Sie können beispielsweise Texte, ein Heft, ein kleines Buch über Tiere oder eigene Erlebnisse und Phantasien machen und im Stuhlkreis den anderen Kin-dern vorstellen (vgl. Bannach 1996) oder in einer Kleingruppe ein dar-stellendes Spiel inszenieren (vgl. Steffen 1996).

Entwicklung von Quali-tätsbewusstsein für die eigenen Aufgaben

Bei Eigenaufgaben entwickeln Kinder in der Regel auch Qualitätsbe-wusstsein für ihre Arbeit. Entsprechend dem systemischen Zusammen-hang zwischen Gestaltungsspielraum, Identifikation mit dem selber ge-wählten Handeln, Motivation und Handlungsqualität wollen Kinder das Produkt, das sie aus eigenem Antrieb erstellen wollen, auch besonders gut und schön machen. Mit der Entwicklung von Qualitätsbewusstsein bilden Kinder implizit auch Qualitäts-*Maßstäbe* aus, die sie auf andere Aktivitäten übertragen können.

Allerdings besteht immer auch die Gefahr, dass die positive Bewertung von Eigenaufgaben durch die Kinder ihre Bereitschaft beeinträchtigt, auch vorab definierte („fremdbestimmte") Aufgaben zu erledigen. Da die Akzeptanz und klaglose Erledigung fremdbestimmter Aufgaben zum Leben des Menschen auch im 21. Jahrhundert gehören, ja den Menschen in gewisser Weise frei machen für die ihm wesentlichen Dinge, gehört es auch zum Auftrag der Schule, Kinder zu befähigen, verpflichtende Aufgaben zu akzeptieren und zu erledigen.

Für die Lehrerin bedeutet dies, sich eine pädagogische Grundhaltung zu erarbeiten und ein Fingerspitzengefühl dafür zu entwickeln, wie im Unterrichtsalltag Balancen geschaffen werden können, die Kinder den notwendigen und pädagogisch fruchtbaren Widerspruch zwischen *Pflichten* und *Selbstbestimmung* erfahrbar machen. Beides gehört zusammen: auf der einen Seite die Entwicklung von Selbständigkeit und Eigenverantwortung, die Freude an Eigentätigkeit und Autonomie, das für sich Reklamieren von Kinderrechten und Menschenwürde; auf der anderen Seite das Akzeptieren und zugleich ernst wie leicht Nehmen der Tatsache, dass Lernen auch Anstrengung und Arbeit sein kann und dass Aufgaben vorab definiert sein können, weil sie in einem sozialen Zusammenhang stehen oder von Personen mit Sachkompetenz und Fachautorität formuliert wurden.

„pädagogische Grundhaltung der Lehrerin"

Kindern fällt das Erleben solcher spannungsreichen Balancen oft in der *Kleingruppe* leichter: In der Kleingruppe der (in etwa) Gleichaltrigen können Unlustgefühle offen und mit scherzhafter Überzeichnung ausgesprochen werden – das entlastet –, zugleich können Handlungsbarrieren leichter überwunden werden, weil man ja nicht ganz allein vor der Aufgabe steht und die schneller Handlungsbereiten die Zögernden mitziehen. Werden die in der Kleingruppe im Unterricht gewonnenen Erfahrungen des Sich-Überwinden-Könnens als ein positives Verhaltensmodell empfunden, so können diese Erfahrungen – im günstigsten Fall – auf die in der Regel gegebene häusliche Einzelarbeitssituation übertragen werden. Die Kleingruppe im offenen Unterricht bildet, was die Entwicklung emotionaler und praktischer Lerntechniken betrifft, somit eine Brücke zwischen dem Klassenunterricht und der häuslichen Einzelarbeitssituation.

6.7 Unterrichtsplanung und Unterrichtsvorbereitung

Das Thema Unterrichtsplanung-Unterrichtsvorbereitung gehört zu den klassischen Fragestellungen der didaktischen Diskussion. Dies hängt offensichtlich damit zusammen, dass mit diesem Thema nicht nur die technisch-handwerkliche Vorbereitung der LehrerIn auf die einzelne

klassische Fragestellung der didaktischen Diskussion

Unterrichtsstunde gemeint ist, sondern vor allem die inhaltliche, methodische und kommunikativ-soziale Konzeption des Unterrichts.

Bei der Beschäftigung mit dem Gesamtzusammenhang inhaltlicher und formaler Fragen der Unterrichtsgestaltung spielt der Begriff der „Unterrichtsartikulation" eine besondere Rolle, mit dem die konzeptionelle Gliederung des unterrichtlichen Lehr- und Lernprozesses gemeint ist (vgl. Hell/Olbrich 1993, S. 66 f.). 1806 entwickelte Friedrich Herbart mit seinen Formalstufen ein klassisches Artikulationsschema, das sich an den Kategorien Klarheit, Assoziation, System und Methode orientierte (vgl. ebda.). In Anschluss an Herbart formulierte Rein das immer wieder herangezogene Phasenschema „Vorbereitung – Darbietung – Verknüpfung" (ebda.). Peter Hell und Paul Olbrich (1993, S. 67) skizzieren, wie in der Folgezeit, je nach pädagogischer Überzeugung, dieses Schema abgewandelt wurde: Der Reformpädagoge Scheibner (Arbeitsschulbewegung) geht von der Eigentätigkeit des Schülers und von einem Lernprozess als Arbeitszusammenhang aus, wenn er die Artikulationsphasen formuliert: Arbeitsziel setzen, Arbeitsmittel auswählen, Arbeitsweg entwerfen, Arbeitsschritte ausführen, Arbeitsergebnisse beurteilen. Der Erlebnispädagoge Neubert sieht dagegen einen Ablauf von Einstimmung – Darbietung – Besinnung – Tataufruf. Heinrich Roth, der in seinem Denken vor allem lerntheoretisch orientiert war, sieht Unterrichtsartikulation als einen Prozess, in dem Motivation, Problemanalyse, Problemlösung, Praxishandeln, Internalisierung und Transfer aufeinander folgen (vgl. Roth/Blumenthal 1969). In den 80-er Jahren haben Jochen und Monika Grell in ihren „Unterrichtsrezepten" dagegen die Abfolge von Informationsinput, Aufgabenformulierung, selbständiger Aufgabenerledigung, Feedback und Evaluation vorgeschlagen (vgl. Grell 1985), in der immer noch das Phasensystem des Herbartianers Rein durchschimmert.

Heute können wir vor allem folgende Fragestellungen mit dem Thema Unterrichtsvorbereitung verbinden:

1. Welche Kategorien helfen bei der legitimierten Auswahl von Lernzielen und Themen aus den Vorgaben der staatlichen Rahmenpläne oder Lehrpläne?
2. Wie komme ich zu didaktischen Entscheidungen im Hinblick auf themenbezogenen „Zeitverbrauch", Unterrichts- und Sozialformen sowie Arbeitsmitteleinsatz im Unterricht?
3. Wie entwickle ich alltägliche Routinen für die Unterrichtsvorbereitung, die sich in einem ausgewogenen Verhältnis von Aufwand und Effektivität befinden?

Legitimation von Zielen und Inhalten

Mit der zuerst genannten Fragestellung, in der es um die Legitimierung von Zielen und Inhalten des Unterrichts geht, hat sich über Jahrzehnte hinweg Wolfgang Klafki auseinandergesetzt. 1958 erschien zum ersten Mal sein Aufsatz zur „Didaktischen Analyse" (vgl. Klafki 1969, S. 15 ff.), in dem er drei Kategorien zur Legitimation von Unterrichtsinhalten vorstellte:

1. die „*exemplarische*" Bedeutung des Thema oder Inhalts
2. seine *Gegenwartsbedeutung* für das Kind
3. seine *Zukunftsbedeutung* für das Kind.

Alle drei Kategorien bilden zusammengenommen ein schlüssiges Selektionssystem für die Auswahl bedeutsamer Unterrichtsinhalte. Das Prinzip des *Exemplarischen*, das in den 50-er und 60-er Jahren auch von Oskar Negt (1969) und Martin Wagenschein (1965) thematisiert wurde, geht davon aus, dass *Vielwissen durch Strukturwissen ersetzt werden muss*. Enzyklopädisches Wissen bedeutet Ballast. Ein nach dem Prinzip des Exemplarischen ausgewähltes Strukturwissen konzentriert sich dagegen an konkreten, erlebbaren oder greifbaren Beispielen auf bedeutungsvolle Inhalte, an deren Gesetzmäßigkeiten Grundsätzliches oder Übertragbares transparent wird.

Das Prinzip des Exemplarischen

In den Bereichen Mathematik, Sachunterricht, Beschäftigung mit literarischen Texten lässt sich das Prinzip an zahllosen Beispielen verdeutlichen. Soll es z. B. darum gehen, Kindern die Anpassung von Tieren und Pflanzen an die natürliche Umgebung zu verdeutlichen, könnte dies an einem regional bezogenen Lebensraum (z. B. die Küstenlandschaft) erarbeitet werden und muss nicht auch an anderen Klima- oder geologischen Zonen (Regenwald, Wüsten, Hochgebirge, Arktis etc.) nachgewiesen werden.

Das Prinzip der *Gegenwartsbedeutung* für das Kind rückt von der Tradition ab, schulisches Lernen als Prozess zu interpretieren, in dem es um die Übertragung des zivilisatorischen Erbes auf die nächste Generation geht. In den Vordergrund tritt *das Leben des lernenden Subjektes im Hier und Jetzt* mit seinen Wünschen und Problemen. Es wird zu einem der wichtigsten Orientierungspunkte für die Auswahl schulischer Inhalte.

Das Prinzip der Gegenwartsbedeutung

Das Prinzip der *Zukunftsbedeutung* für das Kind enthält zwei Momente: zum einen die Anforderung schulischen Lernens, seine Bezugspunkte nicht nur im aktuellen Erleben und in der unmittelbaren Anwendbarkeit des Gelernten im Lebensalltag der Kinder zu suchen. Die Lernenden sollen sich der Spannung bewusst werden und sie ertragen, dass Lernen zu einem Teil die Aneignung von *Vorratswissen* bedeuten kann, das erst im zukünftigen, noch nicht auszumachenden Situationen aktualisiert werden kann. Zum anderen enthält der Begriff der Zukunftsbedeutung auch die *Dimension neuer, zukünftig wichtiger werdender Anforderungen*, auf die Schule vorbereiten soll. Heute denken wir hierbei etwa an die immer mehr Lebensbereiche erfassende Digitalisierung elektronischer Medien (z. B. Internet), an der auch die Grundschule nicht mehr vorbeigehen kann.

Das Prinzip der Zukunftsbedeutung

In der „Didaktischen Analyse" sollte die LehrerIn mit Hilfe der beschriebenen drei Kategorien die unterrichtliche Eignung von Themen prüfen. Dabei stehen Gegenwarts- und Zukunftsbedeutung eines Inhalts im Widerstreit, der nur von der einzelnen Lehrkraft zu lösen ist. 1980 entwickelte Klafki im Modell einer „Kritisch-konstruktiven Didaktik" stärker inhaltlich-politische Kriterien, die der LehrerIn Maßstäbe für didaktische Entscheidungen in die Hand geben sollten (vgl. Klafki 1988). Für die Frage nach der Legitimierung von Unterrichtsinhalten sind vor allem folgende Kriterien wichtig:

„Kritisch-konstruktive Didaktik"

1. die Stärkung der *Selbstbestimmungs- und Solidaritätsfähigkeit* der Lernenden
2. die Förderung des *Mitbestimmungsprinzips* im Unterricht.

Legitimierung von Unterrichtsinhalten

Mit der Betonung dieser Entscheidungskriterien fordert Klafki eine Orientierung von Lern- und Bildungsinhalten nicht mehr vorrangig an dem Ziel des individuellen Weltverstehens und kompetenten Handelns in der Welt, sondern auch an der Qualitätsentwicklung gesellschaftlicher Beziehung (Demokratisierung). Zum anderen soll mit dem Mitbestimmungspostulat ein Teil der didaktischen Entscheidungen unmittelbar oder mittelbar auf die Lernenden verlagert werden.

Abbau unkontrollierter Herrschaft von Menschen über Menschen

Wolfgang Schulz kommt in seiner „Hamburger Didaktik" zeitgleich zu einer gleichartigen Forderung (vgl. Schulz 1980a und 1980b): Die Schüler sollen im Unterricht durch „Interaktion zwischen den Unterrichtsteilnehmern" (Schulz 1980b, S. 12), durch „symmetrische Interaktion" (Schulz 1980a, S. 53) und „Mitsteuerung auf möglichst hohem Niveau" (ebda., S. 56) einen „menschenwürdigen Unterricht" (ebda, S. 52) erfahren und am „Ringen um den Abbau unkontrollierter Herrschaft von Menschen über Menschen" (Schulz 1980b, S. 10) beteiligt werden.

Balance zwischen Ich-, Sach- und Gruppenansprüchen

Schulz geht von der Grundannahme aus, dass im Unterricht eine *„Balance zwischen Ich-Ansprüchen, Sachansprüchen und Gruppenansprüchen"* (Schulz 1980, S. 55 f.) hergestellt werden müsse. Inhalte und in gleichem Maße die Handlungsformen im Unterricht sind dann legitimiert, wenn sie

- *über Sacherfahrung Kompetenzförderung*
- *über Gefühls- und Autonomieerfahrung Ich-Entfaltung* und
- *über Sozialerfahrung Solidaritätsförderung*

ermöglichen (vgl. ebda., S. 58 ff.).

Wolfgang Klafki hat in den 80-er und 90-er Jahren die beiden sich verselbständigenden Zieldimensionen von Unterricht, die Stärkung von Sach- und Sozialkompetenz, wieder aufeinander bezogen: Unterricht soll *Schlüsselprobleme* der Gegenwart und der unmittelbaren Zukunft in das Bewusstsein der Heranwachsenden rücken. Mit dieser Thematisierung sollen Schülerinnen und Schüler Wissen über grundlegende Zusammenhänge und strukturelle Probleme der erlebbaren wie der nicht unmittelbar erfahrbaren Welt gewinnen. Zugleich sollen sie damit für die sozialen Fragen der Zeit und die großen und kleinen Tragödien des Alltags sensibilisiert werden. Mit seiner Forderung nach der schulischen Stärkung von *Schlüsselqualifikationen* erweitert Klafki den Kompetenzbegriff über die Wissensaneignung hinaus in Richtung auf Fähigkeiten und Haltungen, die sich in der Regel erst in der sozialen Interaktion konkretisieren.

Mit den von Klafki und Schulz seit Ende der 50-er Jahre angestellten Überlegungen ist ein differenzierter Orientierungsrahmen für die Legitimierung von Unterrichtsinhalten (und -formen) geschaffen worden.

Zu der Frage nach Kriterien für didaktische Entscheidungen in Hinblick auf die Dimensionen Zeit, Methoden und Sozialformen kann gleichfalls auf Vorschläge von Wolfgang Schulz zurückgegriffen werden. In seiner „Hamburger Didaktik" werden vier Verfahrensprinzipien für didaktische Entscheidungen deutlich (vgl. Schulz 1980a, S. 52 ff.).

1. *Offenlegung* und Transparenz von Entscheidungen
2. *Beteiligung* aller in das Unterrichtsgeschehen involvierten Akteure an Entscheidungen
3. *schrittweises* Planungsverfahren
4. *Offenheit* für Korrekturen.

Für die Realisierung eines gestuften Planungsverfahrens schlägt Schulz vier Schritte vor (ebda., S. 56 f.):

1. *Perspektivplanung*, bei der es um die Erarbeitung und Begründung didaktischer Grundsatzentscheidungen geht,
2. *Umrissplanung*, bei der die thematischen Aspekte und wesentlichen Aktivitäten innerhalb einer Unterrichtseinheit skizziert werden,
3. *Prozessplanung*, bei der mit den Schülerinnen und Schülern die Handlungsabläufe festgelegt werden,
4. *Planungskorrekturen* während des Unterrichtsverlaufs, um spontan entstehende Bedürfnisse und Ideen einzubringen und Lernprozesse lebendig zu halten.

Die nach wie vor gegebene Aktualität der Vorschläge Schulz' ist an einem 18 Jahre später erschienenen Aufsatz Gunter Ottos ablesbar (vgl. Otto 1998). Auch Otto betont die „Freiräume [...] für selbständiges und handelndes Lernverhalten der Schülerinnen und Schüler" (ebda., S. 62). Letzten Endes sind Unterricht und Unterrichtsplanung „immer hypothetisch und prinzipiell experimentell" (ebda.). Und er geht von der Notwendigkeit der Schüler-, möglicherweise auch der Elternbeteiligung aus. Hierfür regt er an, Fragen, Ideen und Materialien zu einem geplanten Thema vorher an einer Pinnwand zu sammeln (vgl. ebda., S. 61). Die zentrale Aussage Ottos bezieht sich, wie bei Schulz, auf ein gestuftes Planungsverfahren. Allerdings vereinfacht Otto pragmatisch das Verfahrensschema auf zwei Schritte:

- *„Unterrichtsvorbereitung"* als Lehrerreflexion über „langfristig wirksame [...] größere Unterrichtszusammenhänge" (ebda., S. 60), vergleichbar der von Schulz beschriebenen Perspektivplanung,

- *„Unterrichtsplanung"* als „kurzfristige, jederzeit notwendige gemeinsame Planungsarbeit von Lehrenden und Lernenden" (ebda.) als Integration der Umriss- und Prozessplanung sowie der Planungskorrekturen nach Schulz.

Ein zweischrittiges Planungsverfahren wird auch von Glöckel u.a. vorgeschlagen (vgl. Glöckel 1992, S. 3 f.). Inhaltlich sind die beiden Phasen deutlich anders akzentuiert als bei Otto. Sie gehen nicht von einer didaktischen Grundsatzreflexion zu einer Spontaneität zulassenden Strukturierung des Interaktionsprozesses, sondern – eher umgekehrt – von einer offenen Ideensuche zu einer systematischen Prüfung und Formung der im wenig geradlinigen Suchprozess gefundenen hypothetischen Lösungselemente. Die Autoren unterscheiden dann auch zwischen einem Entdeckungs- und Begründungszusammenhang bzw. zwischen Prozess und Produkt.
Der Vorzug dieses Ansatzes ist die Beschreibung der ersten Planungsphase als kreativen Suchprozess. Dies entspricht einerseits dem Anspruch, Unterricht möglichst als lebendigen und phantasievollen, fes-

selnden und nicht nur durch Stereotypen geprägten Interaktionsprozess zu gestalten, andererseits der Planungspraxis vieler Lehrkräfte. Vor allem LehrerInnen in der Grundschule verstehen Unterrichtsplanung nicht primär als Analyse- und Systematisierungsprozess. Wichtiger ist ihnen meist die Suche nach neuen Ideen und originellen Materialien, die einen Unterricht von Routinen und Schablonen befreien. Viele LehrerInnen sind in ihrer Freizeit darauf fixiert, sich nach ungewöhnlichen Gegenständen (Plakaten, alten Gebrauchsgegenständen, Naturmaterialien wie Muscheln, Rinden, Blättern) umzuschauen, die sie im Unterricht als Betrachtungs- und Experimentierobjekte einsetzen.

Der nach Glöckel u. a. auf die kreative Suchphase ausschließlich folgende (produktorientierte) Prüf-, Rechtfertigungs- und Dokumentationsprozess ist allerdings sehr starr konzipiert. Es fehlen die von Schulz und Otto beschriebenen Freiräume für Schülerbeteiligung und spontane Planungskorrekturen.

sinnvolles Planungs-
modell für den Grund-
schulunterricht

Im Rückblick auf die skizzierten Planungsansätze ließe sich als ein sinnvolles Planungsmodell für den Grundschulunterricht ein dreischrittiges Vorgehen empfehlen:

1. langfristig angelegte *kreative Suchphase* zum Sammeln von Ideen und Materialien für einen lebendigen Unterricht (in Anlehnung an Glöckel)
2. *Strukturierungsphase* für die Selektion der für Kinder wesentlichen inhaltlichen Auseinandersetzungsprozesse und für die Spezifizierung von Handlungsfolgen (in Anlehnung an Klafkis Didaktische Analyse sowie an Schulz' Umriss- und Prozessplanung)
3. *spontane Planungsveränderungen* mit den SchülerInnen, um Situations- und Adressatenbezug jederzeit sicherzustellen.

vorbereitende und be-
gleitende Strukturierung
Offenen Unterrichts

Dieses Planungsmodell nähert sich den Vorschlägen an, die Jörg Ramseger schon vor mehr als zwei Jahrzehnten für die vorbereitende und begleitende Strukturierung Offenen Unterrichts gemacht hat (vgl. Ramseger 1979). Ramsegers Überlegungen lassen sich wie folgt zusammenfassen:

- „Insgesamt kann man sagen, dass die Planung Offenen Unterrichts entsprechen muss: Es handelt sich um einen kontinuierlichen Prozess, der von den Kindern [...] laufend korrigiert und beeinflusst wird" (ebda., S. 26)
- „Unterrichtsplanung wird sich [...] in erster Linie darauf konzentrieren zu überlegen, was die Kinder zur Erreichung des geplanten Zieles und zur Beantwortung ihrer Frage tun können ..." (ebda.).
- „Der Lehrer [...] wird ihnen eine Fülle von Lernmitteln (Bücher, Medien, Geräte, Karten, Gebrauchsgegenstände usw.) und Arbeitsvorschläge anbieten, ohne eine zwingende Verwendungsweise dieser Medien vorzuschreiben" (ebda.).
- Die Kinder müssen „notwendigerweise oft ganz verschiedene Dinge tun, denn alle Kinder unterscheiden sich hinsichtlich ihrer individuellen Voraussetzungen, ihrer sachbezogenen Motivation, ihrer methodischen Vorlieben, ihrer Konzentrationsfähigkeit, ihrer Selbständigkeit [...] Er (der Lehrer) kann und soll die Schüler ermuntern, eigene Ideen und Vorhaben zu verfolgen und zu verwirklichen. Er sollte ih-

nen stets zur Verfügung stehen, wenn sie seine Hilfe suchen, aber nichts vorgeben [...]" (ebda., S. 24).

Planung im offenen Unterricht verlagert sich tendenziell von der vorbereitenden zu einer begleitenden (stimulierenden, intervenierenden, beratenden und Rückmeldung gebenden) Aktivität. Die eigentliche *Vor*-Bereitung konzentriert sich auf die grundlegenden Aufgaben,

- die gemeinsamen und individuellen Zielsetzungen von Lernprozessen der (einzelnen) Kinder zu konkretisieren,
- geeignete Lernmaterialien ausfindig zu machen und dosiert für den Unterricht bereitzuhalten.

Die Entwicklung von individuellen *Planungsroutinen* sind für den Grundschulunterricht unerlässlich. Hilbert Meyer rechnete nach, dass neben Hausaufgabenkontrolle, dem Vorbereiten und Durchsehen von Klassenarbeiten, dem Herstellen von Lernmaterialien und anderem „für die unmittelbare Planung der Einzelstunde [...] 15 Minuten und mehr [...] die Ausnahme" sind (Meyer 1998, S. 64). An der Tagesordnung sind daher „Kürzestvorbereitung oder Türschwellendidaktik" als didaktische Ad-hoc-Entscheidung unmittelbar vor Unterrichtsbeginn oder „Synchronvorbereitung" z. B. während eines Unterrichtsgesprächs zu Unterrichtsbeginn. Auch GrundschullehrerInnen verfahren häufig so.

Wenn wir die zuvor beschriebenen Kriterien und Prinzipien für eine grundschulbezogene Unterrichtsplanung noch einmal heranziehen, wäre es allerdings sinnvoller, folgende Elemente für individuelle Routinebildung bei der Unterrichtsvorbereitung zu nutzen:

- *regelmäßige Reflexion* über das, was die einzelnen Kinder für die Entwicklung ihrer individuellen Fähigkeiten und für den kontinuierlichen Ausbau zivilisatorisch notwendiger Kompetenzen brauchen (Lernzieldimension; Meyer (1998, S. 65) spricht von „Reflexionsroutinen")
- *kontinuierliches Sammeln von Ideen und Materialien* für einen lebendigen Unterricht
- *Einbeziehen der Kinder* in die Planung von Unterricht, insbesondere durch Gespräche z. B. als Abschluss und Rückblick auf Projekte, Wochenpläne, Werkstätten oder Stationenlernen
- *Entwicklung von übersichtlichen Notations- und Dokumentationsformen* von (gemeinsamen) Planungsideen z. B. auf Postern, Wandzeitungen, Pinnwänden (vgl. die Abbildungen bei Meyer 1988, S. 65).

Entwicklung individueller Planungsroutinen

7 Lernen – Leisten – Beurteilen

7.1 Fallbeispiel: Verbalbeurteilung auch im 3. Schuljahr?

Seit den 70-er Jahren wird auf Empfehlung der Kultusministerkonferenz in den ersten beiden Schulklassen in den Zeugnissen nicht mehr mit Noten beurteilt. Einige Bundesländer – so Brandenburg, Nordrhein-Westfalen und Schleswig-Holstein haben seit Beginn der 90-er Jahre die Möglichkeit erweitert, Zeugnisse ohne Noten auch in den höheren Grundschulklassen zu erteilen. In Nordrhein-Westfalen ist in der Ordnung für den Bildungsgang in der Grundschule von 1997 beispielsweise vorgesehen, dass in der 3. Grundschulklasse die Zeugnisnoten durch individuelle Beschreibung der Leistungsentwicklung in den Fächern und Lernbereichen ersetzt werden können, wenn die Schulkonferenz dies mit einfacher Mehrheit beschließt. Diese Konstellation wird im folgenden Fallbeispiel beschrieben:

Zeugniskonferenz im Frühsommer: Die Diskussion über die Zeugnisse der von Frau Wionsek geleiteten 2. Klasse ist abgeschlossen. Frau Wionsek ist froh, dass alle Beschlüsse ohne Auseinandersetzung gefasst wurden. Das ermutigt sie, einen Wunsch für das nächste Schuljahr zu äußern: „Ich freue mich, dass ich meine Klasse auch im 3. Schuljahr weiterführen kann. Zum Thema Zeugnisse wünsche ich mir für das neue Schuljahr, dass wir die noch neue Chance nutzen können, auch mit den Verbalbeurteilungen fortzufahren." Die Äußerung ruft lebhafte Reaktionen aus. Einige Kolleginnen unterstützen den Wunsch Frau Wionseks, andere artikulieren verschiedene Vorbehalte: Die Kinder warten doch schon darauf, dass sie endlich Zeugnisse bekommen; sie müssen ja auch auf die Leistungs- und Wettbewerbsgesellschaft vorbereitet werden, die in den weiterführenden Schulen schon ungebrochene Realität sei; die Eltern sind geprägt durch ihre eigene Schulzeit und können sich kaum von dem Glauben an die Objektivität von Noten lösen; auch für die LehrerInnen sei die Erstellung von Lernfortschrittsberichten nicht ohne Mehrarbeit zu bewältigen.
Die Schulleiterin, Frau Klasing, beendet die Diskussion: „Ich hab' das ja befürchtet, dass wir in ein endloses Hauen und Stechen kommen, wenn jemand das Thema ‚Zeugnisse ohne Noten' auf den Tisch bringt. Nun ist es aber einmal passiert und wir müssen da durch, um eine klare Position zu diesem Problemfeld zu gewinnen, die wir auch in der

Schulkonferenz vertreten können. – Ich schlage vor, dass wir uns in der Literatur schlauer machen. Dafür müsste vor allem Karin Wionsek verantwortlich sein, die uns ja – das meine ich jetzt wertneutral – das Thema beschert hat. Bald nach Schuljahrsbeginn sollten wir dann versuchen, auf der ersten Lehrerkonferenz eine fundierte und möglichst einheitliche Linie zu finden. Die können wir dann auch den Eltern gegenüber vertreten. Auf den Elternabenden der beiden neuen Dritten müsste dann auch das Thema behandelt werden, bevor es in die Schulkonferenz mit den Eltern kommt."

Ich verfolge den fiktiven Fall nicht weiter, möchte aber im Folgenden Aspekte zur Beurteilung der Problematik (und zur Lösung des Falls) behandeln.

7.2 Leistungsprinzip und Leistungsgesellschaft

Vor mehr als 20 Jahren hat Jörg Ziegenspeck (1977, S. 14 ff.) versucht, den Leistungsbegriff sprachhistorisch und in seinen aktuellen Bedeutungen zu analysieren. Etymologisch finden sich interessanterweise zwei Komponenten im Leistungsbegriff. Im Alt- und Mittelhochdeutschen steht das Wort „leisten" mit Vorstellungen von Pflichterfüllung in Verbindung. Später überlagerte sich der Begriff mit Wortstämmen wie „List" und „lais" (=ich weiß). Damit entwickelte sich eine semantische Beziehung zwischen leisten, lernen und wissen. Es entstand der dynamische, auf Anstrengung bezogene Leistungsbegriff, der noch heute dominiert.

semantische Beziehung zwischen leisten, lernen und wissen

In den modernen Industriegesellschaften spielt der Leistungsbegriff generell eine zentrale Rolle. Diesem Zusammenhang hat der Politologe Günter Hartfiel ein ganzes Buch gewidmet (Hartfiel 1977). In ihm wird die These aufgestellt: „Das Prinzip ‚Leistung' scheint, ob lediglich als ideale Norm oder auch in der Realität der sozialen Beziehungen, als regulierendes Prinzip sämtliche Teilkulturen der Industriegesellschaft erfasst zu haben" (ebda, S. 17). Die Wirkung des Leistungsprinzips basiert in modernen Gesellschaften auf vier Grundannahmen:

Die Wirkung des Leistungsprinzips

1. Das Leistungsprinzip hat eine Verteilungsfunktion: Erbrachte Leistungen sollen eine angemessene Gegenleistung erwirken.
2. Die Erwartung von Gegenleistungen für Leistungen stimuliert Produktivität und Fortschritt in einer Gesellschaft und sichert damit den Lebensstandard.
3. Die ideelle Äquivalenz von Leistung und Gegenleistung führt zur differenzierten Verteilung von beruflichen und sozialen Positionen, von Einkommen, Prestige und öffentlichem Einfluss.
4. Das Leistungsprinzip hat eine „Allokations-", eine Zuordnungsfunktion: Im Konkurrenzkampf um soziale Positionen erhält jeder den Anreiz, diejenigen Fähigkeiten zu entwickeln, die einerseits sei-

nen Begabungen, andererseits dem gesellschaftlichen Bedarf entsprechen (vgl. ebda., S. 18 f. u. Jürgens 1995, S. 10).

Diese Argumentationslinie erklärt das Leistungsprinzip zum Garanten für gesellschaftlichen Wohlstand und soziale Chancengleichheit, zum Motor für Fortschritt und Innovation und zugleich zur wichtigen Grundlage für individuelle Selbstverwirklichung. Hartfiel selber macht allerdings deutlich, dass dieser positivistische Leistungsbegriff nicht der gesellschaftlichen Realität entspricht, sondern Ideologie ist (Hartfiel 1977, S. 23 ff.). Die gesellschaftlich regulierende Wirkung des Leistungsprinzips wird konterkariert durch

Ein positivistischer Leistungsbegriff entspricht nicht der gesellschaftlichen Realität

- die nach wie vor hohe Bedeutung sozialer Herkunft für die Zuweisung von sozialen und beruflichen Positionen, Einkommen und Prestige,
- die mehr von technischen, arbeitsorganisatorischen und wirtschaftlichen als von individuellen Begabungen bestimmte gesellschaftliche Bewertung von Fähigkeiten,
- die Abhängigkeit individueller wie auch betrieblicher Leistung von Arbeitstätigkeiten anderer Personen und vom Funktionieren eines komplizierten technischen und organisatorischen Systems (vgl. Offe 1970 u. Offe in Klafki 1976, S. 154).

pädagogischer Leistungsbegriff

Ein pädagogischer Leistungsbegriff muss sich sowohl von einer ideologischen Übersteigerung als auch von einer ideologiekritischen Ablehnung des Leistungsprinzips freimachen. Er sollte sich vor allem stützen auf das anthropologische Prinzip der „Selbstentwicklung", das u. a. in Verbindung steht mit dem von Erik Erikson bei jüngeren Schulkindern festgestellten Phänomen des *„Werksinns"* (vgl. Erikson 1988 u. 1997): Kinder möchten etwas selber herstellen, dabei Widerstände überwinden und sich in der eigenständigen Gestaltung eines Produktes, eines „Werkes" ausdrücken (vgl. Knauf 1989, S. 41). Maria Montessori hat am Beispiel der „Polarisation der Aufmerksamkeit" beschrieben, mit welcher Hartnäckigkeit, ja Besessenheit Kinder eine neue Fähigkeit zu üben und zu festigen bereit sind, weil sie eben den Stolz erleben wollen, etwas Neues zu können. Sie wollen sagen: Ich kann jetzt Rad fahren oder schwimmen, ich kann jetzt schreiben. Dahinter steht die von Robert White (1954) experimentell gewonnene Erkenntnis des natürlichen Bedürfnisses von Kindern nach Welterkenntnis und nach kompetentem Handeln in ihrer Umwelt *(„Kompetenzkonzept")*.

7.3 Der pädagogische Leistungsbegriff

In den letzten Jahren haben sich vor allem Horst Bartnitzky (1994) und Eiko Jürgens (1995) um einen (insbesondere auf die Grundschule bezogenen) Leistungsbegriff bemüht (vgl. auch von Saldern 1999).
Bartnitzky hebt vor allem darauf ab, in der Praxis der schulischen Leistungsbeurteilung die auf dem Wettbewerbsgedanken basierenden Kategorien des ökonomischen Leistungsbegriffs zu überwinden, nämlich die

- Produktorientierung
- Konkurrenzorientierung
- Ausleseorientierung (vgl. Bartnitzky/Christiani 1994, S. 8).

Produktorientierung wird dann praktiziert, wenn Schulleistungen ausschließlich anhand ihrer Ergebnisse gemessen werden, unabhängig von den individuellen Lernfortschritten und vom Anstrengungsmaß, das ein Kind für die Leistung erbracht hat.

Konkurrenzorientierung zeigt sich dann, wenn soziale Lern- und Arbeitsprozesse vernachlässigt werden und stattdessen rivalisierendes Lernen hingenommen oder gar gefördert wird: Öffentlichmachen der Leistungsunterschiede in der Klasse mittels Notenspiegel, Akzeptieren des Lächerlichmachens von Fehlern und Leistungsversagen, Abschirmen der individuellen Arbeitsplätze, um Abschreiben zu verhindern.

Ausleseorientierung dokumentiert sich, wenn Schulversagen als gegeben hingenommen und Selektionsmaßnahmen wie Sitzen-Bleiben oder negative Gutachten beim Übergang in die weiterführenden Schulen als notwendige Schritte der Leistungsstandsicherung (ohne Förderung) durchgeführt werden.

Ein pädagogischer Leistungsbegriff wäre allerdings nicht tragfähig, wenn er sich nur in der Abgrenzung vom ökonomischen Leistungsbegriff verstände. Er muss vielmehr inhaltlich gefüllt werden können. Bartnitzky und Ko-Autor Christiani tun dies, indem sie den pädagogischen Leistungsbegriff im Anschluss an Wolfgang Klafki (1976. S. 156) auf den Bildungs- und Erziehungsauftrag der (Grund-)Schule beziehen. Im Anschluss an Bildungsforscher wie Jürgen Fend und Klafki (1976, S. 158; 1985, S. 388) lassen sich die zentralen Aufgaben der (Grund-)Schule mit dem Aufbau, der Differenzierung und der Ermutigung zur Praxisumsetzung folgender Kompetenzen umschreiben:

- *Ich-Kompetenz* als Fähigkeit zur Selbst- und Mitbestimmung, zur Kritik und Urteilsfähigkeit, zur Entwicklung personaler Identität und individueller Lebensentwürfe
- *Sozialkompetenz* als Fähigkeit zu differenzierter Kommunikation, zur Akzeptanz und zum Verstehen von anderen, zum Perspektivenwechsel, zur Einfühlung in fremde Lebenswelten, zur Solidarität, zum Leben in Partnerschaft und zum Arbeiten im Team
- *Sachkompetenz* als Fähigkeit, eigenes Wissen und Können zu erweitern, kritisch zu hinterfragen, zu systematisieren, zu übertragen und anzuwenden, Handlungsziele zu finden und anhand von Relevanzkriterien zu prüfen, Handlungspläne zu entwerfen, zu konkretisieren, situationsangemessen zu variieren und umzusetzen.

Bartnitzky und Christiani versuchen, diese Zielsetzungen weiter auszudifferenzieren und beziehen sich dabei auf Lichtenstein-Rother und Röbe: Leistungsanforderungen und Leistungsbeurteilung sollten so gestaltet sein, dass sie dazu beitragen,

- selbständiges, bewusstes und zielorientiertes Lernen zu fördern
- Anstrengungsbereitschaft, Ausdauer, Steuerung des eigenen Leistungsverhaltens aufzubauen
- Neugier, Interesse, Kreativität und Lernfreude zu ermöglichen

Marginalien:
Produktorientierung

Konkurrenzorientierung

Ausleseorientierung

Ich-, Sozial- und Sachkompetenz

Aufgaben von Leistungsanforderung und -beurteilung

- soziale Sensibilität zu stärken
- Vertrauen in die eigenen Fähigkeiten zu sichern (vgl. Lichtenstein-Rother/Röbe 1982, S. 171 ff.).

Eiko Jürgens geht über eine Anbindung des Leistungsbegriffs an Funktions- und Zielbeschreibung des Lernens und der Persönlichkeitsentwicklung hinaus und versucht Merkmale eines grundschulpädagogisch reflektierten Leistungsbegriffs zu charakterisieren (vgl. Jürgens 1995, S. 21 ff.). Dabei geht er von dem Grundgedanken aus, dass solche Merkmalsbeschreibungen nicht eindimensional sein sollten, sondern die Spannweite und Pole pädagogischen Reflektierens, Urteilens und Handelns umfassen müssten. Seit Rainer Winkel (1986) sprechen wir von „antinomischer Pädagogik", wenn wir uns auf ein pädagogisches Konzept beziehen, das an die Stelle von Eindimensionalität auf das Akzeptieren, Nutzen und Kultivieren von Gegensätzen (wie Struktur und Offenheit, Individualisierung und Gemeinschaftlichkeit, Arbeit und

„antinomische Pädagogik"

Spiel etc.) setzt (vgl. Kapitel 4.6). Die „antinomisch" orientierten „Leitgedanken eines pädagogischen Leistungsbegriffs" drückt Jürgens (1995, S. 21 ff.) mit folgenden Thesen aus:
- „Leistung ist norm- *und* zweckbezogen [...]
- Leistung ist anlage- *und* umweltbedingt [...]
- Leistung ist produkt- *und* prozessorientiert [...]
- Leistung ist individuelles *und* soziales Lernen [...]"

Einige der Erläuterungen, die Jürgens zu diesen Thesen formuliert, seien hier nachgezeichnet (vgl. ebda.): So geht er davon aus, dass ohne die Anerkennung von *Normen* Leistungen überhaupt nicht beurteilt werden können. Doch bedürfen Normen einer kritischen Prüfung. Denn oft „schlagen sich im unreflektierten Leistungsbegriff veraltete Vorstellungen vom Lernen [...], unreflektierte Auffassungen über sogenannte ‚Allgemeinbildung' und angeblich ‚unverzichtbares Wissen', Fertigkeiten, die längst funktionslos geworden sind, und anderes Strandgut einer unkritisch weitergeschleppten Schultradition nieder" (Wolfgang Klafki, zit. nach Jürgens 1995, S. 22). Daher ist immer wieder die Frage nach dem Warum und Wozu schulischer Leis-

Zielsetzungen grundschulpädagogischer Arbeit

tungsanforderungen zu stellen. Kriterien für die Beantwortung dieser Frage ergeben sich aus den Zielsetzungen grundschulpädagogischer Arbeit:
- Personalität und Individualität der Heranwachsenden zu stärken,
- den Sinngehalt schulischer Leistungen im täglichen Unterricht sicherzustellen und den Kindern transparent zu machen und, darauf aufbauend,
- die Lern- und Leistungsmotivation der Kinder zu stabilisieren.

Die zuletzt genannten Zieldimensionen grundschulpädagogischer Arbeit sind auch für die Lösung des Widerspruchs zwischen *Produkt*- und *Prozessorientierung* des pädagogischen Leistungsbegriffs heranzuziehen. Jürgens entscheidet sich für einen *„dynamischen Leistungsbegriff"* (vgl. ebda., S. 26 f.): Die Grundschule, deren Auftrag es ist, die personale, soziale und Fähigkeitsentwicklung der Kinder zu fördern, kann nicht ihren Leistungsbegriff am Richtig oder Falsch, Gut weniger Gut oder Schlecht einzelner Produkte festmachen, die die Kinder (punktuell) erstellen. Vielmehr stehen das Maß

- der Anstrengung
- der Reflexion
- des Nutzens von Hilfen
- des Suchens und Verarbeitens unterstützender Medien oder anderer Ressourcen
- der Sorgfalt und der Eigenkontrolle
- der Annäherung an ein gelungenes „Ergebnis",

„dynamischer Leistungsbegriff"

also die den Lern- und Arbeits*prozess* konstituierenden Faktoren bei einer den Entwicklungs*prozess* gerecht werdenden Beurteilung im Vordergrund.

Bei der Frage nach der *individuellen* und *sozialen* Dimension von Leistung macht Jürgens (vgl. ebda., S. 28 f.) deutlich, dass es sich hier um eine echte, pädagogisch zu kultivierende Antinomie handelt. Denn einerseits sind im (differenzierten) Grundschulunterricht individuelle Lernmotive, Lernstile, die Fähigkeit zur individuellen Lernkontrolle, Selbsterprobung und die Freude am Erfolgserlebnis zu fördern. Die Stärkung individualisierender Lernmöglichkeiten hilft zugleich, das bewertende Vergleichen und das Konkurrenzverhalten abzubauen; sie schafft Voraussetzungen für ein Klima der Akzeptanz von Verschiedenheit, des Verständnisses für Benachteiligte und Schwächen. Damit werden auch die Zieldimensionen der Grundschule unterstützt, kooperatives und solidarisches Handeln, wechselseitiges Helfen und Hilfe Annehmen, Verständnis für andere und die Freude am Zusammen-Sein und Zusammenarbeit in der Gruppe zu fördern.

Die Beziehung des pädagogischen Leistungsbegriffs zum *problemlösenden* und *vielfältigen* Lernen ist besonders kompliziert. Ihr wendet Jürgens entsprechend vertiefte Aufmerksamkeit zu (ebda.,S. 30 ff.). Die Idee des problemlösenden Lernens steht insbesondere in der amerikanischen pädagogischen Tradition von Dewey bis Bruner. Das Lösen von Problemen kann in der Tat als eine der wichtigsten, vielleicht als die wichtigste Lern- und Leistungsmotivation gesehen werden: Probleme erzeugen Spannungen, Unzufriedenheit, Barrieren beim Erreichen alltäglicher oder aus unseren Lebensentwürfen hervorgehender Ziele. Für die Beseitigung von Problemen brauchen wir vielfach neue Kompetenzen, die wir uns in Lernprozessen aneignen. So bildet dann auch im Projektunterricht das Problemlösen den „roten Faden" der Lernprozesse. Aber auch in anderen, traditionellen Unterrichtskonzepten, wie in dem auf Herbarth zurückgehenden phasengegliederten Klassenunterricht, spielt das Lösen eines Problems – oft als Aufgabe bezeichnet – eine zentrale Rolle. Probleme sichern also Lernmotivation und geben Leistungsanreize. Die Problemlösung bietet im jeweiligen Maß der Anstrengung, der Originalität und Komplexität von Handlungsvollzügen und Ressourcennutzung zugleich konkrete Anhaltspunkte und Kriterien für die Leistungsbeurteilung.

Die Problemorientierung als Kriterium bei der Gestaltung von Lernsituationen und bei der Leistungsbeurteilung unterliegt andererseits der Gefahr der Eindimensionalität, denn sie verlangt auch die Lösung von

problemlösendes und vielfältiges Lernen

realen Problemen. Damit wird der tendenzielle Schonraum Schule, der Probehandeln auch außerhalb von Ernstsituationen ermöglichen sollte, überfordert. Problemfixierung kann auch Enttäuschung und Demotivation erzeugen, wenn die Lösbarkeit realer Probleme begrenzt bleibt und/oder brauchbare (meist produktförmige) Resultate nicht erzielt werden. Ein von Jürgens geforderter „ganzheitlicher Lernansatz" muss auch Lernen ermöglichen, das nicht gleich nutzbar und verwertbar ist, das sich vielmehr auch dem Kreativen, Spielerischen oder Nachdenklichen, Philosophischen öffnet und die Vielfalt individueller und situativer Lernmotive ernst nimmt.

„ganzheitlicher Lernansatz"

Fasst man die Überlegungen von Bartnitzky/Christiani und Jürgens zusammen, wird man feststellen, dass ein pädagogischer Leistungsbegriff sich von der im Wirtschaftsleben angenommenen Regulierungsfunktion von Leistung und Gegenleistung lösen muss und sich vorrangig auf die Unterstützung der pädagogischen Zieldimension des Aufbaus von (individueller) Ich-, Sozial-, Methoden- und Sachkompetenz zu beziehen hat.

7.4 Leistungsmotivation und Leistungsversagen

Gerade wenn ein pädagogischer Leistungsbegriff aus den Zieldimensionen pädagogischen Handelns begründet werden soll, wird es in der pädagogischen Praxis wichtig sein, die (insbesondere motivations-)psychologisch erklärbaren Bedingungen von Leistungserbringung und -versagen zu kennen und zu nutzen. Besonders bedeutsam sind in diesem Zusammenhang die Untersuchungen Heinz Heckhausens (1963; 1989), die bis heute immer wieder herangezogen werden (vgl. Schlag 1995), aber auch das gerade für das Grundschulalter relevante entwicklungspsychologische Konzept Erik Eriksons (1997).

Neben angeborenen, biologisch bedingten Motiven gibt es eine Vielzahl von erworbenen Motiven, die sich beim Menschen aus der aktiven Auseinandersetzung mit der Umwelt entwickeln. Die Leistungsmotivation gehört zu diesen Motiven (zum Stichwort Motivation vgl. Rheinberg 2000). Sie ist zwar ganz überwiegend erworben, wird jedoch im ursprünglichen Kern einem angeborenen Bedürfnis zugeordnet: „Dieser Kern liegt in der Neugiermotivation bzw. dem Explorationsbedürfnis, das schon beim Kleinkind spontan auftritt und auf die Erkundung der Umwelt gerichtet ist" (Schlag 1995, S. 86). Ist die erfahrene Umwelt beim Kleinkind anregend und enthält sie Reizwechsel, werden Motorik, Intensität des Wahrnehmungsverhaltens und auch die kognitive Entwicklung gefördert. Reizarmut und Reizmonotonie bewirken folgerichtig das Gegenteil.

Neugiermotivation und Explorationsbedürfnis

Schon in den ersten Lebensmonaten zeigen Kinder Freude an Aktivitäten, die im Laufe der Entwicklung immer zielgerichteter werden. Kinder freuen sich über den Effekt, über die Wirkung, die sie selber aktiv und wiederholt herbeiführen. Dabei machen sie zunächst alles das aus, dessen sichere Bewältigung sie zu neuen Herausforderungen reizt. Heckhausen (1963, u.a. S. 16) beschreibt, wie sich aus der Freude am selber herbeigeführten Effekt die Leistungsmotivation herausbildet. Dabei verstärkt sich der Wunsch am „Selber-Machen". Dieser hat eine doppelte Bedeutung: Kognitiv erkennt sich das Kind selber als *Urheber von Handlungsergebnissen*. Es versteht sich als jemand, der etwas geleistet hat, und darüber empfindet es Stolz und Freude. Die Auswirkungen des eigenen Handelns werden „auf das eigene Ich bezogen und damit als persönliche Erfolge und Misserfolge empfunden" (ebda.). Das Einbringen eigener Leistung geht einher mit der *Entwicklung eines Selbstkonzeptes*. Das Leistungsmotiv kann so auch als ein Selbstbewertungssystem verstanden werden. Denn die Anstrengung zur Leistungserbringung steht in einem engen Zusammenhang mit der *Selbstbewertung* (vgl. Heckhausen 1989, S. 245).

Kind als Urheber von Handlungsergebnissen

Schon bevor Kinder in die Schule kommen, entwickeln sie die Vorstellung, dass das Gelingen und Misslingen von der eigenen Tüchtigkeit abhängig ist, dass aber auch die Schwierigkeit einer Aufgabe, eines Problems dabei eine Rolle spielt. Mit etwa dreieinhalb Jahren schreiben Kinder Erfolge und Misserfolge dem eigenen Bemühen zu, können aber schon zwischen unterschiedlich schwierigen Aufgaben unterscheiden und wählten in den Experimenten Heckhausens bevorzugt eine Aufgabenfolge mit ansteigendem Schwierigkeitsgrad. Daraus lässt sich folgern, dass Kinder in der Regel Leistungssteigerungen selber anstreben (vgl. Schlag 1995, S. 24). Nach Heckhausens Untersuchungen entwickelt sich das Leistungsbewusstsein im Vorschulalter noch weiter: Im Alter von etwa viereinhalb Jahren versuchen Kinder, Misserfolge durch vermehrte Anstrengungen auszugleichen. Sie festigen dabei ihre Fähigkeit der *Selbsteinschätzung* ihrer Leistungsfähigkeit. „Tatsächlich liegt in der Anspruchsniveausetzung ein zentraler Faktor der Entwicklung der Leistungsmotivation. Das persönliche Anspruchsniveau (das ist der interne Gütemaßstab) wird zu einem entscheidenden Regulator des Leistungshandelns" (Heckhausen 1963, S. 213).

persönliches Anspruchsniveau als Regulator des Leistungshandelns

Für die Grundschulzeit sieht Erikson die Chance, Leistungsbereitschaft und leistungsbezogenes Selbstvertrauen weiter zu fördern. Für ihn ist in diesem Alter die Herausbildung des *„Werksinns"* die wesentliche Entwicklungsaufgabe. Er versteht ihn als den Wunsch, eigene Leistungen zu erbringen und hierüber – als Aspekt der Identitätsentwicklung – ein positives Verhältnis zum Leistungsverhalten überhaupt aufzubauen.

„Werksinn"

„Obwohl alle Kinder Stunden und Tage in einer spielerischen Als-ob-Welt verbringen müssen, werden sie alle früher oder später unbefriedigt oder mürrisch, wenn sie nicht das Gefühl haben, auch nützlich zu sein, etwas machen zu können und es gut und vollkommen zu machen; dies nenne ich *Werksinn* [...]. Das Kind lernt, sich Anerkennung zu verschaffen, indem es Dinge produziert" (Erikson 1997, S. 105).

Das Leistungsverhalten der Kinder ist in diesem Alter in der Regel durch das Bedürfnis, etwas gut zu machen, geprägt. Es entwickelt eine Lust an der Vollendung eines Werkes durch Stetigkeit und Fleiß. Schule und LehrerInnen können in dieser Entwicklungsphase Fehler machen, indem sie die Freude am Herstellen und Leistungserbringen enttäuschen, weil nichts von dem, was ein Kind schon kann und weiß, was ihm wichtig ist, anerkannt und aufgegriffen wird. Dabei käme es gerade darauf an, die entwickelten oder noch schlummernden Talente herauszufordern und hervorzulocken.

Erst am Ende der Grundschulzeit kommt es zu einer über die „Tüchtigkeitsselbsteinschätzung" hinausgehende Fähigkeitszuschreibung. Diese basiert allerdings auf der biographisch vorangehenden vielfältigen Erfahrung mit Leistungserbringen. Negative Erfahrungen münden dann auch in eine geringe Fähigkeitszuschreibung. Kinder und Jugendliche verbinden oft mit Leistungsanforderungen negative Gefühle und versuchen, sie zu vermeiden. Ihr Glaube an die Kompensierbarkeit mangelnder Fähigkeiten lässt zusehends nach. Es entsteht eine Misserfolgsorientierung. Anders bei den Kindern mit positiven Leistungserfahrungen. Sie stabilisieren eine positive Fähigkeitszuschreibung und eine Erfolgsorientierung, weil Erfolge auf eigene Leistungen und Fähigkeiten zurückgeführt werden.

positive Leistungserfahrungen stabilisieren eine positive Fähigkeitszuschreibung und Erfolgsorientierung

7.5 Beurteilungsfehler

Kinder beginnen ihre Schullaufbahn mit einem ausgeprägten Erkundungs- und Wissensdrang. Sie sind neugierig; ihr Leistungsstreben kommt von ihrem persönlichen Interesse am Verstehen der Dinge dieser Welt und am Herstellen von Gegenständen, die etwas mit ihrer Person zu tun haben. In der Schule werden sie dann aber häufig in Leistungsvergleiche hineingezwungen. Ihre Eltern, teilweise ihre Lehrerinnen oder Lehrer und auch sie selbst beginnen, sich an der Leistung anderer zu orientieren.

Ihre Leistungen werden nunmehr vorrangig von außen gewertet. Dabei erfahren sie teilweise auch Rückmeldungen, die sie in ihrem Selbstwertgefühl kränken. Die ursprüngliche intrinsische Motivation, mit der eine eigenständige Leistungsbereitschaft aufgebaut war, wird destabilisiert. An ihre Stelle tritt in der Regel schrittweise eine extrinsische Motivation, eine Orientierung an den Erwartungen anderer, an den Belohnungs- und Erniedrigungsformen im Rahmen des traditionellen schulischen Vergleichs- und Konkurrenzsystems. Die Inhaltlichkeit der Lerngegenstände tritt dabei zurück. „Schule wird dann zunehmend als eine Institution der Fremdbestimmung erfahren" (Schlag 1995, S. 90).

„Schule als Institution der Fremdbestimmung"

Naheliegend ist die Forderung nach einer Anhebung der Leistungsanforderungen. Der Frage nach dem „Wie" wird dabei nur ein sekundärer Stellenwert zugeordnet, obwohl gerade dies entscheidend wäre. Oft wird außer Acht gelassen, dass gerade der durch schulische Leistungsvergleiche forcierte Verlust der ursprünglichen Eigeninitiative bei Lernprozessen vielfach zu einer Senkung der bei schwächeren Schülern ohnedies nur mit Mühe aufrecht zu erhaltenden Erfolgs- und Anstrengungsbereitschaft beiträgt und damit auch zu einer relativen Verschlechterung der Schulleistungen führt. Schlag konstatiert, dass in den weiterführenden Schulen aufgrund dieses sozialpsychologischen Mechanismus' in der Regel niedrigere Schulleistungen erbracht werden als nach dem Leistungsvermögen der Schülerinnen und Schüler möglich wäre (vgl. ebda.). Dieses Phänomen wird mit dem Terminus „underachievement" bezeichnet. Danach sind Jugendliche aufgrund ihrer sozialen Lernbiographie nur selten bereit, ihre grundsätzliche Leistungsfähigkeit auszuschöpfen. Wenn dies geschieht, dann fast ausschließlich in der Privatsphäre, etwa in den Bereichen Sport, Musik und/oder Computernutzung.

„underachievement"

Karlheinz Ingenkamp, der Nestor der pädagogischen Diagnostik in Deutschland, beginnt einen Aufsatz über Beurteilungsfehler mit Beispielen aus nichtschulischen Bereichen: „Millionen erregen sich, wenn beim Tennis der Linienrichter dem Ball ,Aus' gibt, der Stuhlschiedsrichter aber ,gut' entscheidet. Tausende schimpfen, wenn in einer Literatursendung ein Kritiker ein Buch verreißt, das sie und andere Kritiker gut finden" (Ingenkamp 1995, S. 25). Und er schließt eine Beschreibung der Ebenen an, auf denen sich Urteile und Bewertungen verschiedener fachkompetenter Personen grundsätzlich unterscheiden können:

1. die *Beobachtung* ein und desselben Sachverhaltes, in die über selektive Wahrnehmung unterschiedliche, z.T. emotional gefärbte Vorerwartungen eingehen können

Unterscheidungsebenen
für Urteile
und Bewertungen

2. die *Beurteilung* des Sachverhaltes, bei der persönliche Bezugssysteme, unterschiedliche Erfahrungen und Kompetenzschwerpunkte eine Rolle spielen
3. die *Interpretation*, die oft aufgrund unterschiedlicher Situationseinordnung differiert
4. die *Urteilsmitteilung*, die wir aufgrund der Einschätzung der Schülerin, des Schülers und in Hinblick auf erhoffte pädagogische Effekte von Mitteilungsinhalt und -form unterschiedlich gestalten.

Und er geht auf die drei klassischen, in der empirischen Sozialforschung entwickelten Gütekriterien für (schulische) Leistungsbeurteilung ein:

- Objektivität (= Ausschaltung personenabhängiger Beurteilungsmomente)

„Gütekriterien" für
schulische Leistungs-
beurteilung

- Reliabilität (= Zuverlässigkeit)
- Validität (= Gültigkeit).

Objektivität der Leistungsbeurteilung wird vor allem von Eltern, weiterführenden Schulen oder den Abnehmern von SchulabgängerInnen erwartet. Ingenkamp macht nun im Gegensatz zu dieser Erwartung deutlich, dass Objektivität nicht als Wert an sich, sondern nur als Voraussetzung von Beurteilungszuverlässigkeit und -gültigkeit wichtig ist. In vielen Bereichen schulischer Leistungsbeurteilung ist das Bemühen um Objektivität überhaupt nicht sinnvoll, nämlich überall dort, wo es vor der Leistungserbringung nicht schon eindeutige, anerkannte und hierarchisierte Beurteilungskriterien gibt (vgl. ebda., S. 27). In den meisten Fächern und Lernbereichen der Grundschule sind derartige Vorab-Festlegungen von Beurteilungskriterien pädagogisch nicht sinnvoll. Bei einer starren Kriterienfestlegung müssten selbst im Mathema-

Objektivität

tik- und Sachunterricht erwartete Leistungen als nichterbracht gewertet werden, wenn ein Ergebnis nur unwesentlich verfehlt, ein gedanklich bemerkenswerter, aber nicht exakt zum Ergebnis führender Lösungsweg beschritten oder ein zwar nicht ganz korrektes Ergebnis erbracht, dafür eine interessante Begründung geliefert wird.

Reliabilität | *„Zuverlässigkeit* bezieht sich auf die Ausschaltung von Urteilsdifferenzen im zeitlichen Verlauf. Der gleiche Lernerfolg soll vom gleichen Beurteiler nicht heute anders beurteilt werden als in wenigen Wochen. In Untersuchungen hat man (jedoch; T.K.) immer wieder nachgewiesen, dass subjektive Urteile über Aufsätze oder Mathematikarbeiten im Zeitraum weniger Wochen erheblich differieren, weil die Beurteiler sie nun in anderem Kontext oder mit anderen Maßstäben beurteilen" (ebda.). Ingenkamp folgert daraus: „Dieses Gütekriterium spielt in der alltäglichen Bemühung um die Optimierung des Lernerfolgs eine geringere Rolle [...]" (ebda.).

Validität | *Gültigkeit* ist das wichtigste Gütekriterium jeder Beurteilung. Ein Messergebnis oder Urteil ist dann gültig, wenn es tatsächlich das erfasst, was es zu erfassen vorgibt" (ebda.).

Gerade in Bezug auf die Gültigkeit von schulischen Beurteilungen gibt es allerdings typische Fehlerstrukturen, die verschiedentlich untersucht und im folgenden kurz dargestellt werden sollen:

Halo-Effekt

Halo-Effekt | Hierunter versteht man die Neigung von Beurteilern, einzelne Eigenschaften der zu beurteilenden Leistung, häufig auch der zu beurteilenden Person nicht unabhängig voneinander zu bewerten, sondern sie mit anderen Merkmalen in Beziehung zu setzen (vgl. Ulbricht 1993, S. 24; Ziegenspeck 1999, S. 175 f.). Der Halo-Effekt kommt dadurch zustande, dass „jede Wahrnehmung ein Akt der Kategorisierung ist" (Schlag 1996, S. 123). Diese Kategorisierung führt bei der Wahrnehmung einer Person oft zu Etikettierungen („typisch Einzelkind", „aggressiv" etc.). Da wir Personen immer nur bruchstückhaft wahrnehmen, wir aber den Wunsch haben, Menschen, mit denen wir es häufig zu tun haben, ganzheitlich, in ihrem jeweiligen Charakter, in ihren persönlichkeitstypischen Unterschieden zu anderen Menschen zu erfassen, bedienen wir uns der einmal aus der Interpretation von Teilwahrnehmungen gewonnenen Etikettierungen. Wir übertragen sie unbewusst und gegen unseren Willen nach „Objektivität" auf andere Bereiche der Persönlichkeit und auf den ganzen Menschen. Untersuchungen zeigen, dass solche Etikettierungen relativ stabil sind, weil Menschen dazu neigen, nur solche Informationen aufzunehmen, die die einmal vollzogenen Kategorisierungen bestätigen, und widersprechende Informationen abzuwehren.

Logische Fehler

Logische Fehler | Der logische Fehler ist eng mit dem Halo-Effekt verknüpft. Er kommt aus einer vorschnellen, ungeprüft bleibenden Analogiebildung zustande (vgl. Ulbricht 1993, S. 21 f.). Typisches Beispiel aus dem Sekundarbereich: Eine „1" in Mathematik schließt eine „5" in Physik aus.

Referenzfehler

Dieser Fehler entsteht, wenn als soziale, vergleichende Bezugsgröße nur die Leistungsverteilung einer Klasse herangezogen wird. Dann ergibt sich das bekannte Phänomen, dass eine gleichwertige Leistung in verschiedenen Klassen zwangsläufig unterschiedlich beurteilt wird (vgl. Ziegenspeck 1977, S. 43).

Referenzfehler

Reihungseffekt

Gerade bei der Leistungsbeurteilung mittels Noten sind immer wieder Positionseffekte festgestellt worden: Wurde die Leistung einer vorangegangenen Schülerin, eines vorangegangenen Schülers besonders positiv bewertet, hatte es in der Regel das nachfolgende Kind schwerer, das gleiche Beurteilungsniveau zu erreichen. Umgekehrt ergab sich ein entsprechender Effekt (vgl. Schlag 1996, S. 125). Die Ausprägung des Reihungseffektes ist allerdings stark von den jeweiligen Norm- und Gerechtigkeitsvorstellungen abhängig (vgl. Ulbricht 1993, S. 24 f.).

Reihungseffekt

Perseverationseffekt

Dieser Begriff umschreibt die Tendenz, an einem einmal gefällten Urteil festzuhalten (vgl. ebda.). Wenn zum Beispiel eine Lehrerin in einem Fach die Zeugnisnote „2" gegeben hat, ist die Wahrscheinlichkeit groß, dass das gleiche Kind im gleichen Fach beim nächsten Mal wieder eine „2" bekommt. Der Perseverationseffekt rührt von den jedem Menschen innewohnenden Bedürfnis her, Vorstellungen und Werturteile möglichst stabil zu halten (s.o. unter Halo-Effekt). Dies gibt uns Sicherheit und die für unsere Identität wichtige Beständigkeit in einer vom Wandel geprägten Welt.

Perseverationseffekt

Milde- und Strengetendenz

Charaktereigenschaften, Optimismus, Pessimismus, Menschenbilder finden ihren Niederschlag auch in der Notengebung (vgl. ebda., S. 22, sowie Schröter 1997). Habe ich ein eher positives und optimistisches Menschenbild und glaube daher an die jedem Menschen innewohnenden Entwicklungspotenziale, vergebe ich eher gute Noten. Bin ich eher enttäuscht über Verhaltenstendenzen bei Heranwachsenden, zum Beispiel über mangelndes Lerninteresse, geringe Leistungsmotivation und schnell ermüdende Konzentration, bin ich eher geneigt, diese kritische Sicht auch in schlechten Noten auszudrücken.

Milde- und Strengetendenz

Sympathiedilemma

Gerade in der Grundschule sind Lehrer-Schüler-Beziehungen nicht nur sach- und arbeitsbezogen, sondern auch von Emotionen beeinflusst. Dies ist auch notwendig; denn nur so können Schülerinnen und Schüler Ermutigung, Ansporn, Trost, Freude über Gelungenes und Begeisterung erfahren, die sie zum „Ankurbeln" und Stabilisieren von Lernleistungen brauchen. Emotionen stehen andererseits einer am Objektivi-

Sympathiedilemma

tätsideal orientierten Leistungsbeurteilung entgegen. Kindern, die uns besonders interessiert und aufgeweckt oder aus anderen Gründen sympathisch erscheinen, sehen wir kleinere Schwächen eher nach. Und auch bei Kindern, die wir als besonders lieb und bemüht wahrnehmen, können wir es oft einfach nicht übers Herz bringen, ihnen die Enttäuschung und Trauer einer schlechten Note zuzumuten. Wir „schönen" dann die Zensur und verbinden dies mit der Hoffnung, dass dies den Glauben der Kinder an ihr Können und ihre Lernmotivation stärken könne. Andererseits haben wir bei sehr selbstbewusste von sich überzeugten Kindern oftmals weniger Skrupel, ihnen notenbezogen einen kleinen Dämpfer zu geben. In den so verschiedenen Fällen einer uns teils bewussten, teils unbewussten Abweichung von einer sach- und produktbezogenen Notengebung können wir uns auf die Bedeutung *„pädagogischer Noten"* berufen.

Pygmalion-Effekt

Pygmalioneffekt

Der Pygmalion-Effekt (vgl. insgesamt Ulbricht 1993, S. 36 ff.) kann als spezielle Variante des Sympathiedilemmas gesehen werden. Der Name stammt aus einem literarischen Stoff der griechischen Antike: Ein Bildhauer verliebt sich in die von ihm selber geschaffene Skulptur und erweckt sie dadurch zum Leben. Im gleichnamigen Stück hat George Bernard Shaw das Thema variiert und modernisiert und so die heutige Bedeutung des Pygmalion-Effekts umrissen: Ein besonderes Maß an Zuwendung kann einen Menschen formen und ihn weiterentwickeln. Wenn also ein Lehrer zu einem bestimmten Schüler freundlicher und ermutigender ist als zu den anderen, dann wird dessen Selbstvertrauen und somit auch seine Anstrengungsbereitschaft gestärkt. Schülerinnen und Schüler, von denen eine Lehrkraft eine besonders positive Erwartung hat,
• werden häufiger aufgerufen,
• werden häufiger gelobt,
• werden seltener getadelt,
• bekommen bei einer unzureichenden Antwort die gestellte Frage eher wiederholt,
• bekommen mehr Zeit oder zusätzliche Hinweise bei der Lösung einer Aufgabe.

Lehrerinnen und Lehrer, die jahrelang nach ihren bestimmten Erwartungen die einzelnen Schüler unterrichten, beeinflussen nachhaltig deren Leistungsmotivation. So genießen einige Schüler durch subjektive Urteilstendenzen eine ausgesprochene Leistungsförderung, andere aber eine nicht zu unterschätzende Leistungshemmung (vgl. auch Ziegenspeck 1999, S. 183 ff.).

Abstandsproblem

Abstandsproblem

Die Notenskala von 1 bis 6 suggeriert gleiche Abstände zwischen gleichen Noten, so dass auch aus verschiedenen Teilnoten (z. B. 2,2, 4,1) auch gemittelte Endnoten (hier eine „2"), gebildet werden können. Die Abstände zwischen den Noten werden jedoch individuell sehr unterschiedlich interpretiert. Die Gaußsche Normalverteilungskurve, die zwar keine offizielle, aber implizit eine doch recht häufige Anwendung findet, fördert einen mathematisch größeren Abstand zwischen den mittleren Noten, auf die sich dann die meisten Beurteilungen konzentrieren. Die Extremnoten „1" und „5" und „6" dürfen danach nur einen schmalen Streifen am Rand des Notenspektrums einnehmen. Es gibt unter Lehrkräften andererseits auch „Extrembeurteiler", bei denen die Leistungsbeurteilung schnell von einer (sehr) positiven zu einer (sehr) negativen Beurteilung (und umgekehrt) kippt, das Mittelfeld der Noten daher sehr schmal gehalten wird. Eine Norm, die Extremurteile mäßigen oder typische „Mittelfeldbeurteiler" zu einer größeren Notenspreizung bewegen könnte, gibt es nicht. Note ist nicht gleich Note.

Es kann keine objektive Ziffernbenotung geben: „Kein Lehrer kann ernsthaft von sich behaupten, keinen Beurteilungsfehlern zu unterliegen" (Becker 1994, S. 63). Letztlich gilt: „Leistungsmessung ist nicht perfektionierbar, weil die ,Messer' und die zu ,Messenden' Menschen sind und keine genormten Messinstrumente bzw. naturwissenschaftlichen Phänomene" (Raddatz u.a. 1998, zit. nach Preuß u.a. 1999, S. 219).

Dennoch gewinnen Noten eine ungeheure Bedeutung im Leben von Kindern. Die schulische Leistungsbeurteilung entscheidet über Selbstbewusstsein, Lernfreude, Zukunftsorientierung, Anerkennung, Freundschaft und Liebe, die Erwachsene und Gleichaltrige Kindern geben. Schlechte Schulnoten und ihre Folgen (z.B. Nichtversetzung) können Kinder in tiefe Verzweiflung führen. Und sie sind (negative) Weichenstellungen für die schulische und soziale Zukunft. Daher sind Sorgfalt, Einfühlsamkeit und kritische Selbstprüfung bei der Leistungsbeurteilung mindestens von gleicher Bedeutung wie die in der Öffentlichkeit so gern geforderte Sachbezogenheit und Vergleichbarkeit von Leistungsbewertung (von der aufgezeigten Illusion der Objektivität ganz zu schweigen).

Bedeutung von Noten im Leben von Kindern

7.6 Funktionen der Leistungsbeurteilung

Bei den beschriebenen Problemen der Leistungsbeurteilung hinsichtlich ihres Zustandekommens und ihrer Wirkungen könnte man fast geneigt sein, in einer beurteilungsfreien Kinderschule eine Perspektive für angstfreies, selbstmotiviertes Lernen von Kindern im Grundschulalter zu sehen. Einige europäische Länder (insbesondere Italien und die skandinavischen Länder) haben Schritte in diese Richtung unternommen, um Lernfreude und selbstmotiviertes Lernen in der Schule von Störfaktoren möglichst freizuhalten (vgl. Amsbeck 1999). Doch gerade die Reformprojekte im Ausland, insbesondere die schwedische Kampagne „Skola 2000" mit ihrer Intensivierung von Schülerselbstbeurteilung und vom dialogischen Austausch zwischen Kindern, Lehrkräften

„Skola 2000"

und Eltern, zeigen, dass es nicht um eine (gesellschaftlich ohnedies nicht durchsetzbare) Abschaffung der Leistungsbeurteilung in einer kindorientierten Schule gehen kann, sondern um

Der Sinn von Leistungsbeurteilung

- Veränderung des Zustandekommens der Leistungsbeurteilung,
- Stärkung partizipativer und kommunikativer Elemente im Rahmen der Leistungsbeurteilung,
- Abbau normativer Aspekte zugunsten persönlicher Bezugnahme und um
- stärkere Einbettung der Leistungsbeurteilung in den Gesamtzusammenhang einer kindorientierten Lernkultur.

Die Französische Revolution führte zusammen mit der wenig später einsetzenden Industrialisierung in den westlichen Gesellschaften zu einem neuen Verständnis von sozialer Gerechtigkeit und von der Bedeutung individueller Leistung. Nicht mehr die Herkunft, sondern die Leistung des Einzelnen sollte in der neuen „Staatsbürgergesellschaft" die berufliche und öffentliche Stellung jedes Bürgers ausmachen. Dementsprechend hatte der Staat nunmehr die wichtige Schnittstelle zwischen Abgang von der höheren Schule und dem Zugang zur Universität zu überwachen. Damit erhielten auch begabte Kinder (Söhne) aus unteren Schichten die Möglichkeit des Studiums und des Eintritts in den höheren Staats- und Militärdienst. Zugleich konnte der Staat die Auswahl seiner Beamten nach dem Bestenprinzip vornehmen. So entstand als Selektionsinstrument im frühen 19. Jahrhundert das Reifezeugnis (vgl. Kraul 1995, S. 31 f.). Als dann in den folgenden Jahrzehnten die allgemeine Schulpflicht konsequent umgesetzt wurde, ergab sich die Notwendigkeit, die ordnungsgemäße Erfüllung der Schulpflicht durch ein Entlasszeugnis zu bescheinigen. Dies wurde anfangs in Form von Wortgutachten erteilt. Die Einführung der Ziffernnote diente der Vereinfachung von Zeugniserstellung und Selektion (vgl. Sacher 1996, S. 12). Die Durchsetzung der Schulpflicht führte zu schulischer Erfassung aller Kinder und damit zur Vergrößerung der schulisch zu bewältigenden Kinderzahl, die nun zunehmend (im Verlauf des 19. Jahrhunderts) in Jahrgangsklassen aufgeteilt wurden. Das Leistungsprinzip und die darauf aufgebaute Selektionspraxis waren dem neu eingeführten Jahrgangsklassenprinzip allerdings übergeordnet. Das bedeutete, dass der alljährliche Jahrgangswechsel mit einer Leistungskontrolle verknüpft wurde, für die die noch neuen Ziffernzeugnisse genutzt wurden. Mit Versetzung und Sitzen-Bleiben fand und findet bis heute eine alljährliche Auslese statt. Das Ziffernzeugnis erfuhr so eine bildungsökonomische Funktionszuweisung und erhielt damit die hohe lebensgeschichtliche Bedeutung, die Zeugnisse noch heute besitzen. Mit der Einführung der gemeinsamen Grundschule für alle Kinder 1920 war ein weiterer Bedeutungszuwachs schulischer Leistungsbeurteilung in den unteren Klassen verbunden. Denn mit dem Übergang in weiterführende Schulen nach der 4. Klasse wurde eine Nahtstelle geschaffen, an der wiederum eine Selektion der Schülerinnen und Schüler nach dem Leistungsprinzip stattfand. So entschieden Zeugnisse nicht nur über die Versetzung, sondern auch über den Besuch der weiterführenden Schule und somit über wichtige Lebensperspektiven.

Die Leistungsbeurteilung, die über Jahrhunderte hinweg die Bedeutung fakultativer Empfehlungsschreiben hatte, erhielt im 19. Jahrhundert eine zentrale Steuerungsfunktion im Schulwesen. Sie diente der Bescheinigung des Schulbesuchs und vor allem der an einer zunehmenden Zahl von Stellen in der Schullaufbahn eingesetzten Selektion der Schüler und Schulabgänger.

Heute stehen wir dem Rigorismus, den das 19. Jahrhundert bei der Leistungsselektion angewandt hat, skeptischer gegenüber; mehrheitlich wird in unserer Gesellschaft schulische Auslese nach dem Leistungprinzip dennoch als unverzichtbar und notwendig akzeptiert. Schulische Leistungsbeurteilung ist heute jedoch weniger einseitig auf die Aufgabe der Selektion fixiert. Sie wird heute eher mit einem breiteren Spektrum von Funktionen in Verbindung gebracht. Sacher (1996, S. 12 ff.) nennt beispielsweise insgesamt neun, z.T. kritisch hinterfragte Funktionen der Leistungsbeurteilung: Selektion und Stigmatisierung, Sozialisation, Legitimation, Kontrolle, Information und Rückmeldung, Prognose, Disziplinierung, Lehr- und Lerndiagnose, Lernerziehung.

schulische Auslese nach dem Leistungsprinzip

Gerade wenn man von dem zuvor genannten Prinzip einer stärkeren Einbettung der Leistungsbeurteilung in den Gesamtzusammenhang einer kindorientierten Lernkultur ausgeht, wird man allerdings auf wenige, miteinander verknüpfte Teilfunktionen der Leistungsbeurteilung in der Grundschule kommen. Ich sehe vor allem zwei in sich differenzierte Hauptaufgaben der Leistungsbeurteilung: die **Diagnosefunktion** und die **Lernberatung** (zur Vielfalt möglicher Beurteilungsfunktionen vgl. Rauschenberger 1999, S. 58 ff. u. Tillmann/Vollstädt 2000; über die Unvereinbarkeit zentraler Beurteilungsfunktionen vgl. Bartnitzky 1999a, S. 135).

In der Leistungsbeurteilung ist (ansatzweise) ein Gesamtbild herzustellen von

- der personalen und sozialen Entwicklung des Kindes,
- dem Grad seiner Selbständigkeit beim „Setzen von Zielen", der „Selbsterziehung", der „Selbststeuerung" (Röbe 1992, S. 38 f.), der Planung und Organisation von Handlungen,
- der Bereitschaft und „Fähigkeit, Aufgaben zu erfassen und diese als eigene Aufgaben anzunehmen", dabei „Leistungswillen" zu entwickeln und „Könnenserfahrungen" (ebda, S. 38) zu suchen,
- den besonderen Neigungen, Fähigkeiten und Stärken des Kindes in fachlicher und nicht-fachlicher Hinsicht (z.B. kreative und soziale Fähigkeiten, besondere Wissensbereiche),
- der Fähigkeits- und Fertigkeitsentwicklung in den einzelnen Fächern und Lernbereichen,
- den Schwachpunkten in der Lernentwicklung, den besonderen Ängsten, Tabubereichen (Vermeidungsverhalten).

Insgesamt sollte also alles das personenbezogen abgebildet werden, was zum Auftrag der Grundschule gehört:
Der Aufbau fachlicher und fachnaher Kompetenzen, die Stärkung von Schlüsselqualifikationen und die Stabilisierung sozialer und ethischer Grundhaltungen und Einstellungen (vgl. Kapitel 3).

Diagnosefunktion der
Leistungsbeurteilung

Die Diagnosefunktion der Leistungsbeurteilung hat verschiedene Teilziele, die sich auf die Adressaten der Diagnose beziehen:

a) *Kinder* als wichtigste Adressaten der Leistungsbeurteilung erfahren durch sie eine *Rückmeldung*. „Lernen ist ein Vorgang, der die unmittelbare Rückmeldung über persönliche Anstrengung und die erzielten Erfolge braucht" (Kotthoff 1999, S. 69). Dies bedeutet, dass Kindern vermittelt wird: Sie werden als ganze Person ernst genommen und wertgeschätzt, nicht nur als mehr oder weniger gute Erfüller fachlicher Aufgabenstellungen; ihre Anstrengungen und ihr Bemühen werden wahrgenommen; diese Wahrnehmung ist differenziert und ehrlich, weshalb nicht alles gut gefunden und gelobt wird; es werden auch wunde Punkte angesprochen, aber nicht in einer Scham und Trauer erzeugenden Weise, sondern mit den von Carl Rogers in seiner Humanistischen Pädagogik entwickelten Prinzipien Akzeptanz, Empathie und Echtheit im Hintergrund und mit der Überzeugung, dass an Schwachpunkten auch erfolgreich gearbeitet werden kann. „Um Leistungswillen und Leistungszuversicht aufbauen zu können, brauchen Kinder einen Spiegel dessen, was sie geleistet haben und wozu sie imstande sind. Nur dann werden sie ihr eigenes Maß im Hinblick auf Anstrengungen finden, denen sie sich unterziehen wollen, im Hinblick auf Bemühungen, auf die sie sich einlassen wollen, im Hinblick auf Leistungen, die sie erreichen wollen" (Bambach 1999, S. 323).

b) Eltern haben ein Informationsrecht im Hinblick auf die schulische Entwicklung ihrer Kinder. Nur wenn dieses Informationsrecht durch die Schule eingelöst wird, können sie ihren vom Grundgesetz garantierten Erziehungsauftrag angemessen erfüllen.

c) *Lehrkräfte* legen sich selber und den in der gleichen Klasse tätigen oder tätigwerdenden KollegInnen in den Leistungsbeurteilungen der ihnen anvertrauten Kinder Zeugnis über ihre Arbeit ab, und zwar in folgender Hinsicht:
   • Differenziertheit, Regelmäßigkeit der Kinderbeobachtung und ihrer Dokumentation
   • Angemessenheit der eingesetzten (vor allem schriftlichen) Lerndokumente sowie Sorgfalt ihrer Auswertung
   • Ganzheitlichkeit und Einfühlungsvermögen bei der Interpretation von Beobachtungen und Lerndokumenten
   • Selbstkritik bei der Anwendung von Qualitäts- und Vergleichsstandards
   • Sorgfalt und Vielfalt bei der Entwicklung pädagogischer Konsequenzen (insbesondere Fördermaßnahmen, besondere Hilfen, Platzierung in der Klasse, Heranziehen von Expertenrat und -unterstützung)
   • Reflexion des Adressatenbezugs, der Verständlichkeit und ggf. auch möglicher Folgen bei der Formulierung der Leistungsbeurteilung.

Die Integration einer lernfördernden Absicht in die Leistungsbeurteilung ist quasi die Umkehrung der im vorigen Jahrhundert so entscheidend gewordenen Selektionsfunktion. Im Vordergrund steht heute in der Grundschule nicht mehr das Sortieren der Kinder mit dem Ziel, möglichst vom Leistungsvermögen homogene Lerngruppen zu schaffen. Wichtig ist für uns vielmehr, jedem Kind Bedingungen und Impulse zur Entfaltung seiner Fähigkeiten und zur Entwicklung einer stabilen Lernhaltung zu vermitteln. Die Leistungsbeurteilung ist ein Teil einer so verstandenen schulischen Lernkultur. Die Leistungsbeurteilung kann Lernförderung auf einer

- affektiven,
- inhaltlichen und
- strategisch-methodischen Ebene

realisieren.

Leistungsbeurteilung kann Lernförderung sein

Die *affektive* Ebene der Lernförderung ist angesichts der großen Bedeutung der (oft gestörten) Entwicklung von Lern- und Leistungsmotiven, von Anstrengungsbereitschaft und Durchhaltevermögen besonders wichtig. Schulisches Lernen, z.B. der schrittweise Schriftspracheerwerb, setzt für viele Kinder die Entwicklung einer bislang nicht praktizierten Beständigkeit voraus, mit der die Langsamkeit der Lernfortschritte und die vielen kleinen Rückschritte oder Enttäuschungen verkraftet werden können. Hier kann die Rückmeldung durch die Lehrerin, den Lehrer eine wichtige Unterstützung bei der Stabilisierung von Lernmotiven und Lernstrategien sein. Je nach sachlichen Gegebenheiten und persönlichen Voraussetzungen kann Rückmeldung bedeuten:

- bei Enttäuschungen durch fehlende oder nur geringe Lernfortschritte Trost spenden und Mut machen
- kleine Lernfortschritte wahrnehmen und anerkennen
- Freude über das Gelingen ausdrücken
- neue Ziele und Herausforderungen formulieren.

Bedeutung von Rückmeldung

Den Zusammenhang von Verstehen der Emotionalität des einzelnen Schülers, der individuellen ermutigenden Rückmeldung und Unterstützung und den realen Leistungsergebnissen hat aus psychologischer Sicht insbesondere Ludger Kotthoff dargestellt (vgl. Kotthoff 1999, S. 70 ff.).
Wenn Leistungsbeurteilung als (täglicher) Bestandteil einer kindorientierten Lernkultur interpretiert wird, lassen sich ihre affektiven Momente in einem differenzierten Unterricht durch wenige Worte oder nonverbal (durch eine anerkennende Geste, durch Geborgenheit vermittelnde Nähe, durch ein sich auf Augenhöhe des Kindes Begeben usw.) vermitteln. Mit der Berücksichtigung affektiver Aspekte bei der Leistungsbeurteilung können auch die von Ernst Cloer als Grundlage für eine erfolgreiche Bildungslaufbahn beschriebenen pädagogisch-anthropologischen Bedürfnisse von Kindern Eingang in die Beurteilungspraxis finden:

pädagogisch-anthropologische Bedürfnisse von Kindern

- Kinder brauchen Würde
- Kinder brauchen Selbstachtung
- Kinder brauchen Gerechtigkeit
- Kinder brauchen einen geschützten Raum
- Kinder brauchen die Entfaltung in allen Grunddimensionen menschlicher Fähigkeiten (vgl. Cloer 1991, S. 21 ff.; Jürgens 1995, S. 102 ff.).

inhaltliche Ebene

Die *inhaltliche Ebene* von Lernberatung und Lernförderung durch Leistungsbeurteilung konkretisiert sich in Hinweisen, auf bestimmte Fehlerarten mehr zu achten, Analogien zu erkennen, Regeln in Erinnerung zu rufen oder zu erklären, Hilfsmittel zu nutzen. Diese Hinweise können sowohl täglich (mündlich) vermittelt werden als auch Bestandteil von Lernfortschrittsberichten in den Zeugnissen sein.

strategisch-methodische Ebene

Die *strategisch-methodische Ebene* von Lernförderung bezieht sich auf die von der LehrerIn zu vermittelnden „Tipps", wie etwa Hilfen von MitschülerInnen eingeholt, mit der eigenen Zeit sinnvoll umgegangen, die eigene Arbeit erfolgssichernd eingeteilt, Arbeitsblätter übersichtlich gestaltet werden können etc.

Der Zusammenhang dieser vielfältigen Einzelaspekte mit dem Thema Leistungsbeurteilung liegt vordergründig nicht auf der Hand. Wir verbinden mit den Begriffen Leistungsbeurteilung und Leistungsbewertung traditionell die (Halbjahrs-)Zeugnisse. Urteile und Rückmeldungen über die Leistungsentwicklung müssten und könnten jedoch tagtägliche Bestandteile einer kindorientierten Lernkultur sein. Dies soll im folgenden noch etwas deutlicher gemacht werden.

7.7 Formen und Instrumente der Leistungsbeurteilung

Phasen der Leistungsbeurteilung

Leistungsbeurteilung durch die Lehrkraft vollzieht sich bewusst oder unbewusst in mehreren Schritten, die sich in drei nochmals unterteilbare Phasen zusammenfassen lassen:

1. Informationssammlung, Datenerfassung und -dokumentation
2. Dateninterpretation und -bewertung,
3. Formulierung und Vermittlung der Beurteilung.

Hierzu einige Erläuterungen:

1. Informationssammlung, Datenerfassung und -dokumentation

Instrumente zur Erfassung qualitativer und quantitativer Daten

Grundsätzlich stehen für die Erfassung von qualitativen und quantitativen Daten zur Beurteilung von Schülerleistungen folgende Instrumente zur Verfügung:
- mündliche Prüfungen
- schriftliche Tests
- Klassenarbeiten (z.B. Diktate)
- Herstellen prüfungsähnlicher Übungssituationen
- Kontrolle der Hausaufgaben
- Schülerbeobachtung
- Lerndokumente der Schülerinnen und Schüler
- Selbstbeurteilung der Schülerinnen und Schüler (vgl. u.a. Beutel 1999).

Alle diese Instrumente haben auch in der Grundschule Anwendung, aber auch ihre Kritik gefunden. Bis in die 50-er/60-er Jahre hinein haben *mündliche Prüfungen* oder prüfungsähnliche Situationen eine heute kaum noch vorstellbare Rolle gespielt. Sie sollten den Lernenden den Ernst und die persönliche Bedeutung der Leistungsfeststellung verdeutlichen und ihn zu besonderer Konzentration und Anstrengung herausfordern. Aus dem 19. Jahrhundert sind uns sogar Ölbilder überliefert, die das Prüfen von Kindern im Grundschulalter durch Lehrer, Schulinspektoren, Pfarrer oder auch den Landesherrn als biographisch herausgehobene Situation darstellen (vgl. Kaczmarck/Twellmann 2000).

In den 60-er Jahren unseres Jahrhunderts wurden mündliche Prüfungen als Vorführsituationen mit vielfältigen emotionalen und soziolinguistischen Störfaktoren kritisiert. Der *schriftliche Test* trat an die Stelle der mündlichen Prüfung (vgl. zur Problematik schulischer Tests allgemein Jürgens 1995, S. 8 ff.). Der Test konnte vor Anwendung wissenschaftlich evaluiert sein, bot eine Situation der Stille und Konzentration für die Probanden und schloss eine einfache, ökonomische und (vermeintlich) zuverlässige Ergebnisauswertung ein. Die *Standardisierung von Tests* führt allerdings unweigerlich dazu, dass der gerade für die Grundschule so wichtige unmittelbare Zusammenhang von Unterricht und Leistungsbeurteilung verloren geht, da standardisiertes Testmaterial in der Regel ein breiteres, aus verschiedenen Klassen und Schulen gewonnenes thematisches Spektrum enthält. *Informelle Tests*, die von der Lehrkraft selber erstellt werden, können hier Abhilfe schaffen. Der Sinn von Tests, die Vergleichbarkeit der Ergebnisse durch genormte Aufgaben herzustellen, begrenzt andererseits auch die Leistungsfähigkeit informeller Tests. Denn nur operationalisierbare Lernziele, die sich im einzelnen in richtiger oder falscher Aufgabenerfüllung abbilden lassen, erfüllen den Testzweck. Tests dienen der Überprüfung vorab definierter Wissens- und Könnensbestände. Fähigkeiten, die Kinder außerhalb des vorab festgelegten Qualifikationssektors entwickelt haben, werden vom Test nicht erfasst oder dürfen bei seiner Auswertung nicht berücksichtigt werden.

"Standardisierung von Tests"

Tests lassen sich allerdings auch abkoppeln von einer vergleichenden Leistungsmessung. Sie können verwendet werden, um die Lernentwicklung einzelner Kinder zu erfassen. Dies kann die Voraussetzung sein für didaktische Entscheidungen oder für die Auswahl spezieller Hilfen für einzelne Kinder. Ein für diesen Zweck besonders geeignetes Testmaterial ist beispielsweise in der „Hamburger Schreib-Probe (HSP)" gegeben (vgl. Balhorn 1997). Es handelt sich hier um einen echten Test. „Das heißt, die individuellen Ergebnisse eines Kindes sind auf eine repräsentative Stichprobe seines Jahrgangs [...] bezogen. Daran kann ich mich – will ich Durchschnittswerte als Maßstab nutzen – orientieren" (ebda.). Der Test stellt eine Verbindung von Sach- und Lernlogik her und dient vor allem dazu, dass über die Analyse der Schreibweisen Lehrkräfte, aber auch Kinder Auskunft erhalten über die persönlichen Rechtschreibstrategien und deren Entwicklungsmöglichkeiten. Der Test dient also sowohl der Lerndiagnose als auch der Lernförderung.

"Hamburger Schreib-Probe"

Klassenarbeiten gehören nach wie vor auch in der Grundschule zu den klassischen Instrumenten der Leistungsfeststellung, insbesondere für

Klassenarbeiten

die Fächer/Lernbereiche Sprache, Mathematik und Sachunterricht (zur Problematik der Klassenarbeiten allgemein vgl. Sacher 1996, S. 108 ff.; Bartnitzky 2000). Die Regelungen hierfür sind in den einzelnen Bundesländern recht unterschiedlich. In den Klassenarbeiten werden z.T. *geschlossene, testähnliche Aufgaben* gestellt, vor allem im Mathematikunterricht. Die sehr unterschiedliche sprachliche Kompetenz der Kinder spielt dadurch als möglicher Störfaktor keine Rolle. Auch lassen sich Ergebnisse gut vergleichen. Der Vergleich bezieht sich allerdings nur auf die Anzahl der richtig gelösten Aufgaben bzw. Fehler. Die Lern- und Problemlösestrategien der Kinder und damit die Ansatzpunkte für Lernförderung werden dagegen kaum sichtbar.

Daher eignen sich offene Aufgabenstellungen, etwa (fixierte oder wählbare) Themenvorgaben für Aufsätze oder Sachtexte, als Klassenarbeiten. In ihnen können Kinder ihr Wissen, ihre Interessenpräferenzen, ihre strategischen Vorgehensweisen bei der Themenbehandlung bzw. Aufgabenlösung, ihre sprachliche Kompetenz sichtbar machen. Das Problem der Sprachorientierung, das u.a. für Kinder ausländischer Herkunft besonders brisant ist, tritt allerdings verstärkt in den Vordergrund.

den verschiedenen Lerntypen Rechnung tragen

Daher und allgemein um den verschiedenen Lerntypen Rechnung zu tragen, ist es wichtig, in einer Klassenarbeit, zumindest aber in den innerhalb des Schuljahrs aufeinander folgenden Klassenarbeiten verschiedene Aufgabenformen anzubieten oder zur Wahl zu stellen (z.B. auch Darstellungen mit kommentierten Zeichnungen, Bildern oder Tabellen). Darüber hinaus wird es sinnvoll sein, Kindern im Sinne von Eriksons „Werksinn" die Chance zu geben, den gestalterischen Aspekten der Arbeit eine ähnlich wichtige Bedeutung beizumessen wie den inhaltlichen Aspekten. Damit werden die individuellen Lerntypen besser berücksichtigt, Schwächen in der inhaltlichen Ausgestaltung kompensierbar und somit Erfolgserlebnisse möglichst vielen SchülerInnen vermittelt. Zugleich werden nonverbale Kommunikationsfähigkeiten und Anfänge des Beherrschens von Präsentationstechniken herausgefordert, auch die Freude an ganzheitlicher, persönlicher, zugleich sorgfältiger Darstellung erfährt eine Stimulierung.

die Entwicklung individueller Lernstrategien und Leistungsprofile erfassen

Um die Entwicklung individueller Lernstrategien und Leistungsprofile über Klassenarbeiten erfassen zu können, sollten die Aufgabenstellungen auf unterschiedliche Ausgangssituationen und Fähigkeitsspektren zugeschnitten sein. Kinder müssten die Chance erhalten, sich nach Entwicklung und Fähigkeitsprofil auf die *Reproduktion ihres Wissens, seine Reorganisation, auf Transferbildung, Problemlösung oder Präsentation* von Inhalten zu konzentrieren (vgl. Sacher 1996, S. 111). Damit erhöht sich die Wahrscheinlichkeit, dass jedes Kind seine individuelle Leistung zeigen kann und nicht nur nach einem linearen Maßstab von sehr schlecht bis sehr gut eingestuft wird. Es entfallen so auch die klassischen Probleme der Demotivation durch Unter- oder Überforderung bzw. des schwierigen Findens eines mittleren Schwierigkeitsgrades der Aufgabe.

Klassenarbeiten dürfen als Instrumente der Leistungsfeststellung allerdings generell nicht überschätzt werden. Gerade bei jüngeren Kindern spielen Tagesform, die von oft nebensächlichen Faktoren abhängige Fähigkeit zur Konzentration und Angstüberwindung sowie Glück oder Pech der spezifischen Aufgabenstellung als Störgrößen eine gewichtige Rolle. Klassenarbeiten sind zudem aus dem Zusammenhang von Lernprozessen herausgelöste Ausnahmesituationen, die nicht die gewöhnlichen Handlungspraktiken und Lernstrategien der Kinder im Unterrichtsalltag widerspiegeln. Es besteht sogar die Gefahr, dass sich eine alltägliche *Lernkultur*, die durch individuelle Interessen und Spielräume wie durch gemeinsame Gewohnheiten und Rituale geprägt wird, wegen einer zu starken Fixierung auf Klassenarbeiten gar nicht erst entwickeln kann. Von den durch Klausuren bestimmten Kursen in der gymnasialen Oberstufe her kennen wir dieses Phänomen.

Wichtigkeit der alltäglichen „Lernkultur"

Es ergibt sich insgesamt die Notwendigkeit, dass der Aspekt von Zeit und Häufigkeit bei der Verwendung von Klassenarbeiten als Instrumente der Leistungsfeststellung ernst genommen wird: Die für Klassenarbeiten vorgesehene Zeitdauer sollte nicht zu kurz sein; es sollte keine Hektik aufkommen, stattdessen müssen Kinder die Chance haben, an ihrer Arbeit noch gestaltend tätig zu werden, Details zu verändern und zu verbessern. Andererseits sollte die Zeitspanne für eine Klassenarbeit nicht zu ausufernd sein, weil damit auch ein besonderer, für manche Kinder überfordernder Anspruch verbunden ist und Ermüdungserscheinungen oft vorprogrammiert sind. Sinnvoll ist daher, sich von dem tradierten Denkmuster zu lösen, die Dauer einer Klassenarbeit müsse für alle Kinder gleich sein, um die Prinzipien der Gerechtigkeit und Vergleichbarkeit umzusetzen. Wir erfahren über Konzentration, Ausdauer und Gewissenhaftigkeit, also über ihre Leistungsfähigkeit mehr, wenn wir ihnen zeitliche Spielräume zugestehen, als wenn wir sie unter das Einheitsdiktat einer starren Zielvorgabe stellen.

Die Alternative, in einer mehr oder weniger vorbestimmten Zeit, Umfang oder Schwierigkeitsgrad der Klassenarbeit zu variieren, ist in den letzten Jahren vor allem am Beispiel *differenzierter Diktate* erfolgreich erprobt worden. Differenzierte Diktate ermöglichen die Ausbalancierung des Anspruchsniveaus mit der individuellen Leistungsfähigkeit. Voraussetzung für diese Über- und Unterforderung vermeidenden „Passung" ist die allmählich aufgebaute Fähigkeit zur *Selbsteinschätzung*.

Differenzierte Diktate

Eine Balance muss auch gefunden werden in Hinblick auf die Häufigkeit von Klassenarbeiten. Eine zu dichte Folge von Klassenarbeiten verändert die Normalität der alltäglichen Lernkultur und produziert eine Lernhaltung, die sich überproportional auf den Erfolg in Klassenarbeiten ausrichtet. Zu seltene Klassenarbeiten (etwa einmal im Schulhalbjahr) machten die Klassenarbeit für viele Kinder zu einer angstbesetzten Ausnahmesituation. Kleinere, in ihrer Bedeutung nicht überbetonte Arbeiten mit möglichst verschiedenartigen, auswählbaren Teilaufgaben in einem variabel nutzbaren Zeitrahmen etwa alle sechs bis acht Wochen können einen differenzierten Informationsfundus für die Leistungsbeurteilung bilden.

Die *Schülerbeobachtung* gilt seit Jahrzehnten als wichtige „Methode der Materialgewinnung für die Beurteilung" (Erlebach u. a. 1975; zum Thema vgl. insgesamt Nuding 1997a u. b; sowie Martin/Wawrinowski

Schülerbeobachtung

1993 u. Beck/Scholz 1995). Aber erst mit der Durchsetzung offener kindorientierter Unterrichtsformen innerhalb der letzten drei Jahrzehnte ist die Schülerbeobachtung dabei, die Rolle als wichtigste Quelle für schulische Leistungsbeurteilung einzunehmen. Denn sie kann eher als klassische standardisierte Instrumente die Individualität des einzelnen Kindes und seines Lern- und Leistungsverhaltens sowie seiner sozialen Kompetenzen erfassen; und sie kann in einem schülerorientierten Unterricht, in dem der Lehrer nicht ununterbrochen als Regisseur des Unterrichtsgeschehens gefordert ist, auch tatsächlich realisiert werden. Die Lehrerin ist im offenen Unterricht geradezu prädestiniert, Kinder zu beobachten (so Weigert/Weigert 1992, S. 217). Im Gegensatz zu Spezialisten, wie SchulpsychologInnen, HeilpädagogInnen, Moto- oder LogopädInnen, hat sie die Chance, das Lern- und Arbeitsverhalten eines Kindes über längere Zeit zu erfassen. Und sie kann spezifische Gelegenheiten schaffen, um präzisere Informationen über das Profil von Stärken, Schwächen und Besonderheiten einzelner Kinder zu gewinnen. In der Regel hat sie aber in den offenen Unterrichtsphasen, etwa während der Einzel-, Partner- oder Gruppenarbeit im Rahmen der Freiarbeit, Wochenplan- oder Projektunterricht wie auch beim Lernen an Situationen zeitliche Spielräume zur Beobachtung.

Die empirische Sozialforschung unterscheidet zwischen unsystematischer und systematischer Beobachtung sowie – als weitere Differenzierungsvarianten – zwischen nichtteilnehmender und teilnehmender Beobachtung (vgl. Friedrichs 1994), wobei es jeweils Kombinationsmöglichkeiten zwischen den beiden Unterscheidungsmerkmalen gibt (z. B. kann eine unsystematische Beobachtung sowohl teilnehmend als auch nichtteilnehmend sein). Es ist durchaus sinnvoll, sich dieser Differenzierungsmöglichkeiten auch bei Unterrichtsbeobachtungen zu bedienen, um möglichst vielfältige Chancen der Beobachtung von Kindern zu nutzen.

unsystematische Beobachtung

Die *unsystematische Beobachtung* geschieht in freier Form und wird oft eher spontan als planmäßig durchgeführt. Sie kann aber auch gezielt eingesetzt werden, um ein möglichst umfassendes, ganzheitliches Bild von einem Kind, z. B. von einer neuen SchülerIn, zu gewinnen. Dabei ist es wichtig, sich nicht von bestimmten Beobachtungskategorien leiten zu lassen, sondern offen und möglichst unvoreingenommen zu sein gegenüber den spezifischen Verhaltensausprägungen der beobachteten Person.

sytematische Beobachtung

Die *systematische Beobachtung* wird vor allem nach ausgewählten inhaltlichen Schwerpunkten, oft aber auch nach einer bestimmten Methode, nach festgelegter Zeit und Zeitdauer geplant. Sie dient dazu, bestimmte Erkenntnisse über das Verhalten eines Kindes (z. B. hinsichtlich seiner Ausdauer oder seiner Kooperationsfähigkeit) zu gewinnen.

nicht teilnehmende Beobachtung

Die *nicht teilnehmende Beobachtung* erfolgt aus Distanz und ist frei von Interventionen der Lehrerin in das Verhalten des beobachteten Kindes. Es werden die verschiedenen, nicht pädagogisch gesteuerten Verhaltensmuster des Kindes erfasst.

teilnehmende Beobachtung

Die *teilnehmende Beobachtung* geht dagegen von einem aktiven Beobachter aus, der durch sein Verhalten Reaktionen des Kindes herausfordert. Er will erfassen, wie sich das Kind in bestimmten (symptomatischen) Situationen entscheidet. Die teilnehmende Beobachtung verlangt besondere Erfahrung vom Beobachter, weil er mehrere Aktionsebenen im Auge behalten muss (das eigene Handeln und das Beobachten von Reaktionen, die sich oftmals komplex verhalten). Dabei kommt es leicht dazu, dass bestimmte Reaktionen erwartet und durch die eigene, lenkende Aktivität auch tatsächlich provoziert werden. Es stellt sich das Phänomen der selbsterfüllenden Prophezeiung ein („ich habe mir doch gedacht, dass Mike so schnell aggressiv wird, nur wenn man ihn mal ein bisschen auf seine Schwachpunkte hinweist"). Die Doppelaufgabe von Beobachten und pädagogischer Intervention stellt daher nicht nur einen hohen Anspruch an die Lehrkraft dar, sie ist zugleich auch sehr störanfällig.

Bei der teilnehmenden Beobachtung wird ein Grundsatzproblem jeder Beobachtung deutlich: die Beeinflussung *durch Vorausannahmen*, die zu *selektiver Wahrnehmung* führen. Solche Vorannahmen können personenbezogen sein *(Vorurteile)* oder unsere allgemeinen Wert- und Normvorstellungen betreffen. Wir konstruieren unsere Wirklichkeit aufgrund unserer lebensgeschichtlichen Erfahrungen, Prägungen und Beeinflussungen. Die „selbsterfahrene elterliche Erziehung, schulische Sozialisation, studiertes Fachwissen, alles trägt zu einer bestimmten Wahrnehmung bei" (Nuding 1997a, S. 50). Diese erkenntnistheoretische Grundannahme ist in der modernen Forschungsrichtung des Konstruktivismus untermauert worden (vgl. Kapitel 4.4).

Die unterrichtspraktische wie erkenntnistheoretische Konsequenz aus diesem Zusammenhang ist die Verpflichtung der beobachtenden LehrerIn zur Selbstreflexion über die Vielfalt von Faktoren, die auf die eigenen Wahrnehmungen Einfluss nehmen, z.B. Prägungen in der eigenen Kindheit. Beobachtung sollte daher immer von Selbstbeobachtung begleitet sein. Gertrud Beck und Gerold Scholz betonen in ihrem Buch über Kinderbeobachtung, dass Beobachtung Teil eines Selbstlernprozesses sein müsste: „Durch das Beobachten versucht sich eine Lehrerin, die eigenen Handlungen und Theorien bewusst zu machen. Habitualisierte Umgangsweisen, eingeübte Handlungsweisen und Deutungsmuster sollen durch Beobachtung ans Licht gehoben werden" (Beck/Scholz 1995, S. 16).

Um nicht zu schnell in die Falle von Vorannahmen zu tappen, wie sie durch „Beobachtungsbögen" mit vorgegebenen Beobachtungskategorien oft verstärkt werden, ist es sinnvoll, bewusst ganz verschiedene Beobachtungssituationen zu nutzen. Horst Bartnitzky und Reinhold Christiani haben schon 1977 auf drei verschiedene Beobachtungsformen aufmerksam gemacht, die auch heute noch weitgehend genutzt werden können, um eine Beobachtungsvielfalt zu erreichen (vgl. Bartnitzky/Christiani 1977, S. 58 f.):

verschiedene Beobachtungssituationen nutzen

- *Ereignis-Analyse:* Das ist die spontane Beobachtung besonderer Situationen (z.B. Streit in einer Kleingruppe); hier kommt es auf die möglichst genaue Dokumentation von Anlass, Rahmenbedingungen, Verlauf und Ausgang der Situation an.

Ereignisanalyse

- *Zeitlich verteilte Beobachtung:* Hier geht es um das Erfassen von Entwicklungsprozessen im Verhalten eines Kindes. Konkret heißt

zeitlich verteilte Beobachtung

dies, dass Stichproben im Verhalten des Kindes zu vorher festgelegten zeitlichen Abständen (z. B. alle vier oder acht Wochen) genommen werden.

Beobachtung in standar-
disierten Situationen

• *Beobachtung in standardisierten Situationen:* Stärker als bei zeitlich
verteilten Beobachtungen spielen hier bestimmte Beobachtungszwe-
cke eine vorrangige Rolle. Dabei konzentriert sich die Lehrkraft auf
die Beobachtung in typischen, sich wiederholenden Situationen, z. B.
in der Kleingruppenarbeit, um die Kooperationsbereitschaft einzelner Kinder zu erfassen, oder bei der Stillarbeit, um mehr zu wissen
über die Konzentrationsfähigkeit einzelner Kinder.

Ein wichtiger Aspekt bei der Schülerbeobachtung ist die Festlegung
von Beobachtungskategorien. Eine von nicht wenigen Lehrerinnen
und Lehrern genutzte Hilfe für die inhaltliche Orientierung und
Durchführung von Schülerbeobachtung sind vorgefertigte Beobachtungsbögen mit genau definierten Verhaltensmerkmalen. Zu deren
Ausprägung kann dann durch Ankreuzung in einer mehrteiligen Skala
jeweils eine Aussage gemacht werden (vgl. die abgedruckten Beispiele
bei Nuding 1997, S. 91 oder Weigert/Weigert 1992, S. 26). Diese Beobachtungsbögen führen durch ihre Standardisierung zu einer außer-
ordentlichen Vereinfachung, aber auch zu einer drastischen Verkür-
zung der Beobachtung. Im Grunde handelt es sich nicht mehr um
Beobachtungsbögen, sondern um Listen mit normierten Verhaltensmerkmalen. In sie können mittels Ankreuzen Eindrücke in quantifi-
zierte Aussagen übertragen werden. Diese können durchaus auf ge-
nauen Beobachtungen beruhen, genauso gut aber auch auf oberfläch-
lichen Einschätzungen, die von unseren Vorurteilen mitgeprägt sind.
Die Beobachtungsbögen stärken nicht die Beobachtungsgenauigkeit,
sie rechtfertigen vielmehr unsere selektive Wahrnehmung. Sie orientieren unseren Blick auf die Kinder an einem Modell eines idealen
Normkindes. Sie nehmen uns dabei das genaue Hinschauen und das
Verstehen der einzelnen Kinder mit ihren Besonderheiten ebenso ab
wie das Nachdenken über Werte und Normen.
Die hier kritisierten Beobachtungsbögen können dennoch hilfreich
sein, wenn man mit ihnen kritisch umgeht. So können sie uns wichtige
Hinweise geben, auf welche Bereiche kindlichen Verhaltens wir bei Be-
obachtungen achten müssen. Eine andere, offen gestaltete Quelle für
Beobachtungskategorien ist der von Bartnitzky und Christiani entwi-

„Zielkatalog" für Beob-
achtungskategorien

ckelte „Zielkatalog", der im einzelnen folgende Kategorien konkreti-
siert (vgl. Bartnitzky/Christiani 1994, S. 54 f.):
• Kooperationsfähigkeit
• Selbständigkeit
• Leistungsbereitschaft
• Umgang mit Konflikten und Kritik
• Verlässlichkeit
• Produktivität.

2. Dateninterpretation und -bewertung

Dieser Themenaspekt spielt in der neueren einschlägigen Literatur nur eine geringe Rolle oder wird ganz ausgespart (vgl. Grünig u.a. 1999; Böttcher u.a. 1999). Die vielfältigen Möglichkeiten, die in der empirischen Sozialforschung etwa für die Interpretation von Texten gefunden wurden (vgl. Mayring 1995), bleiben für die Vorbereitung schulischer Leistungsbeurteilung in Theorie und Praxis ungenutzt. Dies hat z.T. naheliegende Gründe:

Schwierigkeiten bei der schulischen Leistungsbeurteilung

1. Lehrerinnen und Lehrer haben keine Zeit für die Anwendung aufwendiger empirischer Verfahren, etwa der Qualitativen Inhaltsanalyse nach Mayring (vgl. ebda.)
2. Lehrerinnen und Lehrer haben dafür auch nicht die erforderliche Qualifikation.
3. Zeugnisse oder andere Beurteilungsformen haben vor allem in der Grundschule, auch wenn dies in der Politik gern anders gesehen wird, nicht den Anspruch und auch kaum die Funktion, methodisch gesicherte, verlässliche Interpretationen empirisch erhobener Schülerdaten zu liefern, sie sind vielmehr pädagogische Dokumente und Instrumente, die von bestimmten Adressaten (vor allem Kinder und deren Eltern) verstanden, gewürdigt und für die Entwicklung der Kinder genutzt werden sollen.

Trotz dieser Einschränkungen verlangt die Vorbereitung von Zeugnissen von der Lehrerin, dem Lehrer nicht nur pädagogische, sondern auch eine ethische und methodische Reflexion der Erhebung und Interpretation der für die Leistungsbeurteilung herangezogenen Daten. Konkret bedeutet dies die Beachtung folgender Kriterien:

konkrete Kriterien für die Leistungsbeurteilung

• die immer wieder selbstkritisch zu durchdenkende Bindung an die beiden auszubalancierenden, oft gegenläufigen Prinzipien, die Besonderheit jedes einzelnen Kindes zu achten, ihr gerecht zu werden und die Gleichbehandlung aller Kinder zu berücksichtigen
• die ebenso selbstkritische Reflexion der Formen, Gelegenheiten sowie Häufigkeiten, in denen Daten über die Lernleistungen der Schülerinnen und Schüler erhoben werden.

3. Formen der Leistungsbeurteilung

Die Formen der Leistungsbeurteilung in der Grundschule sind seit dem Beschluss der Kultusministerkonferenz von 1970 über die Zulassung notenfreier Beurteilungsformen in den ersten Grundschulklassen (vgl. Ziegenspeck 1999, S. 80) Gegenstand heftiger Debatten, die vor allem um das Pro und Contra von Ziffernzeugnissen kreisen (vgl. zuletzt Bartnitzky 1999). Dabei ist es eine Selbstverständlichkeit, dass die *Beurteilungsformen* kein Selbstzweck sind, daher auch nicht unabhängig vom pädagogischen Bedingungsgefüge ausgewählt und/oder bewertet werden dürften. Dieses Bedingungsgefüge wird zum einen von den Funktionen der schulischen Leistungsbeurteilung definiert, zum anderen von der inhaltlichen und methodischen Struktur schulischen Lernens.

Beurteilungsformen sind kein Selbstzweck

Wenn daher pädagogische Diagnostik und personenbezogene Lernberatung, also lernfördernde Entwicklungsfunktionen die Hauptziele der Leistungsbeurteilung sind, nicht etwa die selektive Steuerung der Heranwachsenden in unterschiedliche Bildungsgänge und soziale Perspektiven, dann muss das konkrete Konsequenzen in Art und Form der Beurteilung haben. Bartnitzky vertritt hierzu die pointierte These: „Noten sind [...] für die Entwicklungsfunktion nicht nur untauglich, sie wirken vielmehr konterkarierend" (Bartnitzky 1999a, S. 136). Er und andere Autoren haben in der letzten Zeit noch einmal die Argumente für diese These aus der Diskussion um schulische Leistungsbeurteilung seit den 70-er Jahren zusammengefasst:

Argumente aus der Diskussion um schulische Leistungsbeurteilung

1. Das Notensystem zielt entgegen der schulischen Entwicklungsfunktion „nicht auf Leistungserziehung und Leistungsstärkung, sondern auf die Unterscheidung von Könnern und Versagern" (Bambach 1997 b).
2. Das Notensystem hat nur eine geringe Anreizfunktion: „Gute Noten machen selbstzufrieden, schlechte entmutigen" (Bartnitzky 1997) und können „[...] Kinder in ihrer Leistungs- und Persönlichkeitsentwicklung beeinträchtigen" (Schmitt 1999, S. 143).
3. Das Notensystem verschiebt die Aufgabe der Schule „vom Lernen der Sachen hin zum Lernen wegen der Noten" (Bartnitzky 1997) und lenkt „die Lehrer und Schüler immer wieder von der Lernarbeit ab. Sie stören den (eigentlichen; T.K.) Lernprozess" (Winter 1999, S. 78).
4. Das Notensystem teilt die Klasse in Gewinner und Verlierer (vgl. Schmitt 1999, S. 142). Es fördert „[...] charakterliche Fehlhaltungen (Überheblichkeit der ‚Besseren', Unehrlichkeit, Abschreiben statt Lernen)" (Winter 1999, S. 78). „Statt Teamgeist zu entwickeln, entsteht im Klassenraum eine Ellenbogengesellschaft" (Bartnitzky 1997).
5. Noten „[...] schließen individuelle Bewertungen aus, weil sie einen gleichen Maßstab für alle Kinder verlangen" (Wiemer 1999, S. 62). Jedoch „[...] ist ein Zeugnis, das sich nicht an den Bemühungen der einzelnen Kinder orientiert, zwangsläufig ungerecht. Die Gesamtnote auf dem Zeugnis unterschlägt Entwicklungen" (Bambach 1997b). Noten „[...] spiegeln keine Anstrengungen und Ziele, Schwächen und Stärken, Lernentwicklungen [...]" (Bartnitzky 1999a, S. 136). Ihr Informationsgehalt ist daher gering.
6. Noten „informieren weder Kinder noch Eltern über den individuellen Lernweg, die Lernmöglichkeiten und die Lernperspektiven des Kindes" (Wiemer 1999, S. 62). Sie erfüllen daher nicht die Funktion der Lernprognose, der Ermutigung und Lernberatung.
7. „Noten und Zensierungsvorschriften sind vielen Lernformen (insbesondere des offenen Unterrichts; T.K.) unangemessen und behindern deren Einführung und Verbreitung" (Winter 1999, S. 78).

Das Berichtszeugnis

In der seit etwa drei Jahrzehnten geführten kritischen Diskussion um das Notenzeugnis wird in der Regel das Berichtszeugnis als Alternative propagiert. Auch in den 1994 von der Kultusministerkonferenz neuge- fassten „Empfehlungen zur Arbeit in der Grundschule" werden im Ab- schnitt über „Lernentwicklung und Leistungsbeurteilung" Noten- und Berichtszeugnis als (komplementäre!) Alternativen vorgestellt: „Verän- derte Lernformen in der Grundschule tragen zu einem neuen Verständ- nis der Leistungsförderung und Leistungsbeurteilung bei. Im Vorder- grund stehen dabei die Bemühungen, jede Schülerin und jeden Schüler – orientiert an den Lernanforderungen des jeweiligen Jahrgangs – zu den ihr oder ihm möglichen Leistungen zu führen: Mit einer Leistungs- beurteilung in Berichtsform können die individuellen Fortschritte, Stär- ken und Schwächen in einzelnen Lernbereichen detailliert beschrieben werden. Damit sind hilfreiche Hinweise zur Verbesserung von Lerner- gebnissen möglich. Notenzeugnisse erfassen die Leistungen der Schüle- rinnen und Schüler in bezug auf allgemeine Anforderungen, aber auch in bezug auf das Leistungsniveau der Lerngruppe. [...] In einigen Län- dern zeichnet sich eine deutliche Tendenz zur Ausweitung der Lern- und Leistungsbeurteilung in Berichtsform ab" (Sekretariat der Ständi- gen Konferenz der Kultusminister 1994, S. 9 f.).

Noten- und Berichts- zeugnisse als komple- mentäre Alternativen

Spezifisches Ziel der Zeugnisse in Berichtsform ist also die Umsetzung
* der *Diagnosefunktion* (differenzierte Beschreibung der Lern- und Leistungsentwicklung, der Stärken, Schwächen und individuellen Be- sonderheiten jeden Kindes) und
* der *Lernentwicklungs- und -beratungsfunktion* (ermutigende und bestärkende Rückmeldung, Hinweise zur Stabilisierung des Lernver- haltens und zum Lernen aus Fehlern).

spezifische Ziele der Zeugnisse in Berichtsform

Helga Ulbricht fasst die Ziele der Verbalbeurteilung ähnlich zusam- men:

Ziele der Verbalbeurteilung

„a) Ermutigende Erziehung statt Leistungsdruck
 b) Förderung der sozialen Kooperation statt Leistungsdruck
 c) Erhöhung der Chancengleichheit statt Leistungsabfall der Benach- teiligten
 d) Individuelle Förderung statt gesteuertem Lerngleichschritt" (Ul- bricht 1993, S. 40; vgl. auch Jachmann/Tillmann 2000).

Deutlich wird in diesem Zielkatalog die Orientierung an allgemeinen Aufgaben der Grundschule und an der Vorstellung einer veränderten Lern- und Unterrichtskultur. Anknüpfen kann die Praxis der Berichts- zeugnisse an die Erfahrungen mit Formen der Verbalbeurteilung
* seit dem zweiten Jahrzehnt des 20. Jahrhunderts in der Reformpäda- gogik (Montessori, Petersen, Freinet, Steiner)
* seit den späten 60-er Jahren im europäischen Ausland (Italien, Däne- mark, Schweden, Norwegen)
* seit den 70-er Jahren an bundesdeutschen Reformschulen (insbeson- dere der Laborschule Bielefeld sowie der Glockseeschule in Hanno- ver).

Probleme bei der
Umsetzung der Praxis
der Verbalbeurteilung

Trotz dieser recht soliden Grundlagen für die Praxis der Verbalbeurteilung gibt es bei der Umsetzung in deutschen Grundschulen Probleme. Vor allem zwei Problemkomplexe lassen sich ausmachen:

1. Akzeptanzprobleme bei Eltern, aber auch bei Lehrkräften und Kindern
2. Unsicherheiten und Fehlentwicklungen bei der praktischen Realisierung von Berichtszeugnissen.

Beide Problembereiche sind miteinander verknüpft. So vermutet Ulbricht in der Diskussion der Ergebnisse ihrer empirischen Untersuchung über Elternmeinungen zum Wortgutachten, dass die Skepsis eines Teils der Elternschaft gegenüber Verbalbeurteilung mit Qualitätsmängeln der von den Eltern kennen gelernten Berichtszeugnisse zusammenhängt (vgl. ebda., S. 108 f.). Sie stellt die These auf: „Vielleicht kann eine qualitative Verbesserung der Wortgutachten auch die Notenbefürworter vollends überzeugen, dass die neue Zeugnisform differenziertere und pädagogisch sinnvollere Auskünfte über ein Kind erstellt" (ebda., S. 109).

Insgesamt ergibt die Untersuchung Ulbrichts, dass
1. „[...] das Interesse der Eltern an Form und Inhalt schulischer Beurteilung sehr groß ist" (ebda., S. 103 f.),
2. „die Akzeptanz der verbalen Beurteilung stark zugenommen hat" (ebda., S. 108 f.).

internationale schulische
Leistungsvergleiche

Die auch in die Öffentlichkeit getragene bildungspolitische Diskussion um (internationale) schulische Leistungsvergleiche hat die Zustimmungsrate der Eltern zu Berichtszeugnissen negativ beeinflusst (vgl. die von Schaub 1999, S. 46, wiedergegebenen Befragungsergebnisse). Doch die Zahl der Befürworter verbaler Beurteilung in den ersten drei Grundschuljahren bei den Eltern liegt immer noch erheblich über der Zahl der Kritiker (vgl. ebda.). Dabei ist erkennbar, dass die Eltern sehr stark zwischen den einzelnen Jahrgangsstufen differenzieren. So sinkt die Zustimmung zur Verbalbeurteilung bei einer 1995 in Berlin durchgeführten Befragung von ca. drei Viertel der Befragten in Bezug auf die 1. Klasse auf unter 10 % in Bezug auf die 5. Klasse (vgl. ebda.). Erstaunlich, dass eine vergleichbare Differenzierung sich auch bei Befragung von Lehrerinnen und Lehrern ergab (vgl. Würscher u.a. 1997, insbes. Abs. 2). Noch deutlicher sind die Sprünge im Meinungsbild von Kindern, wobei die Vorfreude auf die ersten, mit einem Statusgewinn verbundenen Ziffernzeugnisse am Ende des 2. und zu Beginn des 3. Schuljahrs im 4. Schuljahr wieder einer gewissen Ernüchterung weicht (vgl. ebda.).

Qualität der verbalen
Beurteilung

Über die Qualität verbaler Beurteilung existieren aus den 70-er bis 90-er Jahren verschiedene Untersuchungen, deren Ergebnisse von Horst Schaub (1999, S. 49 ff.) zusammengefasst werden. Aus den Studien, die bis Ende der 80-er Jahre durchgeführt wurden, zieht Schaub folgende Quintessenz:

• „In vielen Zeugnissen dominieren normative Aussagen, die sich am ‚idealen Schüler', am ‚Durchschnittsschüler' oder am ‚guten Lernprodukt' orientieren [...].

- Vielen Lehrerinnen und Lehrern fällt es schwer, vorhandene Lernde-
  fizite ‚mit der gebotenen Behutsamkeit zu benennen‘. Die pädagogisch erforderte ‚Ermutigung‘ der Kinder führt dann häufig zur Be-
  schönigung [...].
- Ein individueller Lernentwicklungsbericht kann dort nicht erwartet
  werden, wo im Unterricht wenig differenziert wird und die Kinder
  kaum Gelegenheit zu selbstbestimmtem Arbeiten bekommen" (ebda., S. 50).

Ein Großteil der Probleme bei der Realisierung von Berichtszeugnissen
liegt im Festhalten an einem tradierten Bild vom Kind und an überkommenen Vorstellungen vom Lernen begründet: Eine differenzierte
Rückmeldung individueller Lernentwicklung ist eben bezogen auf eine
Lernkultur, die sich an folgenden Prinzipien orientiert:
- Akzeptanz von Verschiedenheit der Kinder (z.B. hinsichtlich Lerninteressen und Lerngeschwindigkeiten)
- Betonung des Ziels, Selbständigkeit, individuelle Fähigkeiten und
  persönliche Lernstrategien zu fördern
- Bevorzugung eines offenen Unterrichts, der vor allem auf individua-
  lisierten und auf kooperativ organisierten Lernphasen basiert.

Menschenbild, Vorstellung von Lernkultur und Form der Leistungsbeurteilung bilden eine konzeptionelle Einheit. Diese stellt sich nicht
ein, wenn verbale Beurteilung als Konsequenz bildungspolitischer
Prioritäten mit einem durchgängig oder vorrangig praktizierten lehrerzentrierten Unterricht verknüpft wird, dessen Ideal der stillsitzende,
rezipierende und Lehreranweisungen mit gleichbleibender Aufmerksamkeit umsetzende „Normschüler" ist. In dieses traditionelle lernkul-
turelle Modell passt nicht der Lehrer, der Zeit und Achtsamkeit für
„die ‚Vorarbeiten‘ des Beobachtens und Dokumentierens von Lernentwicklung der Kinder" aufwendet (ebda., S. 51). In das traditionelle
Lernkulturmodell fügen sich viel eher die Lehrkräfte ein, die „[...]
versuchen, einen möglichst ‚objektiven‘ Beurteilungstext zu verfassen,
indem sie ihn ‚fachgerecht‘ und mit persönlicher Distanz formulieren"
(ebda., S. 52) und/oder sich „[...] an vorgegebenen Formulierungs-
hilfen oder an bestimmten eigenen Redewendungen" orientieren
(ebda.).
Schaub geht davon aus, dass sich in den letzten Jahren „bei vielen Lehrerinnen und Lehrern ein deutlicher Lerneffekt in den Berichtszeugnissen" eingestellt hat (ebda., S. 50): Er stellt eine zunehmende Bereitschaft fest, sich von vorgegebenen Formulierungen und „heimlichen
Standardisierungen" zu lösen. Analog beobachtet er eher eine wachsende Kompetenz „in der Beobachtung, Dokumentierung und Beschreibung von Lernentwicklungen".
Ein wichtiger Anteil an dieser Entwicklung könnte den publizistischen
und Fortbildungsaktivitäten des Arbeitskreises Grundschule – der
Grundschulverband e.V. – zugeschrieben werden, der sich seit den
70-er Jahren für verbale Beurteilungsformen engagiert. Daneben könnten auch die publizierten Beispiele aus der Laborschule Bielefeld ten-
denzverstärkend gewirkt haben (vgl. Bambach 1994 und 1997a u. b.;
Lübke 1996).

„Laborschule Bielefeld"

"Lernentwicklungs-
berichte"

Die *Lernentwicklungsberichte*, die seit Mitte der 70-er Jahre an der Laborschule am Schuljahresende den Kindern und Eltern überreicht werden, enthalten ausführliche Berichte über die Entwicklung der jeweiligen Stammgruppen, Unterrichtsbeschreibungen über Ziele, Inhalte und
Projekte in den verschiedenen "Erfahrungsbereichen" sowie Berichte
über die individuelle Entwicklung des Kindes (vgl. ebda. sowie – zusammengefasst – Schaub 1999, S. 54 u. Bartnitzky 1999a, S. 27).

Zeugnisse als
"Lern-Reflexion"

Ausgehend von der Struktur der Lernentwicklungsberichte an der
Bielefelder Laborschule entfaltet Horst Bartnitzky einen Vorschlag
zur Weiterentwicklung von Zeugnissen als *"Lern-Reflexion"* (vgl.
ebda., S. 28 f.). Wesentliche Elemente solcher Lernreflexion sollten
sein

- die Information über den Unterricht, um den Zusammenhang von
  Unterricht, Lernen und Rückmeldung über die Lernentwicklung zu
  verdeutlichen
- die Einbeziehung der Kinder, die im Gesamtbericht ein *"Selbstzeug-
  nis"* neben dem *"Lehrerzeugnis"* oder ein *"gemeinsam erstelltes
  Zeugnis"* formulieren
- die Erweiterung des Lernbegriffs um überfachliche *Schlüsselqualifikationen*
- beratende Hinweise auf Lernperspektiven.

Bartnitzky verweist auf veröffentlichte Beispiele aus verschiedenen
Jahrgangsstufen von Regel-Grundschulen (vgl. Brosch/Schneider-Petri
1999) und dokumentiert damit die "Machbarkeit" seines Vorschlags
schriftlicher Lern-Reflexionen. Möglicherweise belebt dieser Vorschlag
die bildungspolitisch wieder festgefahrene Diskussion um pädagogisch
konsequente Alternativen zum Ziffernzeugnis.

Bedeutung der Selbst-
beurteilung der Kinder

Die einzelnen Elemente des Vorschlags Bartnitzkys sind nicht neu. So
ist immer wieder auf die Bedeutung der Selbstbeurteilung der Kinder
und auf die Befähigung zur Selbstbeurteilung als Teil der Selbstständig-
keitserziehung hingewiesen worden (vgl. Knauf 1989 u. 1992; Hohloch 2001). In der achtjährigen schwedischen Grundschule wird die
Selbstbeurteilung im Rahmen einer Intensivierung dialogischer Aus-
tauschsituationen von Kindern, Lehrkräften und Eltern erprobt.

Solange dies nicht ohne besondere Anstrengungen möglich ist, bildet
das *Briefzeugnis* eine wichtige Entwicklungsstufe zu schriftlichen Lern-
Reflexionen (vgl. Bartnitzky 1999a, S. 26 sowie die Beispiele bei Bambach 1994 u. Brosch/Schneider-Petri 1999). Das Briefzeugnis relativiert
"[...] den distanzierten hoheitlichen Akt zu Gunsten eines Mittels, das
Bestandteil der Kind-Eltern-Lehrkraft-Kommunikation ist" (Bartnitzky
1999a, S. 26). Dies kann vor allem dann gelingen, wenn die Kinder im
Brief zunächst (in einem aufschließenden Einstieg; vgl. Bambach
1997b) als Persönlichkeiten mit unverwechselbaren Eigenschaften und
nicht als (mehr oder weniger erfolgreiche) Akteure in erhofften Lernprozessen angesprochen und widergespiegelt werden ("Liebe Marie, im
Morgenkreis freue ich mich immer auf Dein Lächeln und Deine interessierte Ruhe, die oft auf die anderen Kinder ausstrahlt [...]").

Für die Gesamtgestaltung von Lernentwicklungsberichten in Briefform
hat Heide Bambach praktikable "Prüffragen" formuliert:

- „Wird sich das Kind in dem Bericht wiedererkennen?
- Wird es meine Aussagen verstehen und damit etwas anfangen können?
- Wird es sich beim Lesen des Berichts anerkannt und gut aufgehoben fühlen?
- Wird es meine Aussagen mit einem innerlichen ‚Ja stimmt!‘ beantworten können?
- Habe ich einen Einstieg gefunden, der das Kind innerlich aufschließt für das, was ich ihm sagen möchte?
- Habe ich Festschreibungen vermieden?
- Habe ich alles vermieden, was das Kind in einen demütigenden Vergleich zu anderen Kindern bringen könnte?
- Ist für einen Leser des Berichtes erkennbar, dass ich das Kind mag und dass mir seine Entwicklung wichtig ist?
- Ist an der Art meiner Aussagen zu spüren, dass ich dem Kind eine positive Entwicklung zutraue?" (Bambach 1997b).

Prüffragen für die Gestaltung von Lernentwicklungsberichten

Gespräche und andere Formen lernfördernder Rückmeldung – Portfolio

Wenn wir über Verbalbeurteilung sprechen, meinen wir schriftliche Lernentwicklungsberichte. In der unmittelbaren verbalen Kommunikation kann aber vieles differenzierter und zugleich einfacher formuliert und durch Nachfrage, Wechselrede, Ergänzung, Erläuterung und Berichtigung genauer zum Ausdruck kommen als in Schriftform.

Das als Rückmeldung über die Lernentwicklung angelegte Gespräch kann ein Dialog ebenso zwischen Lehrkraft und Kind bzw. auch mehreren Kindern wie ein Dialog zwischen Lehrkraft und Eltern sein. Beide Gesprächssituationen haben ihren Sinn und ihre spezifische Struktur. In den schwedischen Grundschulen werden derzeit Gespräche erprobt, die beide Adressatengruppen verknüpfen. Auch in Deutschland gibt es Erfahrungen mit Gesprächen zur Rückmeldung über die Lernentwicklung. Sie haben aber meist nur einen halboffiziellen, wenig verbindlichen Charakter (Elternsprechtag). An der Bielefelder Laborschule sind sie zum Schulhalbjahr fest verankert (vgl. u.a. Schaub 1999, S. 54). Bemerkenswert ist allerdings, dass bei der Berliner Eltern- und Lehrerbefragung im Schuljahr 1994/95 die Lehrerinnen und Lehrer, abgeschwächt auch die Eltern, relativ häufig (bis zu 38 %) „verbindlichen Gesprächen" den Vorzug unter allen Formen der Lernentwicklungsrückmeldung gaben (vgl. Würscher u.a. 1997, Abb. 1 u. 2).

Elternsprechtag

Auch Gespräche zwischen Kindern sind wichtige Elemente einer „Rückmelde-Kultur" in der Grundschule (vgl. Bartnitzky 1999a, S. 19). Kinder übernehmen mit ihrer Bereitschaft zur Solidarität in der Klassengemeinschaft, mit ihrer spontanen Begeisterung für etwas Gelungenes, aber auch mit ihrer Fähigkeit, offen und ohne voreilige Verallgemeinerungen Kritik zu üben, eine wichtige und wichtig genommene Funktion der Spiegelung individueller Lernentwicklung („Mir hat an deinem Bild gut gefallen, dass [...] Mir gefällt an deinem Bild nicht so gut, dass [...]", ebda.).

„Rückmeldekultur"

Rückmeldung erhalten die Kinder aber auch durch ihre unterschiedlich gelungene Auseinandersetzung mit Aufgaben, mit Themen und Sachen, mit denen sich die Kinder beschäftigen (vgl. ebda., S. 15 f.). Die Fehlerkontrolle in Montessori- oder anderen Lernmaterialien oder auch die ersten Rückmeldungen von Lehrkräften und MitschülerInnen sensibilisieren die Kinder für Qualität, Sorgfalt und Genauigkeit bei der Bewältigung oder Lösung von Aufgaben.

Einen Schritt weiter geht das während der 90-er Jahre in den USA entwickelte Konzept der Leistungsbeurteilung mit **Portfolios** (vgl. u.a. Vierlinger 1999). Im Vordergrund steht hier nicht die Differenzierung einer „Rückmeldekultur" in der Schulklasse, sondern die Aktivierung der Kinder bei der eigenen Sammlung von _„Beweismitteln"_ für ihr Können und ihre Lernentwicklung und bei der Anfertigung von „Selbstbeobachtungsprotokollen" als Grundlage sowohl für Selbstbeurteilung als auch für regelmäßige LehrerIn-SchülerIn-Gespräche. Die „Beweismittel" können sich auf Arbeitsergebnisse und Leistungen beziehen, die von der Schule gefordert oder aber von den Kindern aus eigener Initiative (auch außerhalb des Unterrichts) erbracht werden (vgl. Brunner/Schmidinger 2000, S. 17 ff.).

„Ein Portfolio ist eine dynamische zielgerichtete und systematische Sammlung von Arbeiten, die die individuellen Bemühungen, Fortschritte und Leistungen des Lernenden in einem oder mehreren Lernbereichen darstellt und reflektiert" (A. Collins 1994, zit. nach Wellensiek u.a. 2001, S. 21).

Portfolio wird offenen Unterrichtsformen und individuellen Lernprozessen im besonderen Maß gerecht. Sie erfordert und fördert Selbstständigkeit und Autorenstolz und damit ein verändertes, positives Verhältnis der Lernenden zu Anstrengung und den sinnlich erfassbaren Resultaten von Anstrengung. Zugleich geht sie auf die Verschiedenheit individueller Begabungen ein und stärkt Mit- und Selbstverantwortung der Schüler im Unterricht (vgl. Brunner/Schmidinger 2000, S. 20).

8 Perspektiven für eine Grundschule der Zukunft

Didaktisches Handeln ist in Art und Qualität, wie in den vorangegangenen Kapiteln deutlich gemacht werden sollte, von gestaltbaren Rahmenbedingungen abhängig:

Rahmenbedingungen für didaktisches Handeln

- von der Interpretation der Lehrerrolle
- von den Erwartungen an Lernhandeln und Leistung der Kinder
- von der Art der schulischen Zeitverwendung
- von der räumlichen Gestaltung der Lernumgebung
- von den Möglichkeiten, Schule zum Nahbereich zu öffnen.

Veränderungen der schulischen Rahmenbedingungen schlagen damit auch auf didaktisches Handeln durch. Reform, Reformabbruch oder Stagnationsphasen in der Schulpolitik sind zu einem großen Teil an der Weise ablesbar, wie sich Lehrerinnen und Lehrer didaktischer Mittel bedienen. Reform oder Stagnation der Bedingungen didaktischen Handelns sind aber nicht nur als Resultate der Bildungspolitik zu verstehen (Top-down-Modell für die Erklärung des Zusammenhangs von Politik und Pädagogik). Die Systemtheorie hat auf die „relative Autonomie" des Schulsystems, ihre „Selbstreferentialität" aufmerksam gemacht (vgl. Luhmann): Schule hat ihre eigenen Regeln, Rituale, Zielvorstellungen, Bewertungssysteme und Handlungsmuster entwickelt (vgl. auch Wissinger 1988). Sie macht sich damit auch ansatzweise resistent gegen Veränderungen, insbesondere gegen Einwirkungen von außen. Die Schule und ihre Akteure schaffen sich eine eigene „Lebenswelt" (Habermas) mit spezifischen Bedeutungshierarchien, Kommunikationsthemen und Symbolen (zur Schulautonomie vgl. jüngst u.a. Radtke/ Weiß). Den Akteuren in der Schule gelingt es damit teilweise (ohne dies gezielt zu planen), sich gegen die Ansprüche und Erwartungen, die von Eltern, Wirtschaft und Politik an die Schule herangetragen werden, abzuschirmen (vgl. Klafki 1982). Dadurch entsteht das Paradox, dass die Schule, die Lernbereitschaft, Lernfähigkeit, Aufgeschlossenheit gegenüber dem Neuen und Fremden, das Üben noch nicht sicherer Verhaltensweisen fördern soll, selber nur begrenzt über diese Eigenschaft verfügt und nur begrenzt bereit ist, diese zu erwerben.

Schule hat ihre eigenen Regeln, Rituale, Zielvorstellungen, Bewertungssysteme und Handlungsmuster

In der Bildungsreformphase der späten 60-er und frühen 70-er Jahre des 20. Jahrhunderts sind andererseits staatliche Eingriffe in das Schulsystem vorgenommen worden. Sie betrafen die verschiedensten Ebenen des Systems von der institutionellen Struktur der Schule bis zur Qualifizierung der Lehrkräfte und (via lernzielorientierte Curricula) zur Unterrichtsgestaltung. Die schulischen Akteure verhielten sich unterschiedlich zu diesen von außen („oben") kommenden Eingriffen, die begrüßt oder abgelehnt wurden. Wie schon im 19. Jahrhundert und in den 20-er und 30-er Jahren des 20. Jahrhunderts kam es zu einer verdeckten Polarisierung und Politisierung der Lehrerschaft, die bis heute anhält, auch wenn viele LehrerInnen von sich behaupten, sich für Politik nur wenig zu interessieren.

In den 90-er Jahren des 20. Jahrhunderts haben sich nach einer längeren (etwa 15-jährigen) Stagnation die politischen Initiativen im Schulbereich wieder verstärkt. Sie können aber nur wirksam werden, wenn sie von einem engagierten Teil der Lehrerschaft unterstützt werden. Sonst drohen sie boykottiert zu werden und ins Leere zu laufen. Äußere und innere Schulreform können nur zusammen Organisationskultur und schulische Lernkultur verändern.

Reformschwerpunkte mit organisatorischen und lernkulturellen Veränderungen

Folgende Reformschwerpunkte mit organisatorischen *und* lernkulturellen Veränderungen sind in den letzten Jahren erkennbar (vgl. auch Carle 1998):

- Mehr *Zeit* für Kinder in der Grundschule
- Akzeptieren und Nutzen der *Verschiedenheit* von Kindern
- *Öffnen* von Gegenständen und Orten des Lernens
- *Qualitätssicherung* in der Schule durch mehr *Eigenverantwortung* der einzelnen Schule und mehr *Transparenz* der Inhalte und Ergebnisse des Lernens.

Mehr Zeit für Kinder in der Grundschule

Die Kategorie Zeit spielt im schulischen Alltag und auch in der Reformdiskussion eine große, in der Regel aber nur in isolierten Einzelbereichen diskutierte Rolle: Dauer von Unterrichtsstunden, tägliche Schulverweildauer, Anzahl der Grundschuljahre oder der Schuljahre bis zum Abitur. Alle diese Facetten des Zeitthemas sind in Fluss geraten.

Aufgeben des 45-Minuten-Taktes

Auf der *Mikroebene* der Lernzeiten gehört das Aufgeben des 45-Minuten-Taktes seit Ende der 60-er Jahre des 20. Jahrhunderts zu den Forderungen in den Konzepten einer inneren (Grund-)Schulreform (vgl. Holtappels 1999). Ziel war (und ist) es, Lernzeiten und entsprechend Entspannungszeiten den Erfordernissen der Lerngegenstände, den Bedürfnissen und Fähigkeiten der einzelnen Lerner und situativen Bedingungen anzupassen. Die Forderung nach Auflösen der Stundenschule hat einen Doppelcharakter, zum einen sollen die Taktzeiten situationsbezogen variiert werden (z.B. kürzere Übungs- und längere Erarbeitungsphasen); zum anderen sollen die einzelnen Lernenden die Möglichkeit erhalten, ihren eigenen Lernstil zu finden, indem sie ihr Lerntempo und ihr Bedürfnis nach Realisierung ihres persönlichen Rhythmus' von Anspannung und Entspannung in die individuelle Gestaltung von Lernprozessen einbringen können.

Erweiterung der täglichen Schulzeit

Auf einer ganz anderen Ebene wird die Frage nach *Erweiterung der täglichen Schulzeit* diskutiert (vgl. zusammenfassend ebda., S. 454 f.). Vor allem frauen-, familien- und beschäftigungspolitische Argumente haben in den letzten Jahren die Bildungs- und Jugendpolitiker einer

Reihe von Bundesländern dazu veranlasst, Modelle stabiler, verlässlicher und tendenziell erweiterter täglicher Schulzeiten zu entwickeln, zu erproben und flächendeckend auszuweiten. Ganze Halbtagsschule, Volle Halbtagsschule, verlässliche Grundschule, Schule mit verlässlichen Öffnungszeiten, Schule von 8 bis 1 sind die Markennamen, die die Bundesländer gewählt haben, um ihre Konzepte erweiterter Schulzeit als kinder- und familienfreundliche Produkte bekannt zu machen. Entwicklungsstände bei der Umsetzung, Organisationsformen und Modelle des Personaleinsatzes sind in den Ländern unterschiedlich. Hessen, Rheinland Pfalz, weitgehend auch Hamburg und Niedersachsen sehen in erster Linie im zusätzlichen Lehrereinsatz die Voraussetzung für die „Abdeckung" der erweiterten täglichen Schulzeit, während Nordrhein-Westfalen – allein aus Kostengründen – auf die Beschäftigung pädagogisch interessierten, günstigstenfalls sozialpädagogisch qualifizierten Personals auf Honorarbasis setzt (vgl. Knauf 2000c). Beide Modelle haben ihre Stärken und Schwächen: Der verlängerte oder zusätzliche Einsatz von Lehrkräften kann den Kindern die Sicherheit geben, dass im erweiterten Schultag schulisch Vertrautes geschieht, vielleicht sogar ihnen bekannte Bezugspersonen wieder für sie da sind; andererseits wird vielleicht die Chance seltener wahrgenommen, den Schultag vielfältiger zu gestalten, ihn mit neuen Akzenten zu versehen, die den Kindern Anregungen und Abwechslung geben können. Die Beschäftigung von pädagogisch interessierten, aber nicht als Lehrer ausgebildeten Personen könnte hier eine Alternative bieten; insbesondere bei sozialpädagogisch qualifiziertem Personal kann erwartet werden, dass spiel- und bewegungspädagogische Impulse sowie Anregungen zum kreativen Gestalten, zu Gruppenaktionen oder zu Entspannungsübungen eingebracht werden (vgl. Schlote 2000). Andererseits besteht bei wenig qualifiziertem Personal die Gefahr, dass sich die Erweiterung der täglichen Schulzeit zur bloßen „Eckstundenbetreuung" ohne Zusammenhang mit dem übrigen Schultag reduziert.

Das noch recht neue rheinland-pfälzische Konzept der Vollen Halbtagsschule hat eine seiner Wurzeln in dem vorranggebend durchgeführten Modellversuch der „Spiel- und Lernschule" (vgl. Staatliches Institut für Lehrerfort- und -weiterbildung). Möglicherweise könnte dies eine zukunftsweisende Konstellation bedeuten: Mehr Zeit für Kinder zu nutzen für die Gestaltung eines erweiterten Schulvormittags, der unterschiedliche Aktivitäten integriert:

* Formen des *Lernens* (z.B. Neues kennen lernen, Aufgaben/Probleme lösen, üben/und wiederholen, Lernhandlungen planen und vorbereiten, Lernergebnisse dokumentieren oder austauschen)
* *Bewegungs- und Entspannungsphasen* (vom Tanz bis zum Yoga)
* verschiedene Beiträge zur *Schullebengestaltung* (z.B. Kreisgespräche, gemeinsam gestaltete Mahlzeiten, Klassenraum- und Schulgebäude-, Schulhof- und Schulgartengestaltung, Vorbereitung von Ausstellungen, Festen, kulturellen Aktivitäten)
* Beiträge zur *Schulöffnung* (z.B. Aufsuchen außerschulischer Lernorte, Erkunden des Nahbereichs der Schule, Einbeziehen externer Experten, von Eltern, Großeltern, Geschwistern, Bekannten und Nachbarn in Unterricht und Schulleben).

mehr Zeit für Kinder nutzen zur Gestaltung eines erweiterten Schulvomittags

Akzeptieren und Nutzen der Verschiedenheit von Kindern

In seinem Buch „Die Risikogesellschaft" hat Ulrich Beck (1986) mit allem Nachdruck auf ein keineswegs neues, sich in den letzten Jahrzehnten aber zunehmend verstärkendes Phänomen aufmerksam gemacht, das er die „Pluralisierung und Individualisierung" der Gesellschaft nannte. Die sich seit der Veröffentlichung der „Risikogesellschaft" deutlich differenzierende Kindheitsforschung hat entsprechende Entwicklungen beim Aufwachsen der Kinder registriert. Gesprochen wird von „verschiedenen Kindheitsmustern" und von der „Biographisierung der Kindheit". Neben die biologischen Differenzierungen in der nachwachsenden Generation (Geschlecht und Alter) treten soziale und kulturelle Unterschiede (Familieneinkommen, Bildungsstatus der Eltern, Religionszugehörigkeit, Herkunft aus anderen Ländern und Kulturen). Daneben gibt es Unterschiede hinsichtlich Begabung, Fähigkeiten, körperlicher, geistiger und seelischer Konstitution sowie der sozialemotionalen Aufwachsensbedingungen (z.B. Ein-Eltern- oder Ein-Kind-Familie, „Patchworkfamilie", Waise) (vgl. Preuss-Lausitz 1993).

„Vereinfachung" der Arbeit von Lehrern durch die Schaffung homogener Lerngruppen

Mit der Ausdifferenzierung schulischer Bildungssysteme seit Beginn der Neuzeit, insbesondere seit der ersten Hälfte des 19. Jahrhunderts hat man versucht, die Arbeit des Lehrers in einem auf ihn zentrierten Unterricht durch Schaffung möglichst homogener Lerngruppen zu vereinfachen. Man schuf
- Jungen- und Mädchenschulen
- ein höheres und ein niederes Schulwesen (das möglichst auf die soziale Stellung der Herkunftsfamilien bezogen war bis hin zu Fabrik- und Armenschulen)
- Waisenhausschulen
- Jahrgangsklassen
- Sonderschulen und -klassen für verschiedene Behinderungsarten
- Krankenhausschulen.

In der Reformpädagogischen Bewegung und erneut seit Beginn der Diskussion um offenen Unterricht in den frühen 70-er Jahren des 20. Jahrhunderts wurde das Prinzip der Homogenisierung schulischer Lerngruppen in Frage gestellt. Innere Differenzierung im Rahmen offenen Unterrichts ermöglicht es Lernenden mit unterschiedlichen Voraussetzungen, Lernergebnisse zu erzielen und eigene Lernstile zu entwickeln.

Berücksichtigung von Verschiedenheit und Individualität

Die Voraussetzung hierfür ist („nur") das Berücksichtigen von Verschiedenheit und Individualität z.B. auf den Ebenen
– der Lerninteressen
– der jeweiligen Erfahrungen
– der spezifischen Begabungs- und Fähigkeitsprofile
– der spezifischen Lerntempo und des jeweiligen Rhythmus zwischen Anspannung und Entspannung
– der Lerngeschichte
– der jeweiligen Lernblockaden und Lernprobleme.

In einem individualisierten Unterricht „stört" die Verschiedenheit der Kinder nicht, weil Kinder sich beim Lernen primär an ihren eigenen Bedürfnissen und Voraussetzungen orientieren, sich aber auch auf Hilfen, Impulse, Aufmunterungen, wettbewerbsorientierten Anfeuerungen oder auch auf Tröstung und Solidarität ihrer Mitschüler in einer nicht auf Einzelkämpfertum fixierten Klassengemeinschaft stützen können. Schon 1981 veröffentlichen Olechowski und Weinzierl die Ergebnisse eines Modellversuchs zur inneren Differenzierung und Individualisierung (vgl. Olechowski/Weinzierl 1981). In diesem Versuch wurden die Lernleistungen verschiedener Gruppen (5. Jahrgangsstufe) verglichen:

Vergleich von Lernleistungen verschiedener Lerngruppen

1. Lerngruppen in einem straff organisierten Unterricht, bei dem in jedem Stoffgebiet alle Kinder einen Mindestlehrstoff (Fundamentum) erarbeiten sollten und einige Schüler ihrem Leistungsstand entsprechende erweiterte Aufgaben erhielten
2. Gemeinsame Stofferarbeitung und gemeinsame Übungen (lehrerzentrierter Unterricht und Stillarbeit) in leistungsheterogenen Gruppen
3. Kurzfristige, flexible und jederzeit veränderbare Differenzierung in Kleingruppen-, Partner- und Einzelarbeit.

Der Modellversuch erbrachte das Ergebnis:
- Unterricht in leistungsheterogener Gruppierung mit innerer Differenzierung hat für die durchschnittlich bis schwächer begabten Schüler eindeutig positive Effekte.
- In einem Unterricht mit innerer Differenzierung ergeben sich auch für die gut begabten Schüler keine Nachteile.
- Innere Differenzierung und Individualisierung führt zu keinem Niveauverlust.
- Differenzierter Unterricht fördert die Schulfreude und verringert die Prüfungsangst.

Das Herstellen von Leistungsheterogenität auch in Klein- und Partnergruppen kann nicht aus sich heraus Lernfreude und Lernleistungen stabilisieren und günstigenfalls verbessern. Hierzu sind vielmehr einige Voraussetzungen nötig:

Voraussetzungen zur Stabilisierung und Verbesserung von Lernfreude und -leistung

a) die frühzeitige Schaffung und immer wieder erneute Unterstützung einer Atmosphäre der wechselseitigen Akzeptanz, des Aufbaus von Selbstachtung, zugleich der Wahrnehmung und Anerkennung des Anderen (vgl. Prengel 1993, S. 184 ff.)
b) die an Beispielen sich entwickelnde „Fehlerkultur": Fehler sind unsere Freunde, weil wir aus ihnen Lernen (vgl. Brügelmann 2000)
c) das Üben wechselseitiger Hilfe: MitschülerInnen fragen, sie um Hilfe bitten, eigene Lernerfahrungen anderen transparent machen, Wissensvorsprünge preisgeben, gemeinsam nach Lösungen suchen, Freude bei gemeinsamen Lernfortschritten finden
d) sinnliche Ausdrucksformen für gemeinsame Lernprozesse entwickeln: Heft- und Wanddokumentationen, gemeinsames Präsentieren von Prozessen und Ergebnissen vor der Klasse.

Die Erkenntnisse über den Erfolg von Lernen in heterogenen, differenzierten Gruppen und über deren positiven Begleiterscheinungen, wie Erwerb sozialer Kompetenzen und Steigerung von Lern- und Schulfreude, hat auch zu einem bildungspolitischen Umdenken geführt: Die Hartnäckigkeit, mit der im 19. Jahrhundert die Homogenisierung schulischer Lerngruppen durch Separierung der Heranwachsenden nach Geschlecht, Alter, sozialer und ethnischer Herkunft, Religion und Leistungsfähigkeit betrieben wurde, ist im 20. Jahrhundert schrittweise zurückgenommen worden:

schrittweise Zurücknahme der Homogenisierung schulischer Lerngruppen

- Koedukation statt Lernen in Mädchen- und Jungenschulen
- Stärkung des Prinzips Chancengleichheit, um alle Kinder unabhängig vom sozialen Status ihrer Eltern zu fördern (schon die 1920 eingeführte gemeinsame Grundschule für alle Kinder folgt diesem Prinzip)
- interkulturelle Erziehung statt Einrichtung von Ausländerklassen (vgl. ebda., S. 64 ff.)
- Gemeinsamer Unterricht mit behinderten und nicht behinderten Kindern (vgl. Rosenberger 1998)
- Jahrgangsübergreifender Unterricht in Montessori-, Petersen- und Reformschulen sowie im Modell Kleine Grundschule in Brandenburg und anderen neuen Bundesländern und in der in Hessen, Rheinland-Pfalz und Brandenburg erprobten Flexiblen Eingangsphase (vgl. Laging 1999 sowie Themenheft PÄD Forum 4/1997).

Keiner dieser Reformschritte ist ohne Widerstand durchgesetzt worden. Vielfach sind auch nur Teilerfolge erzielt worden, wie bei der Umsetzung des Gemeinsamen Unterrichts, der Kleinen Grundschule oder der altersgemischten Flexiblen Eingangsphase. Die Vermischung von Verschiedenartigem, so auch das Zusammenleben von verschiedenartigen Menschen, kann Ängste auslösen und bei manchen Eltern den Verlust von schulischen Startvorteilen für ihre Kinder befürchten lassen.

Wechselspiel von Fortschritten, Stagnation und Rückschritten

Es ist nicht zu erwarten, dass sich Veränderungen in diesem Bereich rasch vollziehen werden. Fortschritte, Stagnationen und auch Rückschritte werden sich vermutlich abwechseln, weil die Frage nach dem Lernen in Gruppen mit Kindern (vermeintlich) gleichartiger oder aber verschiedenartiger Voraussetzungen nicht nur eine Frage der pädagogischen Methodik, sondern auch gesellschaftlicher Interessen ist. In diesen Fragekomplex gehört auch die Problematik der Leistungsbeurteilung. Eine quantifizierende, vergleichende Leistungsbeurteilung (mit Ziffernnoten) orientiert sich tendenziell an einem anderen Menschen- und Gesellschaftsbild als eine Beurteilungsform, die auf die diagnostische und beratende Beschreibung individueller Lernfortschritte abzielt. Auch in der Frage der Leistungsbeurteilung ist – anders als in Skandinavien oder etwa Italien – das Wechselspiel von Fortschritten, Stagnation und Rückschritten für die nächsten Jahre zu erwarten.

Öffnung von Lerngegenständen und Lernorten

Die neuere Diskussion um Bildung, um schulisch zu stabilisierende Werte sowie um Schlüsselprobleme (vgl. Klafki 1997) und Schlüsselqualifikationen (vgl. ders. 1999 oder Negt 1997) hat die Sicherheit relativiert, dass fachliche Lehrpläne eine gesicherte Basis für die Auswahl schulischer Inhalte abgeben können. Zwar sind Anspruch und Verfahrenssorgfalt bei der Erstellung von Lehr- oder Rahmenplänen in den letzten Jahrzehnten gesteigert worden, doch können Fachcurricula kaum alles das abbilden, was Kinder in der Grundschule heute lernen könnten und sollten (z. B. Teamfähigkeit, Konfliktlösefähigkeit, Toleranz, Resistenz gegen Süchte, Naturliebe [...]; s.o. Kapitel 3.5).

Solche Relativierungen kanonisierter Lern- und Wissensbestände sind notwendig, um dem ganzheitlichen Erziehungs- und Bildungsauftrag der Grundschule gerecht zu werden. Der erweiterte Erziehungs- und Bildungsauftrag ist Konsequenz der veränderten Kindheit und insbesondere der mit sozialen und sozialökologischen Wandlungsprozessen verbundenen Verluste an sinnlichen und sozialen Erfahrungen bei vielen Kindern. Curriculare Öffnungen sind jedoch nicht generalisierbar. Sie können adressatenbezogen treffsicher nur im Hinblick auf die einzelne Schule mit ihrem spezifischen sozialen und ökologischen Umfeld oder hinsichtlich einzelner Schülerinnen und Schüler beschrieben werden.

Curriculare Öffnungen sind nicht generalisierbar

Die (internationalen) Schulleistungsvergleiche (TIMSS und andere) haben auf der anderen Seite seit einigen Jahren wieder eine Rückwendung zu möglichst eindeutig definierten inhaltlichen Lernvorgaben gefördert. Die Forderung nach curricularer Öffnung und nach verstärkter Orientierung an curricularen Standards stehen einander gegenüber. Eine Lösung dieses Widerspruchs entgegengesetzter Forderungen könnte die Einführung „verbindlicher Kerncurricula" sein (vgl. Böttcher/Hirsch 1999). Ein verbindliches Kerncurriculum gäbe Kindern, LehrerInnen, Eltern, Schulaufsicht und Öffentlichkeit eine klare Orientierung, was in Fächern und Lernbereichen der Grundschule verpflichtend zu lernen ist. Es verhilft allen Beteiligten, Überfrachtungen von Unterrichts-, Lern-, Übungs- und Förderungsprozessen zu vermeiden und sich auf zivilisatorisch und kulturell Grundlegendes zu konzentrieren.

„verbindliche Kerncurricula"

Wenn Kerncurricula konsequent zu der immer wieder neu geforderten „Entrümpelung" der Lehrpläne genutzt werden, entstehen Freiräume für differenzierte Lernprozesse, die den Bedürfnissen einzelner Kinder oder von Kindern eines bestimmten sozialen und/oder ökologischen Einzugsbereichs entsprechen.

Die Öffnung der Lernorte ist ein Postulat, das von verschiedenen Vertretern der Reformpädagogischen Bewegung aufgestellt und umgesetzt wurde: Naturerleben und Naturerfahrung gehörten zu den großen Themen der Landerziehungsheimbewegung zu Beginn des 20. Jahrhunderts, Erkunden und erprobendes Handeln an außerschulischen Produktionsorten waren Bestandteile des Konzeptes der Arbeitsschulbewegung. Célestin Freinet und Adolph Reichwein führten diese Forderungen in den 20-er bis 40-er Jahren weiter.

Öffnung der Lernorte

Parallel dazu standen im angloamerikanischen Bereich unter dem Einfluss von Henry Morris und John Dewey die Wurzeln der Community Education, die verstanden werden kann als ein komplexes Konzept der Öffnung von Schule zum Nahbereich, zu verschiedenartigen Lernorten außerhalb der Schule sowie zu Personen (Eltern, Nachbarn, Experten, Künstlern [...]), die in die Schule eingeladen werden und hineinkommen (vgl. Buhren 1994). Die Community Education ist seit einigen Jahrzehnten eine internationale Bewegung, zu der das Lernen vor Ort in den Alphabetisierungskampagnen der Dritten Welt ebenso gehört wie der Austausch zwischen Stadt- und Landschulen in Skandinavien. In Deutschland setzt sich der Verband Comed e.V. mit Sitz in Dortmund für die Verbreitung der Ideen und das Aufgreifen von Praxiserfahrungen der Community Education ein. Zu den wichtigsten bildungspolitischen Konkretisierungen gehört das seit 1986 in Nordrhein-Westfalen praktizierte Programm „Gestaltung des Schullebens und Öffnung der Schule" (GÖS) (vgl. u.a. ebda. S. 109 ff.). Zu seinen Zielen gehören:

Ziele bei der Gestaltung des Schullebens und der Öffnung der Schule

- die lebendige Gestaltung der Beziehung zwischen der Einzelschule und ihrer Nachbarschaft in Stadtteil oder Gemeinde
- das Nutzen vielfältiger Lernorte außerhalb der Schule, um Lernen in originalen Zusammenhängen und ganzheitlichen Bezügen zu ermöglichen
- das Zusammenarbeiten mit Vereinen, Institutionen und Betrieben, um ein Netzwerk anregender und authentischer Lernmöglichkeiten zu schaffen
- das Hereinholen von Experten in die Schule, um Wissens- und Fähigkeitsvermittlung denen zu übertragen, die am meisten von einer Sache verstehen.

Das Öffnen des Lernortes Schule ist eine kaum umstrittene Forderung innerhalb der Pädagogik (vgl. u.a. Burkard 1992). Sie dürfte in den nächsten Jahren gerade vor dem Hintergrund der Mediatisierung von Erfahrungen an Bedeutung immer mehr gewinnen. Wenn einerseits digitalisierte Wissensvermittlung auch in der Grundschule auf dem Vormarsch ist (Internet), wird andererseits der Bedarf an sinnlich-handlungspraktischen Lernerfahrungen in originalen Umfeldern kompensatorisch immer wichtiger. Anders lässt sich die Ganzheitlichkeit des Lernens, das Ermöglichen von Lernen mit Kopf, Herz und Hand nicht sichern lassen.

Die Qualität von Schule und Unterricht

Seit der Diskussion der Ergebnisse von TIMSS, der 1997 veröffentlichten internationalen Vergleichsstudie über Leistungen von Sekundarstufenschülerinnen und -schülern im naturwissenschaftlichen und Mathematikunterricht, haben Begriffe wie Schulqualität oder Qualitätsentwicklung und Qualitätssicherung in Schule und Unterricht Konjunktur in der bildungspolitischen und pädagogischen Öffentlichkeit. Dies ist eine begrüßenswerte Entwicklung; denn im Interesse der Kinder und zukünftigen Erwachsenen kann es nur sinnvoll sein, wenn sich möglichst viele gesellschaftliche Akteure für Qualität und Qualitätsverbesserung pädagogischer Arbeit engagieren.

Qualität und Qualitätsverbesserung pädagogischer Arbeit

Wir können allerdings mit großer Wahrscheinlichkeit davon ausgehen, dass die Frage nach der Güte pädagogischer Arbeit so alt ist wie professionelles pädagogisches Handeln. Sie wird beispielsweise im 4. vorchristlichen Jahrhundert von Platon in seinem philosophischen Dialog „Der Staat" aufgeworfen. Und alle pädagogischen Theoretiker, ob Comenius, Pestalozzi oder die Reformpädagogen folgten ihm. Und alle, die selber unterrichten, stellen sich offen oder indirekt tagtäglich Fragen wie: Habe ich den Unterricht heute richtig konzipiert? Habe ich angemessene Ziele anvisiert? Habe ich die Schülerinnen und Schüler erreicht, ihre Neugier, ihr Lerninteresse geweckt, die notwendigen Hilfen und eine gut dosierte Rückmeldung gegeben?

Die aktuelle Qualitätsdiskussion enthält allerdings eine neue Dimension. Sie ergibt sich aus der Nähe des heute favorisierten Qualitätsbegriffs zum betriebswirtschaftlichen Denken, insbesondere zu den neueren organisationstheoretischen Managementkonzepten (vgl. Heller/ Hindle 2000).

Daraus ergeben sich folgende Annahmen:

1. Organisationen, und das sind Betriebe, Behörden, Verbände, verfolgen jeweils spezifische Zwecke, die um so besser erreicht werden, je präziser sie definiert sind, je reflektierter und kontrollierter Mittel zur Zielerreichung eingesetzt werden. Angestrebt wird ein möglichst ökonomisches Ziel-Mittel-Verhältnis.

2. Die Zwecke einer Organisation lassen sich als Produkte umschreiben, mit denen öffentliche oder private Bedürfnisse befriedigt werden können. Als Produkte schulischer Dienstleistungen können beispielsweise die Beherrschung der Orthographie der deutschen Sprache, aber auch die Stärkung von individueller Selbständigkeit oder von sozialer Sensibilität verstanden werden.

3. Die Produkte einer Organisation, wie z.B. einer Schule, werden in Prozessen hervorgebracht. Diese werden mittelbar oder unmittelbar von Menschen betrieben, die dabei ihre physische und psychische Arbeitskraft ebenso wie ihre fachliche Qualifikation einsetzen, sich aber auch gegenständlicher, räumlicher und zeitlicher Ressourcen bedienen.

4. Die Qualität schulischer und anderer Produkte ist immer verbesserbar. Der Prozess der Qualitätsentwicklung basiert auf der regelmäßigen Analyse der humanen und materialen Ressourcen und der Formen ihrer Nutzung.

5. In die Analyse von Stärken, Schwächen und Besonderheiten einer Organisation gehen allgemein anerkannte Normen und externe Erwartungen, aber auch die Zieldefinitionen und Handlungserfahrungen der Organisationsmitglieder selber, also auch des Kollegiums einer Schule ein.

6. Produktqualität ist vom Grundsatz her messbar und vergleichbar. Sie bemisst sich an dem Gebrauchswert von Produkten, der in einzelnen Faktoren und Indikatoren beschreibbar ist, aber immer wieder gesellschaftlichen Wandlungsprozessen unterliegt.

7. Das Verfahren der Qualitätsbewertung kann Elemente interner und externer Evaluation verzahnen. Wichtige Instrumente sind Berichte, die sowohl von den Organisationsmitgliedern als auch von externen Fachleuten erstellt werden können.

8. Evaluation ist kein Selbstzweck. Sie ist vielmehr Bestandteil von

Nähe des Qualitätsbegriffs zum betriebswirtschaftlichen Denken

Qualitätsentwicklung. So enthält die bewertende Rückmeldung selber schon Elemente der Beratung, die wiederum Ansatzpunkte zur Qualitätsverbesserung transportiert (vgl. Knauf 2000).

Kriterien der Schulqualität

Kriterien der Schulqualität
Nach den Grundsätzen des Qualitätsmanagements haben die Abnehmer von Produkten die entscheidende Bedeutung bei der Qualitätsdefinition; sie können in der Nutzung von Produkten am ehesten Erfahrungen mit deren Gebrauchswert machen.
Doch wer sind die Abnehmer? Die Kinder, an deren Bedürfnisse sich die „Produkte" der Schule richten und sich zu orientieren haben, deren Eltern, die zukünftigen Arbeitgeber, die Erwartungen an die Qualifikation von Schulabgängern stellen, oder allgemein die Gesellschaft? Die Frage ist nicht leicht zu beantworten. Am naheliegendsten mag erscheinen, die Heranwachsenden selber als Abnehmer und Kunden von Bildung und Erziehung zu sehen.
Dieser Einschätzung scheint auch Helmut Fend in seiner breit angelegten Studie zur Schulqualität zu folgen, wenn er „[...] Qualität des Bildungswesens darin sieht, *dass möglichst viele Kinder durch eine bestmögliche Anknüpfung an die inneren Entwicklungsprozesse des Verstehens und der Motivation auf eine möglichst hohe kulturell definierte Ebene von Kompetenzen, des Verständnisses und der Welteinstellung geführt werden [...]*" (Fend 1998 S. 383; Hervorhebung im Original).
Die Schülerorientierung in der Fendschen Beschreibung von Schulqualität ergibt sich auch aus seiner im Anschluss formulierten Forderung: „Ferner verlangt dies eine situative Gestaltung von Unterricht, die es ermöglicht, den jeweiligen Entwicklungsstand des Schülers zu erkennen, um ihn dort abzuholen, wo er gerade steht. [...] Ein Unterricht, der die vorhandenen Kompetenzen und Wissensformen zur Geltung kommen lässt, vergrößert die Chance, dem [...] innerhalb einer Klasse sehr unterschiedlichen Stand an Kenntnissen und Fertigkeiten gerecht zu werden" (ebda., S. 383 f.).

den jeweiligen Entwicklungsstand des Schülers erkennen, um ihn dort abzuholen, wo er gerade steht

Solche noch recht allgemein gehaltenen Bestimmungen für einen „guten", schülerorientierten Unterricht wurden in einem Thesenpapier des Arbeitskreises Grundschule – Der Grundschulverband – e.V. konkretisiert (vgl. Schmitt 1999, S. 165 ff.). So enthält das Thesenpapier „Prozesskriterien für ‚guten Unterricht'" mit sowohl fachlicher als auch fächerübergreifender Ausrichtung. Die „fächerübergreifenden Kriterien für die ‚Qualität von Unterricht'" lauten:

fächerübergreifende Kriterien für die „Qualität von Unterricht"

„1. Methodisch-organisatorische Offenheit:
Wie weit bietet der Unterricht Schülerinnen und Schülern mit unterschiedlichen Voraussetzungen
a) Raum für die Entfaltung verschiedener Interessen und Fähigkeiten?
b) Herausforderungen auf ihrem individuellen Entwicklungsstand?
c) Hilfen für den Ausgleich besonderer Schwächen?

2. Didaktisch-inhaltliche Offenheit:
Wie weit verlangen und erlauben die Aktivitäten, Situationen, Aufgaben
a) eigene Fragen, Vermutungen, Strategien zu erproben und neue Erfahrungen in das eigene Denken einzuordnen?

b) *sich mit den Deutungen anderer Personen/Traditionen auseinander zusetzen, eine abweichende Sicht zu begründen?*
c) *individuelle Vorstellungen über verschiedene Zwischenformen bzw. fachspezifische Theorien zu entwickeln?*

3. Pädagogisch-politische Offenheit:
Wie weit ermöglicht und fordert der Unterricht von Schülerinnen und Schülern
a) *eigene Ziele und inhaltliche Schwerpunkte für ihre Arbeit zu setzen?*
b) *an der Planung/Gestaltung gemeinsamer Vorhaben mitzuwirken?*
c) *Mitverantwortung für das soziale Zusammenleben zu übernehmen?"* (ebda., S. 180 f.)

Eine konsequente Orientierung des Qualitätsbegriffs an den Bedürfnissen der Heranwachsenden müsste allerdings eine authentische Erfassung der Qualitätsvorstellungen aus Schülersicht einschließen. In einem Forschungsprojekt an der Universität Bamberg ist vor einigen Jahren ein entsprechender Versuch unternommen worden (vgl. Ackermann 1997). Aus dieser Untersuchung ergeben sich u. a. folgende Qualitätsmerkmale aus Schülersicht, mit denen der Kriterienkatalog des Grundschulverbandes erweitert oder konkretisiert werden kann. *Qualitätsmerkmale aus Schülersicht*

• Für die Heranwachsenden ist Schule nicht nur Lernort, sondern vor allem „sozialer Ort", an dem sie Freunde treffen und sich mit Gleichaltrigen austauschen.
• Heranwachsende wollen sich in der Schule wohlfühlen, können dies wegen der eintönigen Schulhausgestaltung, der spielunfreundlichen Pausenhöfe und der stinkenden Toiletten aber eher selten.
• Schülerinnen und Schüler sehen das schulische Lernen aus einer subjektiven Verwertungsperspektive, suchen aber im Lernstoff oft vergeblich nach einem persönlichen Sinnbezug, nach einer Gegenwarts- und Zukunftsbedeutung.
• Schülerinnen und Schüler wünschen sich mehr Selbsttätigkeit, mehr Beteiligung an der Planung und Gestaltung des Unterrichts, mehr Mitverantwortung bei der Verfügung über Zeit, Räume und Situationen.
• Sie vermissen Feinfühligkeit, Vielfalt und soziale Qualität von Interaktion in der Schule (vgl. ebda., S. 13 ff.).

Alle Gruppen, die Erwartungen an die Schule und die Qualität ihrer Arbeit stellen, definieren ihre Erwartungen auf eine spezifische, ihre Interessen widerspiegelnde Weise: „Pauschalisierend könnte man sagen, dass Lehrer unter Schulqualität eher Fragen ihrer Arbeitsgestaltung und Arbeitsbelastung verstehen, Schulleiter die Stabilität ihrer Schule im konkurrierenden Schulangebot einer Region [...]. Schulräte verstehen unter Schulqualität die Motivation und den Arbeitseinsatz der Lehrpersonen sowie die Abwesenheit von Konflikten an der Schule. Für die Bildungspolitik steht die gesellschaftliche Funktionalität der Schule im Vordergrund und für Eltern der Schulerfolg ihres Kindes und die Anschlussmöglichkeiten an weiterführende Bildung. Schüler erwarten von einer ,guten Schule', dass Lernen Spaß macht [...]" (ebda., S. 11). *in einer „guten Schule" soll das Lernen Spaß machen*

Ein differenziertes Schulqualitätsmodell müsste die unterschiedlichen und z.T. gegenläufigen Sichtweisen der unmittelbar oder mittelbar an der schulischen Erziehungs- und Bildungsarbeit beteiligten Gruppen erfassen und reflektieren.

Die Versuche, allgemeingültige Kriterien von Schulqualität zu definieren, sind zahlreich. Im angelsächsischen Bereich haben diese Versuche eine bereits mehr als 50-jährige Tradition (vgl. Knauf 1997a). Sie ist mit dem Begriff school-effectivness, Schulwirkungsforschung, verknüpft. Deren Ergebnisse wurden 1989 in einem Bericht der „Organisation für wirtschaftliche Zusammenarbeit und Entwicklung (OECD)" zusammengefasst (vgl. OECD 1989).

Qualitätskriterien für die Auszeichnung innovativer Schulen

Im Anschluss an die Schulwirkungsforschung wurden die Qualitätskriterien formuliert, die von der Bertelsmann-Stiftung für die Auszeichnung innovativer Schulen herangezogen wurden:

1. ein veröffentlichtes Schulprogramm und kontinuierliches Arbeiten an der inneren Schulentwicklung
2. hochmotivierte und ideenreiche Kolleginnen und Kollegen
3. reflektiertes Führungsverhalten sowie transparente, demokratische Entscheidungsstruktur in der Schulleitung
4. Schüler- und Elterneinbeziehung in die schulische Arbeit
5. Kooperation mit außerschulischen Partnern
6. dokumentierte Ansätze der Qualitätsevaluation (vgl. Bertelsmann-Stiftung 1996).

Die Dimension der Lernkultur

Weniger stark auf Aspekte der Organisations- und Personalentwicklung als auf Dimensionen der Lernkultur bezogen ist der 10-Punkte-Katalog, den im gleichen Jahr die Niederländerin Grazena van Bijk veröffentlicht hat:

1. Schaffung einer flexiblen Lernumwelt mit Werkstatt-Charakter
2. Gestaltung der Schule als „kommunikative Drehscheibe" für selbstorganisiertes Lernen
3. Flexibilisierung und Bedürfnisorientierung der Lernzeiten
4. Öffnung der Schule als Begegnungsstätte z.B. zwischen Generationen und Kulturen
5. Verstärkung des Erfahrungslernens gegenüber der Belehrung
6. „bewegliche Choreographie" des Methodenwechsels im Unterricht
7. Verstärkung des Lernens mit allen Sinnen in Verfolgung des Ziels, die Einheit von kognitiver, sozialer und körperlich-ästhetischer Erziehung erfahrbar zu machen.
8. Aufklärung und Bildung als gemeinsame Aufgabe von Schule und Eltern
9. Verstehen von Störungen und Verhaltensauffälligkeiten als Signale zur Verbesserung der Kommunikation
10. Vernetzung des (fachlichen) Lernens mit dem Ziel der Förderung von Selbst- und Mitbestimmungsfähigkeit sowie sozialer Verantwortung (vgl. Bijk 1996).

Es ist faszinierend zu sehen, mit welcher Vielfalt und Kreativität in den letzten Jahren Qualitätskriterien guter Schulen beschrieben wurden.

Diese Qualitätskriterien können jedoch nicht für sich genommen Schulqualität abbilden, sondern nur Handlungsimpulse für die Schulentwicklungspraxis geben. Denn Schulqualität ergibt sich nicht aus der Addition erfüllter Einzelkriterien. Der neuere Qualitätsbegriff geht vielmehr – zu Recht – davon aus, dass Qualität sich in einem Prozess entwickelt, in dem viele, vor allem lokal und situativ bestimmte Faktoren systematisch vernetzt sind. Bei der definitorischen Erfassung von Schulqualität muss also berücksichtigt werden, „[...] dass das Erscheinungsbild guter Schulen keineswegs gleich ist und dass die Schulunterschiede Ausdruck unterschiedlicher Bewältigungsformen der innerschulischen und außerschulischen Herausforderungen sind" (Ackermann 1997, S. 11).

Handlungsimpulse für die Schulentwicklungspraxis

Auf dieser Erkenntnis fußend, plädiere ich dafür, statt Qualitätskriterien Dimensionen, also Handlungsfelder schulischer Praxis zu beschreiben, in denen die an Schulen tätigen und am Schulleben beteiligten Personen Problemlöse- und Gestaltungsstrategien entwerfen, ausprobieren und weiterentwickeln (können). Schulen erweisen sich dann nicht mehr durch das Abdecken möglichst vieler Punkte auf einer Qualitätscheckliste als „gute Schulen", sondern dadurch, dass sie innerhalb zentraler Handlungsfelder klare Schwerpunkte setzen, die ihr Profil ausmachen und die den Unterschied zu Schulen ohne spezifisches Profil erkennbar machen. Folgende schulische Handlungsfelder können definiert werden:

1. die personale Dimension
2. die Beziehungsdimension
3. die Dimension des Unterrichts
4. die Dimension der Schul- und Schullebengestaltung
5. die Schulöffnungsdimension
6. die Dimension der externen Unterstützung.

Handlungsfelder für die Qualität schulischer Praxis

Folgende Einzelelemente konkretisieren die sechs Dimensionen:

Dimensionen der Schulqualität

Interpretation pädagogischer Rollen:

Beachten der Rollenelemente: organisieren, entscheiden, auswählen, mediales gestalten, instruieren, informieren, initiieren, strukturieren, beobachten, dokumentieren, moderieren, anregen, herausfordern, führen, rückmelden, trösten, helfen, vermitteln, urteilen, experimentieren

pädagogische Rollen

Ausbalancieren der Teilrollen: Experte, Gutachter, Vorbild, Freund, Moderator, Innovator...

Kultivieren der Prinzipien: Geduld, Gelassenheit, Toleranz, Aufgeschlossenheit, Unvoreingenommenheit, Humor, Empathie, Authentizität

Einschätzung und Gestaltung sozialer Beziehungen zwischen KollegInnen, SchülerInnen, Eltern...:

Raum für Beziehungsarbeit und pädagogische Gespräche, Wertschätzung von Umgangsformen, „demokratischer Geist", gemeinsame Ge-

soziale Beziehungen

staltung von „Schulphilosophie" und Regeln, Respektieren von Alters-, Geschlechts- und Positionsunterschieden, zugleich Zulassen informeller und persönlicher Kommunikationsformen sowie dezentraler Konflikt-lösungen, Reviere und Reservate für SchülerInnen

Unterricht:

unterrichtliche Aspekte — *Inhaltliche Aspekte:* Systematik, Transparenz, Aktualität, Alltags- und Lebensnähe, Vernetzung, Prinzip des Exemplarischen, Konsekutivität, Schülerpartizipation, Differenzierung

Methodische Aspekte: Methodenvielfalt und -wechsel, Handlungsori-entierung, Bezug zu Vorerfahrungen, differenzierte Sozialformen, Aus-balancierung offener und geschlossener Strukturen, Lernortauswahl und -wechsel, variabler Medieneinsatz, Visualisierung und Dokumen-tation von Prozessen und Lernerfolgen, Motivation, Beratung, Hilfen, Rückmeldung, differenzierte Gesprächskultur

Schul- und Schullebengestaltung:

Gestaltung der Schule und des Schullebens — *Gestaltung der Lernumgebung:* Wohnlichkeit, Ästhetik, Schülerpartizi-pation, Anregungsreichtum, Funktionsdifferenzierung, Materialzu-gänglichkeit, Variabilität der Sitzordnung, räumliche Ausweitung

Pausenhofgestaltung: Befriedigung unterschiedlicher Bedürfnisse: Be-wegung, Entspannung, Kommunikation, Spiel; Schülermitgestaltung; Bereitstellung von Materialien; Naturbezug; Ästhetik

Schulkultur: Bewegung, Stille, gestaltete Mahlzeiten, musikalische Ak-tivität im Schulalltag; Ausstellungen; Konzerte; Präsentationen; Spiel-nachmittage; Arbeitsgemeinschaften; Feste und Feiern

Schulöffnung:

Öffnung der Schule — Aufsuchen außerschulischer Lernorte, Kooperation mit außerschuli-schen Partnern, Hereinholen von Experten, Präsentation der Schule in der Öffentlichkeit, veröffentlichtes Schulprogramm

Außerschulische Stützsysteme:

außerschulische Unterstützung — Beratung und Unterstützung durch Schulaufsicht, schulübergreifende Arbeitskreise und Austauschmöglichkeiten, Kooperation mit Lern-werkstätten, Schulpsychologischem Dienst und Pädagogischem Lan-desinstitut, Kontakte zu Moderatoren und Experten, Wohlwollen des Schulträgers und regionaler Behörden

Ein Kollegium kann sich beispielsweise dadurch auszeichnen, dass es sich um eine transparente Lernkultur mit gut dosierten und ausgewo-gen rhythmisierten Teilelementen bemüht.
Eine andere Schule kann dagegen als gute Schule gelten, weil sie aufge-schlossen für neue Ideen ist, selber neue Ideen entwickelt und den Mut zum Experiment hat, damit vielleicht eine lebendige Lernkultur schafft, in der keine Langeweile aufkommt, sondern eher Kinder vom Enthusi-asmus ihrer Lehrer angesteckt werden.

Es gibt also nicht die gute Schule, sondern verschiedene, z.T. gegensätzliche Wege zur guten Schule.

Der Prozess schulischer Qualitätsentwicklung: In den USA hat es bereits in den 30-er und 40-er Jahren entfaltete Ansätze zur Erfassung schulischer Entwicklungsprozesse gegeben.
Die Association for Progressiv Education, die Gesellschaft für Reformpädagogik, begleitete und dokumentierte damals acht Jahre lang die sich in mehreren Schulen vollziehenden Veränderungsprozesse.
Noch in den 40-er Jahren entwarf Kurt Lewin sein Modell von Organisationsentwicklung (OE), das bis heute für die Stimulierung und Begleitung von Schulentwicklungsprozessen verwendet wird und unverzichtbar ist.

Schon in der frühen Phase kristallisierten sich als OE-Leitvorstellungen heraus (vgl. Knauf 1997a):

a) Eine Organisation, deren Leistung auf der Zusammenarbeit von Menschen beruht, kann ihre Effektivität dann verbessern, wenn alle Mitglieder der Organisation in einen gemeinsamen und demokratischen Prozess der Überprüfung und Neubewertung von Handlungszielen und Arbeitsweisen der Organisation eintreten.
b) Dieser Prozess kann zwar von externen Beratern oder Moderatoren angestoßen bzw. begleitet werden, er ist aber im wesentlichen ein innerer Prozess der kritischen und zugleich konstruktiven Auseinandersetzung mit Gewohnheiten und nicht hinterfragten Konventionen im (Zusammen-)Arbeitsprozess.
c) Dieser Prozess kann als Selbstreflexionsprozess bezeichnet werden, der die Organisation zur lernenden Organisation macht.
d) Der Prozess hat eine klare Phasenstruktur, die sich in der einfachsten Version als Abfolge von Situationsanalyse, Neudefinition von Zielen, Handlungsplanung, Umsetzung darstellt. Diese Abfolge von Aktionsschritten sollte sich regelmäßig wiederholen, so dass eine fortwährende Erneuerung der Organisation ermöglicht wird. Die Situationsanalyse wird dann zur Evaluation des vorangegangenen Prozessverlaufs.
e) OE versucht, die Effektivitätsverbesserung von Organisationen mit der Entwicklung von Arbeitszufriedenheit der Organisationsmitglieder und der Verbesserung des Kooperationsklimas zu verbinden.

Schulprogramm – Schulprofil: Schulische OE-Prozesse sind ein besonders geeigneter Ansatz zur Entwicklung von Schulprogrammen (vgl. u.a. Kämpgen 1999; Körbitz 2000). Denn während des OE-Prozesses werden in der Situationsanalyse die Stärken, Arbeitsschwerpunkte und möglichen Bereiche besonderer Anstrengungen innerhalb der Schule und des Kollegiums ermittelt; in der Zielfindungsphase werden die Verabredungen über (gemeinsame) Entwicklungsperspektiven formuliert und bei der Handlungsplanung konkrete Aktionsschritte festgehalten – alles Punkte, die auch Bestandteile des Schulprogramms sind. Ziel des Schulprogramms ist es, die pädagogische Qualität der einzelnen Schule zu fördern und zu unterstützen,

- indem es, basierend auf der Bestandsaufnahme von Stärken und Schwächen im Kollegium und von besonderen Ressourcen innerhalb der Schule und in ihrem Umfeld (z. B. Ausstattung, besondere Kompetenzen einzelner Kollegen, Kooperationsbeziehungen zu außerschulischen Einrichtungen), spezifische pädagogische Schwerpunkte, Möglichkeiten und Angebote der Schule öffentlich und damit besser nutzbar macht,
- indem es alle Personen, die als „Akteure" und gewissermaßen „Kunden" (also auch Eltern, Schülerinnen und Schüler) am Leben und an der Arbeit einer Schule partizipieren, in eine Diskussion darüber bringt, was eine Schule leisten soll, wie sie ihre Leistungen erbringen und ihre pädagogische Arbeit weiterentwickeln kann,
- indem es die gemeinsamen pädagogischen Überzeugungen innerhalb eines Kollegiums aus den verinselten und eher zufälligen Kommunikationsbeziehungen herausholt und als Basis für pädagogische Arbeit und Zusammenarbeit artikuliert,
- indem es über die Artikulation gemeinsamer Grundvorstellungen auch so etwas wie eine Philosophie der Schule (vgl. Bund-Länder-Kommission 1996, S. 106), ein Ethos der Schule (Rutter 1979), ein Schulleitbild (Risse 1997, S. 117), eine Corporate identity der Schule deutlich macht, die der Schule Unverwechselbarkeit, Identität und Identifizierbarkeit geben,
- indem es Ziele für die Weiterentwicklung der pädagogischen Arbeit in der einzelnen Schule festhält und damit das Kollegium unter den selbstgewählten Anspruch stellt, sich nicht mit dem Status quo zufrieden zu geben, sondern sich (z. B. durch Fort- und Weiterbildung oder schulinterne Beratung) weiter zu entwickeln, um in selbstdefinierten Bereichen besser zu werden oder um dem pädagogischen Angebot mehr Profil zu geben (vgl. Knauf 1997a, S. 17). Das Schulprogramm ist Ausdrucksform eines „Qualitätskreislaufs", in dem die innere Schulentwicklung in ihrer Prozess-Struktur und ihre Zielperspektive an Klarheit gewinnt (vgl. Kempfert/Rolff 1999, S. 96 ff.).

Kann man Schulqualität wirklich messen?

Messbarkeit von Schulqualität: Messen kann man nur etwas Quantifizierbares, etwas Vergleichbares: Nach meiner These von der Vielfalt von Schulqualität und Schulqualitäten und von dem engen Zusammenhang zwischen Schulqualität, Schulprofil und Schulprogrammentwicklung dürften die Chancen für die Messbarkeit von Schulqualität gering sein.

Dennoch ist Schulqualität beschreibbar und auch beurteilbar. Wir verwenden für dies Verfahren der Beschreibung und qualitativen Beurteilung den Begriff *„Evaluation".* Mit einer Evaluation werden die Anstrengungen um die qualitative Veränderung von Schulentwicklung und deren Früchte fassbar, diskutierbar und können als greifbare Bestandsaufnahme für die realistische Planung weiterer Entwicklungsetappen genutzt werden.

„Evaluation"

Evaluation verlangt allerdings das Aufgeben traditionellen Einzelkämpfertums in den Kollegien zugunsten von Transparenz. Überwiegend wird Evaluation im Rahmen von Schulprogrammentwicklung als interne, also als Selbstevaluation verstanden. In einer Broschüre des

Soester Landesinstitutes für Schule und Weiterbildung werden die Funktionen und Bedingungen der Selbstevaluation präzisiert:
„Ziel ist dabei, das Wissen über die eigene Schule und die eigene Arbeit zu erweitern, um die Angemessenheit von Handlungsstrategien und Organisationsstrukturen überprüfen zu können. Kennzeichen dieses Ansatzes der Evaluation ist, dass das Gesetz des Handelns stets bei den Mitarbeiterinnen und Mitarbeitern der Schule selbst liegt. Der Organisationsrahmen für Standards und Erfolgskriterien wird von der einzelnen Schule definiert." (Landesinstitut für Schule und Weiterbildung 1996, S. 12).
In Schweden, wo man auf eine über 20-jährige Erfahrung mit schulischer Selbstevaluation zurückblicken kann, war dieser Ansatz so erfolgreich, weil die Prinzipien der „Ganzheitlichkeit", des „sozialen Zusammenhangs" des „kollegialen Erfahrungsaustauschs", der „Entwicklung vor Ort", der „offenen Tür", der „Offenlegung" und der „Hilfe zur Selbsthilfe" in den Vordergrund gestellt wurden (vgl. Franke-Wikberg 1994, S. 68 ff.).
Auch Externe Evaluation, wie sie durch Schulinspektoren, Experten, „kritische Freunde" in England, USA, den Niederlanden realisiert wird, kann ihren Schrecken verlieren, wenn folgende Voraussetzungen erfüllt werden:

„Externe Evaluation"

- Freiwilligkeit der Beteiligung
- Datenhoheit (d. h. über die Daten, die eine Schule erhebt, sollte sie selber verfügen dürfen)
- Vertrauen durch Verfahren, also Vertrauen, welches nicht auf (zufälligen) persönlichen Beziehungen basiert, sondern auf verlässlichen Abmachungen
- Externe Evaluation ist als Dialog zu gestalten, bei dem Felder bzw. Gegenstände, Kriterien und Verfahren zwischen Schulen und Evaluatoren ausgehandelt werden
- Gute Vorbereitung (d. h. vorweg sollten Normen, Ziele und Interessen geklärt werden)
- Bedürfnisbezogenheit (d. h. Evaluation sollte nicht mit abstrakten Themen und auch nicht mit der ganzen Schule beginnen, sondern an den Interessen der Schulen ansetzen und mit einzelnen Bereichen anfangen) (vgl. Rolff 1997, S. 126).

Grundsätzlich sollte jedes Evaluationsvorhaben auch der Schulentwicklung dienen. Dabei zeigt sich allerdings ein gewisses Plus für die interne Evaluation. Denn fasst man die bisher vorliegenden Erfahrungsberichte zusammen, zeigt sich, dass interne Evaluation vor allem eine Basis für Verständigung bietet, und zwar innerhalb des Kollegiums, aber auch zwischen dem Kollegium und den Eltern oder dem Kollegium und der Schulaufsicht. Die systematische Sammlung von Informationen über die Schule bietet eine Grundlage, auf die man sich gemeinsam beziehen kann. Nicht mehr nur Einzelmeinungen verschaffen sich Gehör. Es gibt Ergebnisse und Informationen, die gemeinsam interpretiert und analysiert werden können. Dies setzt voraus, dass unterschiedliche Sichtweisen und Perspektiven ausgetauscht werden. Evaluation leistet, so die Erfahrung, dass Dinge auf

Evaluation soll der Schulentwicklung dienen!

den Tisch kommen, über die man in der Schule sonst vielleicht nie geredet hätte.

Evaluation = eine Möglichkeit zur Beteiligung und Mitwirkung an der Gestaltung von Schule

Evaluation ist dadurch eine Möglichkeit, Beteiligung und Mitwirkung an der Gestaltung von Schule zu ermöglichen. So nutzen einige Schulen Evaluation gezielt, um die Sichtweisen von Schülerinnen und Schülern oder von Eltern einzuholen und um auf diese Weise einen Verständigungsprozess über die Arbeit der Schule mit allen beteiligten Gruppen in Gang zu bringen. Evaluation bietet die Möglichkeit, Bestätigung zu erhalten. Durch den systematischen Rückblick kann deutlich werden, dass die eingeschlagenen Wege die richtigen waren, dass sich der Einsatz und der Aufwand gelohnt hat, dass Fortschritte zu verzeichnen sind. Evaluation hat für Kollegien also auch die Funktion, Erfolge zu erkennen und sich dieser bewusst zu werden.

Schließlich dient Evaluation zur Legitimation. Wenn Erfolge gleichsam „schwarz auf weiß" nachgewiesen werden können, lassen sich auch ungewöhnliche oder umstrittene Wege überzeugender vermitteln. Dies gilt sowohl innerhalb der Kollegien, beispielsweise wenn Skeptiker überzeugt werden sollen, als auch nach außen gegenüber Eltern oder der Schulaufsicht. Die Praxis von Evaluation zeigt, dass Schulen, die sich bereits daran gemacht haben, Konzepte zur Evaluation aufzugreifen, Evaluation in erster Linie als Instrumentarium und Werkzeug nutzen, um Schulentwicklungsprozesse zu gestalten und zu unterstützen (vgl. Burkard 1997, S. 122 f.).

„Stärkung der Stärken"

Insofern kann eine nicht der Kontrolle, sondern der „Stärkung der Stärken" dienende Evaluation ein sinnvolles und nicht destruktives Mittel zur Qualitätsentwicklung der Schule sein.

Wenn zukünftig Evaluation zum geläufigen Instrument der Qualitätsentwicklung wird, kann es nicht genügen, auf der Systemebene der jeweiligen Schule mit (Selbst-)Evaluation anzusetzen. Vielmehr wird es auch darum gehen, dass der/die einzelne GrundschullehrerIn sich evaluativer Verfahrenswerkzeuge bedient, um sich selber Rechenschaft und Rückmeldung über ihre Arbeit im Unterricht zu geben. Ziel wäre dabei, Ansatzpunkte für die Verstärkung der eigenen pädagogischen Stärken zu finden, aber auch didaktische Schwachpunkte auszumachen, an denen gearbeitet werden könnte. Darüber hinaus könnten auch die Kinder – mit dem Ziel der Selbstbeurteilung – schrittweise sich in der Erprobung selbstevaluativer Verfahren üben. Das klingt abstrakt und sehr anspruchsvoll. Hermann Schwarz hat für den Grundschulverband hierfür jedoch ein einfaches Instrument entworfen, das aus einzelnen Fragen besteht:

„Selbstevaluation der Kinder und mit den Kindern:

Selbstevaluation der Kinder mit den Kindern

• Durch Fragen wie „Was hast du dir vorgenommen?" und – später – „Hast du erreicht, was du geplant hattest?" den Lernenden ihre Eigenverantwortung für die Organisation und die Überprüfung ihres Lernens und Leistens bewusst machen.

• Dafür sorgen, dass systematisch eingeübte stetige Selbstüberprüfungen der Lernenden bei jeglicher Lernarbeit zur Gewohnheit werden.

• Durch Partnerkontrollen in den verschiedenen Lernbereichen systematisch einüben und dafür sorgen, dass sie zur Gewohnheit werden.

- Nach gemeinsamer Bearbeitung auch von Themenabschnitten knappe Zwischenbilanzierungen („Was haben wir erreicht?" o.ä.) zur Gewohnheit machen.
- Tägliches gegenseitiges Vorstellen eigener Produkte zumindest jeweils einiger Schülerinnen und Schüler, um über deren Leistungen miteinander ins Gespräch zu kommen.
- Tagesschlussrunden der Klassen mit Rückbesinnung auf gelungenes oder misslungenes Arbeiten und auf das Miteinander mit Bewusstmachung notwendiger Folgerungen (Was hat uns heute weitergebracht, was nicht, was müssen wir morgen anders machen?) auch bei Zeitnot langfristig durchhalten.

Selbstevaluation der Lehrkräfte:

Selbstevaluation
der Lehrer

- Tägliches auf Beobachtung basierendes und mit Beratung verknüpftes Überprüfen der Lernverläufe und Lernergebnisse der einzelnen Kinder durch die Pädagogin.
- Häufig klassenintern kleine schriftliche Arbeiten (mit Erfolgsrückmeldung ohne Benotung) als Selbstkontrolle der Lehrerin oder des Lehrers durchführen, ob der Unterricht alle erreicht hat.
- Einzelne Arbeiten der Klasse von einer Kollegin oder einem Kollegen, zu denen man Vertrauen hat, gegenlesen lassen und mit ihr oder ihm die Leistungsanforderungen kritisch reflektieren.
- Hin und wieder in Klassen der gleichen Jahrgangsstufe Parallelarbeiten organisieren und nach wechselseitiger Durchsicht gemeinsam über angemessene Leistungsanforderungen und geeignete Methoden nachdenken.
- Regelmäßige Lehrerteamsitzungen zu Fragen nach Wirkungen ihres pädagogisch-didaktischen Tuns mit Suche nach Verbesserungen (Wochenbilanzen, Halbjahresbilanzen) durchführen.
- Mit Supervisor/inn/en in den Schulklassen und in den Lehrerteams zusammenarbeiten" (vgl. Schmitt 1999, S. 183 f.).

Der Rundgang durch die Felder der Grundschuldidaktik geht zu Ende. Die Besichtigung thematischer Stationen war unterschiedlich intensiv. Dies hing von der durchaus subjektiv gefärbten Einschätzung der prinzipiellen oder aktuellen Bedeutung einzelner Themen ab.
Vielleicht ist es mir gelungen, deutlich zu machen, dass Grundschuldidaktik mehr ist als die Entwicklung von Kriterien und Konzepten für die Auswahl von Inhalten und für die methodische Gestaltung von Lernprozessen in der Institution Grundschule.
Aufgabe der Grundschuldidaktik ist es vielmehr auch, sich mit den Widersprüchen im personalen, sozialen, institutionellen und gesellschaftlichen Gesamtsystem auseinander zu setzen, in dem sich organisierte Lernprozesse in der Grundschule vollziehen.
Diese Widersprüche oder besser: Spannungen ergeben sich z.B. aus der Bedeutung einerseits unserer kulturellen Traditionen, die uns Identität geben, andererseits der Herausforderungen einer sich im Wandel befindlichen Welt. Ein anderer Spannungsbogen ergibt sich aus der Legitimität sowohl der Erwartungen der Gesellschaft an ihre Mitglieder (und damit auch an die nachwachsende Generation) als auch des

Rechts jedes Einzelnen (damit auch der Kinder) auf ein selbst verantwortetes und selbst gestaltetes Leben. Dieser Spannungsbogen konkretisiert sich im Unterricht in den einander gegenüber liegenden Polen Lehrplanbezug und Orientierung an den individuellen Lerninteressen. Verwandt ist das Gegensatzpaar, das sich aus der Notwendigkeit einer transparenten Struktur und Zielklarheit von Unterricht, aber auch der Situations- und Subjektorientierung wie auch des sozialemotionalen Klimas bei der Gestaltung von Lernprozessen ergibt.

Diese Widersprüche, Pole und Spannungen sind keine bedauerlichen Störfaktoren im Unterrichtsalltag. Sie sind vielmehr Dimensionen, die, wenn sie genutzt werden, Unterrichtsqualität konstituieren. Es geht nicht um das Vermeiden oder Eliminieren von Widersprüchen, sondern um deren Erkennen, Annehmen, Aushalten und Kultivieren. So ist es keine Fehlinterpretation, hinter den theoriegeleiteten Ausführungen oder vielfältigen Praxishinweisen dieses Buchs die Botschaft zu vermuten, für guten Grundschulunterricht komme es darauf an, sich als Person mit lebensgeschichtlichen Prägungen, Stärken und Schwächen einzubringen, um mit den Kindern die Widersprüche des Schulalltags auszubalancieren und im Hier und Jetzt zu gestalten.

Literatur

Abele, Andrea: Auswirkungen von Wohlbefinden oder Kann gute Laune schaden? In: Abele, Andrea/Becker, Peter (Hrsg.): Wohlbefinden. Theorie-Empirie-Diagnostik. Weinheim u. München 1991, S. 297–325

Ackermann, Heike: Wie nehmen Schüler und Eltern Schule wahr. In: Schulmanagement 4/1997, S. 9–16

Ackermann, Heike/Wissinger, Jochen (Hrsg.): Schulqualität managen. Von der Verwaltung der Schule zur Entwicklung von Schulqualität. Neuwied 1998

Aebli, Hans: Grundformen des Lehrens. Stuttgart 1983

Albert, Christine: Das Lernen lernen: Lernwerkstätten – Orte und Prozesse. In: klein & groß 6/1997, S. 6–12

Amendt, Günter: Sexfront. Reinbek 1970

Amendt, Günter: Das Sex-Buch. Berlin 1979

Amsbeck, Uwe: Leistungsbeurteilung ohne Noten im europäischen Ausland. In: Grundschule 1/1999, S. 24–26

Arenhövel, Franz: Computereinsatz in der Grundschule 1994

Arenhövel, Franz: (Hrsg.): Fördern macht Spaß. Ganzheitliche Fördermaßnahmen für Kinder mit Lernschwierigkeiten. Donauwörth 1995

Arenhövel, Franz/Ringbeck, Bernhard (Hrsg.): Fördern macht Spaß. Ganzheitliche Fördermaßnahmen für Kinder mit Lernschwierigkeiten. Donauwörth 1999

Argyle, Michael: Soziale Interaktion. Köln 1972

Arnold, Rolf: Globalisierung – Folgen für ein zeitgemäßes Bildungskonzept in der reflexiven Moderne. In: Päd. Forum 5/1999, S. 381–383

Arnold, Rolf/Schüßler, Ingeborg: Wandel der Lern-Kulturen. Darmstadt 1998

Auernheimer, Georg: Interkulturelle Erziehung im Schulalltag. Münster 1996

Baacke, Dieter: Die 6- bis 12-jährigen. Einführung in Probleme des Kindesalters. Weinheim 1984

Baacke, Dieter: Zum ethischen Orientierungsrahmen der Medienpädagogik. In: Issing, Ludwig J. (Hrsg.): Medienpädagogik im Informationszeitalter. Weinheim 1987, S. 53–71

Baacke, Dieter: Die 13- bis 18-jährigen. Weinheim 1994

Bacher, Johann: Sozialstrukturell benachteiligte Kinder. In: Wilk, Lieselotte/Bacher, Johann (Hrsg.): Kindliche Lebenswelten. Opladen 1994, S. 55–87

Bacher, Johann u.a.: Wie Kinder wohnen. In: Wilk, Lieselotte/Bacher, Johann (Hrsg.): Kindliche Lebenswelten. Opladen 1994, S. 161–196

Badegruber, Bernd: Offenes Lernen in 28. Schritten. 2. Auflage Lim 1995

Baillet, Dietlinde: Freinet praktische Beispiele und Berichte aus Grundschule und Sekundarstufe. 2. Aufl. Weinheim 1989

Balhorn, Heike/Niemann, Heike (Hrsg.): Sprachen werden Schrift – Mündlichkeit, Schriftlichkeit, Mehrsprachigkeit. Lengwil 1997

Bambach, Heide: Ermutigung. Nicht Noten. Lengwil 1994

Bambach, Heide: „Ihr lieben Violetten..." In: Dies. u.a. (Hrsg.): Prüfen und Beurteilen. Friedrich Jahresheft, Seelze 1997, S. 8–10

Bambach, Heide: Brauchen Kinder Noten zur Leistung? In: Deutsche Lehrerzeitung 47–48/1997, S. 24

Bambach, Heide: Ermutigung – nicht Zensuren. Berichtzeugnisse und ihre pädagogische Fundierung. In: Preuß, Eckhardt u.a. (Hrsg.): Lernen und Leisten in der Grundschule. Bad Heilbrunn 1999, S. 321–329

Bannach, Michael: Freiwillig leisten sie mehr. In: Die Grundschulzeitschrift 94/1996, S. 14–16

Bannach, Michael u.a.: Wege zur Öffnung des Unterrichts. München 1997

Bartnitzky, Horst: Müssen Noten sein? In: Deutsche Lehrerzeitung 47–48/1997, S. 19

Bartnitzky, Horst: Leistungsbeurteilung in der Grundschule. Note versus Verbalbericht – Zehn Thesen. In: Böttcher, Wolfgang u.a. (Hrsg.): Leistungsbewertung in der Grundschule. Weinheim 1999 a, S. 135–138

Bartnitzky, Horst: Klassenarbeiten im Lernbereich Sprache. In: Die Grundschulzeitschrift 135–136/2000, S. 21–25

Bartnitzky, Horst/Christiani, Reinhold: Zeugnisse ohne Noten. Düsseldorf 1997

Bartnitzky, Horst/Christiani, Reinhold: Zeugnisschreiben in der Grundschule. Heinsberg 1994

Bartnitzky Horst/Portmann, Rosemarie (Hrsg.): Leistung der Schule – Leistung der Kinder. Frankfurt a.M.1992

Bartnitzky, Horst u.a.: Zur Qualität der Leistung. 5 Thesen zu Evaluation und Rechenschaft der Grundschularbeit. Frankfurt a.M. 1999

Bastian, Johannes: Lehrer im Projektunterricht. In: Westernmanns Pädagogische Beiträge 36/1984, S. 293–300

Bastian, Johannes: Freie Arbeit und Projektunterricht. Eine didaktische „Wiedervereinigung". In: Pädagogik 10/1993, S. 7–9

Bauer, Birgit: Bildung gegen Bares. Was der Staat nicht leistet, bietet der Markt. In: Die Grundschulzeitschrift 94/1996, S. 22 und 51

Bauer, Eva Maria: Mehr Lust am Lernen. Wege zu einer menschenfreundlichen Schule. Spirituelle Impulse, praktische Übungen, Unterrichtsbeispiele. München 1997

Becher, Hans Rudolf/Schiefer, Ulrike: Ausgewählte Probleme der Einschulung und des Anfangsunterrichts. In: Grundschuldidaktik Teil 2 = Studienbuch 4, Kulmbach 1985, S. 13–49

Becher, Hans Rudolf u.a. (Hrsg.): Taschenbuch Grundschule. Hohengehren 1998

Beck, Gertrud/Scholz, Gerold: Beobachten im Schulalltag. Frankfurt a.M. 1995

Beck, Gertrud/Soll, Wilfried: Heimat, Umgebung, Lebenswelt. Regionale Bezüge im Sachunterricht. Frankfurt a.M. 1988

Beck, Johannes/Boehncke, Heiner (Hrsg.): Jahrbuch für Lehrer (4). Reinbek bei Hamburg 1979

Beck, Johannes/Weltershoff, Heide: Sinneswandel. Die Sinne und die Dinge im Unterricht. Frankfurt a.M. 1993

Beck, Ulrich: Die Risikogesellschaft. Frankfurt a.M. 1986

Beck, Ulrich/Beck-Gernsheim, Elisabeth (Hrsg.): Riskante Freiheiten. Frankfurt a.M. 1994

Becker, Dietrich H.: Kerncurriculum und Schulqualität. In: Die Deutsche Schule 1/2000, S. 74–86

Becker, Georg E.: Auswertung und Beurteilung von Unterricht. 3. Aufl. Weinheim 1994

Becker, Gerold u.a. (Hrsg.): Räume bilden. Studien zur pädagogischen Topologie und Topographie. Seelze 1997

Belke, Gerlind: Sprachspiele im Deutschunterricht mehrsprachiger Lerngruppen. In: Petillon, Hanns/Valtin, Renate (Hrsg.): Spielen in der Grundschule – Grundlagen – Anregungen – Beispiele. Frankfurt a.M. 1999, S. 152–166

Belke, Gerlind/Geck, Martin: Rumpelfax. Singen, Spielen, Üben im Grammatikunterricht für deutsche und ausländische Kinder. Berlin 1996

Behnke, Christian: Computergestützte Lern- und Arbeitsumgebung. Ein bildungstechnologischer Ansatz und seine pädagogische Begründung. Frankfurt a.M. 1995

Beiträge der Konferenz „Grundlegung von Bildung in der Grundschule von heute" vom 05.–07.06.1997. Potsdamer Studien zur Grundschulforschung. Heft 20, Potsdam 1997

Benner, Dietrich: Wilhelm von Humboldts Bildungstheorie. Eine problemgeschichtliche Studie zum Begründungszusammenhang neuzeitlicher Bildungsreform. Weinheim-München 1990

Benner, Dietrich: Umgang und Wissen als Horizonte einer Bildungstheorie für die Grundschule. In: Drews/Durdel (1997), S. 11–24

Benner, Dietrich/Ramseger, Jörg: Wenn die Schule sich öffnet. Erfahrungen aus dem Grundschulprojekt Gievenbeck. München 1981

Bennett, Neville: Teaching Styles and Pupil Progress. London 1981

Berger, Peter/Luckmann, Thomas: Die gesellschaftliche Konstruktion der Wirklichkeit. 16. Auflage Frankfurt 1999

Bergsson, Marita: Ein entwicklungstherapeutisches Modell für Schüler mit Verhaltensauffälligkeiten. Essen 1995

Bertels, Lothar: Raumerfahrung und Kindheitsverläufe. In: Akki- Aktion & Kultur mit Kindern e.V. (Hrsg.): betr.: Kindheit 1990. Ein Reader zum Thema: Veränderte Kindheit. Düsseldorf 1991, S. 26–35

Bertelsmann Stiftung (Hrsg.): Carl Bertelsmann Preis 1996 Innovative Schulsysteme im internationalen Vergleich. Bd. 2. Gütersloh 1996

Betz, Dieter/Breuninger, Helga: Teufelskreis Lernstörungen. Analyse und Therapie einer schulischen Störung. München 1982

Beutel, Sylvia u.a.: Ermittlung und Bewertung schulischer Leistungen. Hamburg 1999

Bijk, Grazena van: Merkmale einer „guten Schule". In: Deutsche Lehrerzeitung 1996

Bildungskommission NRW: Zukunft der Bildung – Schule der Zukunft. Neuwied 1995

Binder, Dietrich: Fördert Förderunterricht? Über Lehrgänge und Förderunterricht beim Schriftspracherwerb. In: Die Grundschulzeitschrift 57 (1992), S. 34–41

Birkenbihl, Vera F.: Signale des Körpers: Körpersprache verstehen. Landsberg am Lech 1985

Bohn, Karin: In Bewegung kommen. In: Antenne. Klett Magazin für Ihren Grundschuleunterricht 1/2000, S. 12–13

Bönsch, Manfred: Zur Didaktik des freien Arbeitens. In: Grundschule 10/1978, S. 13–15

Bönsch, Manfred: Offener Unterricht in der Primar- und Sekundarstufe. Praxisleitende Theorie und theoriebildende Praxis. Hannover 1993

Bönsch, Manfred: Der Bildungsauftrag der Grundschule. In: Pädagogik und Schulalltag 1/1997, S. 5 13

Bönsch, Manfred: Verkehrserziehung und offener Unterricht. In: Schulverwaltung MO 11/1998, S. 370–372

Bönsch, Manfred/Schüttko, Klaus (Hrsg.): Offener Unterricht. Curriculare, kommunikative und unterrichtsorganisatorische Aspekte. Hannover 1979

Böttcher, Wolfgang/Hirsch jr., Eric Donald: Über die Notwendigkeit eines verbindlichen Kerncurriculums. Oder: Ohne Wissen keine Schlüsselqualifikationen. In: Die Deutsche Schule 3/1999, S. 443–454

Böttcher, Wolfgang u.a. (Hrsg.): Leistungsbewertung in der Grundschule. Weinheim und Basel 1999

Boenicke, Rose: Selbstorganisation im Klassenraum? Zu den Begründungen offener Lernformen und ihrer Kompetenz. In: Die Deutsche Schule, 1/2000, S. 13–22

Bohn, Karin: In Bewegung kommen. In: Antenne. Klett Magazin für ihren Grundschulunterricht 1/2000, S. 12–13

Bolscho, Dietmar u.a.: Umwelterziehung. Neue Aufgaben für die Schule. München 1980

Bolscho, Dietmar/Haan, Gerhard de (Hrsg.): Konstruktivismus und Umweltbildung. Opladen 2000

Boos-Nünning, Ursula u.a.: Aufnahmeunterricht, Muttersprachlicher Unterricht, Interkultureller Unterricht. München 1983

Bonhoeffer, Dietrich: Ethik. München 1949

Borgmeier, Christa Maria u.a.: Situation Schulanfang. Stuttgart 1980

Borgmeier, Christa Maria: Spiel und Spielen in der Schule. In: Dies. u.a.: Situation Schulanfang. Stuttgart 1980, S. 104–118

Boschbach, Roswita: Engagierte Eltern unterstützen die Schule. In: Lernende Schule 10/2000, S. 4–6

Brandt, Petra /Thiesen, Peter: Umwelt spielend entdecken. Weinheim 1991

Braune, Gerhard/Bessoth, Richard: Konferenzen in der Schule. Braunschweig 1977

Breuer, Gisela: Freie Arbeit im 1. und 2. Schuljahr. 4. Aufl. München 1994

Briese-Neumann, Gisa: 10 Minuten Zeitmanagement. Niederhausen/Ts. 1998

Brockert, Siegfried/Braun, Gabriele: Das EQ Testbuch. Wie groß ist Ihre emotionale Intelligenz? München 1997

Bröhm-Offermann, Birgit: Suggestopädie. Sanftes Lernen in der Schule. Lichtenau 1989

Brosch, Ulrich/Schneider-Petri, Henricke: Ausgewählte Beispiele. In: Böttcher, Wolfgang u.a. (Hrsg.): Leistungsbeurteilung in der Grundschule. Weinheim 1999, S. 86–97

Brück, Brigitte: Feministische Soziologie. Eine Einführung. Frankfurt a.M. 1997

Brügelmann, Hans: Wehret den Vereinfachern! Zur öffentlichen Debatte über die „Leistung von SchülerInnen und LehrerInnen in der Grundschule". In: Grundschulverband aktuell 64/1998, S. 3–10

Brügelmann, Hans (Hrsg.): Kinder lernen anders. Lengwil 1998

Brügelmann, Hans u.a. (Hrsg.): Jahrbuch Grundschule. Fragen der Praxis – Befunde der Forschung. Seelze1998

Brügelmann, Hans: Fehlertoleranz. In: Die Grundschulzeitschrift 141/2000, S. 56–57

Brumlik, Micha: Gerechtigkeit zwischen den Generationen. Berlin 1995

Bruner, Jerome S.: Der Akt der Entdeckung. In: Neber, Heinz (Hrsg.): Entdeckendes Lernen. Weinheim 1973, S. 15–27

Bruner, Jerome S.: Theoreme für eine Unterrichtstheorie. In: Ders. (Hrsg.): Lernen, Motivation und Curriculum. Frankfurt a.M. 1974, S. 197–213

Bruner, Jerome S. u.a.: Studien zur kognitiven Entwicklung. Stuttgart 1971

Brunner, Ilse/Schmidinger, Elfriede: Gerecht beurteilen. Portfolio: Die Alternative für die Grundschulpraxis. Linz 2000

Büchner, Peter u.a.: Kinderleben. Modernisierung von Kindheit im internationalen Vergleich. Opladen 1994

Bühler, Charlotte: Kindheit und Jugend-Genese des Bewusstseins (1928). 4. Aufl. Göttingen 1967

Bürmann, Johannes: Gestaltpädagogik. Bad Heilbrunn/Obb 1992

Büschges-Abel, Winfried: Lernen wird zum Erlebnis. Neurolinguistisches Programmieren in Schule und Sozialpädagogik. Neuwied 1998

Büttner, Christian/Schwiehlenberg, Elke: Computer in der Grundschule. Geräte, didaktische Konzepte, Unterrichtssoftware. Weinheim 1997

Buhren, Claus G.: Community Education als innere Schulreform. Dortmund 1994

Bundesministerium für Verkehr (Hrsg.): Radfahren. 3. Auflage Bonn 1996

Bund-Länder-Kommission für Bildungsplanung und Forschungsförderung (Hrsg.): Lernen in einer dynamischen und offenen Gesellschaft – die Rolle der Schule. Bonn 1996

Bund-Länder-Kommission für Bildungsplanung und Forschungsförderung (Hrsg.): Qualitätsverbesserung in Schulen und Schulsystemen. Gutachten zum Programm von Prof. Dr. Rainer Brockmeyer. Bonn 1999

Bunk, Gerhard: Schlüsselqualifikationen anthropologisch-pädagogisch begründet. In: Sommer, Karl-Heinz (Hrsg.): Betriebspädagogik in Theorie und Praxis. Festschrift Wolfgang Fix zum 70. Geb. Esslingen 1990

Bunk, Hans-Dieter: Zehn Projekte zum Sachunterricht. Frankfurt a.M. 1990

Burk, Karlheinz (Hrsg.): Jahrgangsübergreifendes Lernen in der Grundschule. Frankfurt a.M. 1996

Burkard, Christoph u.a.: Stadtentwicklung und Öffnung von Schule. Dortmund 1982

Burkard, Christoph: Was nützt Evaluation? Eine Zwischenbilanz. In: Pädagogische Führung 3/1997

Burow, Olaf-Axel: Grundlagen in der Gestaltpädagogik. Dortmund 1988

Burow, Olaf-Axel: Gestaltpädagogik. Trainingskonzepte und Wirkungen. Ein Handbuch. Paderborn 1993

Buzan, Tony/North, Vanda: Mindmapping. Der Schlüssel für deinen Lernerfolg. Wien 1997

Carle, Ursula: Grundschule in Entwicklung. Die aktuellen Reformen in den Bundesländern. In: Die Deutsche Schule 4/1998, S. 453–469

Carle, Ursula: Was bewegt die Schule? Hohengehren 2000

Caspers, Arno/Caspers, Beate: Mit allen Sinnen lernen... auf der Lernstraße. In: Grundschule 5/1991, S. 59–61

Claussen, Claus: Wochenplan. In: Heck, Dietlinde/Sandfuchs, Uwe (Hrsg.): Grundschule von A bis Z. Westermann Verlag, Braunschweig 1993, S. 282–283

Claussen, Claus: Wochenplanunterricht in der Grundschule. In: Claussen, Claus. u.a.: Wochenplan- und Freiarbeit. Braunschweig 1993, S. 54–96

Claussen, Claus (Hrsg.): Handbuch Freie Arbeit. Weinheim 1995

Claussen, Claus: Unterricht mit Wochenplänen. Kinder zur Selbständigkeit begleiten. Weinheim 1997

Cloer, Ernst: Veränderte Kindheitsbedingungen – Wandel der Kinderkultur. Aufgaben und Perspektiven für die Grundschule als Basis für die Bildungslaufbahn. In: Niedersächsisches Kultusministerium (Hrsg.): Ernstfall Grundschule – Sind Kinder keine Kinder mehr? Hannover 1991

Colditz, Hans-Peter: Handbuch für Verkehrssicherheit. 6. (überarbeitete) Aufl. Bad Homburg 1998

Coleman, James S. u.a.: Public and Private Schools. Chicago 1981

Combe, Arno: Wie tragfähig ist der Rekurs auf Rituale? In: Pädagogik 1/1994, S. 22–25

Cornell, Joseph B: Mit Freude die Natur erleben. Mühlheim 1979

Criegern, Axel von: Ästhetische Erziehung im Anfangsunterricht. In: Meiers, Kurt (Hrsg.): Schulanfang – Anfangsunterricht. Bad Heilbrunn/Obb. 1981, S. 9–29

Damasio, Antonio R.: Descartes Irrtum. Fühlen, Denken und das menschliche Gehirn. München 1995

Dauber, Heinrich: Lernfelder der Zukunft. Bad Heilbrunn/Obb. 1997

Decker, Franz: Strukturwandel des Lernens und des Unterrichts. In: Voß, Reinhard (Hrsg.): Schul-Visionen. Theorie und Praxis systemisch-konstruktivistischer Pädagogik. Heidelberg 1998, S. 114–133

Dennison, Paul/Hargrave, Gail: Brain Gym. Freiburg. 9. Aufl. 1997

Dennison, Paul/Hargrave, Gail: EK für Kinder. Das Handbuch der Edu-Kinestetik für Eltern, Lehrer und Kinder jeden Alters. Freiburg 1989

Deutsche Gesellschaft für das hochbegabte Kind e.V.: Informationsbroschüre 1/1999

Deutsche UNESCO Kommission (Hrsg.): Lernfähigkeit: Unser verborgener Reichtum. UNESCO-Bericht zur Bildung für das 21. Jahrhundert. Bonn 1997

Didi, Hans-Jörg u.a.: Einschätzungen von Schlüsselqualifikationen aus psychologischer Perspektive, Bonn 1993, zit. nach: Weinert, Vermittlung von Schlüsselqualifikationen, 1996

Dick, Lutz van.: Alternativschulen. Information, Probleme, Erfahrungen. Reinbek 1979

Dick, Lutz van: Freiarbeit. Offener Unterricht. Projektunterricht. Handelnder Unterricht. Praktisches Lernen. Versuch einer Synopse. In: Pädagogik 6/1991, S. 31–34

Diehm, Isabell: Erziehung und Toleranz. Handlungstheoretische Implikationen Interkultureller Erziehung. In: Zeitschrift für Pädagogik 2/2000, S. 251–274

Dietrich, Theodor/Klink, Job-Günter: Zur Geschichte der Volksschule. Bd. 1. 2. Aufl. Bad Heilbrunn/Obb. 1972

Drews, Ursula/Durdel, Anja (Red.): Beiträge der Konferenz „Grundlegung von Bildung in der Grundschule von heute" vom 5.–7.6.1997 (=Potsdamer Studien zur Grundschulforschung, H. 20), Potsdam 1997

Drews, Ursula u.a.: Einführung in die Grundschulpädagogik. Weinheim 2000

Duderstadt, Matthias/Forytta, Claus (Hrsg.): Literarisches Lernen. Frankfurt a.M. 1999

Duncker, Ludwig/Götz, Bernd: Projektwochen – Bonbons für die Schüler. In: päd.extra 3/1985, S. 34–39

Ebeltoft, Arne: Kommunikation und Kooperation in der Schule. Weinheim 1974

Eberle, Gerhard: Interaktion. In: Meyers kleines Lexikon Pädagogik. Mannheim 1988, S. 221

Ebert, Gudrun u.a.: Umweltbildung in der Grundschule. Kronshagen 1996

Edelmann, Walter: Lernpsychologie. 5., vollständig überarbeitete Auflage. Weinheim 1996

Eichelberg, Harald (Hrsg.): Lebendige Reformpädagogik. Innsbruck 1997

Eichler, Georg: Spiel und Sport in der Freizeiterziehung. Versuch einer soziologischen Kritik der Spielideologie und Spielerziehung. In: Walter, Heinz (Hrsg.): Sozialisationsforschung. Bd.II Stuttgart – Bad Cannstatt 1973, S. 161–186

Eichler, Günter: Spiel und Sport in der Freizeiterziehung: Versuch einer soziologischen Kritik der Spielideologie und Spielerziehung. In: Walter, Heinz (Hrsg.): Sozialisationsforschung. Bd. II: Sozialisationsinstanzen-Sozialisationseffekte. Stuttgart-Bad Cannstatt 1993, S. 161–186

Eikenbusch, Gerhard: Praxisbuch Schulentwicklung. Berlin 1998

Einsiedler, Wolfgang: Schulanfang und Persönlichkeitsentwicklung. In: Grundschule. 1988

Einsiedler, Wolfgang: Das Spiel der Kinder. Zur Pädagogik und Psychologik des Kinderspiels. Bad Heilbrunn/Obb. 1999

Einsiedler, Wolfgang: Spielförderung in der Schule – Einige Befunde aus der empirischen Forschung. In: Petillon, Hanns/Valtin, Renate (Hrsg.): Spielen in der Grundschule. Frankfurt a. M. 1999, S. 67–73

Einsiedler, Wolfgang/Treinies, G.: Zur Wirksamkeit von Lernspielen und Trainingsmaterialien im Erstleseunterricht. In: Psychologie in Erziehung und Unterricht 32/1985, S. 21–27

Elias, Norbert: Der Prozess der Zivilisation. Frankfurt a.M. 1985

Eliade, Bernard: Offener Unterricht. Weinheim 1975

Enders-Dragässer, Uta: Alptraum Hausaufgaben. Der Missbrauch der Mütter. In: Die Grundschulzeitschrift 94/1996, S. 52–55

Engelhart, Stephan: Modelle und Perspektiven der Kinderphilosophie. Heinsberg 1997

Eppler, Erhard: „Was braucht der Mensch?" Vision: Politik im Dienst der Grundbedürfnisse. Frankfurt a.M. 2000

Erikson, Erik H.: Kind und Gesellschaft. Stuttgart 1987

Erikson, Erik: Der vollständige Lebenszyklus. Frankfurt a.M. 1988

Erikson, Erik: Identität und Lebenszyklus. Frankfurt a.M. 1997

Erikson, Erik H.: Kindheit und Gesellschaft. 13., durchges. Aufl. Frankfurt a.M. 1999

Erlebach, E. u.a.: Schülerbeurteilung. 6. Aufl., Berlin 1975

Etschenberg, Karla: Sexualerziehung in der Grundschule. Didaktisch-pädagogische Überlegungen. Beispiele für die Klassen 1 bis 4. Berlin 2000

Etzioni, Amitai: Die Entdeckung des Gemeinwesens. Ansprüche, Verantwortlichkeiten und das Programm des Kommunitarismus. Frankfurt a.M. 1998

Etzioni, Amitai: Die Verantwortungsgesellschaft. Berlin 1999

Eulefeld, Günter u.a.: Praxis der Umwelterziehung in der Bundesrepublik Deutschland. Kiel 1988

Eyerer, Peter: TheoPrax-Projektarbeit in Aus- und Weiterbildung. Stuttgart 2000

Fack, Dietmar: Der Ertrag der Technikgeschichte des Straßenverkehrs für eine zukunftsorientierte Verkehrspädagogik. In: Koch, Hubert (Hrsg.): Die neue Verkehrserziehung. Modelle, Konzeptionen, Theorien. München 1991, S. 85–107

Fack, Dietmar: Die Motorisierung des Straßenverkehrs und ihre pädagogischen Auswirkungen in Deutschland 1885–1945. Die Ausbreitung des Automobilismus und die Herausbildung der Verkehrserziehung zwischen individueller Selbstverwirklichung und Sozialisation. Diss. phil. Essen 1999

Fasselt, Christine: Üben im Mathematikunterricht. In: Pädagogik 10/1998, S. 12–17

Faust-Siehl, Gabriele: Lernen an Stationen: Kinder und die Einheiten der Zeit. In: Grundschule 3/1989, S. 22–25

Faust-Siehl, Gabriele: Lernzirkel – Themenbezogene Freiarbeit im wahldifferenzierten Unterricht. In: Claussen, Claus (Hrsg.): Handbuch Freie Arbeit: Konzepte und Erfahrungen. Weinheim und Basel 1995, S. 24–31

Faust-Siehl, Gabriele/Portmann, Rosemarie (Hrsg.): Die ersten Wochen in der Schule. Frankfurt a.M. 1992

Faust-Siehl, Gabriele u.a.: Lernen an Stationen. In: Grundschule 3/1989, S. 22–25

Faust-Siehl, Gabriele u.a. (Hrsg.): Kinder heute – Herausforderung für die Schule. Frankfurt a.M.1990

Faust-Siehl, Gabriele u.a.: Die Zukunft beginnt in der Grundschule. Empfehlungen zur Neugestaltung der Primarstufe. Frankfurt a.M./Reinbek 1996

Feiks, Dieter/Rothermel, Gerhard: Erfolgskontrolle bei Hausaufgaben. In: Die Realschule 6/1983, S. 305–312

Fend, Helmut: Gesellschaftliche Bedingungen schulischer Sozialisation. Weinheim 1974

Fend, Helmut: Qualität im Bildungswesen. Weinheim 1998

Ferchhoff, Wilfried: Soziologische Analysen zum Strukturwandel der Jugend und Jugendphase. Veränderte Erziehungs- und Sozialisationsbedingungen in Familie, Schule, Beruf, Freizeit und Gleichaltrigengruppe an der Wende zum 21. Jahrhundert. In: Kind, Jugend und Gesellschaft 3/1997, S. 65–81

Filipp: The Life event Concept. Boston 1981

Fisgus, Christel/Kraft, Gertrud: „Hilf mir, es selbst zu tun!" Montessori-Pädagogik in der Regelschule. 3. Auflage Donauwörth 1996

Flöttmann, Holger B.: Angst: Ursprung und Überwindung. Stuttgart 1989

Florek, Hans Christian: Leistungsbegriff und pädagogische Praxis. Münster 2000

Fölling-Albers, Maria: Der Schulanfang und die Identität des Kindes. In: Borgmeier, Christa Maria u.a.: Situation Schulanfang. Stuttgart 1980, S. 9–33

Fölling-Albers, Maria: Schülerbeobachtung am Schulanfang. Ebda., S. 165–189

Fölling-Albers, Maria: Veränderte Kindheit: Herausforderung für die Schule. In: Melzer, Wolfgang/Günther, Heinz (Hrsg.): Wohl und Wehe der Kinder. Pädagogische Vermittlungen von Kindheitstheorie, Kinderleben und gesellschaftlichen Kindheitsbildern. Weinheim 1989, S. 53–76

Fölling-Albers, Maria u.a.: Schulkinder heute. Auswirkungen veränderter Kindheit auf Unterricht und Schulleben. 2. Auflage. Weinheim 1995

Förder, Gabriele/Neuenfeld, Gabriele: Kinesiologie. München 1999

Forster, Johanna: Kind und Schulraum – Ansprüche und Wirkungen. In: Becker, Gerold u.a.(Hrsg.): Räume bilden. Studien zur pädagogischen Topologie und Topographie. Seelze 1997, S. 175 – 194

Fournés, Angelika: Entwicklung der Grundschule. Frankfurt a.M. 1996

Franke-Wikberg, Sigbrit: Qualitätsverbesserung durch Selbstevaluation. In: Pädagogische Führung 2/1994

Freeman, Joana/Urban, Klaus K.: Über Probleme des Identifizierens und Etikettierens von hochbegabten Kindern. In: Psychologie in Erziehung und Unterricht 1/1983, S. 67–73

Freud Sigmund: Hemmung, Symptom und Angst. Aus: Hysterie und Angst. Studienausgabe Bd. VI. Frankfurt a.M. 1971

Freundlinger, Alfred: Schlüsselqualifikationen. Der interaktionsorientierte Ansatz. Wien 1992

Frey, Karl: Curriculum Handbuch. München 1975

Frey, Karl: Die Projektmethode. Der Weg zum bildenden Tun. 8. Aufl. Weinheim 1998

Frey, Karl/Wolter, Martin: Die Projektmethode. In: Grundschule 7–8/1995, S. 17–22

Friedrichs, Birte: Nicht gleich von Null auf hundert. Ein Bericht über die Versammlung am Wochenanfang. In: Pädagogik 4/1999, S. 10–13

Friedrichs, Jürgen: Methoden empirischer Sozialforschung. 14. Aufl. Opladen 1990

Friedrich Jahresheft XVIII 1999: Mensch – Natur – Technik

Friedrich Verlag (Hrsg.): Entwickeln statt vermessen. Lernwege zu einer guten Schule – 10 Thesen. Seelze 1999

Fröhlich, Arnold: Handlungsorientierte Medienerziehung in der Schule. Grundlagen und Handreichungen. Tübingen 1982.

Fromm, Erich: Die Kunst des Liebens. Frankfurt a.M. 1985

Fuchs, Max: Kultur lernen. Eine Einführung in die Allgemeine Kulturpädagogik. Remscheid 1994

Ganter, Martin: Mit den Kindern durchs Himmelsjahr. Heinsberg 1995

Gardner, Howard: Abschied vom IQ. Die Rahmen-Theorie der vielfachen Intelligenz. Stuttgart 1991

Gardner, Howard: Der ungeschulte Kopf. 1993

Gaßner, Ingeborg: Edu-Kinestetik: Lernen mit Bewegung. In: Buddrus, Volker (Hrsg.): Humanistische Pädagogik. Bad Heilbrunn/Obb. 1995, S. 89–99

Gaudig, Hugo: Didaktische Ketzereien. 2. Aufl. Leipzig und Berlin 1909

Geißler, Erich E./Schneider, H.: Hausaufgabe. Darmstadt 1982

Geißler, Harald: Schulkultur: Lernen in einer und für eine lernende Schulorganisation. In: Ermert, Karl (Hrsg.): Schulkultur als „Organisationskultur" (= Loccumer Protokolle 10/1991). Loccum: Evangelische Akademie 1991, S. 25–41

Gelb, Michael J.: Das Leonardo-Prinzip. Köln 1998

Gerdes, Susanne: Rituale im Unterricht. In: Grundschule 10/1997, S. 55–56

Gerken, Gerd/Konitzer, Michael-A.: Trends 2015. Ideen, Fakten, Perspektiven. München 1996

Gervé, Friedrich: Freiarbeit. Lichtenau 1991

Gesellschaft Chancengleichheit e.V.: Potsdamer Erklärung. Chancengleichheit – Leitbegriff für Politik und Gesellschaft im 21. Jahrhundert. Potsdam 2000

Gesing, Harald (Hrsg.): Pädagogik und Didaktik der Grundschule. Neuwied 1997

Gilich, Gernot: Selbst, Selbsttätigkeit, Selbständigkeit. Frankfurt a.M. 1992

Girtler, Roland: Kulturanthropologie. Entwicklungslinien, Paradigmen, Methoden. München. 1979, S. 17

Glaser, Peter: 24 Stunden im 21. Jahrhundert. Online-sein. Zu Besuch in der Neuesten Welt. Frankfurt a.M. 1995

Glasersfeld, Ernst von: Konstruktion von Wirklichkeit. In: Gumin, H./Mohlar, A. (Hrsg.): Einführung in den Konstruktivismus. München 1985, S. 1–20

Glasersfeld, Ernst von: Einführung in den radikalen Konstruktivismus. In: Watzlawick, Paul: Die erfundene Wirklichkeit. Beiträge zum Konstruktivismus. München 1997, S. 16–38

Glasersfeld, Ernst von: Zuerst muss man das Lernen lernen. In: Voß, Reinhard (Hrsg.): Schul-Visionen. Theorie und Praxis systemisch-konstruktivistischer Pädagogik. Heidelberg 1998, S. 33–43

Glöckel, Hans u.a. (Hrsg.): Vorbereitung des Unterrichts. Neuausgabe, 2. erweiterte Aufl. Bad Heilbrunn/Obb. 1992

Glücks, Elisabeth/Glücks, Franz-Gerd: Geschlechtsbezogene Pädagogik. Ein Bildungskonzept zur Qualifizierung koedukativer Praxis durch parteiliche Mädchenarbeit und antisexistische Jungenarbeit. Münster 1994

Göpfert, Hans: Naturbezogene Pädagogik. Weinheim 1987

Goleman, Daniel: Emotionale Intelligenz. München 1996

Gose, Kathleen/Levi, Gloria: Wo sind meine Schlüssel? Gedächtnistraining für Zerstreute. Neuausgabe. Reinbek 1998

Granzer, Dietlinde: Der Computer als Bildungsmittel. In: Grundschule 9/2000, S. 53–56

Greenglas, Esther: Geschlechterrolle als Schicksal: Soziale und psychologische Aspekte weiblichen und männlichen Rollenverhaltens. Stuttgart 1986

Greenspan, Stanley J./Greenspan, Nancy T.: Das Erwachen der Gefühle. Die emotionale Entwicklung des Kindes. München 1988

Grell, Jochen/Grell, Monika: Unterrichtsrezepte. Weinheim 1985

Groeben, Annemarie von der: Nischen, Ecken, geheime Stellen. Heimliche Orte im Kinderleben. Szenen aus einer offenen Schule. In: Becker, Gerold u. a. (Hrsg.): Räume bilden. Studien zur pädagogischen Topologie und Topographie. Seelze 1997, S. 161–173

Groeben, Annemarie von der: Was sind und wozu brauchen Schulen „gute" Rituale. In: Pädagogik 4/1999, S. 6–9

Groeben, Annemarie von der: Höflichkeit. Eine vergessene Tugend? In: Pädagogik 5/2000, S. 6–9

Groeben, Annemarie von der: Trügerische Sicherheiten. In: Die Deutsche Schule 3/1999(a), S. 311–323

Grospietsch, Hans-Peter/Ahnefeld, Reinhart u.a.: Lernfeld Beruf. Weinheim und Basel 1982

Grünig, Barbara: Zur Entwicklung schriftlicher Prüfungen. Geschichtliche Stationen. In: Dies. u.a.: Leistung und Kontrolle. Die Entwicklung von Zensurengebung und Leistungsmessung in der Schule. Weinheim 1999, S. 117–157

Grünig, Barbara u.a.: Leistung und Kontrolle. Die Entwicklung von Zensurengebung und Leistungsmessung in der Schule. Weinheim und München 1999

Grundmann, Matthias (Hrsg.): Konstruktivistische Sozialisationsforschung. Frankfurt a.M. 1999

Grundmann, Matthias: Bildungserfahrung, Bildungsselektion und schulische Leistungsbewertung. In: Zeitschrift für Soziologie der Erziehung und Sozialisation 4/99, S. 339–353

Gudjons, Herbert: Handlungsorientiert lehren und lernen. Schüleraktivierung, Selbsttätigkeit, Projektarbeit. 4. Auflage, Bad Heilbrunn/Obb. 1994

Gudjons, Herbert: Was ist Projektunterricht. In: Bastian, Johannes u. a. (Hrsg.): Das Projektbuch. Hamburg 1994, S. 14–27

Gudjons, Herbert: Didaktik zum Anfassen. Lehrer/in – Persönlichkeit und lebendiger Unterricht. Bad Heilbrunn/Obb. 1998

Gugel, Günther: Methoden-Manual II: „Neues Lernen". Weinheim 1998

Gundem, Björg B.: Grundlegende Bildung aus internationaler Sicht. In: Marquardt-Mau, Brunhilde/Schreier, Helmut (Hrsg.): Grundlegende Bildung im Sachunterricht (= Probleme und Perspektiven des Sachunterrichts, Bd.8). Bad Heilbrunn/Obb. 1998, S. 16–26

Gunder, Hans- Ulrich: Zeit für Unterricht – Zeit in Schule – Zeit für Schule. In Päd. Forum 1/2000, S. 16–23

Gunz, Josef/Ortmair, Margarethe: Umgang mit Medien unter besonderer Berücksichtigung von Fernsehen und Video. In: Wilk, Lieselotte/Bacher, Johann (Hrsg.): Kindliche Lebenswelten. Opladen 1994, S. 253–293

Haack, Johannes: Interaktivität als Kennzeichen von Multimedia und Hypermedia. In: Issing, J. Ludwig (Hrsg.): Information und Lernen mit Multimedia. Weinheim 1995, S. 152–166

Haan, Gerhard de: Die Schwierigkeiten der Pädagogik. In: Beer, Wolfgang/Haan, Gerhard de (Hrsg.): Ökopädagogik. Auferstehen gegen den Untergang der Natur. Weinheim 1984, S. 77–91

Haan, Gerhard de: Ökologie Handbuch Grundschule. Weinheim 1989

Haan, Gerhard de: Zu den Grundlagen der „Bildung für nachhaltige Entwicklung" in der Schule. In: Unterrichtswissenschaft 3/1999, S. 252–280

Habermas, Jürgen: Moralbewusstsein und kommunikatives Handeln. 9. Aufl. Frankfurt a.M. 1999

Hacker, Hartmunt: Vom Kindergarten zur Grundschule. Theorie und Praxis eines kindgerechten Schulanfangs. Bad Heilbrunn/Obb. 1992

Hänsel, Dagmar (Hrsg.): Das Projektbuch Grundschule. Weinheim 1995

Hänsel, Dagmar: Projektmethode und Projektunterricht. In: Dies. (Hrsg.): Handbuch Projektunterricht. Weinheim 1997, S. 54–92

Halfmann, Birgit/Geib, Olaf: Spielräume in der Schule. In: Petillon, Hanns/Valtin, Renate: Spielen in der Grundschule – Grundlagen – Anregungen – Beispiele. Frankfurt a.M. 1999, S. 283–290

Hamburger, Franz: Erziehung in der Einwanderungsgesellschaft. In: Benner, Dietrich u.a.: Beiträge zum 8. Kongress d. Dt. Gesellschaft für Erziehungswiss (= 18. Beih. der Zeitschrift f. Pädagogik). Weinheim 1983

Hameyer, Uwe: Was Kinder in Projekten lernen. In: Grundschule 7–8/1995, S. 8–11

Hameyer, Uwe: Innovative Grundschulen. Gestaltungsraum für eine Grundbildung zum dativen Lernen. In: Drews, Ursula/Durdel, Anja (Red.): Beiträge der Konferenz „Grundlegung von Bildung in der Grundschule von heute" vom 5.–7.06.1997 (=Potsdamer Studien zur Grundschulforschung, H.20), Potsdam 1997

Harmann, Dieter (Hrsg.): Handbuch Grundschule. Bd. 1. Allgemeine Didaktik: Voraussetzungen und Formen grundlegender Bildung. 2. ergänzende Aufl. Weinheim 1994

Harms, Gerd u.a.: Kinder und Jugendliche in der Großstadt. Berlin 1985

Hartfiel, Günter: Das Leistungsprinzip. Opladen 1977

Hartmann, Waltraut u.a.: Spiel und elementares Lernen. Wien 1988

Hecker, Ulrich: Lernen ist wichtiger als Lehren. Pädagogik der Ermutigung: Innere Schulreform und Freie Arbeit: In: Päd. Extra. Oktober 1987, S. 8–11

Heckhausen, Heinz: Entwurf einer Psychologie des Spielens. In: Flitner, Andreas (Hrsg.): Das Kinderspiel. München 1984, S. 138–155

Heckhausen, Jürgen: Hoffnung und Furcht in der Leistungsmotivation. Meisenheim 1963

Heckhausen, Jürgen: Motivation und Handeln. Berlin 1989

Heckt, Dietlinde N./Jürgens, Eiko: Zur Qualität offener Lernsituationen. In: Grundschule 7–8/1999, S. 62–66

Hegele, Irmintraut (Hrsg.): Lernziel: Stationenarbeit. Eine neue Form des offenen Unterrichts. Weinheim 1997

Heischke, Peter: Grundlagen des Wochenplanunterrichts. Weinheim 1996

Heitmeyer, Wilhelm (Hrsg.): Bundesrepublik Deutschland: Auf dem Weg von der Konsens- in die Konfliktgesellschaft. Frankfurt a.M. 1997

Hell, Peter (Hrsg.): Öffnung des Unterrichts in der Grundschule. Donauwörth 1993

Hell, Peter/Olbrich, Paul: Unterrichtsvorbereitung. Grundlagen – Strukturen – praktische Hinweise. Donauwörth 1993

Heller, Agnes: Der Mensch der Renaissance. Frankfurt a.M. 1988

Heller, Robert/Hindle, Tim: Erfolgreiches Management. Das Praxishandbuch. Stuttgart/London 2000

Hentig, Hartmut von: Das allmähliche Verschwinden der Wirklichkeit. Ein Pädagoge ermutigt zum Nachdenken über die Neuen Medien. München 1984

Hentig, Hartmut von: Bildung. Ein Essay. Darmstadt 1996

Hentig, Hartmut von: Schule neu denken. 2. Aufl. München 1993

Hentig, Hartmut von: Ach, die Werte! Über eine Erziehung für das 21. Jahrhundert. München 1999

Herbert, Michael: Pädagogische Aufgaben des Anfangsunterrichts. Ein Überblick. In: Meiers, Kurt (Hrsg.): Schulanfang – Anfangsunterricht. Bad Heilbrunn/Obb. 1981

Herff, Eduard: Schulreife als pädagogisch-psychologisches Problem. 1967

Herlyn, Ingrid u.a.: Zur Struktur der räumlich-materiellen Nahumwelt. In: Neumann, Karl (Hrsg.): Kindsein. Zur Lebenssituation von Kindern in modernen Gesellschaften. Göttingen 1981, S. 72–90

Herzig, W.: Willi spielt mit – Spiele für Schulklassen. In: Büttner, Christian (Hrsg.): Spielerfahrungen mit Kindern. Frankfurt a.M. 1988, S. 165–193

Hessisches Kultusministerium (Hrsg.): Begleitmaterial zur Schulfernsehreihe des Hessischen Rundfunks „Alternativen im Verkehr". 2. Aufl. Wiesbaden 1994

Hetzer, Hildegard: Das Spiel in der Schule. Frankfurt a.M. 1957

Heyden, Karl-Heinz/Lorenz, Werner: Lernen mit dem Computer in der Grundschule. Frankfurt a.M. 1999

Hickethier, Knut/Lützen, Wolf Dieter: Die Massenmedien als Aufgabenfeld der Kunstpädagogik – eine Bestandsaufnahme zur visuellen Kommunikation. In: Schwarz, Reent (Hrsg.): Didaktik der Massenkommunikation. Bd. 1. Stuttgart 1974, S. 117–165

Hinz, Alfred: Schulkultur ist Lebenskultur. Ein Plädoyer für Rituale in der Schule. In: Pädagogik 4/1999, S. 18–22

Hinnrichs, Jens/Valentin, Renate: Sprachliches und schriftliches Lernen in den ersten Schulwochen. In: Faust-Siehl, Gabriele/Portmann, Rosemarie (Hrsg.): Die ersten Wochen in der Schule. Frankfurt a.M. 1992, S. 65–85

Hoek, Karin: Wochenplanarbeit in nur einem Fach – Bonbons im Schulalltag. In: Claussen, Claus u.a.: Wochenplan- und Freiarbeit. Braunschweig 1993, S. 41–46

Höhn, Monika/Höhn, Michael: Lieben lernen. Mit Kindern und Jugendlichen über Sexualität sprechen. Köln 1987

Hölscher, Gerald R.: Kind und Computer: spielen und lernen am PC. Berlin 1994

Hohloch, Martin: Selbstbewertung und Fremdbewertung. In: Unterricht Arbeit + Technik. 9/2001, S. 11–13

Hohmann, Manfred: Interkulturelle Erziehung als Herausforderung für allgemeine Bildung? In: Vergleichende Erziehungswiss. 17/1987, S. 98–115

Hollstein, Gudrun: Lernen an Stationen zum Thema „Anpassung an den Lebensraum – Die Stockente". In: Hegele, Irmintraut (Hrsg.): Lernziel: Stationsarbeit. Eine neue Form des offenen Unterrichts. 2. Aufl. Weinheim 1997

Holtappels, Hans Günter: Pädagogische Innovation in Schulen mit neuem Zeitkonzept. In: Grundschule 9/1999, S. 52–54

Holtappels, Hans Günter: Grundschule bis mittags. Innovationsstudie über Zeitgestaltung und Lernkultur. Weinheim 1997

Hopf, Arnulf: Grundschularbeit heute. München 1993

Huber, Andreas: EQ. Emotionale Intelligenz. 4. Aufl. München 1996

Hücker, Franz-Josef: Neurolinguistisches Programmieren (NLP) – effektive Kommunikation und ökologisches Veränderung. In: Buddrus, Volker (Hrsg.): Humanistische Pädagogik. Bad Heilbrunn 1995, S. 117–132

Hülshoff, Thomas: Emotionen. München 1999

Hüttenmoser, Marco: Sozialisation und Einschulung. Ein Beitrag von einem neuen Verständnis der Schuleintrittsproblematik. Frankfurt a.M./Aarau 1981

Huizinga, Johan: Homo ludens. Reinbek 1956

Hurrelmann, Klaus/Palentien, Christian: Rahmenbedingungen der Gesundheitsförderung in Schulen. In: Wildt, Beatrix (Hrsg.): Gesundheitsförderung in der Schule. Neuwied 1997, S. 15–25

Huschke, Peter: Wochenplan-Unterricht: Entwicklung, Adaption, Evaluation, Kritik eines Unterrichtskonzepts und Perspektiven für seine Weiterentwicklung. In: Klafki, Wolfgang u.a.: Schulnahe Curriculumentwicklung und Handlungsforschung. Forschungsbericht des Marburger Grundschulprojekts. Weinheim 1982, S. 200–277

Huschke, Peter/Mangelsdorf, Marei: Wochenplanunterricht. Praktische Ansätze zu innerer Differenzierung zu selbständigem Lernen und zur Mitgestaltung des Unterrichts durch die Schüler. Weinheim 1990

Huschke-Rhein, Rolf: Systemische Erziehungswissenschaft. Pädagogik als Beratungswissenschaft. Weinheim 1998

Ingenkamp, Karlheinz: Beurteilungsfehler minimieren. In: Pädagogik 3/1995, S. 25–30

Issing, Ludwig J.: Medienpädagogik und ihre Aspekte. In: Ders. (Hrsg.): Medienpädagogik im Informationszeitalter. Weinheim 1987, S. 19–32

Jachmann, Michael/Tillmann, Klaus-Jürgen: Sind Noten gerechter als Berichtszeugnisse? In: Pädagogik 9/2000, S. 38–43

Jäger, Reinhold S.: Von der Beobachtung zur Notengebung. Ein Lehrbuch. Landau 2000

Jarausch, Helga: Sichere Radwege. In: Grundschulunterricht 10/1997, S. 11–15

Jaspers, Karl: Was ist Erziehung? Ein Lesebuch. Textauswahl und Zusammenstellung von Hermann Horn. Neuausgabe: München 1992

Jaspers, Karl: Was ist Erziehung? München 1997

Johnson, Ray: Der Schlüssel zum EQ. Bern – München – Wien 1997

Jürgens, Eiko (Hrsg.): Erprobte Wochenplan- und Freiarbeits-Ideen in der Sekundarstufe I. Heinsberg 1994

Jürgens, Eiko: Leistung und Beurteilung in der Schule. 2. Aufl. Sankt Augustin 1995

Jürgens, Eiko: Die „neue" Reformpädagogik und die Bewegung Offener Unterricht. Theorie, Praxis und Forschungslage. 4., erweiterte Auflage St. Augustin 1998

Jürgens, Eiko: Die Wiederentdeckung von Ritualen. In: Grundschulmagazin 10/1998, S. 38–40

Jürgens, Eiko/Hacker, Hartmut/Hanke, Petra/Lersch, Rainer: Die Grundschule. Hohengehren 1997

Kämpgen, Bianca: Entwicklung eines Schulprogramms. In: Grundschule 9/1999, S. 49–50

Käsler, Adalbert: Ein Lehrer plant Elternarbeit und wertet seine Erfahrungen aus. In: Borgmeier, Christa Maria (Hrsg.): Situation Schulanfang. Stuttgart 1980, S. 50–69

Kahlert, Joachim (Hrsg.): Wissenserwerb in der Grundschule. Perspektiven erfahren, vergleichen, gestalten. Bad Heilbrunn/Obb. 1998

Kaiser, Astrid (Hrsg.): Lexikon Sachunterricht. Baltmannsweiler 1997

Kaiser, Thomas: Das Wutweg Buch. Freiburg im Breisgau 1999

Kasper, Hildegard (Hrsg.): Vom Klassenzimmer zur Lernumgebung. Ulm 1979

Kasper, Hildegard u.a.: Lasst die Kinder lernen. Offene Lernsituationen. Braunschweig 1989

Kast, Verena: Trauern. Phasen und Chancen des psychischen Prozesses. Stuttgart 1983

Kast, Verena: Freude, Inspiration, Hoffnung. Walter 1991

Kaufmann-Huber, Gertrud: Kinder brauchen Rituale. Freiburg 1997

Kayser, Annette/Schäkel, Lieselotte: Kinder und Lehrer lernen: Freie Arbeit. Anregungen und Beispiele. Tips für Klassenraumgestaltung und Materialien. 2. Aufl. Frankfurt a.M. 1986

Keck, Rudolf: Und immer wieder Drill. Üben als Lernform in der Didaktikgeschichte. In: Meier, Richard u.a. (Hrsg.): Üben und Wiederholen. Friedrich Jahresheft 2000. Seelze 2000, S. 20–222

Keck, Rudolf/Sandfuchs, Uwe (Hrsg.): Wörterbuch der Schulpädagogik. Bad Heilbrunn 1994

Keil, Siegfried: Sexualität. Stuttgart 1966

Keller, Gustav: Aufgaben der Bildungsberatung bei der Förderung hochbegabter Schüler. In: Psychologie in Erziehung und Unterricht 1/1990, S. 54–57

Keller, Heidi: Lehrbuch Entwicklungspsychologie. Bern 1998

Kellner Pringle, Mia: Was Kinder brauchen. Stuttgart 1979

Kempfert, Guy/Rolff, Hans-Günter: Pädagogische Qualitätsentwicklung. Ein Arbeitsbuch für Schule und Unterricht. Weinheim 1999

Kentler, Helmut: Sexualerziehung. Reinbek 1970

Kentler, Helmut: Eltern lernen Sexualerziehung. Reinbek 1981

Kern, Artur: Sitzenbleiberelend und Schulreife. Ein psychologisch-pädagogischer Beitrag zu einer inneren Reform der Grundschule. Freiburg 1951

Klafki, Wolfgang: Das pädagogische Problem des Elementaren und die Theorie der kategorialen Bildung. Weinheim 1959

Klafki, Wolfgang: Studien zur Bildungstheorie und Didaktik. Weinheim 1963

Klafki, Wolfgang: Didaktische Analyse als Kern der Unterrichtsvorbereitung. In: Roth, Heinrich/Blumenthal, Alfred (Hrsg.): Auswahl: Grundlegende Aufsätze aus der Zeitschrift „Die Deutsche Schule". 10. Aufl. Hannover 1969, S. 5–34

Klafki, Wolfgang: Didaktik. In: Groothoof, H.-H./Stallmann, M. (Hrsg.): Neues pädagogisches Lexikon. Stuttgart 1971, Sp. 225

Klafki, Wolfgang: Aspekte kritisch-konstruktiver Erziehungswissenschaft. Weinheim-Basel 1976

Klafki, Wolfgang: Zur pädagogischen Bilanz der Bildungsreform. In: Die Deutsche Schule 5/1982, S. 339–352

Klafki, Wolfgang: Neue Studien zur Bildungstheorie und Didaktik. Weinheim 1985

Klafki, Wolfgang: Die bildungstheoretische Didaktik im Rahmen kritisch-konstruktiver Erziehungswissenschaft. In: Gudjons, Herbert u.a. (Hrsg.): Didaktische Theorien. 5. Aufl. Hamburg 1989, S. 11–26

Klafki, Wolfgang: Allgemeinbildung in der Grundschule und der Bildungsauftrag des Sachunterrichts. In: Lauterbach, Roland u.a. (Hrsg.): Brennpunkte des Sachunterrichts. Kiel 1992, S. 11–31

Klafki, Wolfgang: Bildungsfragen in kritisch-konstruktiver Perspektive. Weinheim 1997

Klafki, Wolfgang: Schlüsselprobleme und Schlüsselqualifikationen. Schwerpunkte neuer Allgemeinbildung in einer demokratischen Kinder- und Jugendschule. In: Hepp, Gerd/Schneider, Herbert (Hrsg.): Schule in der Bürgergesellschaft. Schwalbach 1999, S. 30–49

Klein, Armin: Kinder. Kultur. Politik. Opladen 1993

Klein, Lothar: Célestin Freinet auf der Spur. Pädagogische Handlungskonzepte. In: Kindergarten heute 5/1996, S. 4–11

Kleinschmidt, Lothar u.a.: Lieben – kuscheln – schmusen: Hilfen für den Umgang mit kindlicher Sexualität. Münster 1996

Kliebisch, Udo/Basten, Karl Heinz: Lernen wie die Profis! NLP und anderes Tricks. Ein Übungsbuch. Baltmannsweiler 1997

Klimsa, Paul: Multimedia aus psychologischer und didaktischer Sicht. In: Issing, J. Ludwig (Hrsg.): Information und Lernen mit Multimedia. Weinheim 1995, S. 5–24

Klippstein, Eberhard/Klippstein, Hildegard: Soziale Erziehung mit kooperativen Spielen. Bad Heilbrunn/Obb. 1978

Klocke, Andreas: Aufwachsen in Armut. Auswirkungen und Bewältigungsformen der Armut im Kinder- und Jugendalter. In: Zeitschrift für Sozialisationsforschung, Erziehungssoziologie 4/1996, S. 390–409

Kluge, Norbert: Spielen und Erfahrung. Der Zusammenhang von Spielerlebnis und Lernprozess. Bad Heilbrunn/Obb. 1981

Kluge, Norbert: Spiel und Schule – Zur Geschichte einer konfliktreichen Beziehung. In: Petillon, Hanns/Valtin, Renate (Hrsg.): Spielen in der Grundschule. Frankfurt a.M. 1999, S. 43–53

Klupsch-Sahlmann, Rüdiger (Hrsg.): Mehr Bewegung in der Grundschule. Berlin 1999

Knauf, Anne: Weiterqualifizierung von Lehrkräften in Lernwerkstätten Brandenburg. In: Schulverwaltung MO 6/1995, S. 185–186

Knauf, Anne: Aktuelle Herausforderung: Verkehrssicherheit. In: Schulverwaltung MO 2/1999, S. 50–51

Knauf, Tassilo: Wie können wir gemeinsam weiterarbeiten – Elternarbeit in der Grundschule. In: Ders. (Hrsg.): Handlungsorientierter Grundschulunterricht. Bensheim 1979, S. 46–58

Knauf, Tassilo (Hrsg.): Handbuch zur Unterrichtsvorbereitung in der Grundschule. Bensheim 1979

Knauf, Tassilo: Spiel und Leistung als komplementäre Elemente der Grundschulpädagogik. Zum Zusammenhang Leistung, Arbeit – Spiel, Freizeit. In: Einsiedler, Wolfgang/Martschinke, Sabine (Hrsg.): Kinderspiel und seelische Gesundheit. Nürnberg 1989 (a), S. 193–201

Knauf, Tassilo: Überlegungen zu einer kindgerechten Leistungsbeurteilung. In: Die Grundschulzeitschrift 23/1989, S. 40–41

Knauf, Tassilo (Hrsg.): Innovationsatlas Grundschule. Essen 1992

Knauf, Tassilo: Schule als Ort der Begegnung mit Fremden. In: Die Grundschulzeitschrift 56/1992, S. 6–9

Knauf, Tassilo: Kulturelles Lernen in der Schule. Überlegungen-Standpunkte-Positionen. In: Grundschule 7–8/1992 (a), S. 26–27

Knauf, Tassilo: Lehr- und Lernmittel. In: Heckt, Dietlinde/Sandfuchs, Uwe: Grundschule von A–Z. Braunschweig 1993, S. 148–149

Knauf, Tassilo: Die Ganztagsschule in Europa. In: Päd. Extra 6/1993, S. 18–21

Knauf, Tassilo: Kindgerechte Lernumgebung in der Schule. In: Ministerium für Arbeit, Gesundheit und Soziales des Landes Nordrhein-Westfalen (Hrsg.): Kinderfreundlichkeit. – Das Prüfverfahren. Düsseldorf 1993, S. 59–64

Knauf, Tassilo: Medienpädagogik im öffentlichen Bildungssystem der Bundesrepublik Deutschland. Zum Ort der Medienthematik im Schulunterricht. In: Hiegemann, Susanne/Swoboda, Wolfgang (Hrsg.): Handbuch der Medienpädagogik. Opladen 1994, S. 272–287

Knauf, Tassilo: Freiräume schaffen – Spielräume entdecken. Orte für Kinder in Reggio Emilia. In: Klein & Groß 11–12/1995, S. 18–23

Knauf, Tassilo: Pädagogik und die Kategorie Raum. In: Thomas-Morus-Akademie Bensberg (Hrsg.): Lernwelten für Gestaltung schulischer Räume. Bergisch Gladbach-Bensberg 1996, S. 14–30

Knauf, Tassilo: Probleme des Übergangs von der Kindertagesstätte in die Grundschule. In: Ministerium für Bildung, Jugend und Sport des Landes Brandenburg und INFANS e.V. (Hrsg.): Der Übergang von der Kindertagesstätte in die Grundschule. O.O.o.J. (Potsdam 1996 a,), S. 26–44

Knauf, Tassilo: Schlüsselqualifikationen – ein Thema für die Grundschule? In: Drews, Ursula/Durdel, Anja: Beiträge der Konferenz „Grundlegung von Bildung in der Grundschule von heute" vom 5. bis 7. 6. 1997 (= Potsdamer Studien zur Grundschulforschung, H.20), Potsdam 1997, S. 138–145

Knauf, Tassilo: Eine Schule für Menschen – eine Schule zum Wohlfühlen. In: Wildt, Beatrix (Hrsg.): Gesundheitsförderung in der Schule. Neuwied 1997 (b), S. 26–38

Knauf, Tassilo: Jahrgangsübergreifender Unterricht – Altersgemischtes Lernen. In: PÄD Forum 2/1997 (c)

Knauf, Tassilo: Schule entwickeln wollen und wissen wie. In: Deutsche Lehrerzeitung 37–38/1997 (a), S. 17–18

Knauf, Tassilo: Ein Vergnügungspark für Vögelchen. Annäherungen an Theorie und Praxis des Projektlernens in Reggio Emilia. In: Welt des Kindes 6/1998, S. 6–11

Knauf, Tassilo: Reggio-Pädagogik. Ein italienischer Beitrag zur konsequenten Kindorientierung in der Elementarerziehung. In: Fthenakis, Wassilios/Texas, Martin (Hrsg.): Pädagogische Ansätze im Kindergarten. Weinheim 2000 (a)

Knauf, Tassilo: Schulqualität: Kriterien, Prozesse, Evaluation. In: Erziehung und Wissenschaft Brandenburg 4/2000 (Beilage)

Knauf, Tassilo: Anfangsunterricht. In: Becher, Hans Rudolf u.a. (Hrsg.): Taschenbuch Grundschule. 4. Aufl. Hohengehren 2000 (b), S. 70–85

Knauf, Tassilo u.a.: Projektorientiertes Sachlernen in der offenen Schule: das Beispiel der Laborschule Bielefeld. In: Ziechmann, Jürgen (Hrsg.): Sachunterricht in der Diskussion. Braunschweig 1980, S. 166–218

Knauf, Tassilo u.a.: Kulturelle Bildungsarbeit in der Grundschule. Stadtteilerkundung im Ruhrgebiet. In: Päd extra & demokratische Erziehung 3/1990, S. 15–17

Knauf, Tassilo u.a.: Kinder und Medien. Fernsehen im Alltag von Kindern. In: Kindertageseinrichtungen aktuell 1/1997, S. 11 f.

Knauf, Tassilo/Brei, Alois: Sollen Kinder täglich bis 13.00 Uhr in die Schule gehen? In: Grundschule 9/2000, S. 58–60

Knauf, Tassilo/Politzky, Silke: Die Bewegte Grundschule. Idee und Praxis. Baltmannsweiler 2000 (a)

Knörzer, Wolfgang/Grass, Karl: Den Anfang der Schulzeit pädagogisch gestalten. Ein Studien- und Arbeitsbuch für den Anfangsunterricht. Weinheim 1992

Knoll, Michael: Wie sie entstand: die Projektmethode. In: Grundschule 7–8/1995, S. 12–13

Köck, Peter: Praxis der Unterrichtsgestaltung und des Schullebens. Donauwörth 1995

Köck, Peter: Praxis der Beobachtung. 4. Aufl. Donauwörth 1997

Köhler, Rosemarie: Fehler als Wegweiser für die Förderung. In: Grundschule 5/2000, S. 24–25

Köhnen, Monika: Freiarbeit macht Spaß. Hinführungsmöglichkeiten/Materialien/ Anregungen für Geistigbehinderte – Konzepte und Materialien – Heft 2. Dortmund 1997

Köhnlein, Walter: Grundlegende Bildung – Gestaltung und Ertrag des Sachunterrichts. In: Marquardt-Mau, Brunhilde/Schreier, Helmut (Hrsg.): Grundlegende Bildung im Sachunterricht (=Probleme und Perspektiven des Sachunterrichts, Bd. 8). Bad Heilbrunn/Obb 1998, S. 27–46

Körbitz, Achim: Mit dem Schulprogramm ... auf dem Weg zu einer neuen Lernkultur. In: Pädagogik 10/2000, S. 10–16

Kösel, Edmund: Die Modellierung von Lernwelten. Ein Handbuch zur Subjektiven Didaktik. 3. Aufl., Elztal-Dallau 1997

Kösel, Edmund/Feller, Andreas: Die Schule neu erfinden. Epistemologische Grundzüge einer subjektiven Didaktik. In: Voß, Reinhard (Hrsg.): Schul-Visionen. Theorie und Praxis systemisch-konstruktivistischer Pädagogik. Heidelberg 1998, S. 168–179

Kohlberg, Lawrence: Essays on Moral Development. Bd. 2. San Francisco 1984

Kohnstamm, Rita: Praktische Kinderpsychologie. Eine Einführung für Eltern, Erzieher und Lehrer. Bern 1990

Kolakowski, Leszek: Mini-Traktate über Maxi-Themen. Leipzig 2000

Kosiek, Brigitte: Eine Schule „erfindet" ihre Rituale. In: Pädagogik 4/1999, S. 24–27

Kotthoff, Ludger: Bedeutung von Lernentwicklungsbiographien in der Grundschule. In: Preuß, Eckhardt u.a. (Hrsg.): Lernen und Leisten in der Grundschule. Bad Heilbrunn 1999, S. 67–89

Krampe, Joerg/Mittelmann, Rolf: Spielen im Mathematikunterricht der Grundschule. 2. Aufl. Donauwörth 1993

Krappmann, Lothar: Streit, Aushandeln und Freundschaften unter Kindern. In: Honig, Michael- Sebastian u.a. (Hrsg.): Kinder und Kindheit. Soziokulturelle Muster – sozialisationstheoretische Perspektiven. Weinheim 1996, S. 99–116

Krappmann, Lothar: Spielen, Lernen und Bildung. In: Petillon, Hanns/Valtin, Renate (Hrsg.): Spielen in der Grundschule. Frankfurt a.M. 1999, S. 54–66

Kraul, Margret: Wie die Zensuren in die Schule kamen. In: Pädagogik 3/1995, S. 31–34

Kraul, Margret: Wie das Zensieren in die Schule kam. In: Bambach, Heide u.a. (Hrsg.): Prüfen und Beurteilen. Friedrich Jahresheft XIV. Seelze 1996, S. 128–128

Krauthausen, Günter/Zschommler, Nina: Übungen zum Kopfrechnen – mit dem Computer. In: Grundschule 9/1998, S. 44.46

Krawitz, Rudi (Hrsg.): Bildung im Haus des Lernens. Bad Heilbrunn/Obb. 1997

Kretschmann, Rudolf/Rose, Maria-Anna: Lese- und Schreibförderung bei Kindern mit Lernblockaden. In: Fzs. F. Heilpädagogik 6/2000, S. 222–231

Kreuzer, Karl Josef/Twellmann, Walter: Hausaufgaben als permanentes Schulproblem. In: Pädagogische Rundschau 34/1980, S. 803 – 815

Kriechbaum, Gabriele u.a.: Praxisbuch Grundschule. Braunschweig 1997

Krieg, Elsbeth (Hrsg.): Hundert Welten entdecken. Die Pädagogik der Kindertagesstätten in Reggio Emilia. Essen 1993

Krieger, Paul: Individualität und Brauchbarkeit. Studien zur Erziehungsphilosophie Christian Wolfs. Frankfurt a.M. 1992

Kron, Friedrich W.: Grundwissen Didaktik. München – Basel 1993

Krüger-Potratz, Marianne: Interkulturelle Erziehung – Bildungsforschung in der multikulturellen Gesellschaft. In: Vergleichende Erziehungswissenschaften 18/1987, S. 187–193

Krüsmann, Gabriele: Das Schulprogramm – Mosaik individueller Arbeitsschwerpunkte. In: Neue Deutsche Schule 19/1995, S. 18–19

Krug, Marianne: Entritualisierung im Kindergarten: In: Lenzen, Dieter (Hrsg.): Enzyklopädische Erziehungswissenschaft. B. 6: Erziehung in früher Kindheit (Hrsg. v. Jürgen Zimmer). Stuttgart 1984, S. 55–71

Kultusministerium des Landes NRW (Hrsg.): Richtlinien und Lehrpläne für die Grundschule in Nordrhein-Westfalen. Düsseldorf 1985

Kultusministerkonferenz: Empfehlungen zur Verkehrserziehung in der Schule vom 7. Juli 1972. In: KMK (Hrsg.): Kulturpolitik der Länder. Bonn 1973, S. 297–301

Kultusministerkonferenz: Empfehlungen zur Verkehrserziehung in der Schule vom 17. Juni 1994. In: Zeitschrift für Verkehrserziehung 1/1995, S. 4–8

Laging, Ralf (Hrsg.): Altersgemischtes Lernen. Baltmannsweiler 1999

Landesinstitut für Erziehung und Unterricht (Hrsg.): Gesundheitserziehung in der Grundschule. Handreichungen für die Unterrichtsgestaltung. Stuttgart 1989

Landesinstitut für Schule und Weiterbildung: Projektwoche. Eine Hilfe für die Schul- und Unterrichtsorganisation. Soest 1990

Landesinstitut für Schule und Weiterbildung (Hrsg.): Schulanfang. Ganzheitliche Förderung im Anfangsunterricht und im Schulkindergarten. Soest 1992

Landesinstitut für Schule und Weiterbildung (Hrsg.): Selbstevaluation – ein Beitrag zur Qualitätssicherung von Einzelschulen. Soest 1996

Landesinstitut für Schule und Weiterbildung (Hrsg.): Lern- und Unterrichtsbeobachtung in Anfangsklassen. Soest 1997

Landesinstitut für Schule und Weiterbildung (Hrsg.): Computereinsatz in der Grundschule? Soest 1999

Landwehr, Norbert: Schlüsselqualifikationen als transformative Fähigkeiten. In: Gonon, Philipp (Hrsg.): Schlüsselqualifikationen kontrovers: Eine Bilanz aus kontroverser Sicht. Aarau 1996

Landwehr, Norbert: Schritte zum selbständigen Lernen. Eine praxisorientierte Einführung in den Lern- und Wochenplanunterricht. Aarau 1998

Lauterbach, Roland u.a. (Hrsg.): Brennpunkte des Sachunterrichts. Kiel 1992

Ledoux, Joseph: Das Netz der Gefühle. Wie Emotionen entstehen. München 1998

Lefroncois, Guy R.: Psychologie des Lernens. Heidelberg 1976

Lehmensick, Erich: Die Theorie der formalen Bildung. Göttingen 1926

Leonhard, Hans-Walter: Pädagogische Menschenkunde. Deskriptive Phänomenologie des Fühlens, Denkens und Wollens. Weinheim und München 1996

Lesch, Katja/Münch, Steffen: Radfahrausbildung „Modell Dresden". In: Grundschulunterricht 10/1997, S. 20–21

Lichtenstein-Rother, Ilse: Schulanfang: Pädagogik und Didaktik der ersten beiden Schuljahre. 7. Auflage, Neufassung. Berlin 1969

Lichtenstein-Rother, Ilse/Röbe, Edeltraud: Grundschule. Der pädagogische Raum für Grundlegung der Bildung. München 1982

Liebau, Eckart: Was Kinder brauchen. In: Klein & groß, 6/1996, S. 38–39

Limbourg, Maria u.a.: Mobilität im Kinder- und Jugendalter. Opladen 2000

Lipowsky, Frank: Methodik der Vielfalt – Didaktik der Einfalt? In: Grundschule 7-8/1999, S. 49–53

Löwisch, Dieter-Jürgen: Kultur und Pädagogik. Wiesbaden 1989

Lompscher, Joachim u.a. (Hrsg.): Leben, Lernen und Lehren in der Grundschule. Neuwied 1997

Lozanov, Georgi: Suggestology and Outlines of Suggestopedy. London 1978

Luca, Renate/Winschermann, Monika: Gestaltspädagogik – die Wiederentdeckung des Nicht-Machbaren. In: Buddrus, Volker (Hrsg.): Humanistische Pädagogik. Bad Heilbrunn 1995, S. 101–116

Ludwig, Peter H.: Ermutigung. Optimierung von Lernprozessen durch Zuversichtssteigerung. Opladen 1999

Lübke, Silvia-Iris: Schule ohne Noten. Lernberichte in der Praxis der Laborschule. Opladen 1996

Luz, Georg: Lehrbuch der praktischen Methodik für Schulamtszöglinge, Schullehrer und Schulaufseher. Wiesensteig 1868

Maase, Kaspar: Zwischen „Verbürgerlichung" und „Klasse für sich". Frankfurt a.M. 1976

Machwirth, Eckart: Brauchen wir eine neue Höflichkeitserziehung? Neue Publikationen im Überblick. In: Pädagogik 5/2000, S. 30–31

Mägdefrau, Jutta: Medienkompetenz und Fachdidaktik. In: Die Deutsche Schule, 1/2000, S. 66–73

Mähler, Bettina/Hofmann, Gerlinde: Ist mein Kind hochbegabt? Besondere Fähigkeiten akzeptieren und fördern. Reinbek 1998

Maier, Christiane: Ästhetische Lernprozesse. In: Faust-Siehl, Gabriele/Portmann, Rosemarie (Hrsg.): Die ersten Wochen in der Schule. Frankfurt a.M. 1992, S. 103–115

Maier, Wolfgang: Grundkurs Medienpädagogik/Mediendidaktik. Weinheim 1998

Marggraf, Claudia (Hrsg.): Soziale Kompetenz und Innovation. Frankfurt a.M. 1995

Marggraf, Claudia: Teamkompetenz. Ein Qualifikationsziel der Berufsausbildung. In: Dies. (Hrsg.): Soziale Kompetenz und Innovation. Frankfurt a.M. 1995, S. 11 – 103

Marquardt-Mau, Brunhilde/Schreier, Helmut (Hrsg.): Grundlegende Bildung im Sachunterricht (=Probleme und Perspektiven des Sachunterrichts, Bd. 8). Bad Heilbrunn/Obb. 1998

Martens, Ekkehard/Schreier, Helmut (Hrsg.): Philosophieren mit Schulkindern. Heinsberg 1994

Martin, Ernst/Wawrinowski, Uwe: Beobachtungslehre. Theorie und Praxis reflektierter Beobachtung und Beurteilung. München 1993

Maslow, Abraham: Psychologie des Seins. Ein Entwurf. Frankfurt a.M. 1997

Maturana, Humberto: Autopoiesis. Reproduktion. Heredity and Evolution. In: Zeleny, Milan (Hrsg.): Autopoiesis. Bolder 1980

Matz, Stefanie/Knauf, Tassilo: Altersmischungen in der Praxis einer Montessori-Schule – eine Beobachtungsstudie zur Auftretenshäufigkeit ausgewählter Aspekte altersgemischter Lerngruppen. In: Laging, Ralf (Hrsg.): Altersgemischtes Lernen in der Schule. Baltmannsweiler 1999, S. 72–79

Mayer, Werner G.: Projektunterricht in der Primarstufe. Limburg 1978

Mayer, Werner G: Freie Arbeit in der Primarstufe und in der Sekundarstufe bis zum Abitur. Denkanstöße zur inneren Reform der Schule; ein Diskussionsbeitrag aus Nordrhein-Westfalen. Heinsberg 1992

Mayer-Behrens, Hanne: Grundschule Haus für Kinder. Vom Klassenraum zur Lernlandschaft. Ein Kernstück der Schulreform. Heinsberg. 2. Aufl. 1993

Mayr, Franz J. M.: Offene Schule. Frankfurt a.M.1999

Mayring, Phillipp: Qualitative Inhaltsanalyse. Frankfurt a.M. 1995

McHale John/McHale, Magda Cordell: Basic human needs. New Brunswick/NY 1978

Meier, Richard: Freie Arbeit. In: Reiss, Günther/Eberle, Gerhard (Hrsg.): Offener Unterricht: Freie Arbeit mit lernschwachen Schülerinnen und Schülern. 2., durchgesehene Aufl. Weinheim 1992, S. 45–92

Meier, Richard: Werkstattlernen. In: Grundschulunterricht 10/1996, S. 33–36

Meiers, Kurt (Hrsg.): Schulanfang – Anfangsunterricht. Bad Heilbrunn/Obb. 1981

Meiers, Kurt (unter Mitarbeit von Hans-Arno Horn): Gestaltungsprinzipien des Anfangsunterrichts. In: Faust-Siehl, Gabriele/Portmann, Rosemarie (Hrsg.): Die ersten Wochen in der Schule. Frankfurt a.M. 1992, S. 49–63

Menzel, Wolfgang: Miteinander sprechen lernen. In: Meiers, Kurt (Hrsg.): Schulanfang – Anfangsunterricht. Frankfurt a.M. 1981, S. 72–81

Menzel, Wolfgang: Kein reines Vergnügen. Grundprinzipien des Übens. In: Meier, Richard u.a. (Hrsg.): Üben und Wiederholen. Friedrich Jahresheft 2000. Seelze 2000, S. 10–10

Melzer, Wolfgang: Zum Wandel familialen Lebensformen in Westdeutschland. In: Büchner, Peter/Krüger, Heinz-Hermann (Hrsg.): Aufwachsen hüben und drüben. Deutsch-deutsche Kindheit und Jugend vor und nach der Vereinigung. Opladen 1991, S. 69–87

Merten, Kurt: Kommunikation. Eine Begriffs- und Prozessanalyse. Opladen 1977

Mertens, Gerhard: Umwelterziehung. Eine Grundlegung ihrer Ziele. Paderborn 1989

Mertens, Dieter: Thesen zur Schulung für die moderne Gesellschaft. In: Mitteilungen aus der Arbeitsmarkt- und Berufsforschung 1/1974. Abgedruckt in: Buttler, Friedrich/Reyer, Ludwig (Hrsg.): Wirtschaft – Arbeit – Beruf – Bildung. Nürnberg 1991

Metz-Göckel, Sigrid: Geschlechterverhältnis, Geschlechtersozialisation und Geschlechtsidentität. o.O.o.J.

Metzig, Werner/Schuster, Martin: Lernen zu lernen. Lernstrategien wirkungsvoll einsetzen. 4. Aufl. Berlin 1998

Meumann, Ernst: Haus- und Schularbeit (1904). 2. Aufl. Leipzig 1925

Meyer, Hilbert: Lob und Last der Kurzvorbereitung. In: Friedrich Jahresheft 1998. Seelze 1998, S. 64–68

Meyer, Peter: Geschichte der Medienpädagogik. In: Hüther, Jürgen/Schorb, Bernd (Hrsg.): Grundbegriffe der Medienpädagogik. Grafenau 1981, S. 44–50

Meyerhoff, Dirk B.: Hypertext und tutorielle Lernumgebungen. Ein Ansatz zur Integration. München 1994

Meywald, Ellen: Selbstkontrolle: Warum Geduld sich auszahlt. In: Psychologie Heute 2/2000, S. 20–24

Millhoffer, Petra: Mädchen und Jungen – Geschlechterdifferenz in der Grundschule. In: Feminin – Maskulin: Konventionen, Kontroversen, Korrespondenzen. Seelze 1989, S. 117–120

Miller, Alice: Das Drama des begabten Kindes. Frankfurt a.M. 1995

Ministerium für Stadtentwicklung, Wohnen und Verkehr: Kompendium zur 3. Verkehrssicherheitskonferenz des Landes Brandenburg. Potsdam 2000

Mitzlaff, Hartmut (Hrsg.): Handbuch Grundschule und Computer. Weinheim 1996

Mitzlaff, Hartmut/Speck-Hamdan, Angelika (Hrsg.): Grundschule und neue Medien. Frankfurt a.M. 1998

Möller, Andresen, Ute: Das erste Schuljahr. Stuttgart² 1974

Möller, Heino R.: Gegen den Kunstunterricht. Versuche zur Neuorientierung. Ravensburg o.J. (1971)

Möller, Kurt: Kindheit, Medienentwicklung und gesellschaftliche Wirklichkeit. In: Melzer, Wolfgang/Günther, Heinz (Hrsg.): Wohl und Wehe der Kinder. Pädagogische Vermittlung von Kindheitstheorie, Kinderleben und gesellschaftlichen Kindheitsbildern. Weinheim 19989

Mönks, Franz J./Knoers, Alphons M. P.: Lehrbuch der Entwicklungspsychologie. München 1996

Moers, Edelgard/Zühlke, Stefanie: Schreibwerkstatt Grundschule. Möglichkeiten zum freien, kreativen, assoziativen, produktiven und kommunikativen Schreiben. Donauwörth 1999

Molcho, Samy: Körpersprache der Kinder. 1996

Morawietz, Holger: Lernläden und Lernstraßen... als Brücken zur Freiarbeit und zum Wochenplanunterricht. In: Grundschule 7–8/1992, S. 18.20

Montessori, Maria: Grundlagen meiner Pädagogik und weitere Aufsätze zur Anthropologie und Didaktik. 5. Aufl. Heidelberg 1968

Montessori, Maria: Das kreative Kind. Der absorbierende Geist. 2. Aufl. Freiburg 1973

Montessori, Maria: Spannungsfeld Kind – Gesellschaft – Welt. Freiburg 1979

Müller-Bradorf, Helga: Grundschule auf dem Weg zur Freien Arbeit. Weinheim 1986

Müller-Bardorf, Helga: Schulräume – kindgemäße Lernumwelten? In: Grundschule 12/1997, S. 28–30

Müller, Werner: Freie Arbeit. In: Reiss, Günther/Eberle, Gerhard (Hrsg.): Offener Unterricht: Freie Arbeit mit lernschwachen Schülerrinnen und Schülern. Weinheim 1992, S. 115–157

Naegele, Ingrid M. u.a.: Schulanfang. Hilfen für Elternhaus, Kindergarten und Schule. Weinheim 1993

Nave-Herz, Rosemarie: Familie heute: Wandel der Familienstrukturen und Folgen für die Erziehung. Darmstadt 1997

Neef, Regina: Offene Lernsituationen in anregender Lernumwelt. Tübingen 1990

Negt, Oskar: Soziologische Phantasie und exemplarisches Lernen. Frankfurt a.M. 1969

Negt, Oskar: Kindheit und Schule in einer Welt der Umbrüche. Göttingen 1997

Neuhaus-Siemon, Elisabeth: Offener Unterricht – eine neue pädagogische Utopie. In: Pädagogische Welt 9/1989, S. 406–411

Neuhaus-Siemon, Elisabeth: Reformpädagogik und offener Unterricht. Reformpädagogische Modelle als Vorbild für die heutige Grundschule. In: Grundschule 6/1996, S. 19–24

Nickel, Horst: Schuleingangsberatung auf der Grundlage eines ökopsychologischen Schulreifemodells. In: Heller, Kurt A./Nickel, Horst (Hrsg.): Modelle und Fallstudien der Schul- und Erziehungsberatung. Bern 1982

Nickel, Horst: Die Einschulung als pädagogisch-psychologische Herausforderung. In: Hamann, Dieter (Hrsg.): Handbuch Grundschule. Bd. 1, 3. Aufl. Weinheim 1996, S. 88–98

Nickel, Horst/Schmidt-Deuter, Ulrich: Vom Kleinkind zum Schulkind. München 1991

Nicolas, Bärbel: Offener Unterricht zum Schulanfang. Berlin 1997

Nieke, Wolfgang: Multikulturelle Gesellschaft und Interkulturelle Erziehung. Zur Theoriebildung in der Ausländerpädagogik. In: Die Deutsche Schule 4/1986, S. 462–473

Nieke, Wolfgang: Interkulturelle Erziehung und Bildung. 2. Aufl. Opladen 2000

Nilshon, Ilse: Regellernen im Anfangsunterricht. In: Borgmeier, Christa Maria u.a.: Situation Schulanfang. Stuttgart 1980, S. 119–147

Nilshon, Ilse: Schule ohne Hausaufgaben? Eine empirische Studie zu den Auswirkungen der Integration von Hausaufgabenfunktionen in den Unterricht einer Ganztagsgrundschule. Münster/New York 1995

Nilshon, Ilse: Aufgaben statt Hausaufgaben. Ein Beitrag zur inneren Schulreform. In: Die Grundschulzeitschrift 94/1996, S. 8–13

Nuding, Anton: Beurteilen durch Beobachten. Baltmannsweiler 1997a

Nuding, Anton: Ohne Beobachten kein Beurteilen. In: Deutsche Lehrerzeitung 47–47/1997 (b), S. 20

Nunner-Winkler, Gertrud: Empathie, Scham und Schuld. Zur moralischen Bedeutung von Emotionen. In: Grundmann, Matthias (Hrsg.): Konstruktivistische Sozialisationsforschung. Frankfurt a.M. 1999, S. 149 – 179

Odenbach, Karl: Lexikon der Schulpädagogik. Braunschweig 1970

OECD: Lifelong Learning for all. Meeting of the Education Committee at Ministerial Level,16–17 January 1996

OECD: Schools and Quality. An International Report. Paris 1989

Oelkers, Jürgen: Geschichte und Nutzen der Projektmethode. In: Hänsel, Dagmar (Hrsg.): Handbuch Projektunterricht. Weinheim 1997, S. 13–30

Oelkers, Jürgen: Muss es eine vergleichende Leistungsbeurteilung geben? In: Grundschule 1/1998, S. 48–50

Oellrich-Wagner, Mergret: Offener Unterricht unter der Lupe. Essen 1996

Offe, Claus: Leistungsprinzip und industrielle Arbeit. Frankfurt a.M. 1970

Ohde, Melanie/Wiederhold, Karl A.: Mit Kindern das Kunstmuseum entdecken. Donauwörth 1994

Olechowski, R./Weinzierl, E. (Hrsg.): Neue Mittelstufe. Skizze eines Modells für die Sekundarstufe I (Schule der Zehn- bis Vierzehnjährigen). Wien 1981

Olechowski, Richard/Garnitschnig, Karl (Hrsg.): Humane Schule. Frankfurt a.M.
1999

Onnen-Isemann, Corinna: Veränderte Familienstrukturen und die Anforderungen
an die Gesellschaft. In: KJUG, 1/2000, S. 8–13

Ortner, Alexandra/Ortner, Ulrich J. (Hrsg.): Grundschulpädagogik. Donauwörth
1990

Ott, Bernd: Vom Instruktionsparadigma zum Ganzheitsparadigma. In: Lehren und
Lernen 1/1997, S. 4–13

Otto, Gunter: Unterricht vorbereiten und planen. In: Friedrich Jahresheft 1998.
Seelze 1998, S. 60–63

*Pädagogische Orientierungsgrundsätze für die Grundschulen des Landes Branden-
burg.* In: Amtsblatt des Ministeriums für Bildung, Jugend und Sport H. 12/1997,
S. 513–523

Pallasch, Waldemar/Reiners, Heino: Pädagogische Werkstattarbeit. Eine pädagogi-
sche-didaktische Konzeption zur Belebung der traditionellen Lernkultur. München 1990

Parsons, Talcott: Die Schulklasse als soziales System. In: Sozialstruktur und Persönlichkeit. Frankfurt a.M. 1968

Petersen, Jörg u.a.: Betrifft Hausaufgaben. Ein Überblick über die didaktische Diskussion für Elternhaus und Schule. Frankfurt a.M.1990

Petersen, Peter: Der kleine Jena-Plan. 56.–60. Aufl. Weinheim 1980

Petillon, Hanns: Spielen in der Grundschule – Versuch einer Gegenstands- und
Ortsbestimmung. In: Pettilon, Hanns/Vallentin, Renate (Hrsg.): Spielen in der
Grundschule. Frankfurt a.M. 1999, S. 14–42

Petzold, Hilarion, G./Mathias, Ulrike: Rollenentwicklung und Identität. Paderborn
1982

Petzold, Hilarion: Die Wiederentdeckung des Gefühls. Paderborn 1995

Pfister, Gertrud/Valtin, Renate (Hrsg.): Mädchen Stärken. Probleme der Koedukation in der Grundschule. Frankfurt a.M. 1993

Philipp, Elmar/Rolff, Hans-Günter: Schulprogramme und Leitbilder entwickeln.
Weinheim 1998

Piaget, Jean: The Moral Judgment of the Child. Glencoe 1948

Piaget, Jean: Der Strukturalismus. Olten 1973

Piaget, Jean: Die Entwicklung des Erkennens I: Das mathematische Denken (Ge-
sammelte Werke 8). Stuttgart 1975

Piaget, Jean: Der Aufbau der Wirklichkeit beim Kinde. Stuttgart 1975

Piaget, Jean: Lernen ist Veränderung der kognitiven Struktur. In: Groß, Engelbert
(Hrsg.): Erziehungsfunktionen: Denkenlernen – Lebenlernen. Düsseldorf 1984,
S. 61–66

Piaget, Jean: Nachahmung, Spiel und Traum. Die Entwicklung der Symbolfunktion
beim Kinde. 3. Aufl. Stuttgart 1993

Piaget, Jean/Inhelder, Bärbel: Die Psychologie des Kindes. 2. Aufl. Olten und Frei-
burg/Brsg. 1973

Piaget, Jean/Schelder, Brigitte: Die Psychologie des Kindes. 2. Aufl. Olten 1973

Pieper, Hauke: Rituale im Aufwind. In: Grundschule 11/1996, S. 48–48

Piskaty, Georg: Qualifikationen in der Berufs- und Wirtschaftswelt in der kommenden Generation. In: Schneeberger, Arthur/Thum-Kraft, Monika (Hrsg.): Bedarf
der Wirtschaft an Qualifikationen. Anforderungen der Berufswelt an Schule, Betrieb und Universität. Wien 1992, S. 7–22

Plöger, Wilfried: Allgemeine Didaktik und Fachdidaktik. München 1999

Popp, Susanne: Der Daltonplan in Theorie und Praxis. Bad Heilbrunn/Obb. 1995

Popp, Walter: Die Funktion von Modellen in der didaktischen Theorie. In: Doh-
men, G. u.a.: Unterrichtsforschung und didaktische Theorie. München 1970,
S. 49–60

Portmann, Rosemarie (Hrsg.): Kinder kommen zur Schule. Frankfurt a.M. 1988

Potthoff, Willy: Grundlagen und Praxis der Freiarbeit. 5. erweiterte Aufl. Freiburg
1995

Prahl, Hans-Werner: Freizeit-Soziologie. München 1977

Prengel, Annedore (Hrsg.): Gestaltpädagogik. Therapie, Politik und Selbsterkenntnis in der Schule. Weinheim 1983

Prengel, Annedore: Pädagogik der Vielfalt. Opladen 1993

Prengel, Annedore: Vielfalt durch gute Ordnung im Anfangsunterricht. Opladen 1999

Preuss, Eckhardt: Leistungserziehung, Leistungsbeurteilung und innere Differenzierung in der Grundschule. Bausteine moderner Grundschularbeit: Anregungen und Hilfen. Bad Heilbrunn/Obb. 1994

Preuss, Eckhardt u.a. (Hrsg.): Lernen und Leisten in der Grundschule. Bad Heilbrunn 1999

Preuss-Lausitz, Ulf u.a.: Kriegskinder, Konsumkinder, Krisenkinder. Zur Sozialisationsgeschichte seit dem zweiten Weltkrieg. Weinheim 1983

Preuss-Lausitz, Ulf: Die Kinder des 20. Jahrhunderts. Weinheim 1993

Pütz, Alexandra Sabine: Computereinsatz in der Grundschule. Dargestellt an einem Beispiel. Examensarbeit im Rahmen der Ersten Staatsprüfung für das Lehramt für die Primarstufe. MS. Essen 1997

Radtke, Frank-Olaf/Weiß, Manfred (Hrsg.): Schulautonomie, Wohlfahrtsstaat und Chancengleichheit. Opladen 2000

Rampillon, Ute: Zehn Maximen zum Üben. In: Meier, Richard u.a. (Hrsg.): Üben und Wiederholen. Friedrich Jahresheft 2000. Seelze 2000, S. 14

Ramseger, Jörg: Gegenschulen. Radikale Reformschulen in der Praxis. Bad Heilbrunn/Obb. 1975

Ramseger, Jörg: Das Nicht-Planbare planen? Anregungen zur Gestaltung von Offenem Unterricht. In: Knauf, Tassilo (Hrsg.): Handbuch zur Unterrichtsvorbereitung in der Grundschule. Bensheim 1979, S. 18–34

Rauschenberger, Hans: Zum Problem der schulischen Leistungskontrolle. In: Grünig, Barbara u.a.: Leistung und Kontrolle. Die Entwicklung von Zensurengebung und Leistungsmessung. Weinheim 1999, S, 11–100

Reetz, Lothar: Schlüsselqualifikationen. In: Achtenhagen, Frank (Hrsg.): Duales System zwischen Tradition und Innovation, Köln 1991

Reetz, Ludwig: Persönlichkeitsentwicklung und Organisationsgestaltung. Zur Rolle der Schlüsselqualifikationen. In: Berufsbildung 28/1994, S. 3–7

Regelein, Silvia: Lernspiele im Deutschunterricht. 3. Aufl. München 1990

Regelein, Silvia: Lernspiele im Mathematikunterricht. 3. Aufl. München 1992

Reichen, Jürgen (Hrsg.): Lesen durch Schreiben – Lehrerkommentar. 3. Aufl. Zürich 1988

Reichen, Jürgen: Sachunterricht und Sachbegegnung. Zürich 1991

Reichenbecher, Hermann: So entstand die neue Empfehlung. In: Zeitschrift für Verkehrserziehung 1/1995, S. 7–8

Reichwein, Adolf: Film in der Schule. Vom Schauen zum Gestalten. Braunschweig 1967 (Erstveröffentlichung unter dem Titel „Film in der Landschule" 1938 als Heft 10 der „Schriftenreihe der Reichsstelle für den Unterrichtsfilm")

Reiß, Günter/Eberle, Gerhard: Offener Unterricht: freie Arbeit mit lernschwachen Schülerinnen und Schülern. Weinheim 1995

Reiß, Gunter/Schoenebeck, Mechthild von: Schulkultur. Frankfurt a.M. 1987

Renkl, Alexander: Automatisierung allein reicht nicht aus. In: Meier, Richard u.a. (Hrsg.): Üben und Wiederholen. Friedrich Jahresheft 2000. Seelze 2000, S. 16–19

Retter, Hein: Reform der Schuleingangsstufe. Bad Heilbrunn 1975

Riedel, Katja: Persönlichkeitsentfaltung durch Suggestopädie. Bad Heilbrunn 1995

Riegel, Enja: Rituale oder: die Kultur des Zusammenlebens. In: Pädagogik 1/1994, S. 6–9

Risse, Erika: Schulprogramm – Entwicklung und Evaluation. Neuwied 1998

Risse, Erika: Schulprogramm und Schulprofil. In: Pädagogische Führung 3/1997

Röbe, Edeltraud: Blickpunkt Grundschule. Donauwörth 1992

Röbe, Edeltraud: Vom Lernfrust zur Lernlust. Ein anderer Unterricht mit NLP, Edukinestetik oder Suggestopädie? In: Die Grundschulzeitschrift 120/Dez. 1998, S. 6–17

Robinsohn, Saul B.: Bildungsreform als Revision des Curriculum und ein Struktur-konzept für Curriculumentwicklung. Neuwied 1975 (Erstveröffentlichung 1967)

Rolff, Hans-Günter: Schulprogramm und externe Evaluation oder Qualitätssiche-rung durch externe Evaluation. In: Pädagogische Führung 3/1997

Rolff, Hans-Günter/Zimmermann, Peter: Kindheit im Wandel. Eine Einführung in die Sozialisation im Kindesalter. Weinheim 1985

Roselieb, Horst: Paradigmenwechsel in der Verkehrserziehung. In: Beispiele. In Nie-dersachsen Schule machen 4/1997, S. 8–9

Rosenberger, Manfred (Hrsg.): Schule ohne Aussonderung. Neuwied 1998

Roßbach, Hans-Günther: Zu selten differenziert. Ergebnisse einer empirischen Un-tersuchung zur häuslichen und schulischen Hausaufgabenpraxis und zur Effekti-vität von Hausaufgaben. In: Die Grundschulzeitschrift 94/1996, S. 60 f.

Roßbach, Hans-Günther: Entwicklung im Kindergarten und in der Grundschule. In: Fzs. f. Erziehungswissenschaft, 1/2000, S. 21–34

Rost, Wolfgang: Emotionen. Elixiere des Lebens. Berlin 1990

Roth, Heinrich: Pädagogische Anthropologie. Stuttgart 1971

Roth, Heinrich/Blumenthal, Alfred (Hrsg.): Auswahl: Grundliegende Aufsätze aus der Zeitschrift „Die Deutsche Schule". 10. Aufl. Hannover 1969

Rülcker, Ilse: Schulanfang. Ein Beitrag zur Arbeit in den ersten beiden Schuljahren. 4. Aufl. Frankfurt a.M. 1961

Rumpf, Horst: Unterricht und Identität. Perspektiven für ein humanes Lernen. München 1976

Rutter, Michael u.a.: Fünfzehntausend Stunden. Schulen und ihre Wirkungen auf Kinder. Weinheim 1979

Sacher, Werner: Prüfen – Beurteilen – Benoten. 2. Aufl. Bad Heilbrunn/Obb. 1996

Sacher, Werner: Wo gemessen wird, passieren Meßfehler. In: Deutsche Lehrerzei-tung (DLZ) 47–48/1997, S. 18

Sachs, Wolfgang: Die Liebe zum Automobil. Reinbek 1994

Saldern, Matthias von: Schulleistung in Diskussion. Hohengehren 1999

Sandfuchs, Uwe: Förderunterricht für lernschwache Grundschüler. In: Grundschule 6/1998. S. 2–5

Sandfuchs, Uwe: Interkulturelles Lernen in der Schule. In: Grundschule 1/2000, S. 52–55

Satir, Virginia: Selbstwert und Kommunikation. Familientherapie für Berater und zur Selbsthilfe. München 1975

Schäfer, Barbara: Praxis Kulturpädagogik. Unna 1988

Schaepe, Jürgen: Der Modellversuch „Differenzierte Medienerziehung". Vorwort zu den Netzprojekten vom 25.10.1998 (zuletzt geändert am 29.3.2000). In: http://www.su.schule.de/projekte/mm37/vorwort.html

Scharnhorst, Erna: Klassenelternversammlungen. Berlin 1975

Schaub, Horst: Weder Noten – noch Berichtszeugnisse? Lernentwicklungsberichte. Von der Zeugnisreform zur pädagogisch-diagnostischen Funktion. In: Böttcher, Wolfgang u.a. (Hrsg.): Leistungsbewertung in der Grundschule. Weinheim 1999, S. 45–55

Scheel, Barbara: Offener Grundschulunterricht. Weinheim 1978

Scheibe, Wolfgang: Die Reformpädagogische Bewegung 1900–1932. 3. Aufl. Wein-heim 1972

Schenk-Danziger, Lotte: Schuleintrittsalter, Schulfähigkeit und Lesereife. Stuttgart 1969

Schlag, Bernhard: Lern- und Leistungsmotivation. Opladen 1995

Schloms, Christiane: Freie Arbeit mit dem Wochenplan. In: Hell, Peter (Hrsg.): Öff-nung des Unterrichts in der Grundschule. Wochenplanarbeit, Stationstraining, Schuldruckerei. Donauwörth 1993, S. 56–95

Schlote, Axel: Zeit genug. Wege zum persönlichen Zeitwohlstand. Weinheim 2000

Schmid, Wilhelm: Philosophie der Lebenskunst. Frankfurt a.M. 1999

Schmid, Wilhelm: Schönes Leben? Einführung in die Lebenskunst. Frankfurt a.M. 2000

Schmidt, Friedrich: Experimentelle Untersuchungen über die Hausaufgaben des Schulkindes. Leipzig 1904

Schmidt, Hans-G.: Kinder produzieren ihre Lebenswelt. Opladen 1988

Schmidt, Hans-Joachim: Hausaufgaben in der Grundschule. Lüneburg 1984

Schmidt, Wilhelm: Philosophie der Lebenskunst. Eine Grundlegung. 3., korr. Aufl. Frankfurt a.M. 1999

Schmidt-Atzert, Lothar: Emotionspsychologie. Stuttgart 1981

Schmitt, Hubertus: „Verlasst die Übungsräume". In: Pädagogische Welt 2/1988, S. 55–59

Schmitt, Rudolf (Hrsg.): BundesGrundschulKongress 1999. An der Schwelle zum dritten Jahrtausend. Frankfurt a.M. 1999/4

Schnabel, Joachim: Freie Arbeit im 3. und 4. Schuljahr. Praxiserprobte Anregungen, Arbeitshilfen und Tips für Einsteiger und Fortgeschrittene. München 1996

Schneider, Peter: Das UNESCO-Programm „Umwelterziehung" zwischen Anspruch und Wirklichkeit. In: Calließ, Jörg/Lob, Reinhold E. (Hrsg.): Praxis der Umwelt- und Friedenserziehung. Düsseldorf 1987, Bd. 1, S. 287–284

Schneider, Regine: Gefühle lügen nicht. Die Intelligenz der Emotionen. 2. Aufl. Frankfurt a.M. 1997

Schoenebeck, Hubertus von: Der Versuch, ein kinderfreundlicher Lehrer zu sein. Frankfurt a.M. 1980

Scholz, Gerold: Kinder lernen voneinander. In: Schule und Beratung 2/1991, S. 38–43

Schorch, Günther (Hrsg.): Grundlegende Bildung. Bad Heilbrunn/Obb. 1987

Schorch, Günther: Grundschulpädagogik – eine Einführung. Bad Heilbrunn/Obb. 1998

Schräder-Naef, Regula: Schüler lernen Lernen. Vermittlung von Lern- und Arbeitstechniken in der Schule. Weinheim 1996

Schratz, Michael/Steiner-Löffler, Ulrike: Die Lernende Schule. Arbeitsbuch pädagogische Schulentwicklung. Weinheim 1998

Schröter, Gottfried: Welche Beurteilungstypen gibt es? In: Deutsche Lehrerzeitung 47–48/1997, S. 19

Schultheis, Klaudia: Rituale als Lernhilfen. In: Grundschulmagazin 10/1998, S. 4–6

Schulz von Thun, Friedemann: Miteinander reden. 3 Bde. Reinbek 1981–1998

Schulz, Wolfgang: Ein Hamburger Modell der Unterrichtsplanung. Seine Funktion in der Alltagspraxis. In: Adl-Amini, Bijan/Künzli, Rudolf (Hrsg.): Didaktische Modelle und Unterrichtsplanung. München 1980 (a), S. 49–87

Schulz, Wolfgang: Unterrichtsplanung. München 1980 (b)

Schuster-Brink, Carola: Regeln und Rituale im Kinderalltag. Ravensburg 1998

Schütz, Georg: Integrative Leistungsbeurteilung. In: Päd. Forum 2/2000, S. 107–113

Schwanitz, Dietrich: Bildung, Alles, was man wissen muss. Frankfurt a.M. 1999

Schwarz, Hermann: Lebens- und Lernort Grundschule. Frankfurt a.M. 1994

Sehrbrock, Peter: Freiarbeit in der Sekundarstufe I. Frankfurt a.M. 1993

Seiwert, Lothar J.: 30 Minuten optimales Zeitmanagement. 2. Aufl. Offenbach 1999

Sekretariat der Ständigen Konferenz der Kultusminister der Länder in der Bundesrepublik Deutschland (Hrsg.): Empfehlungen zur Arbeit in der Grundschule. Bonn 1994

Selle, Gert: Kultur der Sinne und ästhetische Erziehung. Köln 1981

Senge, Peter: The dance of change. Wien – Hamburg 2000

Siebert, Horst: Pädagogischer Konstruktivismus. Eine Bilanz der Konstruktivismusdiskussion für die Bildungspraxis. Neuwied 1999

Sieglin, Adelheid/Goll, Walter: Schule der Zukunft – freie Schule Kreuzberg. Berlin 1990

Singer, Kurt: Maßstäbe für eine humane Schule. Frankfurt a.M. 1981

Sörensen, Maren: Einführung in die Angstpsychologie. Ein Überblick für Psychologen, Pädagogen, Soziologen und Mediziner. Weinheim 1992

Sommer, Brigitte: Kinder mit erhobenem Kopf. Kindergärten und Krippen in Reggio Emilia. Neuwied 1999

Sommer-Stumpenhorst, Norbert: Förderunterricht für leistungsschwache Kinder. In: Bartnitzky, Horst/Christiani, Reinhold (Hrsg.): Die Fundgrube für jeden Tag. Das Nachschlagewerk 1997

Spaemann, Robert: Moralische Grundbegriffe. 5. Aufl. München 1994

Speichert, Horst: Hausaufgaben sinnvoll machen. Anregungen zum Lernerfolg. Reinbek 1980

Speichert, Horst: Praxis produktiver Hausaufgaben. Königstein/Taunus. 1982

Speth, Martin: John Dewey und der Projektgedanke. In: Bastian, Johannes u. a. (Hrsg.): Theorie des Projektunterrichts. Hamburg 1997, S. 19–37

Staatliches Institut für Lehrerfort- und -weiterbildung: Lern- und Spielschule. Integration von Spielpädagogik, Schulpädagogik und Sozialpädagogik im Primarbereich. Saarburg 1994

Stach, Reinhard u.a.: Zusammen lernen – zusammen leben. Eine praxisbezogene Einführung in die Pädagogik Peter Petersens. Heinsberg 1984

Staudte, Adelheid: Ästhetische Erziehung in der Schule für alle Kinder. In: Kunst + Unterricht 107 (1986), S. 35–37

Steffen, Isabella: Es geht auch ohne Hausaufgaben. In: Die Grundschulzeitschrift 94/1996, S. 18 f.

Steiner, Claude/Perry, Paul: Emotionale Kompetenz. München 1997

Stemme, Fritz: Die Entdeckung der emotionalen Intelligenz. Über die Macht unserer Gefühle. München 1997

Stock, H.: Außerschulische Lernorte. In: Pädagogische Welt 2/1998, S. 50–54

Strote, Ingo: Das Wochenplanbuch für die Grundschule. Lernen zwischen Pflicht und Kür. Heinsberg 1985

Süß, Rolf: Enne denne ditzli. Von Kinderspielen und Spielzeug. Freiburg i.Br. 1977

Susteck, Herbert: Kindgerechter Schulanfang. Königstein 1982

Thal, Jürgen/Ebert, Uwe: Methodenvielfalt im Unterricht. Mit Lust stressarm und effektiv lernen. Neuwied 1999

Thoma, Gösta: Zur Entwicklung und Funktion eines „didaktischen Strukturgitters" für den Politischen Unterricht. In: Blankertz, Herwig (Hrsg.): Curriculumforschung-Strategien, Strukturierung, Konstruktion. Essen 1971, S. 67 ff.

Thomas, Alexander (Hrsg.): Interkulturelles Lernen im Schüleraustausch. Saarbrücken 1988

Thomas, Murray R. u.a.: Die Entwicklung des Kindes. 4. Aufl. Weinheim 1994

Thomas, Murray R./Feldmann, Birgit: Die Entwicklung des Kindes. 4. Aufl. Weinheim u. Basel 1994

Tillmann, Klaus-Jürgen/Vollstädt, Witlof: Die Funktion der Leistungsbeurteilung in unterschiedlichen Schulstufen und Bildungsgängen. In: Beutel, S.-J. u. a. (Hrsg.): Ermittlung und Bewertung schulischer Leistung. Hamburg 2000, S. 8–37

Traub, Silke: Schrittweise zur erfolgreichen Freiarbeit. Bad Heilbrunn 2000

Tulodziecki, Gerhard: Medienerziehung in Schule und Unterricht. Bad Heilbrunn/Obb. 1989

Twellmann, Michael/Kaczmarek, Norbert: Lehrer-Schüler-Beziehung in Darstellung der bildenden Kunst – erziehungswissenschaftliche Interpretation von nichttextuellen Quellen. Diss. phil. Essen 2000

Ulbricht, Helga: Wortgutachten auf dem Prüfstand. Eine empirische Untersuchung zur verbalen Beurteilung in der 1. und 2. Klasse der Grundschule mittels Elternbefragung und Zeugnisanalyse (Diss. phil. Münster) Münster 1993

Ulsamer, Berthold: Karriere mit Gefühl. So nutzen Sie Ihre emotionale Intelligenz. Frankfurt a.M. 1996

UNICEF Programm zur Friedenserziehung. In: AFB-INFO (Mitteilungen der Arbeitsstelle Friedensforschung Bonn) 2/2000, S. 7–9

Valtin, Renate: Die Schule der Nation ist die Grundschule. In: Grundschule 9/2000, S. 51–53

Vasquez, Aida/Oury, Fernand: Vorschläge für die Arbeit im Klassenzimmer. Die Freinet-Pädagogik. Reinbeck 1976

Vester, Frederic: Denken – Lernen – Vergessen. München 1978

Vester, Frederic: Biologisch sinnvolle Didaktik. In: Westermanns Pädagogische Beiträge 6/1989, S, 302–304

Vierlinger, Rupert: Leistung spricht für sich selbst. „Direkte Leistungsvorlage" (Portfolios) statt Ziffernzensuren und Notenfetischismus. Heinsberg 1999

Wagenschein, Martin: Exemplarisches Lernen. Hannover 1965

Wagner, Angelika C.: Selbstgesteuertes Lernen im offenen Unterricht. In: Einsiedler, Wolfgang (Hrsg.): Konzeptionen des Grundschulunterrichts. Bad Heilbrunn 1979, S. 174–186

Wagner, Klaus-Dietrich: Zur Methodik der Erteilung von Hausaufgaben. In: Pädagogik 11/1956, S. 844–924

Wallaschek, Uta: „Lernzirkel". In: Lehmann, Bernd (Hrsg.): Kinder – Schule: Lehrer – Schule. Langenau-Albeck 1990, S. 85–106

Wallrabenstein, Wulf: Offene Schule – offener Unterricht. Ratgeber für Eltern und Lehrer. Reinbek bei Hamburg 1998

Walter, Günter: Formen spielerischen Lernens im Deutschunterricht der Grundschule. Ansbach 1982

Walter, Günter: Spiel und Spielpraxis in der Grundschule. Donauwörth 1993

Walter, Günter: Die „Sachen" des Sachunterrichts ins Spiel bringen – ein Weg zur kindgemäßen Weltbemächtigung. In: Petillon, Hans/Valtin, Renate (Hrsg.): Spielen in der Grundschule – Grundlagen – Anregungen – Beispiele. Frankfurt a.M. 1999 a.M., S. 206–219

Walter, Reinhold: Formen spielerischen Lernens im Deutschunterricht der Grundschule. Ansbach 1984

Walzer, Michael: Über Toleranz. Von der Zivilisierung der Differenz. Hamburg 1998

Warren, Neil Clark: Wohin mit der Wut im Bauch. Vom Umgang mit Ärger, Frust und Aggressionen. Asslar 1995

Warwitz, Siegbert: Verkehrserziehung vom Kinde aus. Wahrnehmen-Spielen-Denken-Handeln. 3., überarbeitete und erweiterte Auflage. Hohengehren 1998

Watzlawick, Paul: Wie wirklich ist die Wirklichkeit. 18. Aufl. München 1990

Watzlawick, Paul (Hrsg.): Die erfundene Wirklichkeit. Beiträge zum Konstruktivismus. München 1991

Weigert, Hildegund/Weigert, Edgar: Schuleingangsphase. Hilfen für eine kindgerechte Einschulung. Weinheim 1992

Weikert, Annegret: Rituale geben Kindern Halt. München 1997

Weisbach, Christian/Dachs, Ursula: Mehr Erfolg durch emotionale Intelligenz. München 1997

Wellendorf, Franz: Schulische Sozialisation und Identität. Zur Sozialpsychologie der Schule als Institution. Weinheim 1973

Wellensiek, Anneliese u.a.: Lernen mit dem Portfolio. In: Unterricht Arbeit + Technik 9/2001, S. 21–25

Wenzel, Achill: Freiarbeit in der Grundschule. Bad Heilbrunn/Obb. 1983

Wenzel, Achill: Schule als Lern- und Lebensstätte des Kindes – Der Anfangsunterricht und der Übergang vom Kindergarten in die Grundschule. In: Portmann, Rosemarie (Hrsg.): Kinder kommen zur Schule. Frankfurt a.M. 1988, S. 131–140

Wermke, Michael: Rituale in Schule und Unterricht. Münster 1997

White, Robert: The concept of competence. In: Psychological Review 1/1957

Wieczerkowski, Wilhelm: Ungewissheiten und Schwierigkeiten im Umgang mit einem hochbegabten Kind. In: Psychologie in Erziehung und Unterricht 3/1996, S. 205–216

Wiemer, Heinz: Leistungserziehung ohne Noten. In: Böttcher, W. u.a. (Hrsg.): Leistungsbewertung in der Grundschule. Weinheim 1999, S. 56–67

Winkel, Rainer: Kommunikative Didaktik und antinomische Pädagogik. Düsseldorf 1986

Winkler, Ameli: Rituale in der Grundschule. Erfundene Wirklichkeiten gestalten. In: Pädagogik 1/1994, S. 10–12

Winteler, Adi: Denken-Wollen-Handeln. Das NLP-Erfolgsprogramm. München 1996

Winter, Felix: Eine neue Lernkultur braucht neue Formen der Leistungsbewertung. In: Böttcher, Wolfgang u.a. (Hrsg.): Leistungsbewertung in der Grundschule. Weinheim 1999, S. 68–79

Wintersberger, Helmut: Ökonomische Verhältnisse zwischen den Generationen – Ein Beitrag zur Ökonomie der Kindheit. In: Zeitschrift für Soziologie der Erziehung und Sozialisation 1/1998, S. 8–24

Wissinger, Jochen: Schule als Lebenswelt. Frankfurt a.M. 1988

Wittmann, Bernhard: Vom Sinn und Unsinn der Hausaufgaben. Neuwied 1964

Wolff, Johann Joachim: Hausarbeiten. In: Roloff, E.M. (Hrsg.): Lexikon der Pädagogik. Freiburg 1913, S. 633–636

Wood, Mary: Developmental Therapy in Classroom. Austin/Texas 1986

Wolter-Pfingsten, Traute: Montessori-Pädagogik. In: Heckt, Dietlinde/Sandfuchs, Uwe (Hrsg.): Grundschule von A bis Z. Braunschweig 1993, S. 180–182

Wrede, Ursula: Lernen an Stationen im Sachunterricht. Lernzirkel, Lernstraßen, Lernstände, Lernläden,... In: Grundschulunterricht 10/1996, S. 3–6

Würscher, Irina u.a.: Zensuren – Zeugnisse – Was meinen die Betroffenen. In: Deutsche Lehrerzeitung 47–48/1997, S. 22

Zacharias, Wolfgang: Netzwerke für Spielen und Lernen in der Lebenswelt. In: Grundschule 7–8/1987, S. 69–72

Zeiher, Hartmut/Zeiher, Helga: Orte und Zeiten der Kinder. Weinheim 1996

Zeiher, Helga: Die vielen Räume der Kinder. Zum Wandel räumlicher Lebensbedingungen seit 1945. In: Preuss-Lausitz, Ulf u.a. (Hrsg.): Kriegskinder, Konsumkinder, Krisenkinder. Weinheim 1983,

Zenker-Schweinstetter, Erika: Spielen im Mathematikunterricht. In: Petillon, Hans/Valtin, Renate (Hrsg.): Spielen in der Grundschule – Grundlagen – Anregungen – Beispiele. Frankfurt a.M. 1999, S. 194–205

Ziegenspeck, Jörg: Zensur und Zeugnis in der Schule. Hannover 1977

Ziegenspeck, Jörg: Handbuch Zensur und Zeugnis in der Schule. Bad Heilbrunn 1999

Zimmer, Renate: Bewegung und Sport. In: Faust-Siehl, Gabriele/Portmann, Rosemarie (Hrsg.): Die ersten Wochen in der Schule. Frankfurt a.M. 1992, S. 60–72

Zimmer, Renate: Handbuch der Sinneswahrnehmung. Grundlagen einer ganzheitlichen Erziehung. Freiburg 1995

Zimmer, Renate: Sinneswerkstatt. Projekte zum ganzheitlichen Leben und Lernen. Freiburg 1997

Zimmermann, W. u.a.: Von der Curriculumtheorie zur Unterrichtsplanung. Paderborn 1977

Zinnecker, Jürgen: Straßensozialisation – Versuch einen unterschätzten Lernort zu thematisieren. In: Zeitschrift für Pädagogik 25 (1979), S. 727–747

Zitzlsperger, Helga: Ganzheitliches Lernen. Welterschließung über alle Sinne. Weinheim u. Basel 1995

Zürcher, Käthi: Werkstatt-Unterricht 1 x 1. Didaktisches und Praktisches. 2. Aufl. Bern 1991

Zumhasch, Clemens: Schulische Fördermaßnahmen – eine Länderübersicht. In: Praxis Schule 5–10, 5/1994, S. 10–12